Wüstenrot Stiftung (Hrsg.)

RAUMPILOT

LERNEN

Arno Lederer

Barbara Pampe

kraemerverlag

Die Publikationsreihe „Raumpilot" besteht aus insgesamt vier Bänden:

Raumpilot Grundlagen	Thomas Jocher, Sigrid Loch Institut Wohnen und Entwerfen, Universität Stuttgart ISBN 978-3-7828-1525-3
Raumpilot Arbeiten	Markus Gasser, Carolin zur Brügge, Mario Tvrtković Professur Entwerfen und Siedlungsentwicklung, Technische Universität Darmstadt ISBN 978-3-7828-1526-0
Raumpilot Lernen	Arno Lederer, Barbara Pampe Institut für Öffentliche Bauten und Entwerfen, Universität Stuttgart ISBN 978-3-7828-1527-7
Raumpilot Wohnen	Walter Stamm-Teske, Katja Fischer, Tobias Haag Professur Entwerfen und Wohnungsbau, Bauhaus-Universität Weimar ISBN 978-3-7828-1528-4

Herausgeber
Wüstenrot Stiftung, Ludwigsburg

Redaktion, Konzept und Gestaltung Band Lernen
Arno Lederer, Barbara Pampe, Julia Zürn

Gesamtlayout Buchreihe „Raumpilot"
Sigrid Loch, Tobias Haag

Druck: RöslerDruck GmbH, Schorndorf
Printed in Germany
ISBN 978-3-7828-1527-7

Inhaltsverzeichnis

Vorwort der Wüstenrot Stiftung

Die Arbeits-, Lebens-, Organisations- und Wirtschaftsformen haben sich in den letzten Jahrzehnten nicht nur in Deutschland erheblich verändert. Kulturelle, technische und wirtschaftliche Entwicklungen und Globalisierungsprozesse sowie gewandelte Anforderungen, Präferenzen und Werthaltungen gehören zu den wichtigsten Ursachen für diese Veränderungen. Inzwischen werden dadurch auch neue Orientierungen in der räumlich-baulichen Konzeption und in der Organisation der Gebäude erforderlich, um den damit verbundenen Auswirkungen auf die vorherrschenden Nutzungsformen entsprechen zu können.

Zu beobachten ist dieser Prozess in nahezu allen Lebensbereichen; deutlich wird er beispielsweise in einer gewandelten Nachfrage nach differenzierten Wohnungen und Wohngebäuden, in modifizierten Anforderungen an die Gestaltung von Kindergärten, Schulen und anderen Bildungseinrichtungen, in Industrie- und Gewerbebauten, die unter den Bedingungen eines verschärften ökonomischen Wettbewerbs einem besonderen Anpassungsdruck unterliegen oder in den Wirkungen neuer Konsum- und Freizeitmuster sowohl auf Gebäude als auch auf öffentliche Räume. Besonders auffällig werden die Veränderungen an neuen Kombinationen unterschiedlicher Gebäudenutzungen, an veränderten Nutzungszyklen und an den Verbindungen des Wohnens mit modernen, leicht integrierbaren Dienstleistungen.

Angesichts signifikant wachsender internationaler Einflüsse und Marktorientierungen greifen eine klassische Gebäudelehre und damit auch die herkömmliche Vermittlung von Raum- und Organisationskonzepten nur noch begrenzt. Parallel zu einer gebäudetypologischen Betrachtung treten die ausgeübten Tätigkeiten und die mit ihnen verbundenen Anforderungen stärker in den Vordergrund. Die Gebäudelehre muss, um auf diese Veränderungen adäquat reagieren zu können, intensiver als bisher auf die grundlegenden Anforderungen ausgerichtet werden, die sich aus den verschiedenen Tätigkeiten ergeben. Neue Schwerpunkte in der Vermittlung der Grundlagen von Architektur und Gestaltung sind ergänzend hierzu unverzichtbar.

Die Wüstenrot Stiftung hat auf eine Initiative von Prof. Dr. Thomas Jocher hin gemeinsam mit einem Kreis von engagierten Hochschullehrern verschiedener Universitäten in einem Forschungsprojekt die Frage aufgegriffen, mit welchen neuen Impulsen und Strukturen in der Ausbildung der Architekten auf diese Veränderungen reagiert werden kann. Ziel dabei ist es, die Studierenden besser auf sich wandelnde Anforderungen an ihre Berufsgruppe vorzubereiten und zugleich das kreative Entwerfen auch angesichts neuer Herausforderungen und Leistungsprofile weiterhin in den Mittelpunkt der Ausbildung stellen zu können. Zentrales Kriterium für eine erfolgreiche, zukunftsgerichtete Ausrichtung ist in diesem Sinne die Fähigkeit, in einen kreativen, künstlerischen Entwurfsvorgang eine wachsende Zahl an zu beachtenden Rahmenbedingungen zu integrieren und dabei zugleich die Qualität der einzelnen Komponenten aufrecht erhalten zu können.

Entstehen sollen funktional und ökonomisch nachhaltige Gebäude, deren Eignung und Qualität vor allem in der Fähigkeit bestehen, auch weiterhin sich kontinuierlich verändernden Bedingungen und Einflussfaktoren entsprechen zu können. Dieser Anspruch kann in einer kreativen Entwurfsleistung nur dann eingelöst werden, wenn als Grundlage der Kreativität ein klares Konzept der wichtigsten Elemente einer Bauaufgabe verfügbar ist – im technischen und wirtschaftlichen sowie in wachsendem Maße auch im gesetzlichen Bereich. Es war ein Anliegen der Wüstenrot Stiftung, mit ihren Möglichkeiten einen Beitrag dafür zu leisten, dass in dieser Hinsicht für einige ausgewählte Bereiche der Gebäudelehre ein erster Schritt getan werden konnte – und zwar in Form einer Aufbereitung von Aufgaben und Lösungsvorschlägen, die den genannten Kriterien folgen kann. Sie hat hierzu ein Forschungsprojekt initiiert, das auf Wunsch der beteiligten Hochschullehrer den programmatischen Titel „Raumpilot" erhalten hat.

Vorwort der Wüstenrot Stiftung

Das Forschungsprojekt „Raumpilot" der Wüstenrot Stiftung konzentriert sich auf eine anschauliche, die wesentlichen Nutzungen fokussierende Darstellung der Gebäudelehre. Die daraus entstandene Publikation ist in vier Bände unterteilt. Der Band Grundlagen schafft die gemeinsame Basis für drei ergänzende Vertiefungsbände und führt in die wichtigsten Aufgaben und Themen ein.

Der Band Lernen ist einer von drei Vertiefungsbänden, die ergänzend zum Grundlagenband wichtige Bereiche der Gebäudelehre aufgreifen. Er konzentriert sich auf das Entwerfen von Schulgebäuden, das keinen festgefahrenen Größen und Regeln unterworfen sein sollte, sondern zu einer jeweils optimalen Gestaltung des Lebensraums Schule führen muss. Anhand zahlreicher Beispiele werden vor allem in neuen, einheitlichen Zeichnungen die einzelnen Nutzungsbereiche aufgegriffen. Die reduzierte Darstellungsform dient dazu, allgemein gültige Lösungsmöglichkeiten erkennbar zu machen. Die ausgewählten Beispiele zeigen auch, dass bereits in den 1930er Jahren hervorragende Lösungen im Schulbau entstanden sind, die selbst heute noch – in einer Phase einer Erneuerung der Programme – als Impulse und Vorbilder dienen können. Die anderen beiden Vertiefungsbände behandeln die Themen Arbeiten und Wohnen.

Die Wüstenrot Stiftung dankt allen „Raumpiloten" – Autoren, Hochschullehrern, Studierenden – für die engagierte, intensive Zusammenarbeit bei der Erstellung und Umsetzung des Konzeptes. Sie hofft damit wichtige Impulse für den kontinuierlichen Prozess der Anpassung von Form und Inhalten der Ausbildung im Fachbereich Architektur an die veränderten Rahmenbedingungen in Wirtschaft und Gesellschaft geben zu können.

Einleitung

„Das Gebäude bewirkt schon selbst Cultur, wenn man es von außen sieht und hineintritt. Die rohsten Kinder, die solche Treppen auf- und abgehen, durch solche Vorräume durchlaufen, in solchen heiteren Sälen Unterricht empfangen, sind schon auf der Stelle aller düstren Dummheit entrückt und sie können einer heiteren Thätigkeit ungehindert entgegengehen."[1]

Johann Wolfgang von Goethe über die Bürgerschule in Weimar, erbaut 1822-1825.

Das Buch soll jenen eine Hilfe sein, die sich mit dem Entwerfen von Schulgebäuden beschäftigen. Es ist mehr ein Leitfaden als ein Buch, das konsequentes Durchlesen einfordert. Da das Thema des Schulbaus nicht festen Größen und Regeln unterworfen werden kann, ist es auch keine klassische Entwurfslehre. Vielmehr zeigt es mithilfe zeichnerischer Analysen Möglichkeiten auf, wie man, von bestimmten Raumprogrammen ausgehend, zu qualitativ hochwertigen architektonischen Angeboten gelangen kann.

Anhand realisierter Beispiele wurden einzelne Nutzungsbereiche auf ihren Typus hin untersucht und in einer reduzierten Darstellung zu einer allgemein gültigen Lösungsmöglichkeit geformt. Alle Grundrisse und Schnitte sind neu und einheitlich gezeichnet und sind als der eigentliche Inhalt des Buches zu begreifen. Den Text betrachten wir mehr oder weniger als eine zusätzliche Erläuterung. Im Wesentlichen stellen jedoch die Zeichnungen den Lesestoff dar. Um bei den räumlichen Darstellungen ebenfalls einen Vergleich zu ermöglichen, wurde auf jegliches fotografische Material verzichtet. Der Fotograf sucht immer einen bestimmten Ausschnitt, der aufgrund seiner besonderen Stimmung eine Allgemeingültigkeit ausschließt und damit ein subjektives Urteil unumgänglich macht. Deshalb haben wir aus Vorlagen in abstrahierender Form eine Zeichnung erstellt. Dadurch wird nicht nur die Vergleichbarkeit der unterschiedlichen Raummodelle sichergestellt, sondern auch die Vielfalt von Lösungsmöglichkeiten bei vergleichbaren Aufgabenstellungen aufgezeigt. Den Studierenden sollen nicht, wie in anderen Entwurfslehren beabsichtigt, bewährte Lösungen als Rezeptur an die Hand gegeben werden. Vielmehr erfährt man durch das Studium der Zeichnungen, dass jede gestellte Aufgabe durch Ort, Programm und vieles mehr eine individuelle Lösung verlangt.

Die Auswahl erhebt keineswegs den Anspruch auf Vollständigkeit, wie auch das Buch kein wissenschaftlicher Leitfaden sein will. Die Beispiele zeigen jedoch, dass der Schulbau bereits in den 1930er Jahren bemerkenswerte Lösungen hervorbrachte, die durchaus für das heutige Bauen Vorbild sein können. Sie machen aber auch deutlich, dass nach einem nahezu 30 Jahre andauernden Stillstand der Entwicklung eine Erneuerung der Programme zu beobachten ist. Vorreiter sind hierbei vor allem private Schulen sowie die jüngsten Projekte aus der Schweiz. Dass die Auswahl mit wenigen Ausnahmen vor allem dem deutschen Sprachraum entstammt, ist einmal dem zu erwartenden Leserkreis geschuldet, zum andern zielt sie auf eine Entwurfsproblematik, die mehr durch Kultur und Gesellschaft geprägt ist als dies bei Themen wie etwa dem Verwaltungsbau, dem Handel, der Industrie, dem Sport oder der Freizeit der Fall ist.

Kontext

Arno Lederer

Gegenwärtige Situation Schule und Stadt

„Schule, Rathaus und Kirche", so besagt ein alter Spruch, „sind die besonderen Gebäude einer Stadt." Man meinte damit den formalen Unterschied, den diese Gebäude gegenüber der „normalen" Bebauung einnehmen können. Natürlich trifft das heute nicht in diesem Umfang zu. Das Bild der Stadt wird mehr von Bauten, die dem Handel und der Wirtschaft dienen, bestimmt. Aber auch jene, die der Kultur, Freizeit und Unterhaltung dienen – wie Theater, Konzerthäuser, Museen oder Veranstaltungshallen aller Art – nehmen im Geflecht der Stadtstruktur eine Sonderstellung ein. Trotzdem lohnt es sich, über die Besonderheit der im ersten Satz genannten Bauten nachzudenken. Mit diesen Bauten wird nämlich dem Staat, der Kirche und der Bildung eine Sonderrolle eingeräumt. Denn mit Schule ist ja auch umschrieben, welchen Status die erwachsene Gesellschaft den nachwachsenden Generationen einräumt. „Bildung", so sagt man heute, „ist der einzige Rohstoff, über den die meisten mitteleuropäischen Staaten verfügen."

Der Erfolg einer Gesellschaft hängt in der Zeit der Globalisierung also nicht allein von der wirtschaftlichen Stärke ab. Überhaupt scheint der Grad der Bildung, über den eine Gesellschaft verfügt, für ihr weiteres erfolgreiches Bestehen ausschlaggebend zu sein. Insofern erhält die Frage von Schule und Erziehung ein ganz anderes und neues Gewicht. Das hat enorme Auswirkungen auf die Pädagogik, die sich gerade auch in Deutschland in einem kräftigen Wandel befindet. Wo neue und andere Formen einer Pädagogik gepflegt werden, braucht es auch neue und andere Räume, die diese Pädagogik ermöglichen. Da die Vorstellungen dessen, was eine neue Pädagogik ausmacht, von Schulträger zu Schulträger sehr unterschiedlich sind, braucht es auch Angebote von differenzierten baulichen Modellen, die der Diversität der unterschiedlichen Erziehungsmodelle Rechnung tragen. Ruhte in Deutschland zum Beispiel die Schulbildung bis zu 80 Prozent auf den Schultern staatlicher Schulen, so können wir in der Gegenwart ein geradezu dramatisches Wachstum von privaten Einrichtungen beobachten. Es zeigt, wie vor allem die Familien selbst den Stellenwert der Erziehung erkennen, wenn es um die Zukunftssicherung ihrer eigenen Kinder geht.

Angesichts der veränderten und vielfältiger gewordenen Bildungslandschaften kann sich die Architektur von Bildungseinrichtungen nicht mehr auf klar gesicherte Typologien stützen, wie das im 20., vor allem aber im 19. Jahrhundert der Fall war. Nicht nur, dass unterschiedliche Schulformen unterschiedliche Räume erforderlich machen, sondern auch, dass die Unterrichtsform, die im wesentlichen Frontalunterricht bedeutete, einer Vielfalt anderer Lehrformen gewichen ist. Bei vielen Lehr- und Lernformen kann man gar nicht mehr von Unterricht im klassischen Sinne sprechen. Vielmehr handelt es sich dabei um Angebote, wie in Gruppen Wissen und Bildung durch selbstmotiviertes Arbeiten angeeignet werden kann. Dies kann durchaus auch jahrgangsübergreifend geschehen. Es versteht sich von selbst, dass sich das althergebrachte Klassenzimmer dafür wenig eignet. Räumlichkeiten, die von der Dimension und Atmosphäre her das leisten, entsprechen in keiner Weise den Flächenangaben, die in einschlägigen Entwurfslehren aufgelistet sind.

Eine weitere Änderung betrifft die Abschaffung des Halbtagsunterrichts, wie er in Deutschland üblicherweise gepflegt wird. Der Wechsel zum Ganztagsunterricht bedingt zusätzliche Flächen, die der Verpflegung, der Betreuung und dem selbstständigen Lernen dienen. Es ist davon auszugehen, dass der Anteil von Ganztagsschulen zunehmen wird und ihnen das Hauptgewicht zukommt. Insofern sind Schulen nicht nur Orte der Wissensvermittlung, sondern stellen – neben dem familiären Zuhause – auch eigene „Heimaten" dar. Es versteht sich von selbst, dass die Architektur dafür räumliche Angebote entwickeln muss.

Die Geschichte des Schulbaus weist drei wesentliche Einschnitte auf: Nachdem im 19. Jahrhundert zunächst Schultypen entwickelt wurden, die in einem ersten Schritt die räumliche Erfüllung der allgemei-

Kontext

nen Schulpflicht zum Inhalt haben, löst die Reformpädagogik zu Beginn des 20. Jahrhunderts einige neue Gebäudeformen aus, die teilweise bis heute die Qualität von Schulgebäuden der öffentlichen Hand übertreffen. Erst in den 1970er Jahren, als in der Bundesrepublik durch die Picht'sche Bildungsreform der Zugang zu weiterbildenden Schulen einer breiteren Bevölkerungsschicht ermöglicht wird, entstehen in Ergänzung zu den bewährten Haustypen neue Grundriss- und Gebäudeformen. In dieser Zeit entwickeln sich die Richtlinien, nach denen Schulhäuser finanziert werden. Daran hat sich bis heute wenig geändert, auch wenn in vielen Bundesländern die Vorschriften nicht mehr bindend diese Richtlinien vorgeben. Eine neue Sichtweise und langsame Aufweitung der Programme sowie freie Handhabung durch private Schulen sind seit den Ergebnissen der ersten PISA-Studie zu beobachten. Diese hat nicht nur pädagogisch einen Aufbruch bewirkt, sondern stellt besonders auch die Forderung nach veränderten typologischen Grundrissmustern.

Mit Blick auf die schrumpfende Bevölkerung in Mitteleuropa ist es naheliegend, das geschilderte Problem nicht primär durch Neubauten in den Griff zu bekommen. Man kann den immensen Bestand nicht ignorieren. Dies bedingt eine „zweigleisige" Strategie: Neubauten dort, wo der Bestand eine Veränderung nicht zulässt oder die bestehenden Bauten sich in Randlagen befinden, die zu städtebaulich unvertretbaren Situationen führen. So erscheint es in schrumpfenden Städten nicht sinnvoll zu sein, periphere Standorte zu erneuern, vielmehr sollten dort durch Stärkung der Kerne die innerstädtischen Standorte gestärkt werden.

Diese Forderung steht im Zusammenhang mit der Erkenntnis, dass die Stadt in ihrer Vielfalt ein Umfeld bietet, das für das heranwachsende Kind eine wichtige Lernerfahrung bedeutet. Man denke nur an den Vorteil, die Schule von der Wohnung aus zu Fuß erreichen zu können. Bezüglich ihres Standorts boten die Schulen des 19. und frühen 20. Jahrhunderts entscheidende Vorteile. Damals musste man bei der Planung neuer Einrichtungen freilich berücksichtigen, dass die Erreichbarkeit des Schulgebäudes mit öffentlichen oder privaten Verkehrsmitteln nicht gegeben war. Daher war der Schulweg, wie wir es heute sehen, ein Teil des Schulalltags. Aus dieser Zeit stammt der Spruch „Kinder gehen nicht in die Schule, sie stehen in die Schule."

Der Hirnforscher Gerald Hüther weist in seinen Arbeiten auf den unschätzbaren Vorteil hin, der durch ein lebendiges städtisches Umfeld für die Entwicklung des Kindes gegeben ist.[2] Nimmt man diese Erkenntnisse ernst, dann spielt die städtebauliche Lage von Schulbauten eine ähnlich wichtige Rolle wie die Frage von Grundriss und räumlichen Typologien.

Unabhängig der durch die Hirnforschung entwickelten Thesen, die innerstädtischen Lagen zu stärken, stellen Schulbauten, die in Wohnquartiere integriert sind, Zentren dar, die generationenübergreifende Orte von Bildung, Kultur und Freizeit sind. Ihnen kommt damit eine große soziale Funktion zu, die weit über den ursprünglichen Nutzungsgedanken hinaus gehen. Dies spielt vor allem in solchen Quartieren eine Rolle, die „soziale Brennpunkte" darstellen.

Wenn Schulgebäude wieder als integraler Teil der Stadt empfunden werden, werden sie über den klassischen Begriff von Schule hinaus zu generationenübergreifenden Bildungszentren. So, wie wir heute Bildung als etwas begreifen, das uns lebenslang begleiten soll, werden die Gebäude, in denen Bildung vermittelt wird, auch zu Einrichtungen für alle Altersschichten. Sie müssen deshalb auch so geschaffen sein, dass sie einen Betrieb „rund um die Uhr" ermöglichen. Damit wird sich nicht zuletzt auch die Wirtschaftlichkeit der Immobilien in einem anderen Licht darstellen. Die Räume sollen also nicht nur dafür geeignet sein, unterschiedlichen Altersklassen gerecht zu werden, sondern auch dafür, Bildungsangebote zu ermöglichen, die über den Stundenplan hinaus in Bereiche hineinreichen, die jenseits der Lehrpläne liegen.

Mit den bislang gängigen Raumprogrammen können die genannten Bedürfnisse nicht erfüllt werden. So sind zum Beispiel die Erschließungsflächen, die in der Regel über einen Schlüssel von Nutz- und Verkehrsfläche angesetzt werden, zu nicht mehr tauglich als eben der Erschließung und Entfluchtung von Schulgebäuden. Dass die „Zwischenräume" im Schulhaus, die Gänge oder Hallen, eine ähnliche Funktion haben sollten wie die Straßen und Plätze einer Stadt, ist eine Erkenntnis, die in den Baubudgets noch keine Berücksichtigung gefunden hat. Dabei muss man unterscheiden zwischen Räumen, die sich für Wissensvermittlung gut eignen, also den „normalen", konventionellen Klassenzimmern und solchen, in denen Wissensverarbeitung geschehen kann, in denen die Möglichkeit der Kommunikation gegeben sein sollte und in denen darüber hinaus soziale Kompetenz geübt und erlangt werden kann. Dazu bedarf es – analog zum erwähnten öffentlichen Raum der Stadt – Flächen, die diesen Ansprüchen in vielfältiger Weise genügen.

Man sieht allein an diesem Beispiel, dass Raumanforderungen, die sich aus einem bestimmten Erziehungsprogramm über Jahre hinweg so entwickelt haben, zu einer kameralistischen Größe mutiert sind. Es wird eine zukünftige Aufgabe auch und vor allem der Architekten sein, auf eine dementsprechende Verbesserung von Raumprogrammen hinzuwirken sowie diese primär nach den pädagogischen Bedürfnissen anzupassen.

Durch die immer wieder geforderte Umstellung staatlicher Schulen zu Ganztagsschulen werden weitere schwerwiegende Mängel üblicher Programmvorgaben sichtbar. Dies betrifft insbesondere auch die Arbeitsmöglichkeiten der Lehrer selbst. Die bislang in den Raumprogrammen verankerten „Lehrerzimmer" sind für den Ganztagsunterricht unzumutbar. Unbestreitbar sollte jede Lehrperson nicht nur über einen ausreichend bemessenen Arbeitsplatz verfügen und diesen auch für vertrauliche Gespräche mit Schülern und Eltern sowie zur konzentrierten Arbeit nutzen können. Die Vorbereitung von Unterricht und Lehrinhalten, die Korrektur von Übungen oder Prüfungsaufgaben wie auch die schriftliche Beurteilung einzelner Schülerinnen und Schüler erfordert ausreichende Raumangebote, in denen ungestörte Arbeit erfolgen kann. Dass dies nicht mehr im „eigenen" Klassenraum geschehen kann, folgt allein aus der Notwendigkeit, diese Räume gruppen- und klassenübergreifend nutzen zu können.

Diese beiden Beispiele zeigen den eigentlichen Schwachpunkt des Schulbaus. Es liegt weniger an der Architektur selbst oder den Programmen, sondern an der Voraussetzung dafür: dem Geld. Denn die wesentlichen Verbesserungen bedeuten ein Mehr an zusätzlichen Räumen, die seither nicht Bestandteil klassischer Flächenanforderungen waren.

Während bei der Entwicklung von Raumprogrammen seit nahezu 40 Jahren Stillstand, in manchen Fällen auch Rückschritt zu beobachten ist (die Finanzierung orientiert sich häufig noch an den Schulbaurichtlinien der 1960er und 1970er Jahre), haben die Bemühungen, den Sicherheitsstandard von Gebäuden nachhaltig zu verbessern wie auch den gesundheitlichen Aspekten zu genügen, zu einem erheblichen finanziellen Mehraufwand geführt. Dies betrifft den vorbeugenden Brandschutz, die Verschärfung der Behindertengerechtigkeit, die Anforderungen des Unfallverhütungsschutzes der Gemeindeunfallversicherungen, die Arbeitsstättenverordnungen genauso wie die Verschärfung des Baurechts im Allgemeinen, der nationalen und europäischen Normen sowie der ökologischen und energetischen Bedingungen. Daneben können zusätzlich örtliche Bedingungen, Denkmalschutz oder stadtgestalterische Auflagen deutliche Mehraufwendungen auslösen. Dieser Umstand führt durch vorher festgesetzte Budgets in der Regel zu der Frage nach Kompensation der Kostensteigerungen durch Minderung räumlicher und gestalterischer Qualitäten. Ob ein Gebäude mehr oder weniger Akzeptanz findet, spielt also eine geringere Rolle als die gesetz- und vorschriftskonforme Umsetzung quantitativer Vorgaben. Dabei könnte man genauso fragen, ob es nicht gelingen kann, die geforderten technischen Hilfsmittel durch „soziale Hilfsmittel" zu ersetzen.

Das Ziel der Architektur ist, Häuser grundsätzlich so zu gestalten, dass sie sich eines hohen Zuspruchs erfreuen. Darin unterscheidet sie sich nicht von der Erziehung: Pädagogik ist nur dann erfolgreich, wenn sie mehr durch Freude als durch Zwang erfolgt. Damit soll der Vorschrift nicht entgegengewirkt werden, die ja aus grundsätzlichen Erwägungen zum Schutz der Menschen gedacht ist. Ihr sollen aber dort Widerstände entgegengebracht werden, wo ihre Anwendung und Durchsetzung nur nach dem Prinzip geschieht und der zu ihrer Umsetzung notwendige finanzielle Aufwand in keinem Verhältnis zum Ertrag steht. Die unübersichtliche Flut von Bestimmungen stellt zunehmend einen der schwierigsten Parameter für das Entwerfen dar, da in vielen Fällen die Räume erheblich an Qualität verlieren und die gesetzlichen Vorgaben und Normen in sich widersprüchlich sind. Viele Erfolg versprechende Unterrichtsformen, etwa das selbstständige Lernen in erweiterten Flurbereichen, lassen sich durch Vorschriften für erhöhten Brandschutz nicht umsetzen. Insofern wird es auch eine der zukünftigen Aufgaben von Architekten sein, auf eine flexible Umsetzung der allgemeingültigen Forderungen hinzuarbeiten, um so mit weniger Formalismen den speziellen örtlichen Gegebenheiten zu genügen.

Die geschilderten Schwierigkeiten können sich im Umgang mit bestehender Bausubstanz zu einer nahezu unlösbaren Entwurfsaufgabe entwickeln. Bei der Ertüchtigung von Bestandsbauten oder gar bei Umnutzung alter Gebäude zu tauglichen pädagogischen Einrichtungen macht man immer wieder die Erfahrung, dass aufgrund konstruktiver, bauphysikalischer und brandschutztechnischer Probleme der vorhandenen Substanz eine konfliktfreie Umsetzung von Raumprogrammen nicht möglich sein wird. Auch stellen in solchen Fällen zusätzliche Einschränkungen, wie zum Beispiel denkmalpflegerische Auflagen, erschwerende Ausgangssituationen dar. Auf der anderen Seite verfügen Gebäude, die zu Schulhäusern umgebaut werden sollen, im Regelfall über ein Flächenangebot, das über die in den Raumprogrammen getroffenen Vorgaben hinaus geht. Dies fordert von Bauherrschaft und Architekten einen offenen Umgang mit den räumlichen Vorgaben, denn nicht selten muss das Programm umgekehrt dem vorhandenen Gebäude angepasst werden.

Zweifellos ist die Umnutzung von Gebäuden zu schulischen Zwecken eine nicht ganz einfache Aufgabe. Im Regelfall zeichnen sich diese Architekturen, sofern sie eine gänzlich andere Funktion hatten, durch eine hohe Identität aus. Schulhäuser benötigen bestimmte architektonische Eigenarten, wenn sie auch über die Zeit des Schulbesuchs sich im Gedächtnis verankern sollen. Vielleicht war das eigentliche Manko der meisten Schulbauten der zweiten Hälfte des vergangenen Jahrhunderts ihre Gesichtslosigkeit und Austauschbarkeit. Dieses Problem lässt sich aber nicht durch vordergründige formale Maßnahmen lösen. Der beschriebene Wandel zu mehr Vielfalt der pädagogischen Angebote könnte jedoch zu ebenso differenzierten Architekturen führen. Denn Schulhäuser sind nicht nur für die Schulzeit gebaut. Sie sollen die Qualität haben, Heimaten zu sein und viele Jahre später noch positiv im Gedächtnis verankert zu sein.

Insofern kommt es auch bei diesem Leitfaden darauf an, aus den gezeigten Beispielen zu lernen. Erst der gekonnte kreative Umgang mit den unterschiedlichen quantitativen Vorgaben ist das, was wir als gute Architektur bezeichnen können. Wenn dieses den Architekten glückt, dann ist das Ziel erreicht, das Goethe für die Bürgerschule in Weimar formuliert hat und das noch heute über allem stehen kann.

Arno Lederer

Baugeschichtlicher Abriss

Das Schulgebäude als typologische Entwurfsaufgabe, wie wir sie heute verstehen, entwickelte sich vor allem im 19. Jahrhundert. Schulgebäude wurden freilich schon lange vorher errichtet. In erster Linie zählen dazu die Lateinschulen, viele davon mehrere hundert Jahre alt, die da und dort in Altstädten noch zu finden sind. Mit der Bewegung der Bürgerschulen in der ersten Hälfte des 19. Jahrhunderts und der Einführung der allgemeinen Schulpflicht entwickelte sich der Schulbau im Bereich der öffentlichen Bauten zu einem festen Bestandteil der Entwurfslehre.

Wenn wir mit dem Bau der Bürgerschule in Weimar beginnen, hat das mehrere Gründe. Erstens ist es eines der frühesten Beispiele, bei dem durch verschiedene Personen Pädagogik, Architektur und Politik zu einem Gesamtwerk gebracht wurden. Es handelt sich um den Baumeister Coudray, um Goethe als Fachmann für Kultur und Bildung und schließlich um Herzog Karl August als Finanzier und Bauherr. Zweitens ist das Haus von einer beispielhaften baulichen und gestalterischen Nachhaltigkeit. Noch heute finden wir es nahezu unverändert in Übereinstimmung mit den Zeichnungen von Coudray. Schließlich sind die Grundrisse immer noch für pädagogische Nutzung tauglich, zur Zeit befindet sich darin die Musikschule. Allerdings haben sich die Belegungszahlen erheblich geändert. Zu Goethes Zeiten mussten noch 70 Kinder einen Platz im Klassenzimmer finden, was aber die grundsätzlichen architektonischen Qualitäten nicht schmälerte. Die enorme Dichte empfand man wohl als Normalität. Interessant ist auch die ebenfalls symmetrische Anordnung von zwei Eingängen über dem Vorhof: einen für Mädchen, einen für Knaben. Hier zeigt sich schön, wie die funktionellen Vorgaben den Typ selbst prägen.

Die Vorliebe für Symmetrie und Reihung von Schulräumen entlang langer Flure prägen die Grundrisse der Schulgebäude des 19. Jahrhunderts. Sie gehören damit zu der großen Reihe der Typologien, die dieses Jahrhundert hervorgebracht hat und die es aus anderen Epochen hervorhebt. Man muss diese Tatsache besonders würdigen, weil noch heute durch die Einschätzung der Moderne die Architektur des 19. Jahrhunderts eine nachteilige Bewertung erhält.

Typisch für die Schulen des 19. Jahrhunderts ist die Aneinanderreihung der Schulräume an einem langen Flur. Man bringt dieses Merkmal unmittelbar mit den autoritären Erziehungssystemen in Verbindung. Unterstützt wird das Vorurteil durch die Rekrutierung von Lehrern aus dem Militär. Inwieweit Schulgebäude direkt aus der Architektur von Kasernen übernommen wurden, wie vielfach geäußert wird, müsste erst noch verifiziert werden. Auf jeden Fall steht diese Annahme in krassem Widerspruch zu Goethes Ziel, ein Schulhaus so zu entwerfen, dass die Schüler darin „einer heiteren Thätigkeit ungehindert entgegen gehen". Eine feinfühligere Anforderung vermochte auch das 20. Jahrhundert nicht zu formulieren.

Beim Vergleich der Architekturen soll allerdings darauf hingewiesen werden, dass Kasernen selbst keine reinen Zweckbauten waren. Bis zum ersten Weltkrieg gab es darunter bemerkenswerte Gebäude, die nicht zuletzt wegen ihrer Architekturqualitäten heute unter Denkmalschutz stehen. Sie repräsentierten, wie alle anderen öffentlichen Bauten, also auch Schulen, das kulturelle Verständnis des Staats, wie das durch Jahrhunderte hindurch der Fall war. Der bauliche und künstlerische Aufwand dafür war enorm. Noch kann man in diesen Gebäuden die Vorstellung von einer Einheit von Kunst und Architektur nachvollziehen. Natürlich sah man die künstlerische Ausgestaltung von Schulbauten nicht als schmückendes Beiwerk, wie die spätere Generation abwertend urteilte, sondern auch als ein Mittel, um Bildungsinhalte zu transportieren.

Noch in der zwischen 1915 und 1924 von Erik Gunnar Asplund geplanten Karl-Johan-Schule in Göteborg sehen wir den über hundert Jahre bewährten Grundrisstyp. Die auf den ersten Blick schematische und rigide Struktur zeigt sich bei näherer Betrachtung als ein bis ins Detail räumlich differenziertes, ausgearbeitetes System. Der vermeintlich schnurgerade verlaufende Flur ist das Ergebnis einer präzise überlegten Gliederung des inneren Weges. Schulhaus, Hof und Nebengebäude sind zu einer räumlichen Einheit zusammengebunden. Das Ensemble hat, wie die meisten der im 19. Jahrhundert errichteten Schulbauten, eine durch und durch urbane Architektursprache. Es ist Teil der Stadt und es macht Stadt.

Eine radikale Abkehr vom besprochenen Typus stellt die „Openluchtschool" (1927-30) von Johannes Duiker dar. Hier steht vor allem, wie wir dem Buch über Duiker[3] entnehmen können, die Verbesserung der hygienischen und medizinischen Belange im Vordergrund. Schon in der äußeren Erscheinung ist die Haltung der Moderne unverkennbar: Der schmucklose Zweckbau gleicht mit seinen großen verglasten Fassaden und der dadurch sichtbaren Tragkonstruktion mehr einem fortschrittlichen Industriebau als dem klassischen Bild eines Schulgebäudes. Im Grundriss finden wir einen zentralen Erschließungskern, der auf einer knappen Verteilerfläche Klassenräume und Erschließung verbindet. Ein Teil davon ist ohne Fassade, also wie eine Terrasse innerhalb des Gesamtgrundrisses ausgebildet. Die Ausweisung des Flachdachs als ein zum Himmel hin geöffneter Klassenbereich unterstreicht den Hauptgedanken, den traditionellen Vorstellungen eines eher geschlossenen Baukörpers ein von Licht und Luft durchflutetes Gebäude mit besten Arbeitsbedingungen entgegenzusetzen. Der Gedanke, die Klassenzimmer kompakt um einen gemeinsamen Vorbereich anzuordnen und damit die oft kritisierte und als autoritäres Grundrissschema bezeichnete Längserschließung zu vermeiden, entspringt in erster Linie dem Ansatz einer dreiseitigen Belichtung der Unterrichtsflächen. Gleichwohl hat dies pädagogische Auswirkungen, da nunmehr kleinere Einheiten über die Stockwerke gebildet werden und damit auch eine Differenzierung der Aufenthaltsorte erfolgt.

Es sind in erster Linie pädagogische Überlegungen, die die Grundlage für den Entwurf der eingeschossigen Crow Island Schule in Winnetka (Illinois) von Eliel und Eero Saarinen, bilden. Alle Teile dieses Gebäudeensembles, 1940 errichtet, vom Lageplan bis zum Detail, sind auf die Bedürfnisse der Kinder abgestimmt. Die Klassen sind in L-förmigen Räumen untergebracht, die in gereihter Form wie eine eingeschossige Kettenhaussiedlung aussehen. Vom eigentlichen Schulraum aus sind eine kleinere Fläche mit Küche und Sanitärreinrichtung erreichbar sowie eine geschützte Terrasse. Unübersehbar ist der Wille, die Klassengemeinschaft als eine Art Familie zu betrachten. Der Raumzuschnitt und die Art, wie die vielsprossigen Fenster gestaltet sind, sind weniger für Frontalunterricht geeignet. Vielmehr sind dabei bereits Unterrichtsformen berücksichtigt, die den heute aktuellen pädagogischen Forderungen nachkommen. Die beschriebenen Räume liegen an zwei Fluren, die wie innere Wege zum Zentrum mit Einrichtungen für die gesamte Schulgemeinschaft führen. Man kann auch von einer Analogie zur Stadt sprechen und den Eingangsbereich und die innere Erschließung wie Straße und Platz eines Ortes sehen. Neben den sehr feinen Grundrissüberlegungen ist die Materialisierung und Detailausbildung bemerkenswert. Die vor allem von Eero und Lily Swann Saarinen sowie Larry Perkins entwickelten Details, ob es sich um plastischen Schmuck oder um einzelne Möbel handelt, runden das Bild eines außergewöhnlich und sorgfältig durchgearbeiteten und ausgeführten Entwurfs ab. Wenn auch die sanitären und sonstigen technischen Einrichtungen dem heutigen Standard nicht mehr entsprechen, stellt das Konzept einen bis heute vorbildlichen Höhepunkt der Schulbauentwicklung dar.

Formal anders, aber in den pädagogischen Ausgangsüberlegungen ganz ähnlich, hat Arne Jacobsen die Munkegårdskole in Gentofte, 1952-56, gezeichnet. Der vermeintlich streng entwickelte Grundriss ist in der dreidimensionalen Realität vielfältiger und kindgerechter, als die gerasterte Struktur das vermuten lässt. Tatsächlich ähnelt die äußere Erscheinung durch die geneigten Dachformen der Klassengruppen eher einer von Jacobsen entwickelten Reihenhausanlage. Ebenso wie bei der Schule von Eliel und Eero Saarinen sind die Klassen, diesmal in Zweiergruppen, einem kleineren Hof oder Freibereich zugeordnet. Die Erschließung erfolgt über einen gemeinsamen Flur, zwischen dem Gruppenarbeitsflächen liegen. Hervorragend ist die Belichtung über ein Oberlichtband gelöst, das Dunkelzonen in der Tiefe der Klassenräume vermeidet. Die bei der Crow Island School entwickelte Analogie zur Stadt ist durch die sinnvolle Folge und Hierarchie von Plätzen und Wegen weiter ausgearbeitet. Auch fällt die Detaillierung auf, nicht zuletzt die von Jacobsen gezeichneten Leuchten, die Munkegård-Leuchten, die noch heute im Programm des Herstellers zu finden sind.

Ein drittes Beispiel dieses Schultyps stellt die Geschwister-Scholl-Schule in Lünen dar. Hans Scharoun hat sie 1956 bis 1962 gebaut. Auch hier finden wir Module aus Klassen-, Gruppenraum und geschütztem Freibereich, die entlang einer inneren Straße gereiht sind. Scharoun geht einen Schritt weiter und differenziert die Raumform nach Altersstufen. In diesem Gebäude ist nicht nur formal, sondern auch inhaltlich die Übereinstimmung mit den Konzepten der Steinerschulen erfolgt. Die fließenden Grundrisse verbinden, wie in den beiden vorgenannten Schulbauten, die zentralen Räume wie Foyer oder Aula zu einer großen Gemeinschaft. Allerdings kommt, was die räumliche Gestaltung betrifft, den gemeinsam genutzten Räumen, vor allem dem Festsaal als Ort der Schulgemeinschaft, eine besondere Bedeutung zu. Der hohe Grad der Individualisierung jedes Raums stellt in dieser Form einen Höhepunkt in der Schulentwicklung dar. Man kann grundrisstechnisch nicht von Neben- und Hauptnutzflächen sprechen, sondern von einem Organismus, bei dem jedes Teil seine eigene Aufgabe im Sinne des Ganzen hat und sich deshalb einer hierarchischen Betrachtung mit Blick auf spätere DIN-Normen hinsichtlich der Kosten- und Flächenberechnungen entzieht. Dieser Punkt ist in der weiteren Entwicklung der Schulbauten nicht unwesentlich, weil nicht nur die Individualisierung, sondern auch die damit verbundene große Abwicklung von Außenflächen wie auch die niedrige Bauweise höhere finanzielle Aufwendungen nach sich zieht.

Im Jahre 1965 bezeichnete Georg Picht die deutsche Bildungspolitik als „Bildungskatastrophe“[4] und löste damit eine Reform aus, die allen Schichten den Zugang zur gymnasialen Bildung erschließen sollte. Vor allem die daraus erfolgte Gründung von Gesamtschulen hatte enorme Auswirkungen auf den Schulbau. Das Thema wurde Forschungsgegenstand an Architekturfakultäten, an denen Schulbauinstitute systematisch die Bedingungen für eine neue Typologie entwickelten. Teams aus unterschiedlichen Fachdisziplinen, wie der Architektur, Soziologie, den Erziehungswissenschaften oder der Psychologie, entwickelten Raumprogramme, aus denen dann jeweilig interdisziplinäre Gruppen die Entwürfe zeichneten. Es gab dabei auch Versuche, die Frage der Gestaltqualität durch quantitative Bewertungskriterien in den Griff zu bekommen. Die Forderung und Suche nach Werkzeugen, die eine objektive Beurteilung von Architektur ermöglichen, war eines der oberen Ziele. Perfekte Funktion und ein hohes Maß an Flexibilität waren die Grundlage für die architektonische Arbeit. Die geschickte Flächenverteilung in Verbindung mit einem stringent auf Achsen bezogenen Tragwerk prägte die Grundrisse. Viele Gebäude versuchte man darüber hinaus in Systembauweise zu errichten. Die rasche Produktion stand im Vordergrund, wie auch die Vorstellung, dass individuelle Architekturen nicht dem Bild von einer alle Schichten übergreifenden Bildung entsprächen.

Die auch unter dem Begriff der „fensterlosen Schulen“ entstandenen Bildungszentren unterliegen aus heutiger Sicht in der Tat einem Schematismus, der wenig mit unseren heutigen Vorstellungen von Ort, Milieu oder den Fragen von Heimat und Geborgenheit zu tun hat. Interessant ist auch, dass bei diesen Gebäuden die Autorenschaft von geringer Bedeutung war. Die recht großen Komplexe konnten nur in Stadtrandlagen einen Platz finden. Die Anonymität und Sterilität, ganz gewiss auch die empfundene ästhetische und materielle Lieblosigkeit blieb nicht ohne Folgen, was bald zu einer breiten Ablehnung dieses Typus führte. Diese Epoche des Schulbaus einer pauschalen Kritik zu unterziehen, ist nicht ganz gerechtfertigt. Schließlich loben auch heute noch viele Pädagogen die Flexibilität oder die Großzügigkeit der inneren Erschließungsbereiche, damals Schulstraßen genannt.

Nachdem der Bedarf an neuen Unterrichtsgebäuden in den 1970er und 1980er Jahren erheblich abnahm, wurden auch die Schulbauinstitute als „Think-Tank" für die Entwicklung von Bildungsbauten nach und nach abgeschafft. Vereinzelt entstanden als Reaktion auf die Architektur der 1960er und 1970er Jahre Modelle für einen Schultyp, in dem eine überschaubare Schulgemeinschaft Platz finden kann. Damals geradezu als Pionierleistung empfundene Beispiele sind die beiden (Gegen-) Entwürfe der Nachbarschaftsschule in Berglen-Oppelsbohm (1969) und das Progymnasium in Lorch (1973) aus dem Büro Behnisch & Partner. Die Abkehr vom rechten Winkel und die radial um ein Zentrum liegenden Schulräume kennzeichnen diese Entwürfe. Die Gebäude haben damit ein eindeutiges Zentrum, das Foyer, das Eingangshalle und Aula gleichermaßen darstellt.

Die über mehrere Geschosse führende Halle als Gemeinschaftsraum wird später – formal in der Sprache des Dekonstruktivismus vom Büro Behnisch weiterentwickelt – ebenfalls Vorbild für einige Schulgebäude bis in die 1990er Jahre hinein.

Im Zuge der negativen Bewertungen der PISA-Studie zu den Leistungen deutscher Schüler kommt wieder Bewegung in den Schulbau. Neue und andere pädagogische Konzepte verlangen nach anderen Raumordnungen. Während jedoch die öffentliche Hand den neuen Entwicklungen wohl auch aus finanziellen Gründen zurückhaltend gegenüber steht, beobachten wir zum Beispiel in der Schweiz eine außerordentlich experimentierfreudige Entwicklung. Dabei spielt die Individualisierung wieder eine zunehmende Rolle, auch die Offenheit und vielfache Nutzbarkeit von Zwischenzonen. Schulen sollen sich nicht wie ein Ei dem anderen gleichen. Sie als ein Stück Heimat und Teil der örtlichen gesellschaftlichen und kulturellen Gegebenheiten zu begreifen, wird sicher ein wichtiges Ziel darstellen. Für die Städte wird es gleichsam eine große Aufgabe sein, die Schulen von den Randlagen in ein urbanes Umfeld zurückzuführen.

1 WA IV, 41, Brief vom 20. Juli 1826 an Carl August, Goethes Werke. Hrsg. im Auftrag der Großherzogin Sophie von Sachsen. IV Abteilung: Goethes Briefe. 50 Bde. Weimar 1887-1912.

2 Auf diesen Zusammenhang verwies Gerald Hüther auch im Rahmen eines Vortrags in Hamburg am 23.09.2007.

3 E. J Jelles/ C.A. Albert: Duiker 1890-1935. Forum voor architectuur en daarmee verbonden kunsten 22 (1972), Amsterdam 1976.

4 vgl. „DIE ZEIT", Nr. 46; Hamburg, 12.11.1965.

Otto Seydel

Der dritte Pädagoge ist der Raum

Pädagogische Überlegungen zum Thema Schulbau

Was ist eine gute Schule?

- „Eine Schule ist dann eine gute Schule, wenn die Kinder traurig sind, wenn der Unterricht ausfällt."
- „Eine Schule ist dann eine gute Schule, wenn sie die höchste Anmeldequote in einer Stadt hat."
- „Eine Schule ist dann eine gute Schule, wenn sie im PISA-Ranking auf einem der ersten Plätze liegt."

Die Spannweite der Antworten auf die Frage „Was ist eine gute Schule?" ist groß. Alle drei Blickwinkel haben ihre Berechtigung: die Begeisterungsfähigkeit des Kindes, die Erwartungen der Eltern und der Außenblick auf die sogenannten harten Ergebnisse. In allen drei Fällen geben die angeführten Indikatoren allerdings noch keine Hinweise, wie eine Schule zu einer guten Schule werden kann.

Die internationale pädagogische Forschung hat auf die Frage nach den Gütekriterien in den letzten zwanzig Jahren eine Reihe empirisch gut fundierter und weiterführender Antworten gefunden. Ich nenne drei Beispiele aus dieser umfangreichen pädagogischen Merkmalsliste (Helmut Fend):

- „Gute Schulen besitzen eine effektive Führung in Fragen der Unterrichtspraxis."
- „Gute Schulen erwarten von ihren Schülern hohe Leistungen."
- „Gute Schulen geben regelmäßige und häufige inhaltliche Rückmeldungen über die Lernfortschritte der Schüler."

Die Frage nach dem guten Schulgebäude

Die Antworten der Erziehungswissenschaftler sind plausibel. Allerdings ist eine Merkwürdigkeit zu konstatieren: Bei ihren Untersuchungen spielt die Dimension „Zeit" eine wichtige Rolle – als weiterer Indikator für die Qualität von Schule gilt zum Beispiel die „effektive Gliederung und Nutzung der Zeit zum Lernen und zum Unterrichten"; die Dimension „Raum" dagegen kommt bei ihrer Frage nach der guten Schule nur am Rande beziehungsweise gar nicht vor. Obwohl doch jeder Lehrer aus tagtäglicher Erfahrung weiß, wie schnell aus gutem Unterricht ein schlechter wird, wenn

- das Klassenzimmer viel zu eng ist,
- offene Aktionsmöglichkeiten ausgeschlossen sind,
- die Raumausstattung unzureichend und die Akustik katastrophal ist!

Bereits in den 1980er Jahren prägte Loris Malaguzzi, der Begründer der Reggio-Pädagogik in Italien das inzwischen geflügelte Wort: „Ein Kind hat drei Lehrer: Der erste Pädagoge sind die anderen Kinder. Der zweite Pädagoge ist der Lehrer. Der dritte Pädagoge ist der Raum." Weit verbreitet hat sich diese Erkenntnis allerdings seitdem nicht. Anlässlich dieses Beitrags habe ich eine Recherche angestellt, wo in Deutschland die *pädagogische* Frage nach dem Schulbau vorangetrieben wird:

- Bei einer Umfrage unter allen sechzehn Kultusministerien in Deutschland nach neuen, richtungweisenden Initiativen zur Schulbauarchitektur bekam ich fünfzehn Mal die Schulbaurichtlinien zugeschickt.
- Die Zahl der *pädagogischen* Hochschullehrer, die sich in den letzten Jahren in Deutschland mit dem Zusammenhang von Architektur und Pädagogik befasst haben, kann man an einer Hand abzählen. Abgesehen von einem Projekt der Wüstenrot Stiftung gibt es kaum aktuelle Forschungsprojekte.
- Die Mehrzahl der pädagogischen Veröffentlichungen in den vergangenen Jahren bescheidet sich mit der Aufarbeitung von Einzelaspekten aus der Geschichte des Schulbaus.

Hier besteht ein großer Nachholbedarf. Der erste Schritt dazu ist die erneute Klärung der Frage: Was gilt – Anfang des 21. Jahrhunderts – als eine gute Schule? Ich frage jetzt nicht nur nach dem sozialen Feld Schule, nach der Institution, sondern auch nach dem Gebäude. Als Pädagoge kann ich zwar nicht sagen, wie man sie bauen muss. Aber ich kann sagen, welche Anforderungen das Gebäude erfüllen muss, damit in Zukunft eine gute Schule daraus werden kann. – Zunächst jedoch noch einmal zur Vergangenheit.

Kontext

Was galt bislang als eine gute Schule/ als ein gutes Schulgebäude?

Wie hat sich das eigene Bild von Schule und Unterricht über 13 Jahre – manchmal auch mehr – Schultag für Schultag eingeprägt? Ich habe versucht, meine eigenen Empfindungen zu rekonstruieren, die ich mit den Räumen meiner alten Schule, der Tellkampfschule in Hannover, verband: Der Lehrer saß hinter seinem Pult oder wanderte durch die Klasse – und redete. Wir saßen in Reihen oder – wenn es bei den jungen Referendaren ganz fortschrittlich zuging – im Hufeisen. Die Schüler antworteten. Gelegentlich. Die Schüler schrieben. Gelegentlich. Sie sollten es jedenfalls. Meine Erinnerungen bleiben hängen an viel zu eng gestellten, viel zu niedrigen Tischen, über die wir wunderbar Nachrichten weiterleiten konnten, an schlechte Luft, an den markanten Geruch von Kreide, Bohnerwachs und Schweiß. Meine stärkste Erinnerung: Ich sitze in der Nähe des Fensters und träume hinaus. Auf dem Rasen Krähen (oder Elstern, das weiß ich nicht mehr genau – jedenfalls hüpfend). Immerhin: Rasen. Vögel.

Man kann einwenden, dass ich doch etwas übertreibe. Aber die Schulforscher haben gezählt. Sie haben herausgefunden, dass in der alten Schule für den einzelnen Schüler die durchschnittliche Chance, ein eigenes Wort zu sagen, selbst aktiv zu werden, eins zu fünfzig stand. Auf fünfzig Worte eines Lehrers – ein Wort eines Schülers. Und wenn man dann bedenkt, dass es in jeder Klasse mindestens drei Schwätzer unter den Mitschülern gab, reduzierte sich – jedenfalls für mich – die Chance, selbst aktiv zu werden, auf die Größenordnung einer homöopathischen Verdünnung.

Ein Kapitel aus dem hidden curriculum, dem „verborgenen Lehrplan“ dieser alten Schule, lautete (ich pointiere absichtlich):

- Stillsitzen!
- Fragen korrekt beantworten!
- Überliefertes vollständig wiedergeben!

Für die Anforderungen dieses verborgenen Lehrplans war die alte Schularchitektur genau richtig, gleichgültig ob sie ihr Muster aus dem inneren Leitbild einer Kaserne oder eines Klosters bezog.

Es gab in der Kulturgeschichte des Abendlandes einen folgenschweren Irrweg, der aber hoffentlich nur eine kurze Episode der Menschheit bleiben wird. Die Geschichte dieses Irrtums begann erst im 17. Jahrhundert, als die Schulleute fanden, man könne das Lernen von Kindern und den Aufbau ihrer Persönlichkeit am besten so organisieren, dass *alle* Kinder des *gleichen* Jahrgangs im Prinzip zum *gleichen* Zeitpunkt das *Gleiche* lernen. Das schaffen selbst eineiige Zwillinge selten. Ich weiß nicht, ob Luther, Bach oder Goethe zu ihrer Genialität gefunden hätten, wenn man sie nicht nur einige wenige, sondern 13 Jahre in dieses Korsett gezwungen hätte. Ein Erwachsener käme vermutlich kaum auf die Idee, das eigene Lernen freiwillig so zu organisieren, dass man sich zusammen mit 25 bis 35 anderen über sechs bis acht Stunden am Tag in zu engen, schlecht belüfteten und unzureichend belichteten Räumen zusammenpferchen lassen und alle 45 Minuten – auf ein Glockenzeichen hin – Thema und Tätigkeit wechseln würde. Und das 13 Jahre lang.

Diese Schulkritik ist keineswegs neu. Sie hatte schon die sogenannten Reformpädagogen vor 100 Jahren zu bemerkenswerten Schulgründungen angestiftet. Der jetzige – viel breitere – Neubeginn ist nach meiner Einschätzung allerdings keineswegs auf die Überzeugungskraft fortschrittlicher Pädagogen zurückzuführen. Es ist sicher kein Zufall, dass die PISA-Studie nicht über die Schulbehörden zustande kam, sondern über die OECD – eine Organisation, die sich in der Vergangenheit mehr für die wirtschaftliche als für die kulturelle Entwicklung interessiert hat. Handwerksmeister und Konzernmanager, Architekten und Admiräle haben schon seit geraumer Zeit gemahnt, dass sie keinen Bedarf haben an Mitarbeitern, die „stillsitzen“; sie brauchen vielmehr Mitarbeiter, die sich selbst bewegen. Sie haben keinen Bedarf an Mitarbeitern, die nur „Fragen korrekt beantworten“ können; sie brauchen vielmehr Mitarbeiter, die selbstständig Fragen stellen, die nicht nur „Überliefertes vollständig wiedergeben", sondern selber Neues finden können.

Die Aufgabe für die neue Schule heißt nicht mehr Problemlösungen lernen, sondern Probleme lösen lernen (Elmar Osswald). Und damit sie dazu in der Lage sind, müssen die Schüler zunächst und zugleich die zentralen Basisfähigkeiten zur Verständigung in unserer modernen Zeit erwerben. Sie müssen Texte wirklich selbst verstehen (und nicht nur wiedergeben) können: Sachtexte, politische Pamphlete, suggestive Werbung, literarische Fiktionen, mathematische Reduktionen, naturwissenschaftliche Modelle, englische Sprach-Importe. Sie müssen diese Texte nicht nur in ihrem Sinn verstehen, sondern sie müssen sie deuten, kritisch relativieren, weitergeben können. Und sie müssen das, was sie selbst erkannt haben, eigenständig und verständlich in Wort und Schrift anderen vermitteln und zur Diskussion stellen können.

Die nur allzu vertraute Form von Klassenunterricht – das „Lernen im Gleichschritt" – ist gerade einmal 250 Jahre alt. Die Kulturgeschichte aber kennt auch ganz andere Formen, wie Lernen höchst wirksam organisiert werden konnte. Wie kann heute – schulorganisatorisch – der Sprung vom 17. ins 21. Jahrhundert gelingen? Was kann die Architektur dazu beitragen? Eine vollständige Antwort auf diese Frage ist an dieser Stelle nicht möglich. Ich will aber drei Aspekte aufzeigen, die in Zukunft bei der Suche nach einer Antwort hilfreich sein können:

- Erstens: Wie muss die neue Schule gestaltet werden als ein Gebäude, als ein Ort, an dem die Schüler lernen?
- Zweitens: Wie muss die neue Schule gestaltet werden als ein Ort, an dem die Schüler leben?
- Drittens: Wie muss die neue Schule gestaltet werden als ein Ort, von dem die Schüler lernen?

Wir sind aufgefordert, Schule in einem radikalen Sinn „neu zu denken" (Hartmut von Hentig). Darum möchte ich anregen, bei den folgenden Reflexionen einmal den Versuch zu unternehmen, alle gewohnten Bilder von Unterricht und Schulorganisation (siehe oben) so weit als möglich auszublenden. Gleichwohl: Damit Architekten ein Gebäude entwerfen können, müssen sie wissen, was die Menschen in diesem Gebäude tun und wie sie es tun.

Erstens: Die Schule als Ort, an dem die Schüler lernen

Von welchen methodischen Prinzipien aus sollte in der neuen Schule der Unterricht organisiert werden, damit eine gute Schule für das 21. Jahrhundert möglich wird? Wie könnten Kinder und Jugendliche wirklich effektiv lernen? Wie agieren sie, was tun sie, wenn sie etwas lernen wollen oder lernen müssen? Ich frage bewusst nicht: Was tut der Lehrer, wo steht sein Schreibtisch, sondern: Was tun die Kinder und Jugendlichen?

Orientierung für das zukünftige Schulgebäude als Lernort gibt eine Unterscheidung von vier fundamentalen Lernformationen (Gerold Becker), die im Prinzip für alle Schulformen für alle Fächer in allen Altersstufen gelten:

Typ 1: Der Selbstunterricht

Selbstunterricht geschieht durch eigenes Ausprobieren und Herstellen, durch Bücher lesen und eigene Texte schreiben. Neuerdings auch durch das Recherchieren, Simulieren, Konstruieren, Memorieren am Computer. Und die wichtigste Tätigkeit vielleicht: das ungestörte eigene Nachdenken. Die selbstständige aktive Auseinandersetzung mit Texten und Materialien besitzt eine große bildende Kraft. Für dieses eigenverantwortliche Lernen muss in der Schule Raum sein, nicht zuletzt angesichts der Veränderungen außerhalb der Schule. Solange die unmittelbare Umgebung der Kinder außerhalb der Schule diese aktive Auseinandersetzung noch provoziert hatte, war der skizzierte Irrweg der Schule nicht so fatal. Aber die Zeiten haben sich geändert. Kinder im 21. Jahrhundert sehen täglich mehrere Stunden fern – statt selbst zu spielen. Je niedriger das Bildungsniveau der Familie, desto höher der tägliche Fernsehkonsum. Kinder im 21. Jahrhundert bekommen ihre Plastik-Welten vorgefertigt aus dem

Supermarkt – und müssen sie nicht mehr selber bauen. Kinder im 21. Jahrhundert können auf der Straße vor ihrem Haus im günstigsten Fall gerade noch Skateboard fahren. Der neuen Schule kommt darum die Aufgabe zu, den Kindern Räume und Zeiten für die selbstständige, aktive Auseinandersetzung mit der Welt wieder zu eröffnen.

Typ 2: Der Einzelunterricht
Natürlich lernt man nicht immer und alles am besten alleine. Die zweite Lernform ist der Einzelunterricht. Sein Grundmuster ist das Verhältnis von Meister und Lehrling. Der Schüler lernt durch Nachmachen, Zuhören, Rückfragen und – das ist vielleicht das wichtigste dabei – durch die Ermutigung, einen gemachten Fehler nicht als Unglück, sondern als neue Lerngelegenheit zu begreifen. Der Erklärer und Ermutiger kann der Lehrer, der Meister (mit und ohne Zertifikat) – und ebenso gut, manchmal sogar besser, der Mitschüler sein, dessen Vorsprung nicht ent-, sondern ermutigt. Der Zeitrahmen dafür ist gewiss nicht der 45-Minuten-Takt. Es geht zum Beispiel um die Sequenzen, in denen sich in einer Stillarbeitsphase der Lehrer zu einem einzelnen Schüler setzt. Oder es geht um eine methodisch bewusst gesteuerte Partnerarbeit. Oder es geht in Teamteaching-Situationen um gezielte Fördereinheiten durch erfahrene und speziell geschulte Pädagogen für einzelne Kinder, die zeitweilig diese Förderung brauchen.

Typ 3: Das Gespräch in der Gruppe
Bildung ohne Dialog ist ausgeschlossen. Lernen im Gespräch geschieht durch zuhören, sich selber artikulieren, neue Gedanken ausprobieren, Einwände gegen eine Behauptung gewichten, die unterschiedlichen Spezialkenntnisse und -erkenntnisse verschiedener Gesprächsteilnehmer ohne Egoismen zu einem neuen Ganzen fügen. Sozialpsychologen haben ziemlich genau herausgefunden, welche Gruppengrößen eine aktive Beteiligung aller erleichtert, ohne dass die Gruppengröße wiederum zu einer Belastung wird, die Teilgruppen ausschließt. Das Maximum liegt bei zwölf. Die Erhöhung der Gruppengröße (zum bundesdeutschen Klassenstandard von 32) führt über kurz oder lang notwendig dazu, dass einige Teilnehmer beginnen, aus dem Fenster zu schauen, um nach den Krähen und Elstern zu suchen. Das Optimum liegt – je nach Thema und Komplexität der Aufgabenstellung – bei sieben plus/minus drei Teilnehmern. Bewährt haben sich im schulischen Kontext Gruppengrößen von vier oder sechs.

Typ 4: Die Demonstration
Lernen durch Demonstration geschieht durch zuschauen, zuhören. Beim Vortrag, bei der Präsentation mit Tageslichtschreiber oder Beamer, beim Film, bei der Vorführung eines Experiments, beim Konzert. Bei der Demonstration bleibt der Schüler weitgehend rezeptiv. Im günstigsten Fall schreibt er mit. Für ein längeres produktives Gespräch in der Kleingruppe war die Zahl der Teilnehmer präzise begrenzbar. Bei der letzten Lernformation, der Demonstration, ist die Skala nach oben offen, allein eingeschränkt durch optische oder akustische Grenzen. Hier geht es um die klassische Schulklasse, gelegentlich aber auch um einen ganzen Jahrgang oder die Schulgemeinde insgesamt.

Zwei entscheidende Voraussetzungen dafür, dass der Mensch zum Menschen wird, erwirbt er in den beiden erstgenannten Lernformationen: Den aufrechten Gang und die menschliche Sprache erlernt er in der Regel ausschließlich durch Selbstunterricht und Dialog. Nun wäre es gleichwohl naiv zu glauben, man könne Schule auf die ersten beiden Typen beschränken und Unterricht gänzlich umstellen auf eigenständiges, entdeckendes, praktisches Lernen. Vortrag und Frontalunterricht haben nicht nur aus ökonomischen Gründen ihre Berechtigung. Es ist ein wunderbares Privileg der Gattung Mensch, dass nicht jede Generation das Rad neu erfinden muss. Kulturelle Traditionen müssen „übergeben", tradiert werden. Dazu muss man sie zunächst zeigen, eben „demonstrieren", bevor die neue Generation sie sich im eigenen Nachvollzug in eigener Gestalt aneignet und weiterentwickelt.

Das Unterscheidungskriterium für die vier Lernformations-Typen ist einfach. Die Zahl der Beteiligten variiert:

- allein
- zu zweit
- in der kleinen Gruppe zwischen drei und zwölf
- in der großen Gruppe (also in der Klasse, gelegentlich auch im Jahrgang oder in der ganzen Schule)

Es gibt eine einfache Faustregel, wie die zeitliche Verteilung in der zukünftigen Schule aussehen soll: 30 % allein, 30 % in der Kleingruppe (zwei bis sechs Schüler), 10 % im Kreis (der Klasse), 30 % frontal. Dabei verlaufen diese Phasen nicht säuberlich durch Pausen getrennt, sondern wechseln häufig in schneller Folge, zum Beispiel in allen Arbeitsformen des „kooperativen Lernens" (Norman Green).

Die vier Lernformations-Typen müssen konkretisiert werden durch drei Arten der Lerntätigkeit beziehungsweise Lernrichtungen, die ihrerseits im Prinzip zu gleichen Teilen in allen Altersstufen, allen Fächern, allen Schulformen vorkommen müssen: **„Rezeptives" Lernen** heißt: Geschichten, Gesetzmäßigkeiten, Informationen und Informationswege sind fertig aufbereitet und können wohldosiert und in systematisch vorgegebener Folge aufgenommen, eben „rezipiert" werden. Es beginnt beim Zuhören und Lesen und endet beim gespannten Verfolgen eines lebendigen Lehrervortrags. Eine Idealform ist die Instruktion, in die Elemente des entdeckenden Lernens bereits aufgenommen sind. Zu einer Fehlform kann bei falschem oder übermäßigem Einsatz der Beamer und die interaktive Tafel im Unterricht verführen.

Das **„produktive" Lernen** (oder auch das „eigenverantwortliche", das „entdeckende" Lernen) beginnt beim naiven spielerischen Umgang mit allem, was das Kind in seiner Welt findet, und endet zum Beispiel beim anspruchsvollen Jugend-forscht-Projekt. Entdeckendes Lernen ist in der Regel sehr zeitintensiv und erscheint oft – zumindest vordergründig – chaotisch. Aber es verspricht weitaus mehr Nachhaltigkeit als das perfekteste Arrangement rezeptiven Lernens. Ohne eigene Faszination und eigenes kritisches Fragen bleibt jede Bildung Halbbildung, totes Wissen. Neugier und Verstehen aber stellen sich erst dann ein, wenn das eigene Entdecken genügend Raum hat! Das, was rezeptiv „gelernt" wurde, wird erst dann zur Bildung, wenn es – auf welchem Wege auch immer – selbst „wiederentdeckt", nachgebildet wurde. In der modernen Lernpsychologie spricht man von „Rekonstruktion".

„Reproduktives" Lernen heißt „Üben". Es ist die Tätigkeit, die die meisten Menschen in unserem Lande mit dem Stichwort „Schule" in leidvoller Erinnerung verknüpfen. Der Lehrer als „Pauker". Es geht um das Sichern von Handlungsabläufen und Wissensbeständen durch Wiederholung – und zwar so, dass sie jederzeit abrufbar sind. Üben muss keineswegs mit Quälerei verbunden sein – wenn sich wirkliches eigenes Interesse des Schülers, phantasievolle (und lernpsychologisch sinnvolle!) Abwechslung, zeitnahe Fehlerkorrektur und ernsthafte Erfolgschancen miteinander verknüpfen, kann auch das Üben durchaus lustvoll sein. In der bilderstürmerischen Phase der Schulreform in den 1970er Jahren gab es manche Bewegung in der Pädagogik, in der man glaubte, man könne auf das Üben und rezeptive Lernen verzichten, man müsse den gesamten Unterricht auflösen in „entdeckendes Lernen", und zwar möglichst in „Kleingruppen". In der Rückschau betrachtet kam dies dem Versuch gleich, den Teufel mit dem Beelzebub auszutreiben. Monokulturen sind nicht nur in der Landwirtschaft von Übel.

Aus diesen Basis-Elementen des Lernens ergibt sich eine interessante Matrix für das Raumprogramm, mit deren Hilfe sich die Baupläne für eine neue Schule überprüfen lassen (Seite 24 unten).

Die Chance, effektiv zu lernen, potenziert sich um ein Vielfaches, wenn alle vier Lernformationen und alle drei Lernrichtungen in einem sachangemessenen, weitgehend gleichberechtigten Mischungsverhältnis genutzt werden können. Dafür braucht es – jedenfalls bis zur Klasse 7 oder 8 – wenige „Spezialräume". Alles kann sich weitgehend in einem Raum abspielen, wenn er denn groß genug, gliederbar und ausreichend ausgestattet ist. Optimiert waren unsere konventionellen Klassenräume bisher allerdings nur für eine, und zwar die ineffektivste Methode, nämlich den (fragend-entwickelnden) Frontalunterricht, also das weitgehend rezeptive Lernen in der Großgruppe.

Der Paradigmenwechsel, der in den kommenden Jahren für die deutschen Schulen ansteht und der zum Beispiel in vielen Grundschulen – mit großer Anstrengung gegen die bestehende Architektur – schon begonnen hat, ist radikal. Für die neue Schule können nicht mehr Klöster und Kasernen als architektonische Leitbilder gelten. Als neue Leitbilder stelle ich mir vor: Werkstätten, Ateliers, Entwicklungslabore, die sich jedes halbe Jahr mit einem neuen Produkt beschäftigen.

Beispiele

Architekten können den guten Unterricht dieser neuen Schule nicht „machen" – aber sie können ihn ungemein erleichtern, herausfordern, stützen. Oder aber erschweren, wenn nicht gar verunmöglichen. Wie also müsste das Raumprogramm für diese Schule aussehen, in der ein neuer Unterricht ge- und erfunden werden kann, in dem alle Lernformationen und Lernrichtungen ausdrücklich eine gleichberechtigte Chance haben? Es sind zwei – sehr einfache – Forderungen zu stellen:

Die Hauptforderung: Fläche, Fläche und noch einmal Fläche. Andere Länder sind uns an dieser Stelle weit voraus. Auch hier ist Deutschland auf den hinteren Rängen!
Die zweite Forderung: flexibel gliederbare Fläche, die vielfältige Arrangements zulässt. Wir brauchen große und kleine Einheiten – wo der Einzelne nicht verloren geht und wo alle zusammenkommen können, wo jeder für sich in Ruhe arbeiten, ausprobieren, Werkstücke herstellen kann, wo kleine Gruppen sich in ihrer Arbeit gegenseitig unterstützen können, wo die Schüler in der großen Gruppe sich gegenseitig ihre Ergebnisse zeigen können. Wir brauchen ganz bestimmt nicht für jede spezielle Tätigkeit einen speziellen Raum. Für die räumliche Umsetzung dieser Anforderung gibt es bereits erste Lösungen – und gewiss noch viel mehr Varianten, die wir noch nicht kennen. Ich will vier Beispiele nennen.

Laborschule Bielefeld
Die radikalste Lösung der Flächenfrage in Deutschland ist zurzeit in der Bielefelder Laborschule (Seite 324) zu finden: Konventi-

Gibt es in unserer Schule ausreichend Raum/ausreichende Ausstattung für:

	Rezeptives Lernen	Produktives Lernen	Reproduktives Lernen
Allein	Bibliothek Computerarbeitsplatz Lesenische	Bibliothek Computerarbeitsplatz Werkstatt/Labor Lager- und Ausstellungsmöglichkeiten	Bibliothek Computerarbeitsplatz Lesenische
Zu zweit		Gruppenarbeitsplätze Werkstatt/Labor Lager- und Ausstellungsmöglichkeiten	Gruppenarbeitsplätze
Kleingruppe 4-7		Gruppenarbeitsplätze Werkstatt/Labor Lager- und Ausstellungsmöglichkeiten	Gruppenarbeitsplätze
Großgruppe	Frontale Tisch-/ Sitzanordnung	Gruppenarbeitsplätze Stuhlkreis Lager- und Ausstellungsmöglichkeiten	Frontale Tisch-/ Sitzanordnung

onelle Klassenräume gibt es gar nicht mehr, die Schüler finden – durch unterschiedliche Ebenen und Galerien gegliederte – große Felder vor, die hoch variabel gestaltet werden können. Die Nachteile liegen auf der Hand: Das akustische und optische Störungspotenzial des Großraums ist zwar geringer als man als Außenstehender vermuten möchte, gleichwohl ist es sicher kein Zufall, dass in jüngster Zeit an einigen wenigen Stellen doch akustisch dämmend wirkende Scheiben eingesetzt werden mussten. Insgesamt ist eine abschließende Bewertung des Experiments aber leider nicht möglich: Aus Kosten- und Richtliniengründen wurden bei der Realisierung zahlreiche wesentliche Forderungen der Pädagogen nicht erfüllt, die eine für dieses Konzept zwingend notwendige Entzerrung ermöglicht hätten. Hier sind weitergehende Versuche gefordert!

Schule Leutschenbach, Zürich
Die Alternative zur offenen Fläche bietet die Cluster-Bildung. Zwei bis maximal sechs Klassenräume werden zu einer teilautonomen Einheit zusammengefasst, die gleichsam als „Schule in der Schule" funktioniert: Den (ausreichend großen!) Klassenräumen sind eine gemeinsame multifunktional nutzbare Erschließungsfläche, Sanitärbereich und Lehrerstützpunkt zugeordnet. Die Außengrenzen dieser Einheit sind real und symbolisch markiert. Die räumliche Anordnung der Klassenräume in diesem Cluster kann dabei sehr unterschiedliche Gestalten annehmen: in einem Kreis oder Halbkreis, in den Ecken eines Polygons, aufgereiht an einer geschwungenen oder angewinkelten Linie oder geschichtet übereinander auf mehreren Ebenen oder Halbebenen. Beispiele für eine solche Clusterbildung bieten in diesem Band unter anderem die Schulanlage Leutschenbach, Zürich (Seite 420) oder die Schulanlage im Birch, Zürich (Seite 402).

Montessori-Schule, Amsterdam
Der klassische Unterricht – alle Schüler tun zum gleichen Zeitpunkt das Gleiche – verlangte einen Raum, der für den Lehrer von einem zentralen (am besten leicht erhöhten) Standort aus ein Maximum an Kontrolle zulässt. Der neue Unterricht – geprägt durch vielfältige Differenzierung und Individualisierung – braucht Gliederungsformen, die auch diese Prozesse durch Sicht- und Geräuschbarrieren unterstützen: Erker, Zwischendecks, Galerien, Balkon, Außenzugang und ähnliches. Klassisch ist das Beispiel der Montessori-Schule von Herman Hertzberger in Amsterdam (Seite 334). Alle Klassenräume sind um die zentrale Aula angeordnet. Die Erschließungsbereiche sind so ausgebildet, dass dort verschiedene Tätigkeiten ausgeübt werden können. Gleichzeitig sind die Klassenräume so konzipiert, dass der Grundriss annähernd quadratisch ist, mit einer integrierten Nische, die Rückzugsmöglichkeiten bietet.

Helene-Lange-Schule, Wiesbaden
Die einfachste Lösung der Flächenfrage findet sich in einem konventionellen Schulgebäude in Wiesbaden, der Helene-Lange-Schule. Genauer muss ich sagen: die einfachste Übergangslösung für die Flächenfrage. Es ist durchaus möglich, ein altes, klassenraumgebundenes Gebäude zumindest einem verträglichen Zustand anzunähern. Pro Stockwerk wurde ein Klassenraum aufgegeben zugunsten der Erschließung einer freien Zone, die für insgesamt vier Klassen jeweils eine offene, vielfältig nutzbare Aktions- und Begegnungsfläche bildet. Und es findet sich außerdem dort eine sehr mutige und zugleich sehr einfache Lösung: Es gehört zur Unterrichtskultur dieser Schule, dass die Klassenzimmertüren in fast allen Stunden offen stehen. Das ist zwar keine Architektenlösung, sie hat aber für das Raumerleben der Beteiligten hoch kommunikative und zugleich beruhigende Effekte. Und – man höre – Sie kostet nichts!

Aus den bisherigen Überlegungen lässt sich nun allerdings noch kein ausreichendes Anforderungsprofil für die Gesamtarchitektur der neuen Schule ableiten. Spätestens mit der Einführung der Ganztagsschule muss allen Beteiligten klar werden, dass Schule nicht nur Lern-, sondern auch „Lebensraum" für Schüler ist (Hartmut von Hentig). Ich komme damit zur zweiten Hauptfrage:

Zweitens: Die Schule als Ort, an dem die Schüler leben
Das Gebäude darf nicht nur angemessene Arbeitsräume zur Verfügung stellen. Die Schule ist sozialer Treffpunkt der Kinder und Jugendlichen. Diese Chance ist ihnen selbst ohnehin das Allerwichtigste. Sogar in den Schulen unseres Landes mit dem besten Unterricht gibt es immer wieder die gleiche Antwort auf die Frage: „Warum freut Ihr Euch auf das Ende der Ferien?" – wohlgemerkt: das Ende! Die meisten nennen mit erster Priorität: Weil ich meine Freunde wieder sehe. Und das ist keineswegs ein Wermutstropfen im Wein der Utopien für das schöne Lernen in der neuen Schule: Freunde zu finden ist genauso wichtig wie die Entdeckung der Welt. Feste feiern, Nischen finden, Miteinander spielen und toben, miteinander streiten und sich vertragen. Und die neue Schule muss auch etwas ermöglichen, was in unserer modernen Zeit gänzlich in Vergessenheit zu geraten droht: Anhalten, Innehalten, Ruhe finden.

Schule ist Lern- und Lebensraum für Kinder und Jugendliche. Sie ist Ort der individuellen Lernerfahrung und Ort der Begegnung. Dieses zweite Prinzip hat gravierende Folgen für die Planung. Wann beginnt in einer Schule ein Prozess der Anonymisierung, der Verantwortungsdiffusion, des nicht mehr kontrollierbaren Vandalismus? Steigt die Größe einer sozialen Einheit über 120 bis 150 Mitglieder, nimmt die Chance rapide ab, dass jeder jeden wirklich kennt, dass alle sich zu wirklich gemeinsamen „Aktionen" zusammenfinden. Das „Wir-Gefühl" kann zunehmend nur noch symbolisch vermittelt werden.

Ich habe an der eigenen Schule, an der ich 25 Jahre als Lehrer gearbeitet habe, erlebt, wie das soziale Klima durch eine Vergrößerung der Schülerzahl gefährdet werden kann. In dem Oberstufeninternat der Salemer Schulen stieg in den vergangenen 20 Jahren die Schülerzahl von 110 auf 300 Schüler. Lösbar war das Problem nur durch die erneute Gliederung in relativ autonome Untereinheiten, so dass wieder handlungsfähige Größen entstanden. Von den Hutterer-Kommunen, die vor 300 Jahren in Amerika siedelten, wird berichtet, dass sie ein eisernes Gesetz hatten: Sie teilten sich, wenn die Gesamtzahl der Mitglieder über 120 stieg.

Die Einsicht in den Zusammenhang zwischen der Zahl der Schüler und der Qualität des Sozialklimas hat erhebliche Konsequenzen. Dabei müssen wir nicht zurück zur alten Zwergschule. Und es geht auch nicht um die Verteidigung einer vermeintlichen „Kuschelpädagogik". Aus Kosten- und Synergiegründen können an vielen Orten auch größere Schulen sinnvoll sein, aber an sie müssen strenge interne Gliederungsanforderungen gestellt werden. Man spricht bei den Pädagogen von der „Schule in der Schule". Der Bau der Bildungsfabriken seit den 1960er Jahren war ein Irrweg. Dieser Irrweg ist nicht – oder jedenfalls nicht allein – den Architekten anzulasten. Sie konnten nur reagieren auf das, was ihnen die Bildungsplaner vorgegeben hatten: Letztere hatten gehofft, durch große Einheiten eine maximale Rationalisierungswirkung und eine hohe strukturelle Durchlässigkeit der Einzelsysteme zu erzielen. Die sozialen Folgewirkungen wurden unterschätzt oder schlicht vergessen. Ein Gebäude, das vor allem auf den zügigen Durchsatz von 2000 bis 3000 Menschen im 45-Minuten-Takt hin optimiert werden soll, kann allenfalls den Charme einer Bahnhofshalle entwickeln, aber kaum zum Lebensort von jungen Menschen werden!

Was folgt daraus als Anforderung an die Architektur? Es geht vor allem um Gliederung, um die Gliederung sowohl der „Gesamteinheiten" wie der einzelnen Bereiche. Eine große Schule muss in mehrere kleine – im wörtlichen und übertragenen Sinn „überschaubare" – Einheiten aufgelöst werden. Reviergrenzen – ich meine das durchaus verhaltensbiologisch – müssen klar markiert sein. Sonst bleiben Übergriffe nicht aus. Das ist nicht nur bei Hunden oder Kampffischen so.

Die bereits erwähnte Helene-Lange-Schule löst das Problem durch die Zuweisung der einzelnen Jahrgänge auf jeweils ein

Stockwerk mit eigenem „Zentrum", eigenem Lehrerzimmer et cetera. Die Lage eines einzelnen Klassenraums ist hier nicht beliebig im gesamten Gebäudekomplex verschiebbar, die räumliche Struktur der Schule wird durch die soziale Gliederung der Arbeitszusammenhänge definiert (und nicht etwa umgekehrt). In der Robert-Bosch-Gesamtschule in Hildesheim zum Beispiel merkt der Besucher des architektonisch vergleichsweise anspruchslosen Gebäudes nicht, dass weit über tausend Menschen auf engem Raum beieinander sind. Das Geheimnis dieses deutschen Schulpreisträgers aus dem Jahr 2007: eine Aufteilung in fünf jahrgangsübergreifende Teilschulen mit je 150 Schülern.

Entscheidend ist die Cluster-Bildung. Durch sie ist die Aufgabenstellung optimal zu lösen, dem einzelnen Schüler in einer großen Schule die Sicherheit zu geben: „Ich weiß, wo ich hingehöre!" und „Ich weiß, zu wem ich gehöre!". Die einzelnen Einheiten wiederum brauchen selbst deutlich markierte Zonen mit unterschiedlichen Aktionsfeldern: ein gemeinsames Zentrum, Nischen, in die sich kleine Gruppen zurückziehen können, ohne von den anderen gänzlich abgetrennt zu sein, einen eigenen Sanitärbereich, Ruhezonen, möglichst auch eigene Pausenzonen mit Spiel- und Sportbereich, Naturflächen et cetera. Und es braucht Gelegenheiten, bei denen die Kinder und Jugendlichen zeigen können, was sie tun. Sie müssen ihre Spuren hinterlassen können – nicht nur als heimlich gesprühte Graffitis oder als Ritzzeichnungen in den Tischkanten.

Mit der Umwandlung zahlreicher konventioneller Vormittagsschulen in Ganztagsschulen müssen sich die Schulplaner in noch viel radikalerer Weise der Aufgabe stellen, die Schule als Ort zu gestalten, „an dem die Schüler leben" (Stefan Appel). Der Anbau einer Mensa macht aus einer kinderfeindlichen Betonburg noch keine Ganztagsschule. Es sind Räume um- oder neu zu gestalten, die in der Schule alten Typs nicht vorgesehen waren. Denn Ganztagsschulen brauchen Räume, in denen die Schüler

- mit Genuss und in Anstand gemeinsam essen können (viele der teuren neuen „Mensen" provozieren eher eine Verrohung der Esskultur!),
- in Ruhe und ungestört alleine arbeiten können. Auch wenn in vielen Ganztagsschulprogrammen steht, dass die Hausaufgaben abgeschafft sind, müsste das ungestörte (!) Üben/Wiederholen/Vorbereiten/selbst Erkunden („Selbstunterricht") durch entsprechende Raumreserven (und pädagogische Begleitung) überhaupt erst ermöglicht werden,
- in – zumindest partiell – „lehrerfreien" Zonen und Zeiten die Chance zum Nichtstun, zum „Chillen" haben, zum Toben, zum Gammeln, Sich-Verstecken, Sich-Finden…
- in organisierter oder freier Form kreative, sportliche, technische, musische Aktivitäten entfalten, die ein konventionelles Unterrichtsprogramm ergänzen oder sogar partiell ersetzen,
- Projektergebnisse vorführen und ausstellen, Feste feiern, Gäste einladen können.

Eine Ganztagsschule muss in neuer Weise ihre Beziehung nach außen überprüfen: Sind die Grenzen deutlich markiert? Eine Schule – vor allem für jüngere Kinder – hat immer auch eine „Schonraum"-Funktion, die Schutz geben muss. Und umgekehrt: Sie muss sich öffnen können, selbst zum kulturellen Magnet für die Region werden. Diese letzte Anforderung hat zum Teil ganz banale Folgen: Sind zum Beispiel die geeigneten Verkehrsanbindungen, Parkplätze, Wegeleitsysteme et cetera vorhanden? Nutznießer der neuen Raumangebote, die mit der Umwandlung in eine Ganztagsschule geschaffen werden müssen, werden nicht nur die Schüler sein. Auch für den Ganztagslehrer müssen neue Räume entstehen: individuelle Arbeitsplätze und Möglichkeiten zur Pause und zum Rückzug.

Drittens: Die Schule als Ort, von dem die Schüler lernen

Ich muss an dieser Stelle die Ödnis, die Phantasielosigkeit, die – im wörtlichen und übertragenen Sinne – Geschmacklosigkeit vieler Schulbauten aus dem letzten, dem 20. Jahrhundert nicht öffentlich beklagen.

Über die Ursachen dieser architektonischen Fadheit der Vergangenheit kann man spekulieren: restriktive Schulbaurichtlinien und Überregulierung, Finanzknappheit, Babyboom und Schülerberg, fehlende Wettbewerbspraxis, fehlende Phantasie?

10 000 bis 15 000 Stunden seines Lebens verbringt gegenwärtig ein Schüler in Deutschland in der Schule, und zwar in einer Zeit, in der seine ästhetischen Gütekriterien noch offen, noch prägbar sind. Das behutsame Spiel mit Licht und Farben, die sinnlichen Qualitäten der Baumaterialien, die Proportionen der räumlichen Gliederungen und Formen können in ihrer Summe Architektur zur Kunst werden lassen. Diese ästhetische Qualität könnte in den genannten 10 000 bis 15 000 Stunden eine bildende Kraft entfalten, die weit über jede kunstgeschichtliche Belehrung hinausgeht!

„Der dritte Pädagoge ist der Raum" – der Satz gilt nicht nur im Blick auf die ästhetischen Qualitäten im Sinne von „Schönheit":

- Anlage und Gestaltung der Räume müssen die Kinder und Jugendlichen bei ihren Versuchen unterstützen, Arbeit und Zusammenleben in vernünftiger Weise zu ordnen. Gebäude und Einrichtung dürfen das natürliche Chaos eines jugendlichen Entwicklungsprozesses nicht zusätzlich verstärken! Eine Schule, die zum Beispiel kein gemeinsames Zentrum hat, in dem sich alle in angemessener Weise versammeln können, ist auch nicht in der Lage „ihre eigenen Angelegenheiten zu ordnen".
- Zuordnung und Ausstattung der Räume müssen einen achtsamen Umgang mit Materialien befördern. Gebäude und Einrichtung dürfen nicht zusätzliche Schlamperei und Vandalismus provozieren. Ein Architekt und eine Schulleitung, denen der Zustand der Schülertoiletten nicht genauso wichtig ist wie die Ästhetik des Elternsprechzimmers, verfehlen ihre Aufgabe.
- Bauweise und technische Ausstattung müssen einen verantwortungsbewussten Umgang mit Wärme und Wasser herausfordern, die „Kosten" des Verbrauchs sichtbar machen, die Einsparung des Energieaufwands nicht allein der Technik überlassen. Gebäude und Einrichtung dürfen nicht zusätzlich selber Vergeudung und Verwöhnung produzieren.

Um diesem Anspruch gerecht zu werden, müssen keineswegs gleich Millionenprogramme auf den Weg gebracht werden. Ein vorbildliches Projekt hat das Schulamt der Stadt Münster initiiert: Seit 1980 liefert die dortige Pädagogische Arbeitsstelle innovative Ideen, finanzielle Unterstützung und gebündeltes Know-how zur Selbsthilfe in die Schulen. In dem Projekt „Schulräume: Lebensräume" kooperieren kreative Pädagogen mit dem städtischen Hochbauamt und der Akademie Gestaltung im Handwerk der Handwerkskammer. Über 20 Schulen der Stadt Münster haben auf diese Weise Schritt für Schritt ihre Räume, wenn auch nicht gleich zum Kunstwerk, aber immerhin ein ganzes Stück schöner und zweckmäßiger gestaltet.

Neue Richtlinien für den Schulbau?

Ich hatte eingangs von den ernüchternden Ergebnissen der Recherche unter den sechzehn deutschen Kultusministerien berichtet: Statt zukunftsweisender Visionen erhielt ich einengende Richtlinien. Ein Schlüssel für die Weiterentwicklung des Schulbaus liegt in der Tat in den Richtlinien. Wie an vielen anderen Stellen des deutschen Schulwesens auch: Deregulierung ist angesagt. Nun bin ich weder Sicherheitsexperte noch Statiker, weder Verwaltungsjurist noch Stadtplaner – all diese Spezialisten werden an einer Neufassung der Schulbaurichtlinien mitwirken wollen.

Als Pädagoge würde ich mir wünschen, dass sie zum einen drei begründete Mindeststandards festlegen, die die elementare (!) Basis für menschliches Lernen (einschließlich der Pausen) definieren, die ja nur scheinbar selbstverständlich sind, dies aber in der Vergangenheit keineswegs waren: ausreichende Schalldämmung, natürliches Licht und frische Luft. Zum anderen sollten diese Standards eine pädagogische Qualitätsprüfung eines jeden Schulbauentwurfs ermöglichen. Es sollte dabei um drei Fragen gehen:

1. Welche Angebote hält der Entwurf bereit für einen Ort, an dem Kinder, Jugendliche und Erwachsene gerne lernen und arbeiten?
2. Welche Angebote hält der Entwurf bereit für einen Ort, an dem Kinder, Jugendliche und Erwachsene gerne leben?
3. Welche Angebote hält der Entwurf bereit für einen Ort, von dem Kinder und Jugendliche lernen?

Bei allen drei Fragen geht es um die richtige Balance komplementärer pädagogischer Kriterien. Dabei ist wichtig: „Die" Ideallösung für einen Schulbau gibt es nicht. In jedem Neubau, mit jeder Sanierung müssen – abhängig von den konkreten Umfeldbedingungen vor Ort und dem jeweiligen Schulprogramm – bestimmte Balancen immer wieder neu austariert werden. „Was ist eine gute Schule?", hieß es zu Beginn dieses Beitrags: Die „gute Schule" muss gestaltet werden als ein *Ort, an dem Kinder, Jugendliche und Erwachsene gerne lernen und arbeiten*. Sie gibt angemessenen Raum

- zum individuellen und zum gemeinsamen Lernen (also: allein, in kleinen Gruppen zu viert bis sechst, mit der ganzen Klasse, mit dem ganzen Jahrgang, mit der ganzen Schule);
- zum innengesteuerten und zum außengesteuerten Lernen (also: reizarme Regionen der Konzentration und reizvolle Regionen zur Anregung – Bibliothek, Werkstätten, offene Lernfelder, Klassengärten, Schulteich et cetera);
- zum Lernen und zum Nichtlernen (also: auch „richtige" Pausen);
- zum Lernen und Arbeiten von Kindern und Lehrern.

Die „gute Schule" muss gestaltet werden als ein Ort, an dem Kinder, Jugendliche und Erwachsene gerne leben. Sie sichert

- den Platz, an dem jedes einzelne Kind/jeder Jugendliche wirklich weiß, „wo er hingehört", und den Platz, auf dem sich die Schulgemeinschaft begegnet (Klarheit der Gliederung, überschaubare Substrukturen, Fixierung des Zentrums, einladende Verkehrsflächen);
- den Raum zur Begegnung mit Freunden bei Festen und Feiern und den Raum zum Rückzug, die Gelegenheit zum Toben und zur Ruhe;
- vielfältige vorgegebene Lernarrangements und Möglichkeiten zur aktuellen Eigengestaltung „ihres" Platzes durch die Schüler selbst;
- den Platz für ihre Eigenwelt nach außen deutlich ab und öffnet sich zugleich für die Umgebung.

Die „gute Schule" muss gestaltet werden als ein Ort, von dem Kinder und Jugendliche lernen. Sie ist für die Kinder und Jugendlichen ein Vorbild

- ästhetisch in der Gestaltung von Licht, Farbe, Formen;
- ökologisch in der technischen Lösung von Luft, Energienutzung, Baustoffen;
- konstruktiv in der Anlage des Gebäudes als Bauwerk.

Abschied von den Häusern des Lernens?

Dass die drei Mindeststandards und dieser Fragenkatalog einmal staatliche Schulbaurichtlinie werden könnte, bleibt – fürchte ich – eine Utopie. Aber das Nachdenken über die pädagogischen Prinzipien des Schulbaus kann nicht radikal genug ansetzen. Ich möchte darum mit einer herausfordernden Frage enden: Brauchen wir in 20 Jahren überhaupt noch Schulhäuser, wenn wir so weitermachen wie bisher?

- Monat um Monat nimmt in Deutschland die Zahl der Eltern zu, die um ein Recht kämpfen, das in anderen europäischen Ländern längst (wieder) Wirklichkeit ist: die eigenen Kinder selbst zu Hause unterrichten zu dürfen.
- Schüler der Hermann Lietz-Schule in Spiekeroog verbringen viele Monate ihrer Schulzeit nicht mehr im Klassenraum. Ihr Lernort ist eine Atlantiküberquerung auf der „Thor Heyerdahl", einem Dreimastschoner.
- In Dänemark gibt es eine Schule, in der

die Oberstufenschüler ein ganzes Jahr lang mit einem großen Bus Europa und Afrika erkunden.

- In Australien, Kanada, Norwegen, wo in abgelegenen Orten durch große Entfernungen für viele Kinder leistungsfähige konventionelle Schulen bis vor kurzem noch unerreichbar waren, findet die Instruktion inzwischen in der Hauptsache per World Wide Web und mittels eLearning-Programmen statt.

Diese Beispiele mögen zurzeit noch exotische Ausnahmen sein. Aber die Kleinen machen es uns vor. Seit einigen Monaten begegnet mir bei meinem täglichen Hundespaziergang in unserem Tobel am Rand der Stadt Überlingen eine kleine Gruppe von Kindern, die dort bei jedem Wind und Wetter den Bach und den Wald durchwandern, erforschen, erspielen. Es ist ein sogenannter Waldkindergarten, eine Form der Vorschule, die in Deutschland – soweit ich weiß – vor einigen Jahren zuerst in Schleswig-Holstein Fuß gefasst und inzwischen in zahlreichen Orten begeisterte Nachahmer gefunden hat. Auch bei Regen und Schnee sind die Kinder draußen, ziehen mit ihrer Gruppe tagaus tagein durch ihren Wald. Allenfalls gibt es einen selbst gebauten Unterstand, wenn der Regen allzu arg wird. Ein gar nicht erstaunliches Nebenprodukt: Die Zahl der Schnupfen- und anderer Krankheitsfälle ist drastisch gesunken. – Brauchen diese Kinder noch ein „Haus" des Lernens?

Dem vorstehenden Beitrag liegt ein Vortrag zu Grunde, den der Autor am 17. Oktober 2002 anlässlich der Verleihung des fünften Gestaltungspreises der Wüstenrot Stiftung zum Thema „Schulen in Deutschland – Neubau und Revitalisierung" in Ludwigsburg gehalten hat und der erstmals in der gleichnamigen Dokumentation erschienen ist. Das Manuskript wurde für diese Veröffentlichung überarbeitet.

Literatur

Appel, Stefan: Handbuch Ganztagsschule. Konzeption, Einrichtung und Organisation, Schwalbach/Ts. 1997 (Wochenschauverlag)

Becker, Gerold: Pädagogik in Beton. In: Becker, G./ Bilstein, J./ Liebau, E. (Hrsg.): Räume bilden. Studien zur pädagogischer Topologie und Topographie, Seelze-Velber 1997, S. 209 - 218.

Becker, Gerold/ Kunze, A./ Riegel, E./ Weber, H.: Die Helene-Lange-Schule, Wiesbaden. Das andere Lernen. Entwurf und Wirklichkeit, Wiesbaden und Hamburg 1997, S. 278 -285

Fend, Helmut: Qualität im Bildungswesen, Weinheim, 1998

Girmes, Renate / Lindau-Bank, Detlef (Hrsg.): Lern(T)räume. Themenheft der Zeitschrift Lernende Schule 10/2002

Hentig, Hartmut von: Die Schule neu denken, München 1993

Hentig, Hartmut von: Die Gebäude der Bielefelder Laborschule. In: Becker, G./ Bilstein, J./ Liebau, E. (Hrsg.): Räume bilden. Studien zur pädagogischer Topologie und Topographie, Seelze-Velber 1997, 139-160

Osswald, Elmar: In der Balance liegt die Chance, Luzern 2002

Wüstenrot Stiftung (Hrsg.): Schulen in Deutschland – Neubau und Revitalisierung, Stuttgart 2004

Räume und Bereiche

Eingang

Zentraler Eingang 36

[44] Gymnasium Markt Indersdorf
Arnbacher Straße 40, Indersdorf (DE)
Allmann Sattler Wappner Architekten

[10] Sarasota High School
1000 South School Avenue, Sarasota (US)
Paul Rudolph

[40] Sonderpädagogisches Förderzentrum
Schottenau 10a, Eichstätt (DE)
Diezinger & Kramer

Mehrere Eingänge 40

[21] Scuola Media Cantonale
Via Saleggi 3, Loscne (CH)
Aurelio Galfetti, Livio Vacchini

[23] Scuola Media Cantonale
Via Stefano Franscini 30, Morbio Inferiore (CH)
Mario Botta

[48] Schulzentrum im Scharnhauser Park
Gerhard-Koch-Straße 6, Ostfildern (DE)
Lederer + Ragnarsdóttir + Oei

Windfang 44

[57] Minami-Yamashiro Primary School
Minami Yamashiro, Kyoto (JP)
Richard Rogers Partnership

[52] Primarschulhaus Linden
Lindenstraße 21, Niederhasli (CH)
Bünzli & Courvoisier

[35] Schulhaus Fläsch
Patschär, Fläsch (CH)
Pablo Horváth

Vordach 48

[09] Riverview High School
1 Ram Way, Sarasota (US)
Paul Rudolph

[62] Grundschule Theresienhöhe
Pfeuferstraße 1, München (DE)
Rudolf Hierl

[54] Gesamtschule In der Höh
In der Höh 9, Volketswil (CH)
Gafner & Horisberger Architekten

Einleitung

Der erste Eindruck ist entscheidend. Eingänge sind so etwas wie die Visitenkarte des Gebäudes, das man betreten will oder muss. Natürlich trifft das besonders für den Schulbau zu, denn Schule kann auch mit negativen Vorurteilen belegt sein.

Entscheidend ist zunächst einmal die Frage, wie das städtische Umfeld beschaffen ist. Wenn die Schule, was wünschenswert wäre, als Teil der Stadt zu begreifen ist, dann sollte der Eingang das auch auf mehreren Ebenen vermitteln. Natürlich ergibt sich die richtige Lage zunächst aus den verkehrlichen Bedingungen. Dann sind, wie bei jedem normalen Hauseingang vom Briefkasten bis zum Witterungsschutz, nutzungsbedingte Anforderungen zu erfüllen. Schließlich soll die Gestalt einladend, zugleich aber auch aus den örtlichen Gegebenheiten entwickelt sein. Eingänge, die eine ganz andere Haltung ausdrücken, sagen auch, dass die Schule mit den gesellschaftlichen Bedingungen, die das städtebauliche Umfeld widerspiegelt, nicht konform geht. Gegensätze können nur dann sinnvoll sein, wenn die Umgebung ohnehin mangelhafte architektonische Qualitäten aufweist und einer Aufwertung bedarf.

Viele Schulen zeigen allein schon in ihrer Architektur eine Gegenwelt auf. Dies ist bei solchen Privatschulen zu beobachten, die eine alternative Pädagogik auch in ihrem Äußeren zeigen wollen. Die Frage dabei ist, ob die Schule nicht auch zeigen soll, dass der öffentliche Raum ein gemeinsamer Raum ist, der als „Res Publica" bezeichnet werden kann. Somit ist das Haus auch Lehrbeispiel für das Verhältnis von äußerer und innerer Ordnung, von Privatheit und Öffentlichkeit. Oder, einfach gesagt: die Architektur kann als Zeichen dafür stehen, ob es soziale und kulturelle Übereinkünfte gibt.

Eingänge sind auch Ausgänge. Sie sollen die Möglichkeit bieten, sich nach dem Unterricht in Gruppen zu unterhalten, also Treffpunkt zu sein. Insbesondere Schüler der unteren Klassen wollen einen Schutz bietenden Ort, an dem sie auf Eltern oder Geschwister warten können. Dieser mehr oder weniger gesicherte Bereich ist vor allem in städtischen Quartieren mit sozialen Brennpunkten vorzusehen. Einsehbarkeit und Ausleuchtung spielen dabei eine wichtige Rolle.

Führt der Eingang über einen Freibereich, ist allein schon aus Aufsichtsgründen eine Grenzmarkierung durch pflanzliche oder bauliche Maßnahmen wünschenswert. Auf der anderen Seite muss deutlich werden, dass es sich diesseits und jenseits der Grundstücksgrenze um einen öffentlichen Raum handelt, der auch jedem zugänglich sein soll. Unter diesem Aspekt ist es gut, wenn eine eindeutige Beziehung zwischen dem äußeren und dem inneren Zugang besteht.

Grenzt der Eingang des Gebäudes unmittelbar an eine Straße oder einen Platz, soll im Innenbereich genügend Raum für ankommende Schüler vorhanden sein. Eine genügend große Vorzone kann auch als Windfang dienen. Dort können Schüler vor Unterrichtsbeginn geschützt warten, bis die innere Tür aufgeschlossen wird.

Zentraler Eingang

Viele Schulen werden über einen zentralen Eingang erschlossen. Dieser bietet den Vorteil, dass kontrolliert werden kann, wer wann die Schule betritt. Der Nachteil, vor allem bei großen Schulen, ist oft, dass der Weg ins Klassenzimmer oder zu anderen Räumen sehr lang werden kann. Bei zentralen Eingängen ist darauf zu achten, dass vor dem Eingang genügend Platz – möglichst überdacht – zur Verfügung steht. Ebenso sollte direkt im Anschluss ausreichend Platz vorhanden sein, um eine reibungslose Verteilung der Schüler innerhalb der Schule zu gewährleisten.

Durch den aufgeständerten Bau des Gymnasiums in Markt Indersdorf [44] entsteht vor dem Eingang ein großflächiger überdachter Bereich. Im Anschluss an den Windfang öffnet sich die Eingangs- und Pausenhalle. Sie ist gleichzeitig Hauptverteiler, Treffpunkt, Tribüne und Veranstaltungssaal. Im Sommer ermöglichen die großen, gläsernen Drehtore die Öffnung zum Pausenhof.

Eine breite Freitreppe führt vom Parkplatz zu der offenen, zweigeschossigen Eingangshalle der Highschool in Sarasota [10]. Von dort aus gelangt man über eine freistehende Treppenanlage und hängende Galerien zur oberen Ebene. Die Eingangshalle verbindet den öffentlichen Teil der Schule – Musiksaal und Auditorium – mit dem Klassenzimmertrakt und der Mensa.

Die Förderschule in Eichstätt [40] wird über einen der drei Höfe der dreigeschossigen Kammstruktur erschlossen. Dieser Hof, der gleichzeitig Pausenhof ist, führt zu einer zweigeschossigen Eingangshalle. Von dort aus, entlang des rückwärtigen Riegels, werden die Klassenzimmer zur einen Seite und die Verwaltungsräume zur anderen Seite erschlossen. Das Vordach überspannt die gesamte Hofbreite und bildet mit der Freitreppe einen großflächigen Eingangsbereich und überdachten Pausenplatz für Schüler und Lehrer.

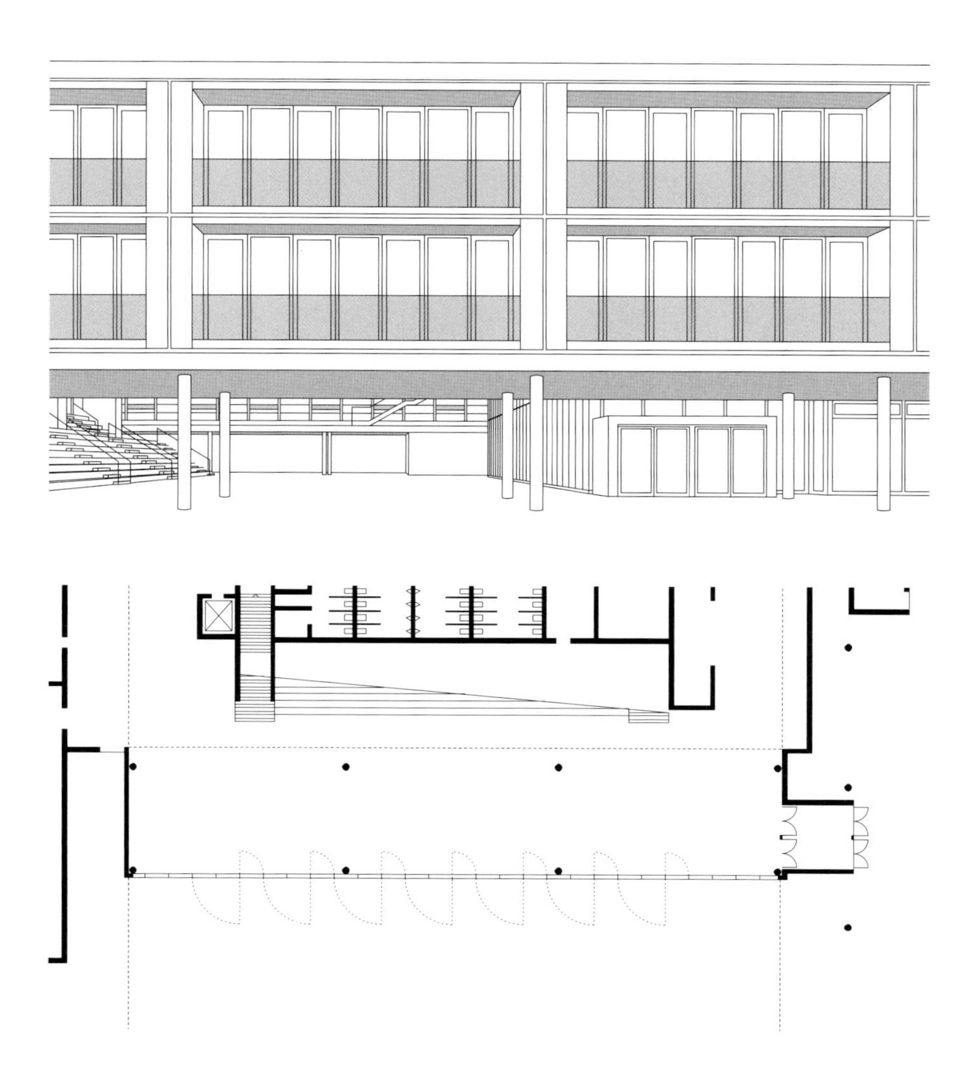

[44]

Gymnasium Markt Indersdorf
Arnbacher Straße 40
Markt Indersdorf (DE)
Allmann Sattler Wappner
Architekten

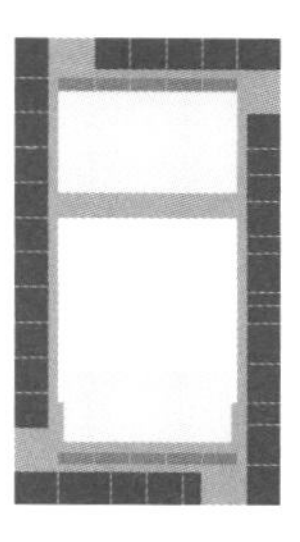

Grundriss EG M 1:500

[10]

Sarasota High School
1000 South School Avenue
Sarasota, Florida (US)
Paul Rudolph

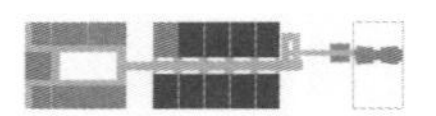

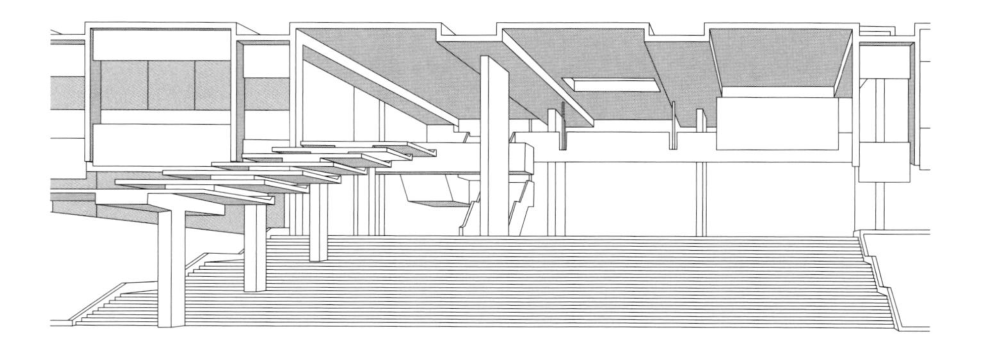

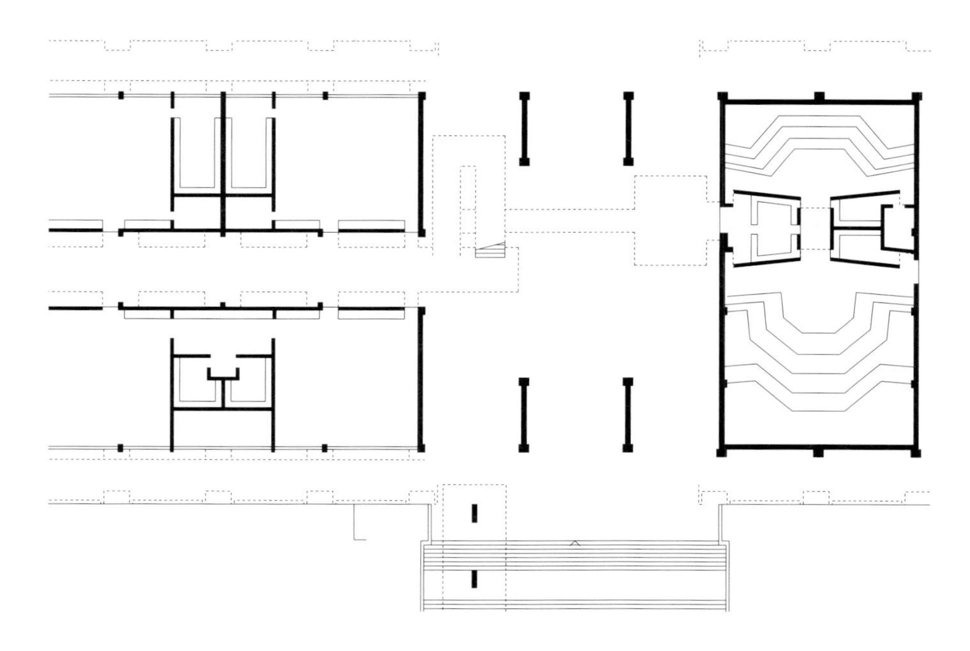

Grundriss EG M 1:500

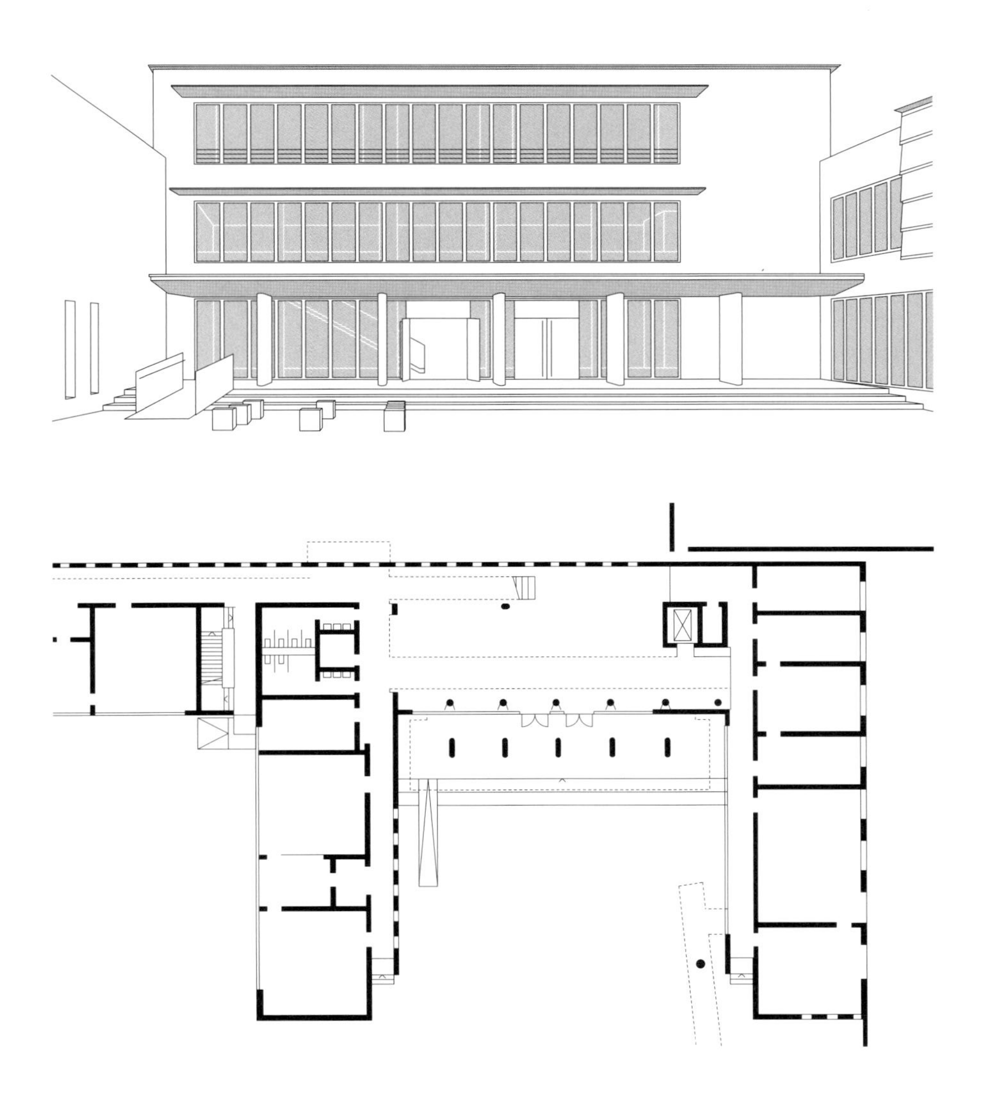

[40]

Sonderpädagogisches
Förderzentrum
Schottenau 10a
Eichstätt (DE)
Diezinger & Kramer

Grundriss EG M 1:500

Mehrere Eingänge

Bei mehreren Eingängen können die Wege zu den Unterrichtsräumen erheblich verkürzt werden. Ebenso können kleinere baukörperliche Einheiten gebildet werden.

Vier L-förmige Baukörper der Mittelschule in Losone [21] bilden einen zentralen Pausenhof. Über einen zweigeschossigen Säulengang, der gleichzeitig den gedeckten Pausenbereich darstellt, werden die einzelnen Baukörper erschlossen. Außer der Eingangshalle befinden sich die Fachräume und die sanitären Anlagen im Erdgeschoss. Eine offene Treppe führt von der Eingangshalle ins 1. Obergeschoss zu den Klassenräumen.

Der Baukörper der Mittelschule in Morbio Inferiore [23] besteht aus acht Einheiten, die jeweils zwei Fachräume im 2. Obergeschoss, vier Klassenzimmer im 1. Obergeschoss und Lehrerräume im Erdgeschoss beinhalten. Diese sind über einen großen Luftraum im Inneren, der durch die gesamte Länge des Gebäudes läuft, miteinander verbunden. Vom Parkplatz her kommend, wird man zwischen der Hausmeisterwohnung und der Turnhalle, vorbei an der Freitreppe, die sich zwischen der Turnhalle und dem Schulgebäude aufspannt, zum Haupteingang im zweiten Baukörper geleitet. Jeder Baukörper hat jedoch auch seinen eigenen Zugang.

Eine Grundschule, eine Hauptschule mit Werkrealschule und eine Sporthalle bilden das Schulzentrum im Scharnhauser Park [48]. Die Anordnung der Grund- und Hauptschule orientiert sich an den städtebaulichen Gegebenheiten des Orts. Beide reihen sich in Nord-Süd-Richtung entlang der Straße auf. Die Zugänge sind nicht, wie zu vermuten, mittig des Zweibunds angeordnet, sondern an den abgerückten Stirnseiten der Schulen. Von einem sehr niedrigen Eingangsbereich aus entwickelt sich der Raum zu einem mehrgeschossigen Luftraum, der durch die Oberlichter des V-förmigen Dachs belichtet wird.

[21]

Scuola Media Cantonale
Via Saleggi 3
Losone (CH)
Aurelio Galfetti,
Livio Vacchini

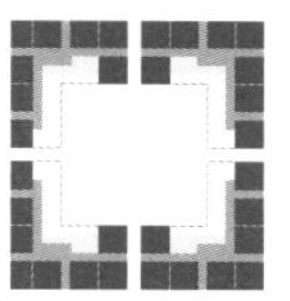

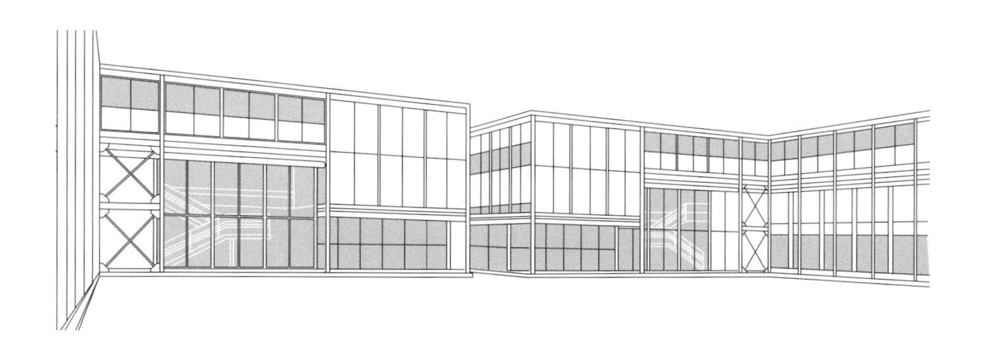

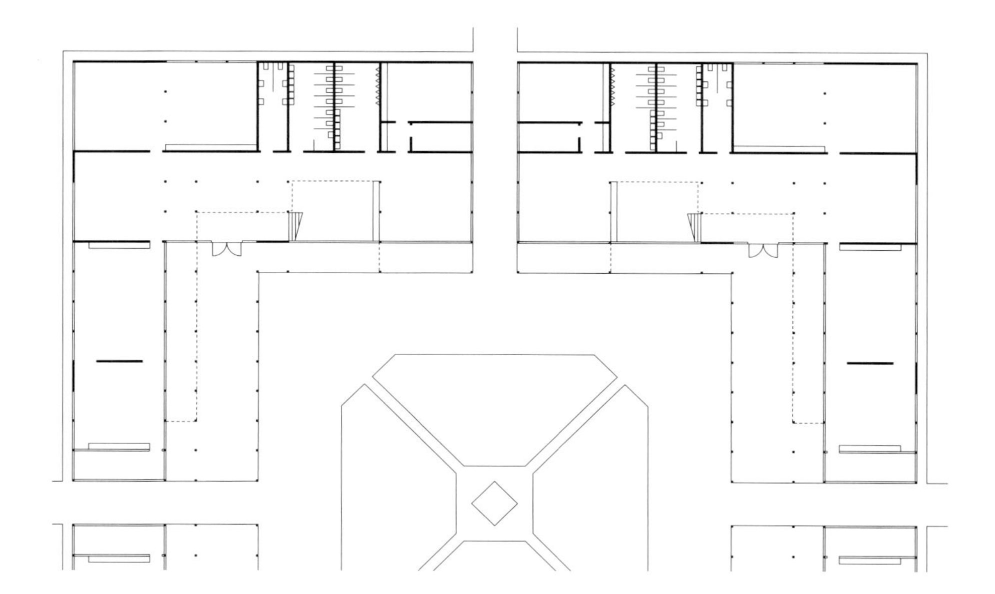

Grundriss EG M 1:500

[23]

Scuola Media Cantonale
Via Stefano Franscini 30
Morbio Inferiore (CH)
Mario Botta

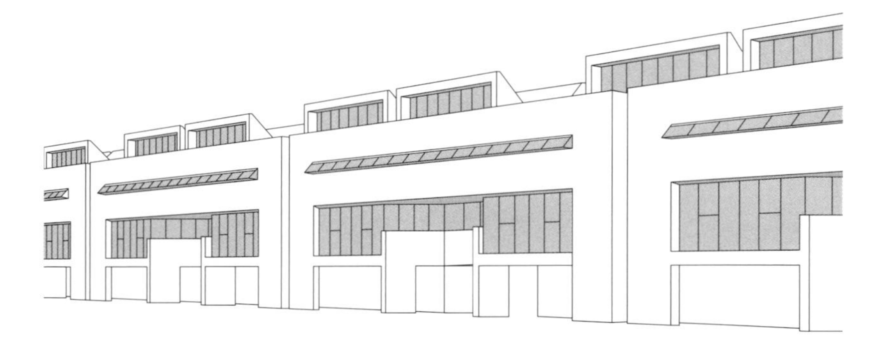

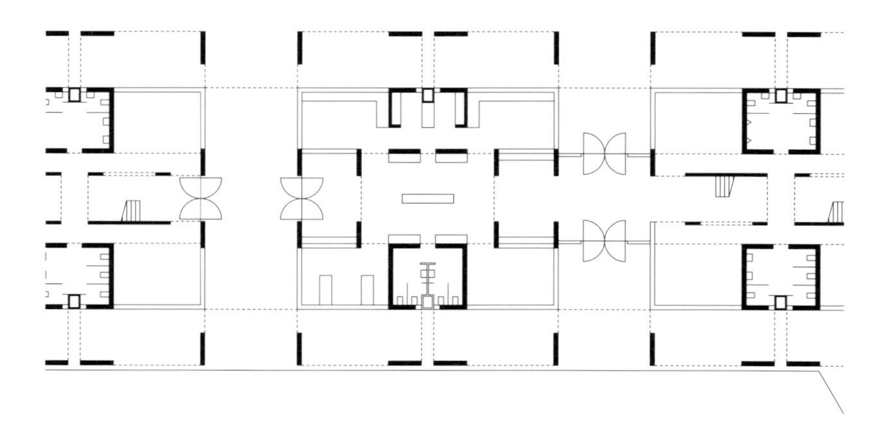

Grundriss EG M 1:500

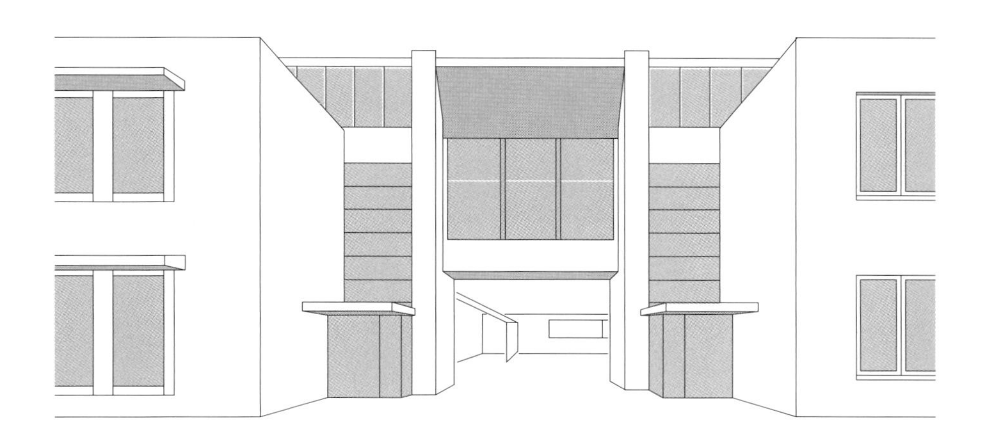

[48]

Schulzentrum im Scharnhauser Park
Gerhard-Koch-Straße 6
Ostfildern (DE)
Lederer+Ragnarsdóttir+Oei

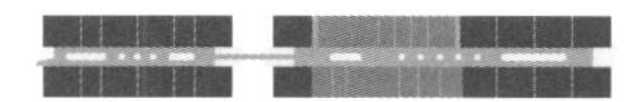

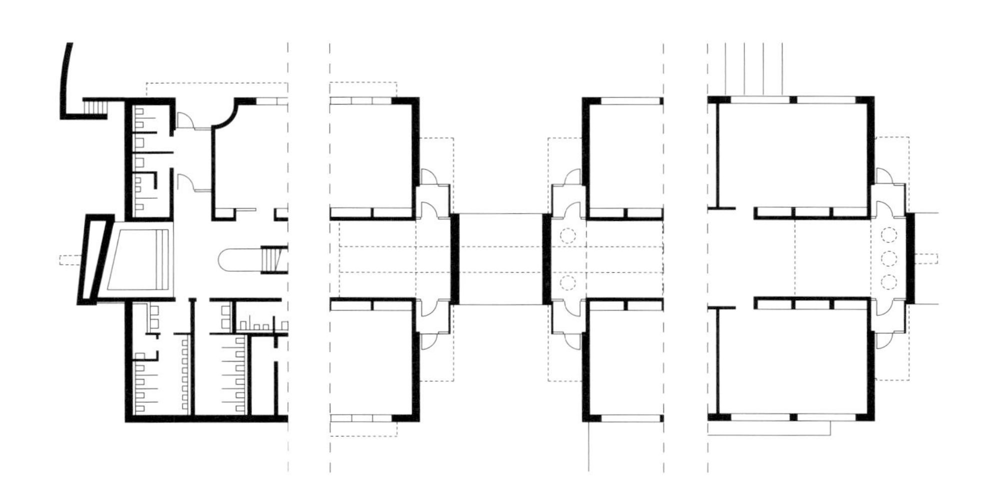

Grundriss EG M 1:500

Windfang

Der Windfang dient dazu, den Wärmeverlust durch ständiges Öffnen der Eingangstüren zu reduzieren. Allerdings ist wichtig, dass der Abstand zwischen den Türen groß genug ist, so dass die erste Tür schon geschlossen ist, wenn die zweite Tür geöffnet wird. Das Problem bei Schulen ist, dass der Windfang meist von Gruppen durchlaufen wird und nicht von Einzelpersonen, so dass meistens beide Türanlagen gleichzeitig offen stehen.

Entlang der Ostfassade der Minami Yamashiro Primary School in Kyoto [57] sind zahlreiche Eingänge mit vorgelagerten Eingangsboxen, die als Windfang dienen, angeordnet. Somit verteilen sich die 400 Schüler auf sieben Eingänge. Die Boxen sind von zwei Seiten zugänglich. An der Seite zum Pausenhof sind Wasserhähne montiert, die als Trinkmöglichkeit während der Pausen genutzt werden.

Im Primarschulhaus Linden in Niederhasli [52] ist der Windfang ein Teil des Flurs. Durch eine geschickte Grundrisskonstellation bildet er den Eingang zur Schule und zur Sporthalle. Er gewährleistet damit eine interne Verbindung zwischen den beiden Funktionsbereichen. Die großzügige Vordachsituation entsteht durch das Zurückspringen des Eingangs und der Pausenhalle.

Der Windfang des Schulhauses in Fläsch [35] ist in die Pausenhalle eingeschoben, so dass der Eingang von außen und von innen eindeutig erkennbar ist.

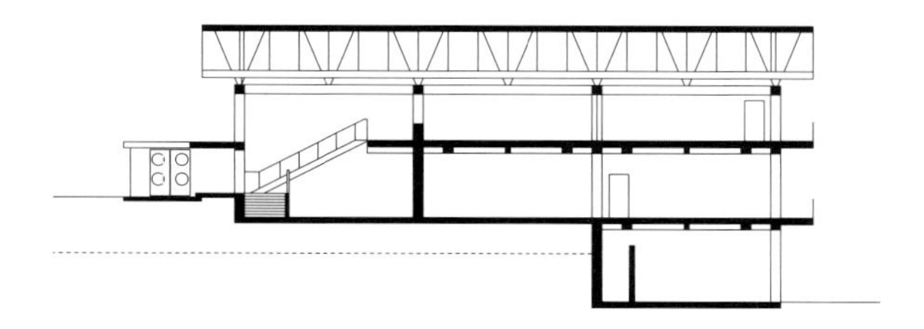

[57]

Minami-Yamashiro Primary School
Minami Yamashiro
Kyoto (JP)
Richard Rogers Partnership

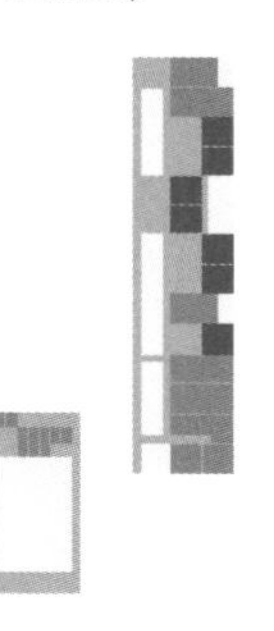

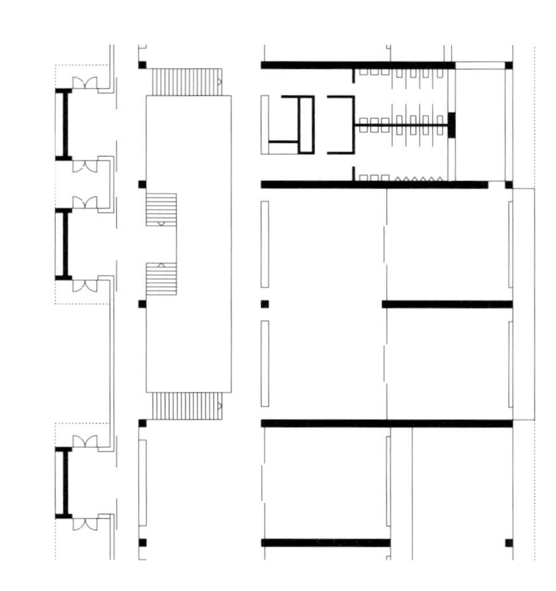

Schnitt M 1:500
Grundriss OG M 1:500

[52]

Primarschulhaus Linden
Lindenstraße 21
Niederhasli (CH)
Bünzli & Courvoisier

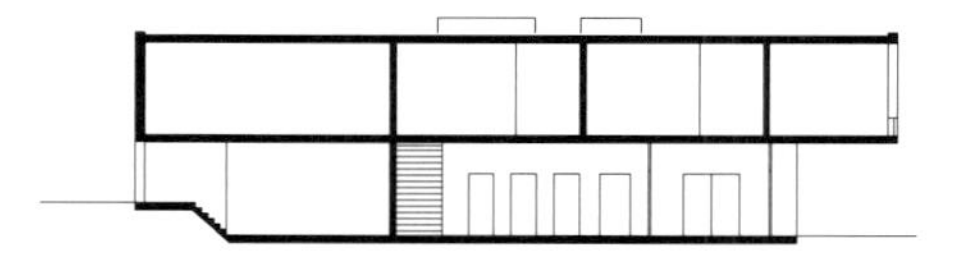

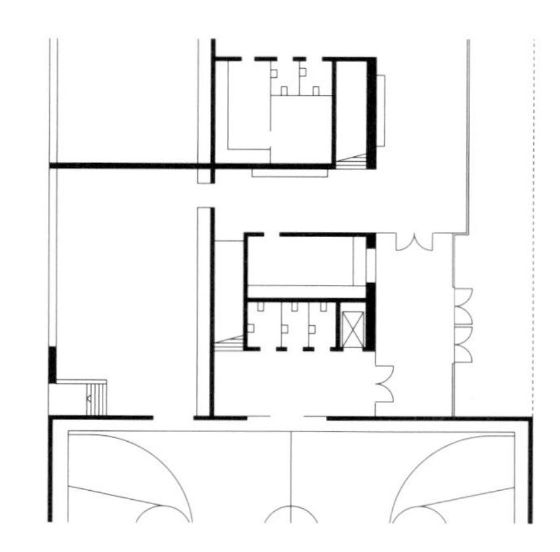

Schnitt M 1:500
Grundriss EG M 1:500

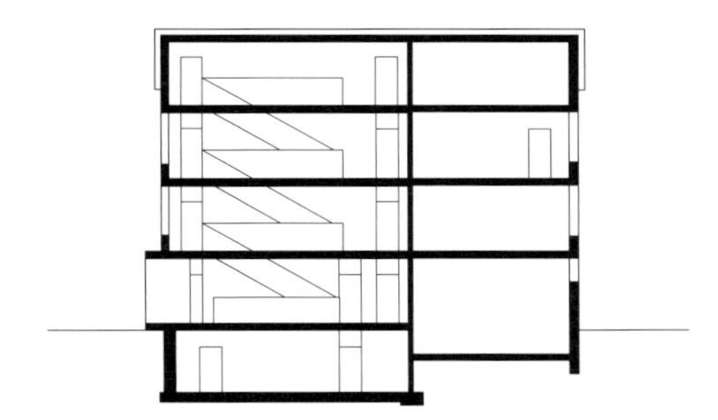

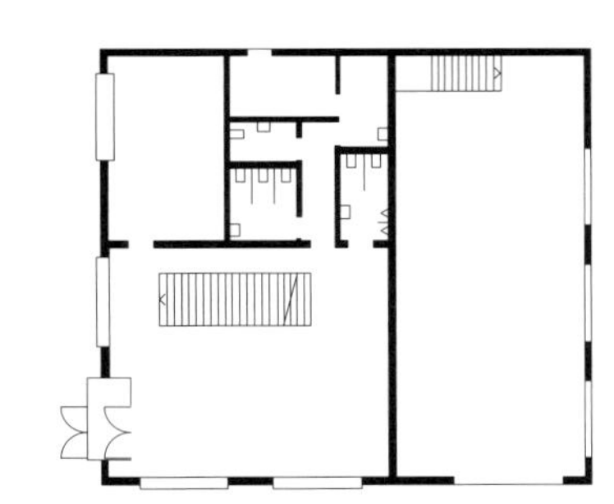

[35]

Schulhaus Fläsch
Patschär
Fläsch (CH)
Pablo Horváth

Schnitt M 1:500
Grundriss EG M 1:500

Vordach

Das Vordach einer Schule hat zwei Funktionen: Es markiert den Eingang und dient den Schülern als gedeckter Pausenbereich.

Der Haupteingang der Riverview High School in Sarasota [09] wird durch ein Vordach gebildet, das die drei Baukörper – den Klassenzimmertrakt, die Sporthalle mit Aula und die Bibliothek mit Mensa – mit den zwei Pavillons der Verwaltung zu einem Gesamtkomplex verbindet. Es begrenzt den Schulhof zur Vorfahrt hin und bietet den Schülern in den Pausen Schutz vor Sonne. Die eingehängten, im rechten Winkel zum Vordach verlaufenden Deckenfelder zeigen in Richtung der Vorfahrt und markieren den Eingang. Unter dem Vordach werden die Schüler und Lehrer über die einläufigen Treppen in das Obergeschoss der Klassenzimmertrakte geführt.

Das Vordach der Grundschule Theresienhöhe in München [62] bildet die städtebauliche Kante zur Straße und das Entree der Schule. Durch die schlanken Betonstützen schirmt der Portikus den Vorplatz zur Schule von der Straße ab und verbindet die beiden Gebäudeteile, die im spitzen Winkel auf die Straße stoßen. Der Vorplatz ist als halböffentlicher Bereich nicht nur Vorbereich zur Schule, sondern auch zum Stadtteilbürgerzentrum, das sich im rechten Gebäudeflügel befindet.

Der Eingang der Gesamtschule In der Höh in Volketswil [54] ist zurückversetzt und bildet einen Einschnitt im Gebäudevolumen. Durch die herausgeschobenen Stufen ist der Eingang zur Schule gut zu erkennen.

[09]

Riverview High School
1 Ram Way
Sarasota, Florida (US)
Paul Rudolph

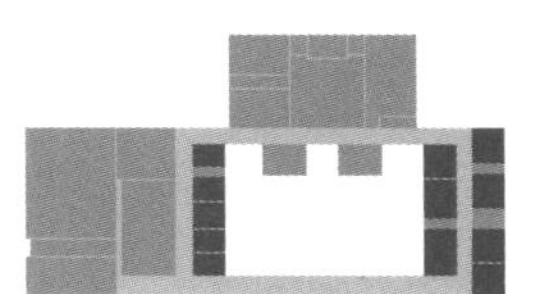

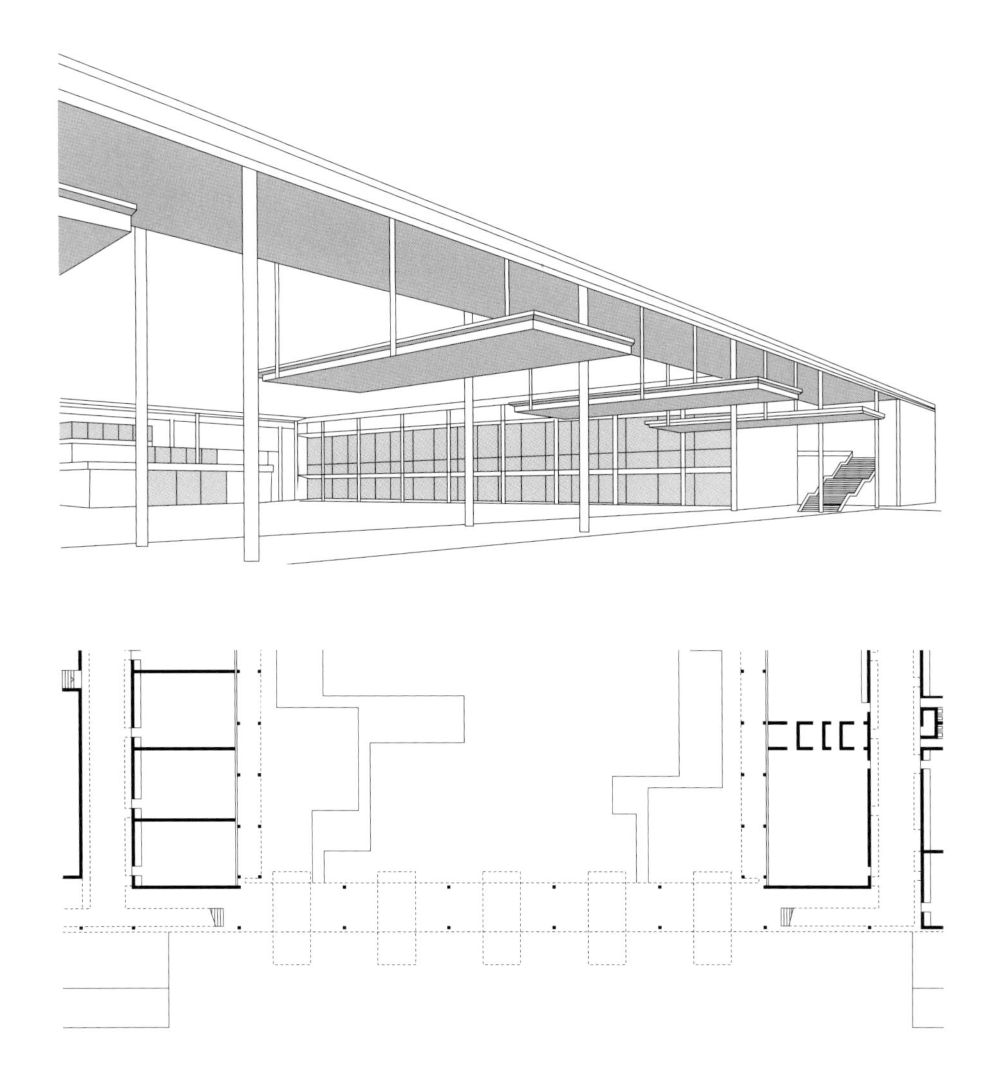

Grundriss EG M 1:800

[62]

Grundschule Theresienhöhe
Pfeuferstraße 1
München (DE)
Rudolf Hierl

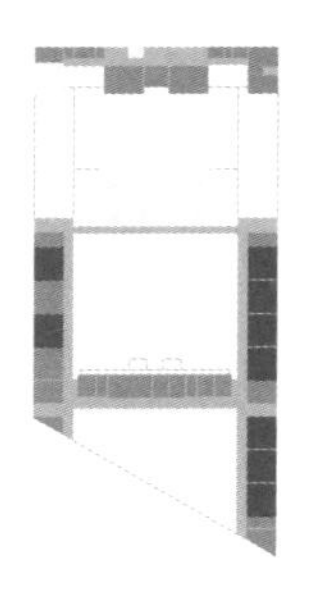

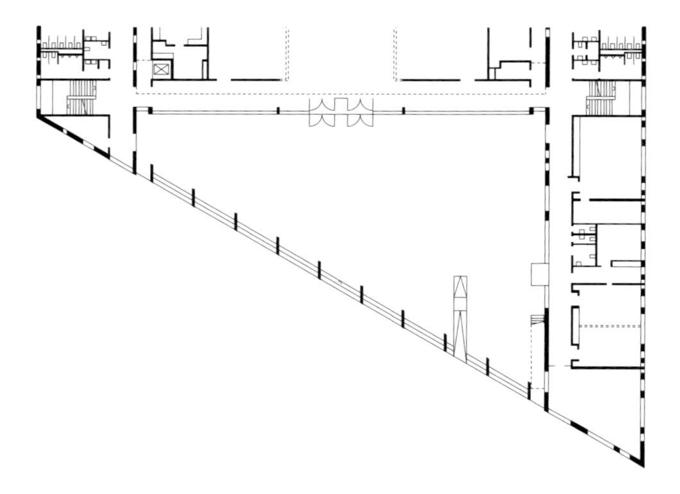

Grundriss EG M 1:800

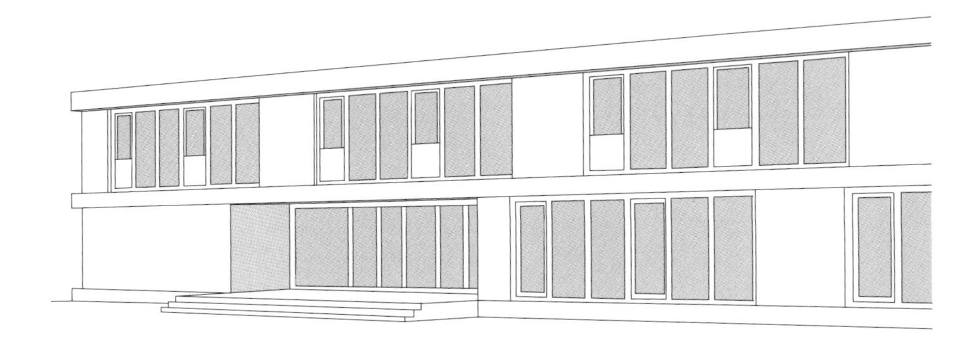

[54]

Gesamtschule In der Höh
In der Höh 9
Volketswil (CH)
Gafner & Horisberger
Architekten

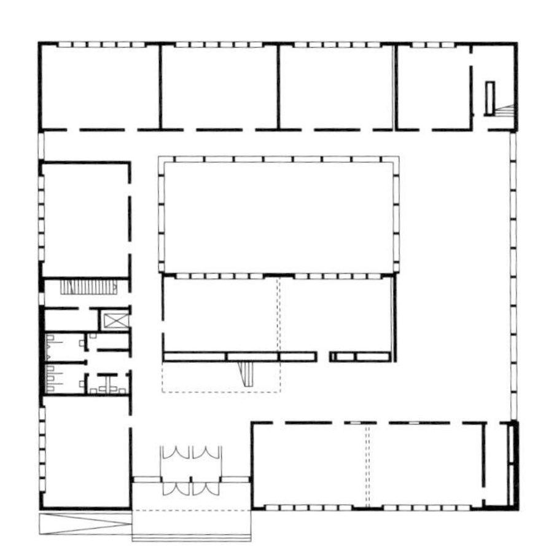

Grundriss EG M 1:800

Treppe

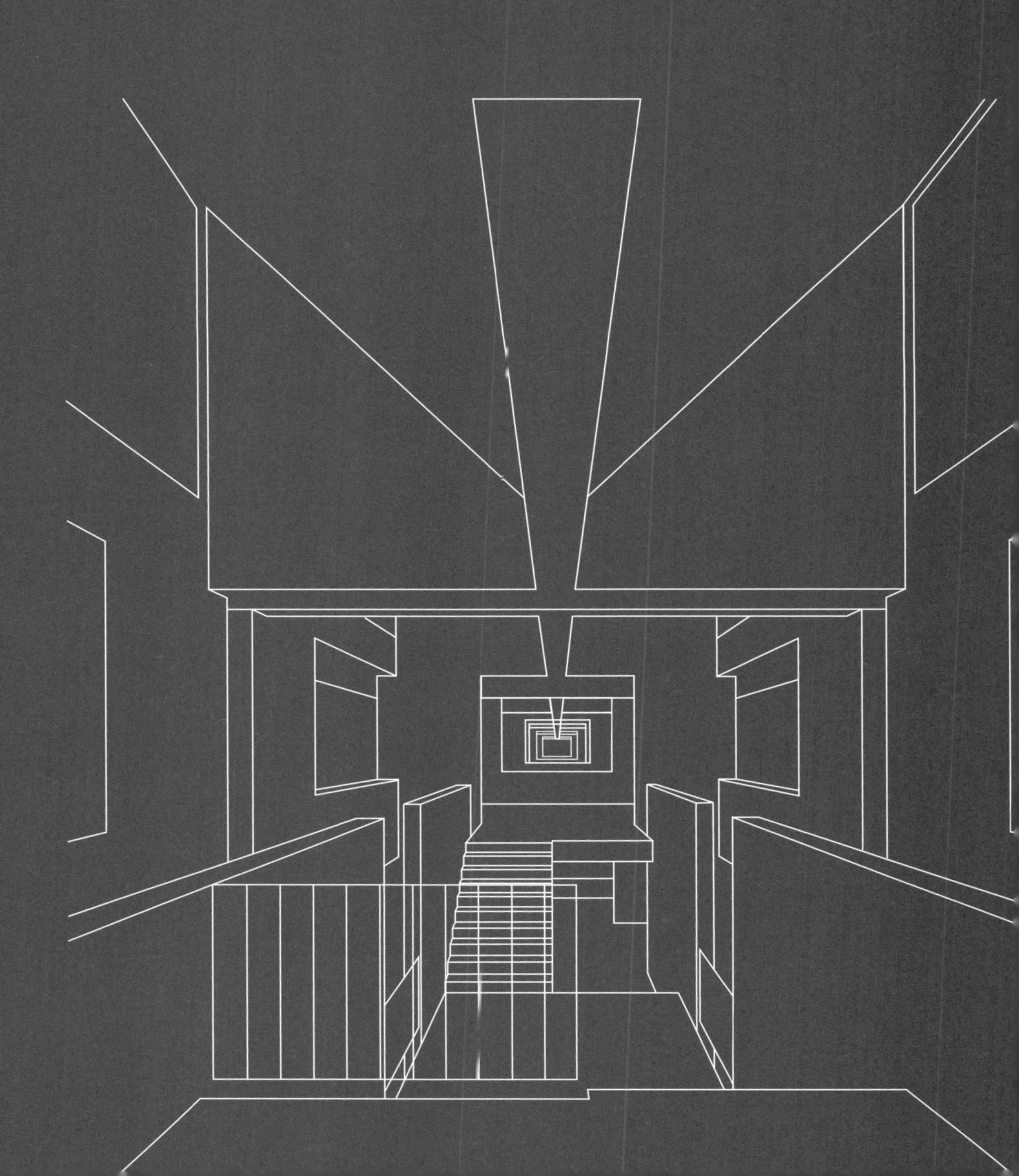

Zentrale Treppen 56
[51] Gymnasium Friedrich II.
Auf dem Schäfersfeld, Lorch (DE)
Behnisch & Partner
[68] Schulanlage Leutschenbach
Andreasstraße, Zürich (CH)
Christian Kerez
[31] Kepler-Gymnasium
Johanna-Kohlund-Straße 5, Freiburg (DE)
Ernst Spycher

Dezentrale Treppen 60
[23] Scuola Media Cantonale
Via Stefano Franscini 30, Morbio Inferiore (CH)
Mario Botta
[52] Primarschulhaus Linden
Lindenstraße 21, Niederhasli (CH)
Bünzli & Courvoisier
[11] Kantonsschule Freudenberg
Gutenbergstraße 15, Zürich (CH)
Jacques Schader

Treppen als Orte der Begegnung 64
[45] Hellerup Skole
Dessaus Boulevard 10, Kopenhagen (DK)
Arkitema
[44] Gymnasium Markt Indersdorf
Arnbacher Straße 40, Markt Indersdorf (DE)
Allmann Sattler Wappner Architekten
[25] Scholen Apollolaan, Montessorischool
Willem Witsenstraat 14, Amsterdam (NL)
Herman Hertzberger

Fluchttreppen 68
[59] Schulanlage Im Birch
Margrit-Rainer-Straße 5, Zürich (CH)
Peter Märkli
[68] Schulanlage Leutschenbach
Andreasstraße, Zürich (CH)
Christian Kerez
[51] Gymnasium Friedrich II.
Auf dem Schäfersfeld, Lorch (DE)
Behnisch & Partner
[44] Gymnasium Markt Indersdorf
Arnbacher Straße 40, Markt Indersdorf (DE)
Allmann Sattler Wappner Architekten
[40] Sonderpädagogisches Förderzentrum
Schottenau 10a, Eichstätt (DE)
Diezinger & Kramer

Belichtung 74
[48] Schulzentrum im Scharnhauser Park
Gerhard-Koch-Straße 6, Ostfildern (DE)
Lederer + Ragnarsdóttir + Oei
[13] Gymnasium Andreanum
Hagentorwall 17, Hildesheim (DE)
Dieter Oesterlen
[42] Oberstufenschulhaus Compogna
Compognastraße, Thusis (CH)
Jüngling & Hagmann

Einleitung

Die Treppe ist eines des schwierigsten räumlichen Elemente, die Architekten zu entwerfen haben. Sie wird häufig ausschließlich zur Erschließung der Stockwerke und als Fluchtweg gesehen und ist darauf maßlich abgestimmt. Ihr Steigungsverhältnis, ihre Breite und Länge werden in diesen Fällen den Vorschriften gemäß ermittelt.

Wer Treppenhäuser in Schulen unter die Lupe nimmt, wird feststellen, dass sie neben der Funktion der Erschließung Orte sind, an denen man sich zwar zwangsläufig trifft, woraus sich dann aber auch Orte des sozialen Austausches entwickeln. Deshalb sind Treppen, über ihr notwendiges Maß vergrößert, hervorragende Aufenthaltsorte. Offen geführte Treppen, die nicht als Fluchtweg dienen, werden automatisch zum Sitzen in Pausen genutzt. Sie sollen so breit sein, dass neben den Sitzenden genügend Platz für Vorbeigehende verbleibt. Schön ist, wenn sich Treppen großzügig zur Eingangshalle öffnen und Teil dieses Raums werden. Dann können die Stufen auch für Veranstaltungen genutzt werden.

Wichtig ist ein gutes Verhältnis von Auftritt und Steigung. Eine Steigung von über 16 cm ist auf den Haupttreppen zu vermeiden. Viele Treppen sind vor allem für ältere Menschen unbequem, auch kleine Kinder haben bei zu steilen Treppen Schwierigkeiten. Notwendige Treppenpodeste können ebenfalls als Aufenthaltsflächen dienen. Bei einer guten Führung der Treppe kann die Orientierung im Raum erleichtert werden, wenn der Blick in das nächste Geschoss ungehindert und mit möglichst weitem Sichtwinkel möglich ist. Deshalb sind Treppen von Vorteil, die über genügend breite Lufträume eine Sichtverbindung anbieten.

Das Geländer sollte durch seine Haptik angenehm in der Hand liegen und in der Höhe auch von kleinen Kindern gut erreichbar sein. Dies widerspricht oftmals den Vorschriften der Gemeindeunfallversicherungen, die – darauf soll man achten – oft über die baurechtlich festgesetzten Höhen hinausgehen.

Der Raum vor der Treppe sollte beim oberen Austritt heller sein als bei ihrem unteren Antritt, da der Mensch lieber ins Helle geht. Guten Architekten gelingt es, Treppen so zu gestalten, dass man sie ohne nachzudenken gerne benutzt. Dazu gehört auch die Gestaltung der Setz- und Trittstufen selbst. Da frei geführte Treppen in Schulen oft durch große Hallen führen, spielt bei der Auswahl von Material und Konstruktion der Schallschutz eine große Rolle. Durch genügend Masse oder sorgfältige Belagswahl kann einer möglichen Geräuschentwicklung entgegengewirkt werden.

Rampen sind ebenfalls ein schönes räumliches Element. Leider erreichen bei Berücksichtigung der Behindertenvorschriften die Rampenlängen eine Dimension, die den scheinbar angenehmen Weg unerträglich lang gestaltet. Deshalb wird man bald die Erfahrung machen, dass der dafür notwendige Platz in den meisten Fällen nicht gegeben ist.

Zentrale Treppen

Zentral angeordnete Treppenhäuser bieten eine leichte Orientierung im Gebäude. Wenn sie im Zusammenhang mit zentralen Hallen oder Lichthöfen geplant werden, entstehen Räume, die nicht nur der Erschließung, sondern auch der Begegnung und der Kommunikation dienen. Zu beachten ist, dass an die Halle und deren angrenzende Bauteile bestimmte Anforderungen gestellt werden, wenn die Treppe einen der zwei geforderten baulichen Rettungswege darstellt. (MSchulbauR, genauere Angaben siehe Raumpilot – Grundlagen)

Die Ebenen des Gymnasiums Friedrich II. in Lorch [51] werden über eine einläufige Treppe erschlossen, die in der zentralen Halle frei angeordnet ist. Die Halle und damit auch die Treppe werden über ein kreisförmiges Oberlicht mit Tageslicht versorgt. Die Treppe ist somit Teil der inneren Pausenfläche und bildet Orte der Kommunikation, des Ruhens, des Beobachtens und der Bewegung. Der erforderliche zweite Rettungsweg wird durch Ausgänge auf jedem Geschoss und den Fluchtbalkon mit außenliegender Treppe im obersten Geschoss gewährleistet.

Die gegenläufige zentrale Treppenanlage der Schulanlage Leutschenbach in Zürich [68] trennt die Schule in einen Primar- und einen Oberstufenbereich. Gemeinsam mit den davorliegenden Flur- und Aufenthaltsbereichen entsteht jeweils ein mehrgeschossiger Hallenraum, der für klassenübergreifende Projektarbeit, Ausstellungen und Veranstaltungen genutzt werden kann. Die rauchfreien Fluchtwege werden über ein außenliegendes Treppenhaus, das durch einen umlaufenden Fluchtbalkon erschlossen wird, und ein zusätzliches Treppenhaus, das der Aufzugsanlage zugeordnet ist, gewährleistet.

Die beiden Treppenläufe des Kepler-Gymnasiums in Freiburg [31] schwingen sich im zentralen viergeschossigen Lichthof frei empor. Dadurch entsteht eine klare Orientierung für Schüler und Lehrer im Schulgebäude. Die Belichtung erfolgt über ein flaches Glasdach, das aus zwei Ebenen besteht und somit das einfallende Tageslicht filtert. Aufgrund der langen Rettungswege und der nicht als Fluchttreppenhaus anzurechnenden zentralen Treppe sind an den Enden der Gebäudeflügel sowie in der Nähe des Aufzugs zusätzliche Fluchttreppenhäuser angeordnet.

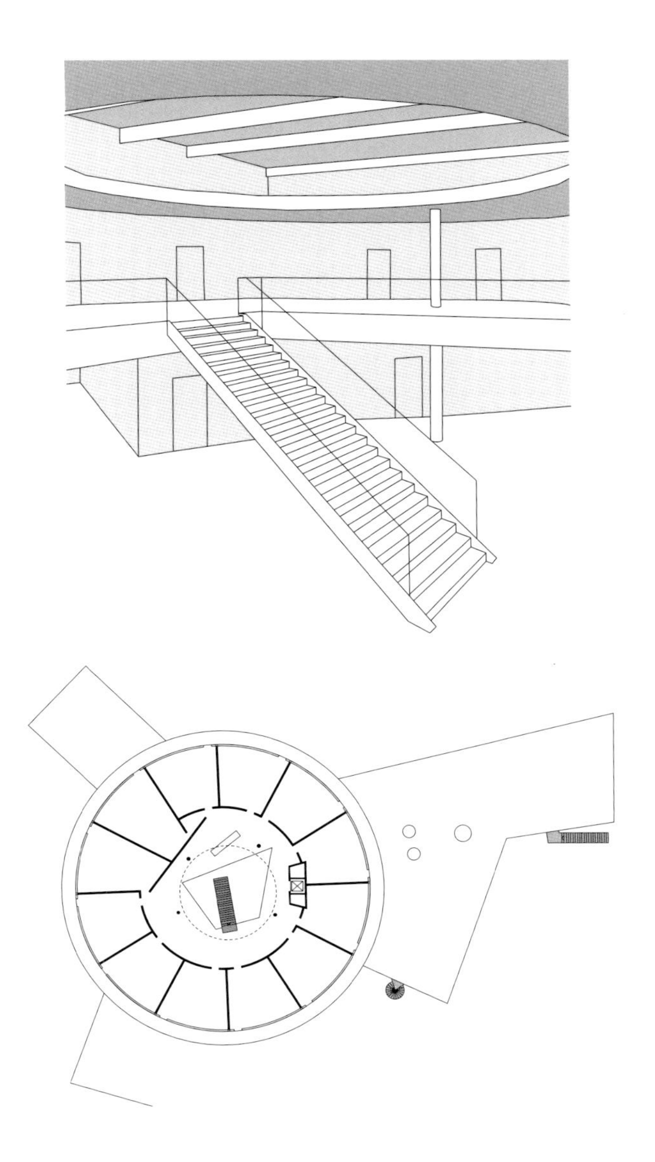

[51]

Gymnasium Friedrich II.
Auf dem Schäfersfeld
Lorch (DE)
Behnisch & Partner

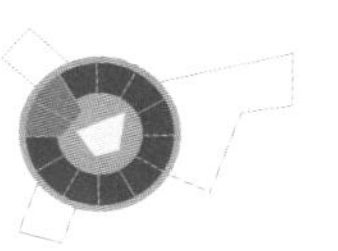

Grundriss OG M 1:1000

[68]

Schulanlage Leutschenbach
Andreasstraße
Zürich-Oerlikon (CH)
Christian Kerez

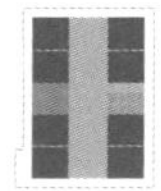

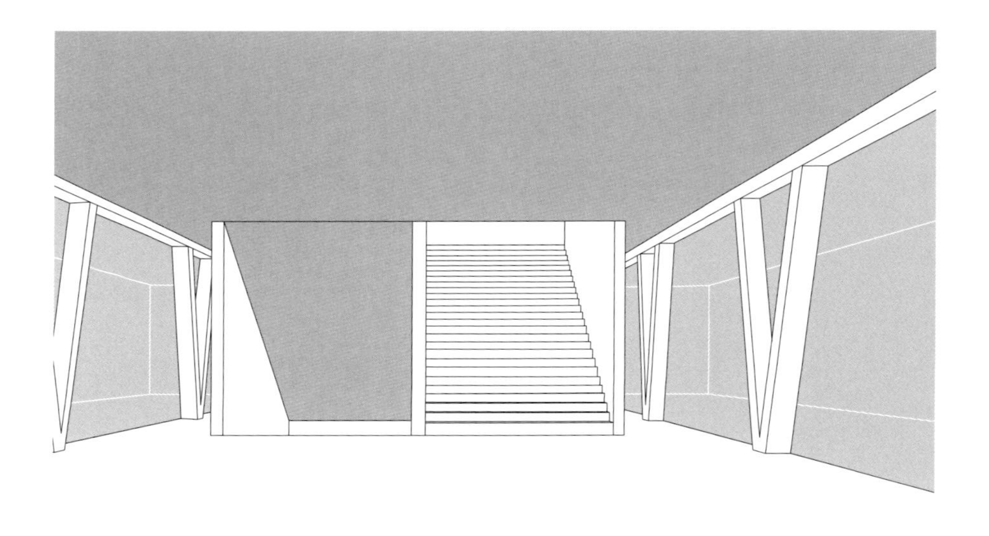

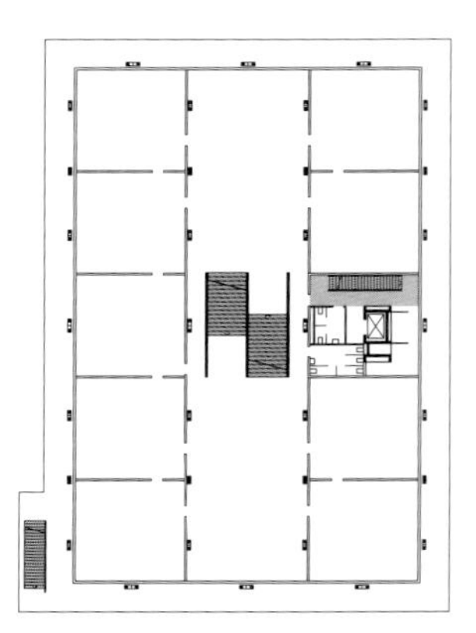

Grundriss 1.-3. OG
M 1:1.000

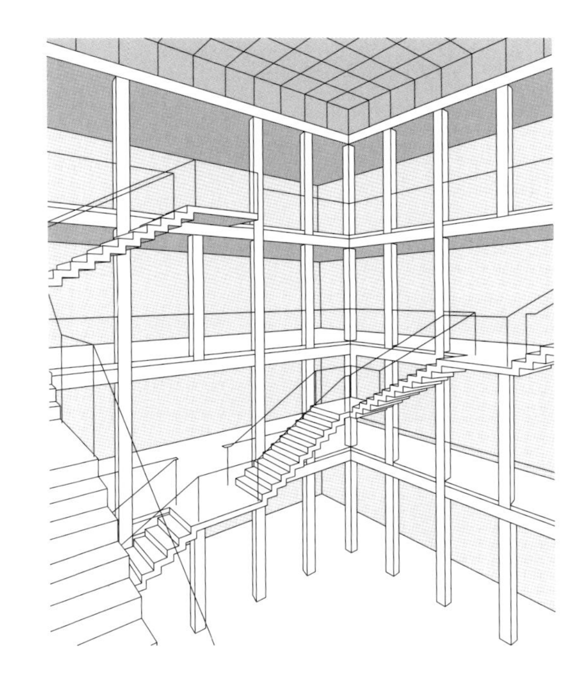

[31]

Kepler-Gymnasium
Johanna-Kohlund-Straße 5
Freiburg (DE)
Ernst Spycher

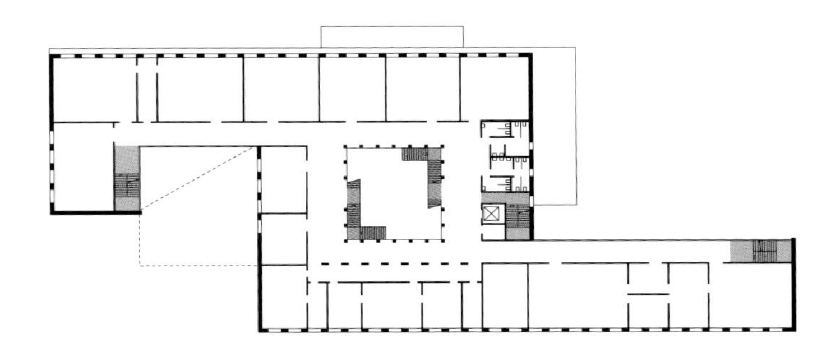

Grundriss 1. OG M 1:1.000

Dezentrale Treppen

Durch dezentrale Treppen können die bei zentral angeordneten Treppen notwendigen Verkehrsflächen – wie etwa Flure – eingespart werden. Der scheinbare Mehraufwand durch die Erstellung zusätzlicher Treppenläufe wird durch die Reduzierung von horizontalen Erschließungsflächen kompensiert. Ebenso ergibt sich bei einem Schulhaus mit dezentralen Treppen die Möglichkeit, den Gesamtkomplex in kleinere Einheiten zu unterteilen, die einem kindgerechten Maßstab entsprechen.

Die Treppen der Scuola Media Cantonale in Morbio Inferiore [23] liegen in dem Hohlraum, der die acht Bauteile beziehungsweise Klassencluster durchläuft und sie räumlich miteinander verbindet. In jeder Einheit ist ein offenes Treppenhaus angeordnet. Jedes Treppenhaus erschließt vier Klassenzimmer mit den dazugehörigen Gruppenarbeitsflächen und Pausenflächen im 1. Obergeschoss sowie zwei Fachräume im 2. Obergeschoss.

Das Primarschulhaus Linden in Niederhasli [52] setzt sich aus drei Klassengruppen mit jeweils zwei Unterrichtsräumen zusammen. Jede wird über einen eigenen Treppenaufgang erschlossen. Der Mehraufwand durch den Bau von mehreren Treppenaufgängen kann durch den Verzicht auf die sonst notwendigen Verkehrszonen im Obergeschoss ausgeglichen werden.

Die vier Treppenaufgänge der Kantonsschule Freudenberg [11] (jetzt Kantonsschule Enge, ehemals Handelsschule) verbinden das öffentliche Erdgeschoss mit den Obergeschossen, in denen die Unterrichtsräume liegen. Die Treppen sind offen in der zweigeschossigen Längshalle angeordnet, die im 2. Obergeschoss von drei kleineren, querliegenden Hallen überlagert wird. Die Halle beziehungsweise die Treppenaufgänge werden über die Einschnitte im 2. Obergeschoss und die Ganzglasfassade im Erdgeschoss belichtet.

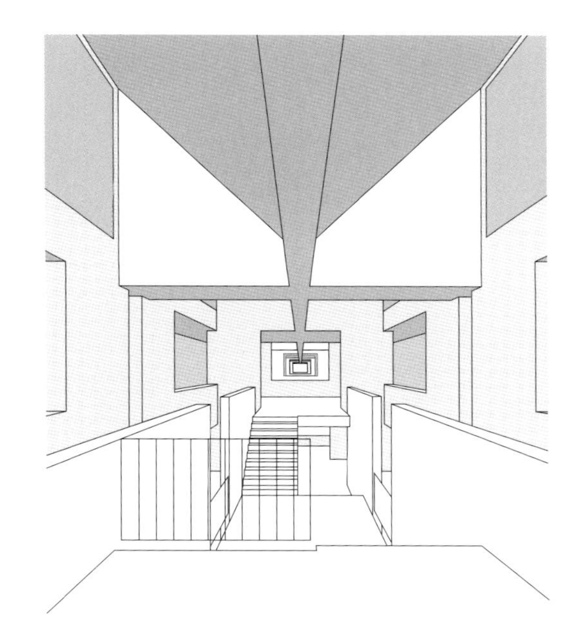

[23]

Scuola Media Cantonale
Via Stefano Franscini 30
Morbio Inferiore (CH)
Mario Botta

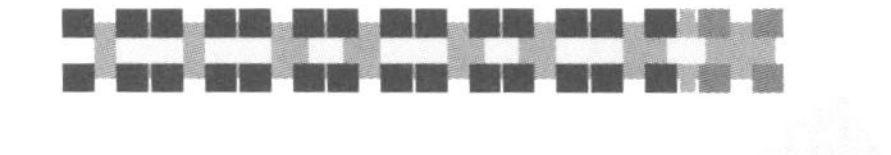

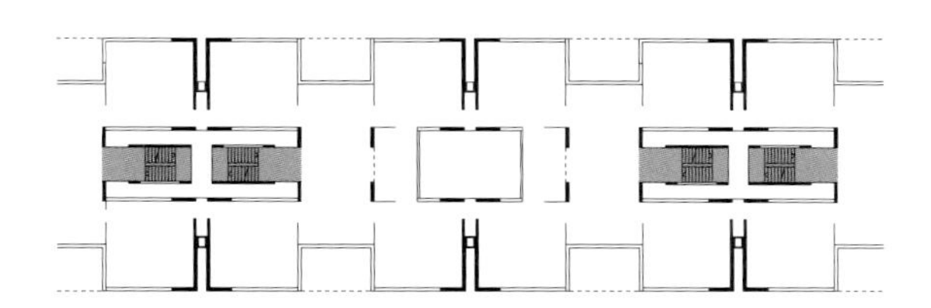

Grundriss 1. OG M 1:1.000

[52]

Primarschulhaus Linden
Lindenstraße 21
Niederhasli (CH)
Bünzli & Courvoisier

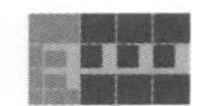

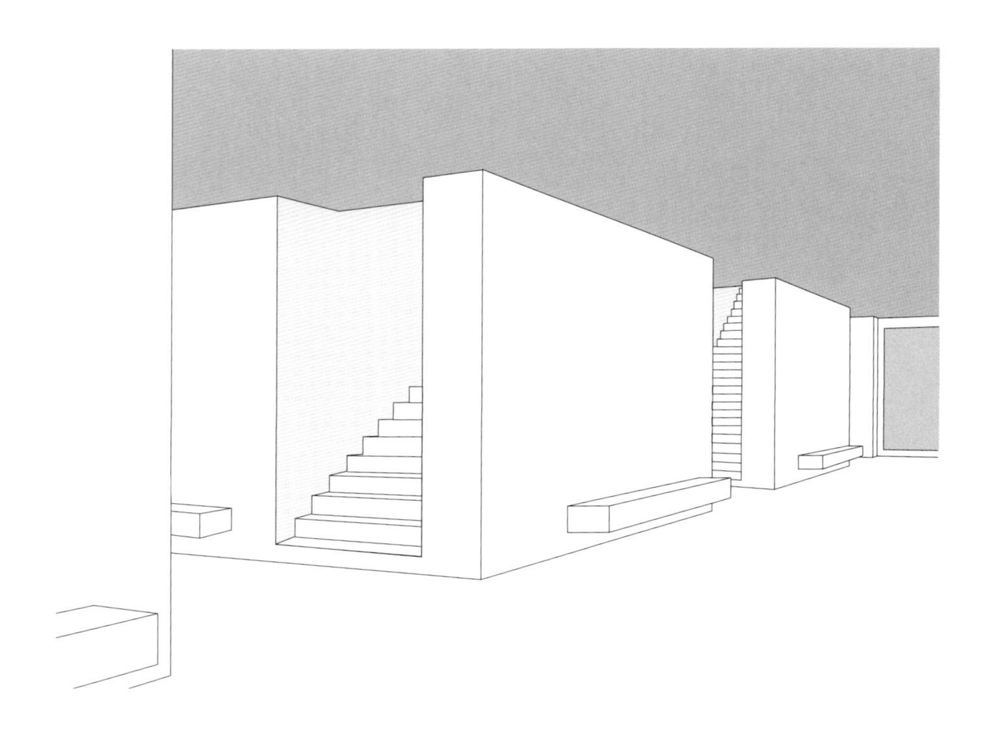

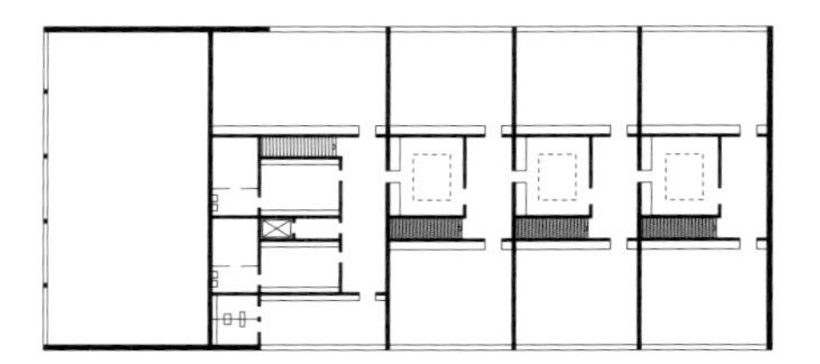

Grundriss OG M 1:1.000

[11]

Kantonsschule Freudenberg
Gutenbergstraße 15
Zürich-Enge (CH)
Jacques Schader

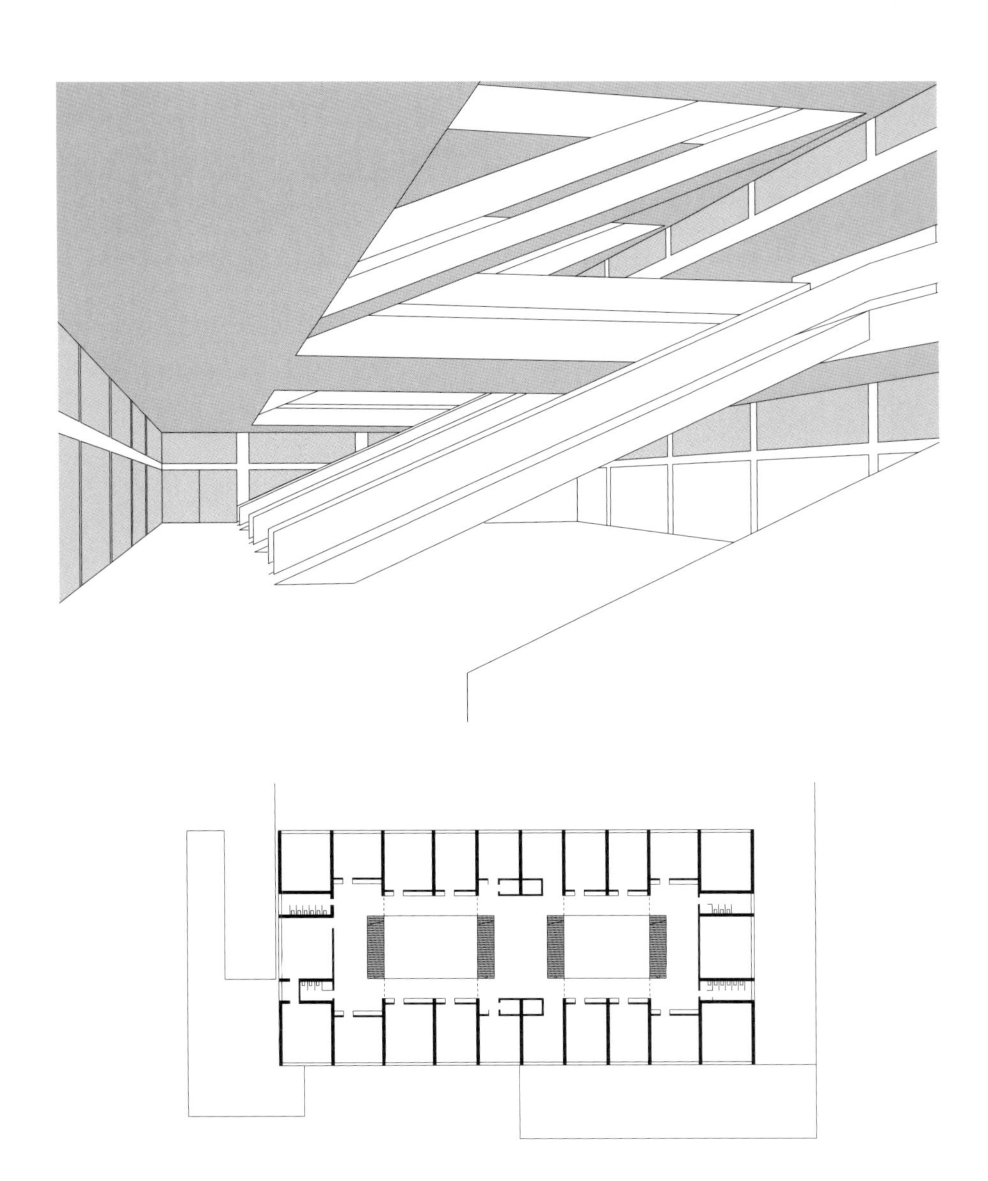

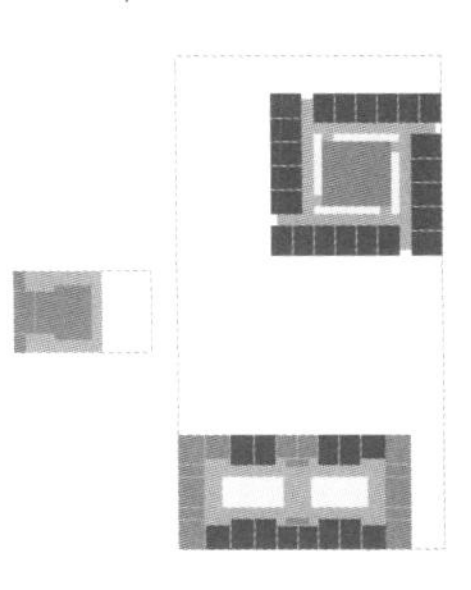

Grundriss 1.OG M 1:1.000

Treppen als Orte der Begegnung

Die eindeutig definierten Erschließungszonen werden zunehmend von multifunktionalen zentralen Hallen abgelöst. Aufgrund von pädagogischen Ansätzen, die nicht nur Frontalunterricht beinhalten, sondern Flächen fordern, die auch klassenübergreifende Gruppenarbeit, Einzelarbeit, Aufführungen und Versammlungen ermöglichen, entstehen mehr multifunktionale Zonen in einer Schule. Auch Treppenanlagen dienen nicht nur der reinen Erschließung von Geschossen, sondern werden so konzipiert, dass sie angenehme Aufenthaltsorte und Teilbereiche der Lernumgebung darstellen.

In der Hellerup Skole in Gentofte [45] gibt es keine eindeutig definierten Erschließungsbereiche mehr. Die offene Treppenhalle bildet das Zentrum des Schulhauses und wird als innere Pausenfläche sowie als Veranstaltungsraum genutzt. Ebenso dient sie als Verbindungsweg zur Turnhalle, zur Schulverwaltung, zu den Fachbereichen, zu den Computerarbeitsplätzen, zum Lesebereich und zur Bibliothek. Die Treppe ist der zentrale Ort der Begegnung. Die großzügigen Sitzstufen laden die Kinder ein, sich mit Freunden zu treffen, dort zu arbeiten, etwas aufzuführen, ihre Mittagspause dort zu verbringen, sich auszutoben et cetera.

Die Freitreppe des Gymnasiums in Markt Indersdorf [44] erfüllt die Anforderungen an die notwenigen Fluchttreppen für die beiden Klassengeschosse, übernimmt die zentrale Verteilung der Schüler und Lehrer und wird als Versammlungsraum sowie als Pausenhalle genutzt. Sie lädt zum Sitzen und Verweilen ein. Im Sommer kann die Fassade der Halle geöffnet werden. Der Pausenhof wird dann zur Bühne. Die innenliegende Treppenanlage und die gegenüberliegende Freitreppe vor der Sporthalle werden zu Tribünen.

Die Freitreppe in der zentralen Halle der Montessorischool in Amsterdam [25] führt zum Splitlevel. Durch die großzügigen Sitzstufen ist sie geeignet für größere und kleinere Aufführungen und Veranstaltungen. Die Teilbereiche sind durch Galerien überdeckt, so dass geschütztere, geborgenere Zonen für kleine Gruppen entstehen. Die Sitzstufen werden vielseitig genutzt: als Pausen-, Arbeits-, Spiel- und Bewegungsfläche.

[45]

Hellerup Skole
Dessaus Boulevard 10
Kopenhagen-Hellerup (DK)
Arkitema

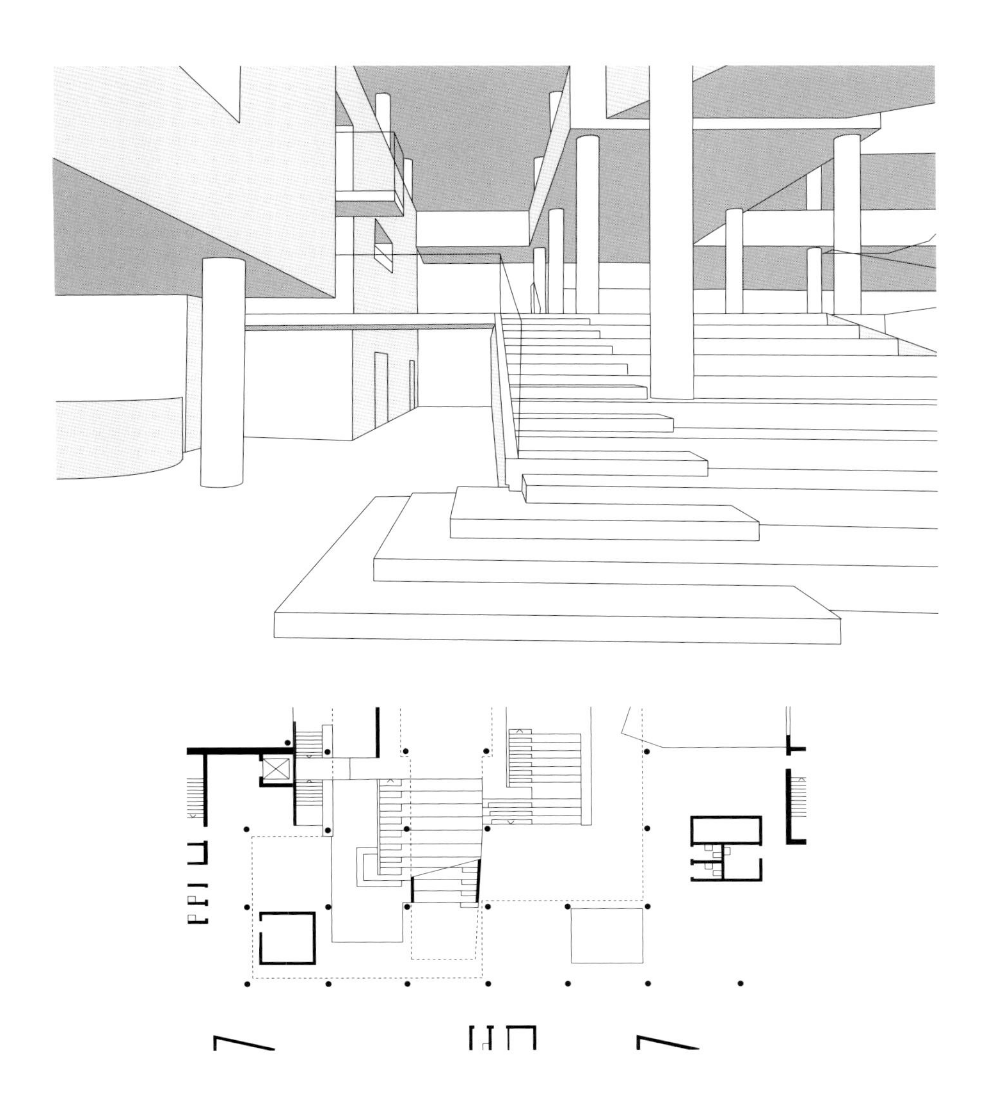

Grundriss 1. OG M 1:500

[44]

Gymnasium Markt Indersdorf
Arnbacher Straße 40
Markt Indersdorf (DE)
Allmann Sattler Wappner Architekten

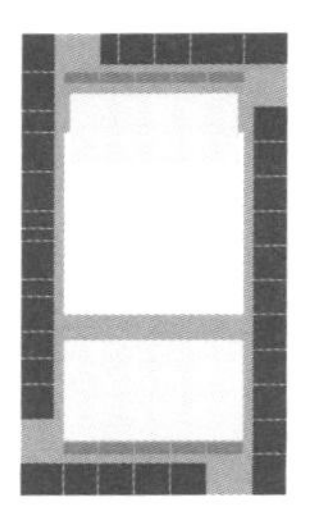

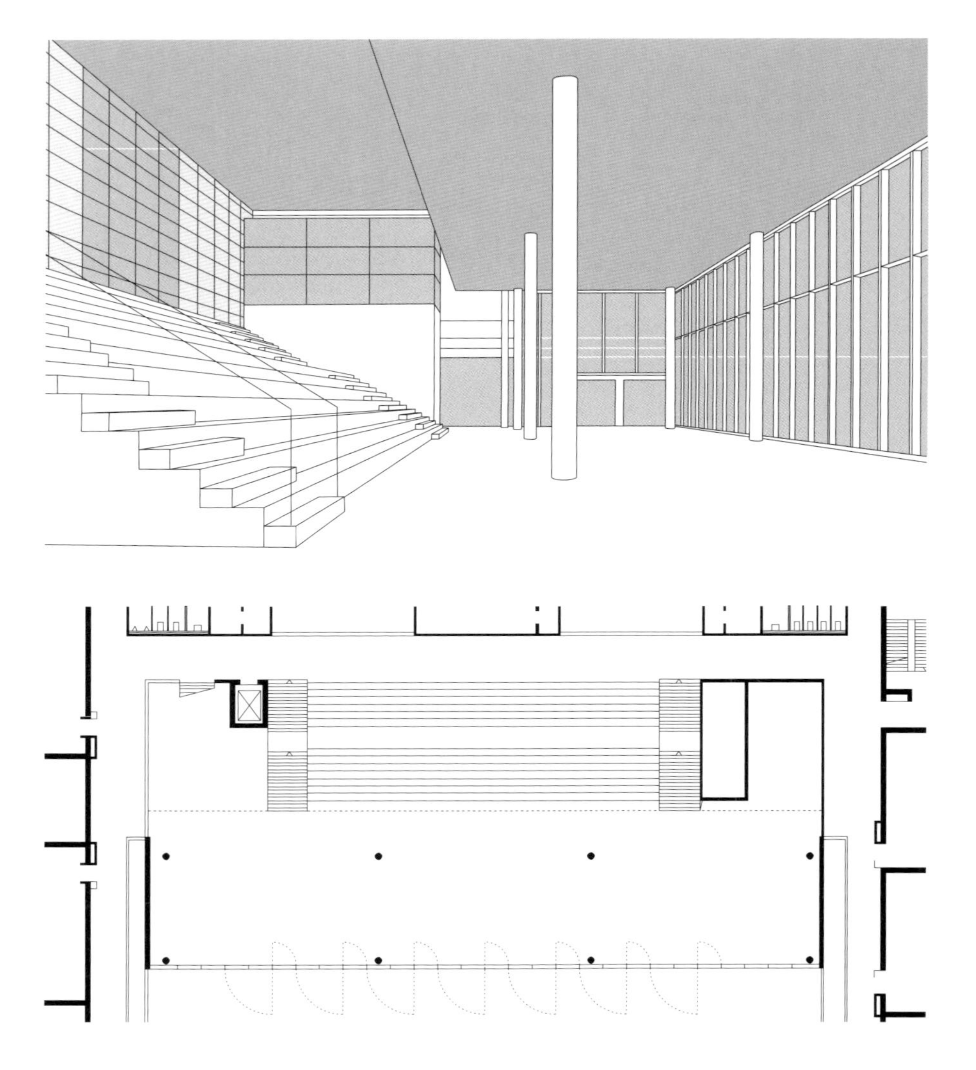

Grundriss 1. OG M 1:500

[25]

Scholen Apollolaan
Montessorischool
Willem Witsenstraat 14
Amsterdam (NL)
Herman Hertzberger

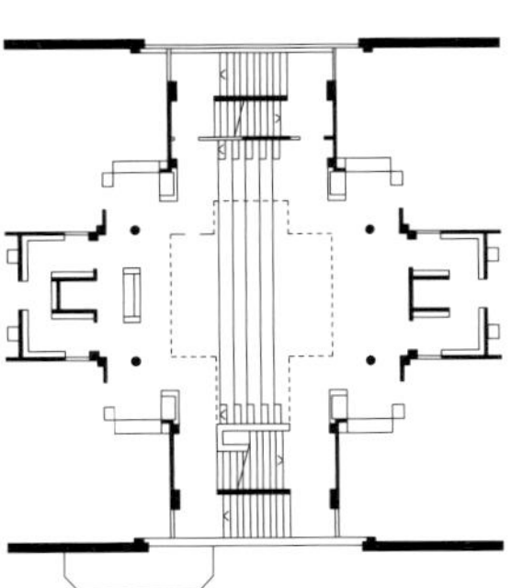

Grundriss 1. OG M 1:500

Fluchttreppen

Oft entsprechen die Freitreppen in Eingangshallen nicht den brandschutztechnischen Anforderungen an einen sicheren Rettungsweg. Um diesen Anforderungen gerecht zu werden, bedarf es zusätzlicher Treppenhäuser. Oder zusätzliche Treppenhäuser sind aufgrund der Größe der Schule notwendig, um die baurechtlichen Auflagen an Fluchtweglängen einzuhalten.

Für die unterschiedlichen Unterrichtsstufen der Sekundarschule Im Birch in Oerlikon [59] werden Raumgruppen gebildet. Immer drei Klassenzimmer und ein Vorraum sind eine Einheit. Der erste Rettungsweg führt über den Vorraum zum Haupttreppenhaus. Damit der Vorraum frei möbliert werden kann, führt der zweite Rettungsweg vom Klassenzimmer über einen Fluchtbalkon oder direkt zu einem zusätzlichen Fluchttreppenhaus.

Die Haupterschließung des Schulhauses Leutschenbach in Zürich [68] erfolgt über ein zentrales Treppenhaus. Da diese Treppenanlage sich zu den Pausenhallen, in denen auch Unterricht stattfindet, öffnet und diese miteinander verbindet, sind zusätzliche Fluchttreppenhäuser notwendig. Der erste Rettungsweg erfolgt über ein parallel zu den Klassenzimmern angeordnetes Treppenhaus, das über die Halle erschlossen wird. Der zweite Rettungsweg führt über einen außenliegenden Fluchtbalkon zu einer einläufigen Außentreppe.

Den Hauptverteiler des Gymnasiums in Lorch [51] bildet die Treppenanlage in der zentralen Halle, um die die Unterrichtsräume angeordnet sind. Die Fluchtwege werden durch direkte Ausgänge ins Freie und einen Fluchtbalkon im Obergeschoss gewährleistet. Über das Dach des eingeschobenen Baukörpers auf der Eingangsebene führt der Rettungsweg vom umlaufenden Fluchtbalkon zu zwei Außentreppen.

Die Hauptverteilung der Schüler und Lehrer des Gymnasiums in Markt Indersdorf [44] erfolgt über eine zentrale Freitreppe in der Eingangshalle. Die Fluchttreppenhäuser liegen abgerückt von der Fassade in den Ecken des rechteckigen Grundrisses und sind durch den schwebenden Baukörper bis ins Erdgeschoss durchgesteckt. Sie gewährleisten somit den geforderten direkten Ausgang ins Freie. Aufgrund der Länge des Baukörpers sind noch zusätzliche Außenfluchttreppen vorgesehen.

Durch die Kammstruktur der Sonderpädagogischen Förderschule in Eichstätt [40] werden zwei Klassentrakte gebildet. Diese werden über eine zentrale zweigeschossige Eingangshalle erschlossen. Die Fluchttreppenhäuser sind jeweils zwischen einem Klassenzimmer und den Sanitärbereichen in den Ecken so angeordnet, dass im Erdgeschoss ein direkter Ausgang ins Freie ermöglicht wird.

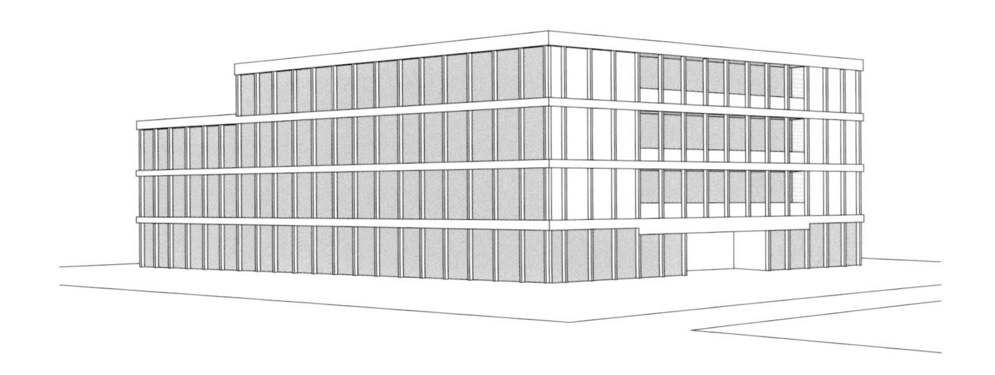

[59]

Schulanlage Im Birch
Margrit-Rainer-Straße 5
Zürich-Oerlikon (CH)
Peter Märkli

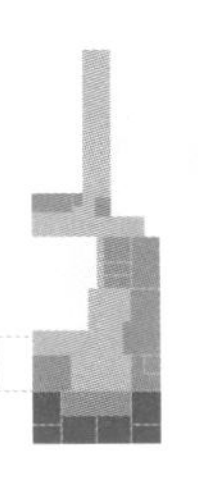

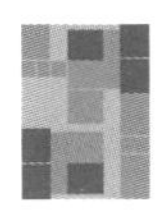

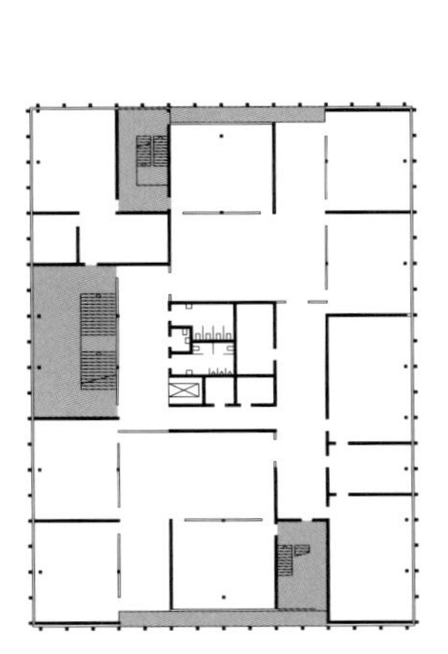

Grundriss 1. OG M 1:1.000

[68]

Schulanlage Leutschen-
bach
Andreasstraße
Zürich-Oerlikon (CH)
Christian Kerez

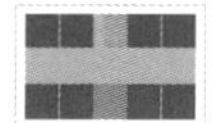

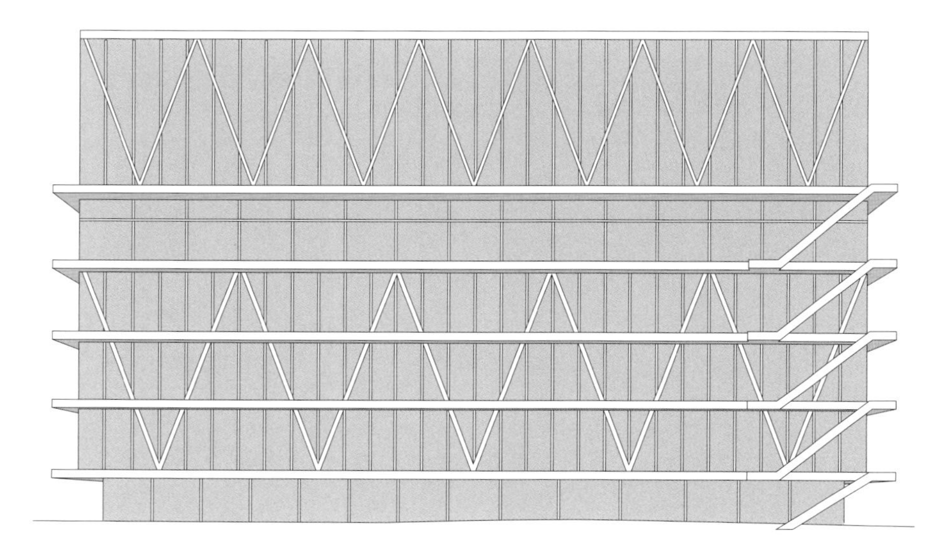

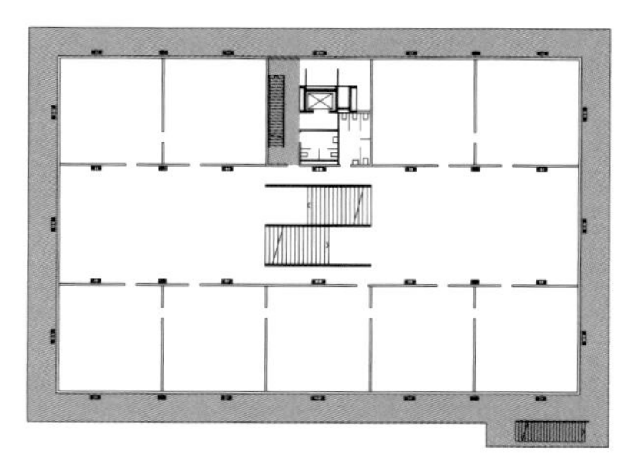

Grundriss 1.-3. OG
M 1:1.000

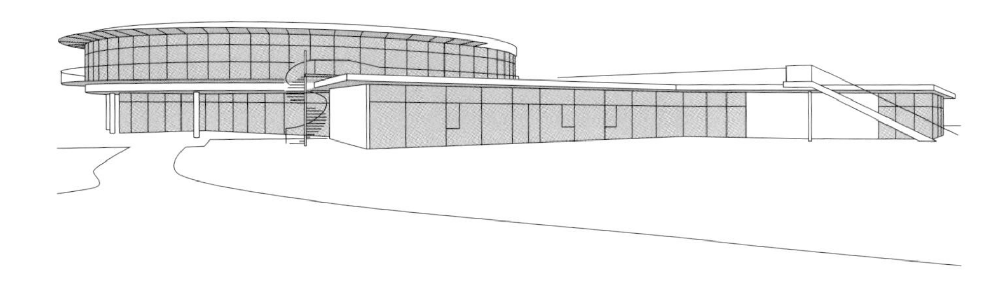

[51]

Gymnasium Friedrich II.
Auf dem Schäfersfeld
Lorch (DE)
Behnisch & Partner

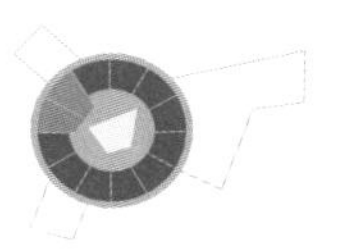

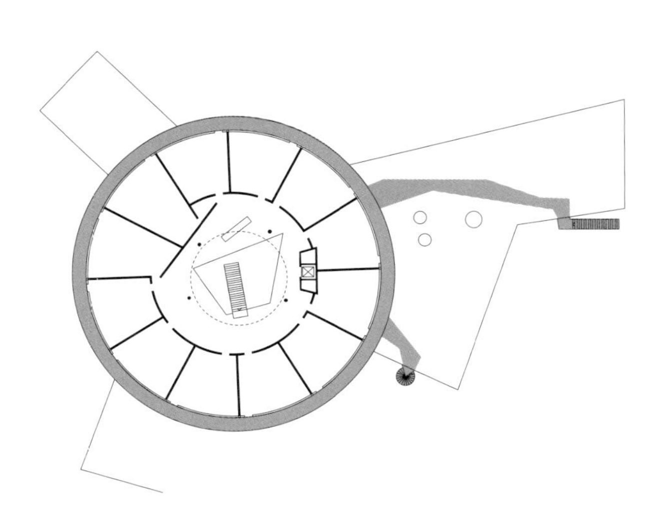

Grundriss OG M 1:1.000

[44]

Gymnasium Markt
Indersdorf
Arnbacher Straße 40
Markt Indersdorf (DE)
Allmann Sattler Wappner
Architekten

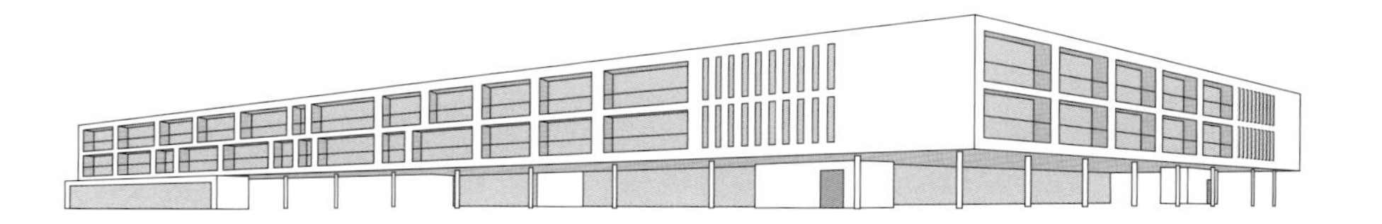

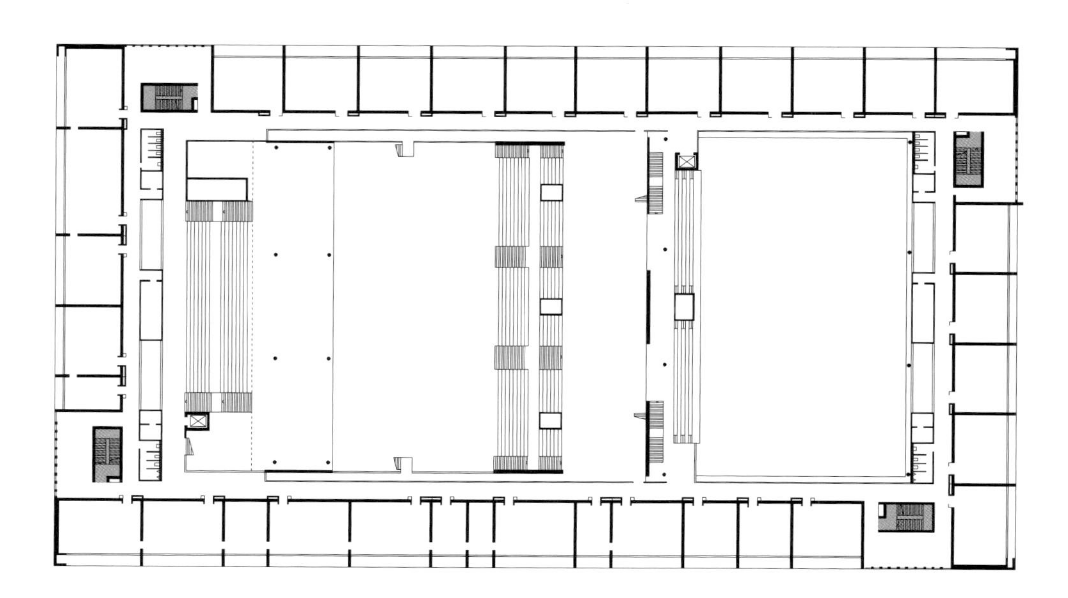

Grundriss 1. OG M 1:1.000

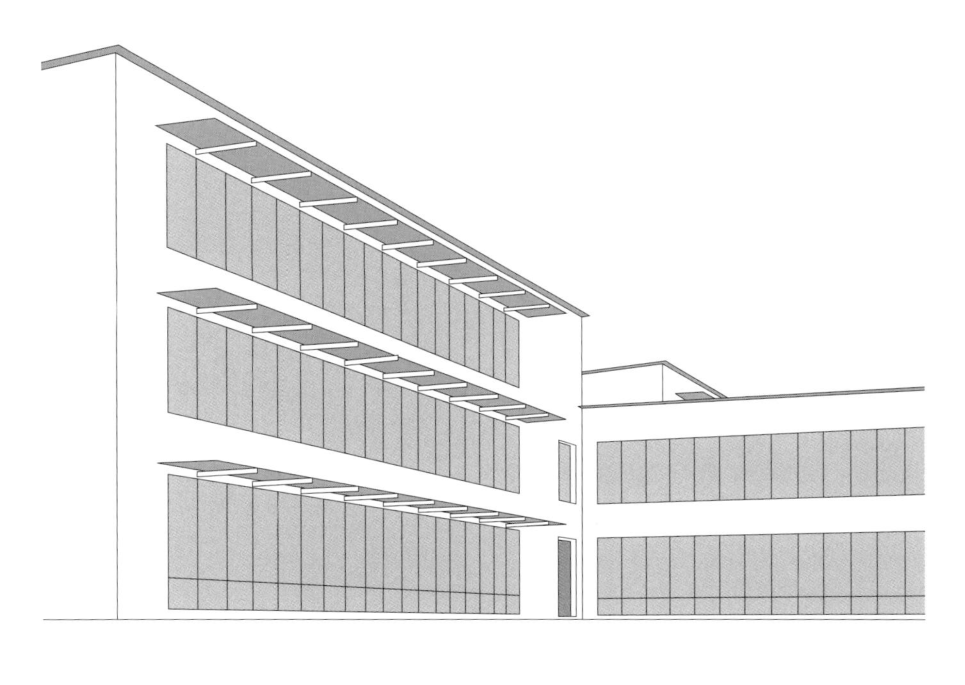

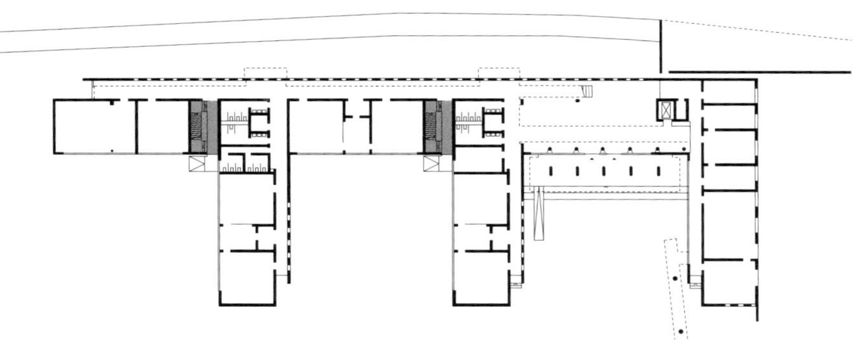

[40]

Sonderpädagogisches
Förderzentrum
Schottenau 10a
Eichstätt (DE)
Diezinger & Kramer

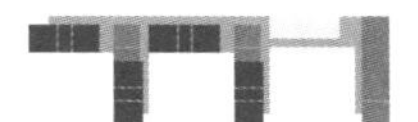

Grundriss EG M 1:1.000

Belichtung

Treppenaufgänge, die mit Tageslicht versorgt werden, sind angenehmer zu begehen als Treppen, die nur mit Kunstlicht beleuchtet werden. Treppen können von oben, durch Oberlichter (zenital) oder durch Lichteinfall von der Seite (lateral) beleuchtet werden. Eine räumliche Spannung entsteht, wenn die Treppe vom Dunklen ins Helle führt.

Der Grundriss der Schule in Ostfildern [48] ist als Zweibund organisiert. Links und rechts des Mittelflurs sind die Klassenzimmer angeordnet. Die Flure werden durch die einläufigen Treppenanlagen und durch Lufträume gegliedert. Das V-förmige Dach lässt zenitales Licht auf die Mittelflure vor den Klassenzimmern fallen. Je höher die Schüler die Treppen emporsteigen, desto heller wird der Raum. Es entsteht eine fast sakral anmutende Lichtstimmung.

Der Grundriss des Klassentrakts des Gymnasiums Andreanum in Hildesheim [13] präsentiert sich als Einbund. Alle Klassenzimmer sind nach Osten orientiert. Die Erschließung erfolgt über die einläufigen Treppen an der Westfassade. Die großzügigen Flure und Treppenläufe werden über die geschosshohe Verglasung mit Tageslicht versorgt.

Der Eingang des Schulhauses Compogna in Thusis [42] liegt zwischen der Turnhalle und dem zweigeschossigen Gebäudeteil mit den Klassenzimmern. Die Erschließung des Obergeschosses erfolgt über die einläufige Treppe in der Eingangshalle. Die Klassenzimmer sind nach Osten und Westen orientiert. Der Mittelflur sowie die Eingangshalle werden über Oberlichter, die alternierend nach Süden und Norden ausgerichtet sind, belichtet.

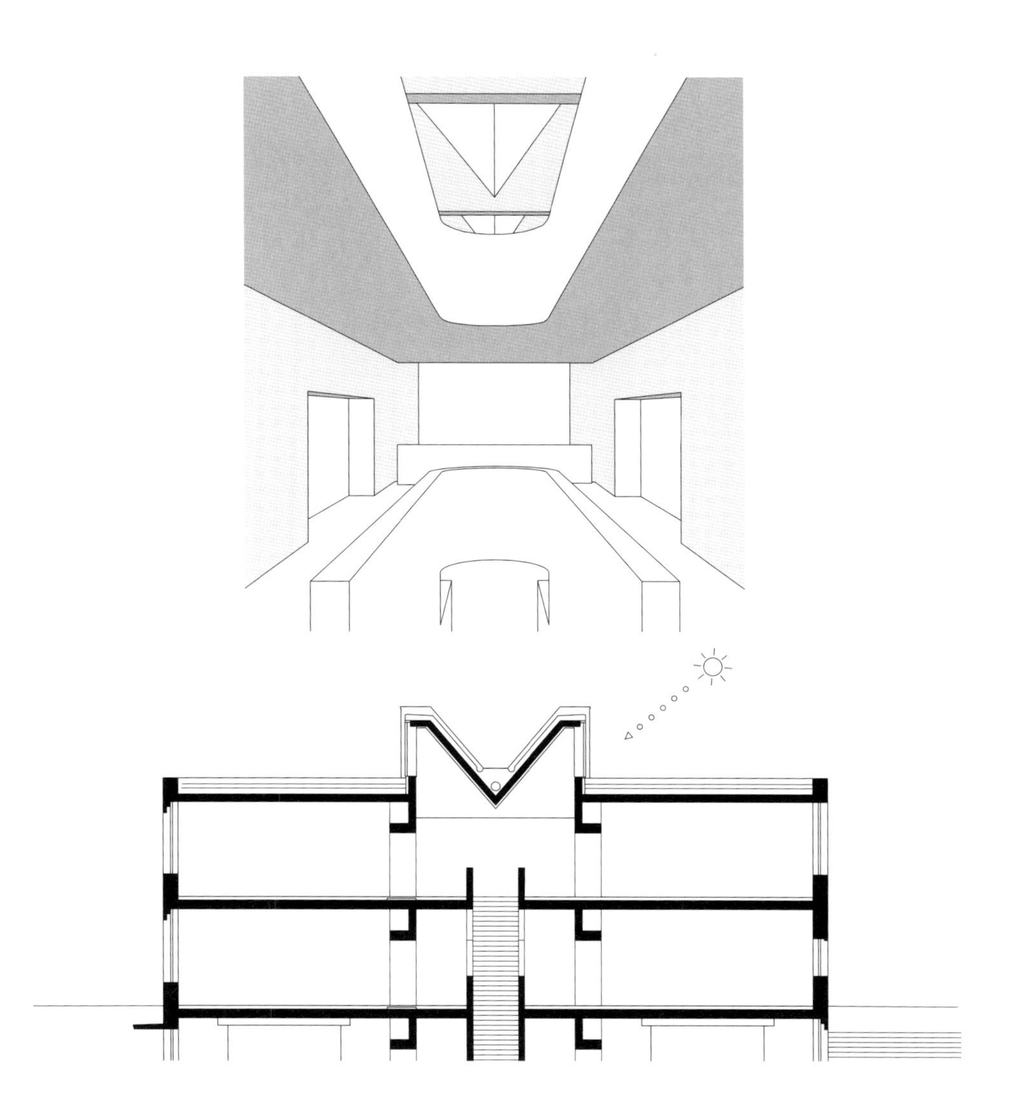

[48]

Schulzentrum im Scharnhauser Park
Gerhard-Koch-Straße 6
Ostfildern (DE)
Lederer+Ragnarsdóttir+Oei

Schnitt M 1:250

[13]

Gymnasium Andreanum
Hagentorwall 17
Hildesheim (DE)
Dieter Oesterlen

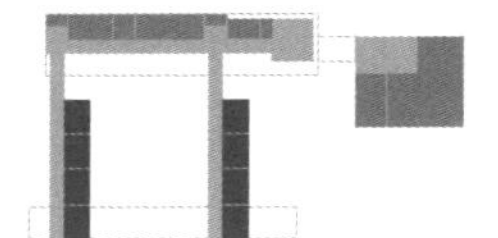

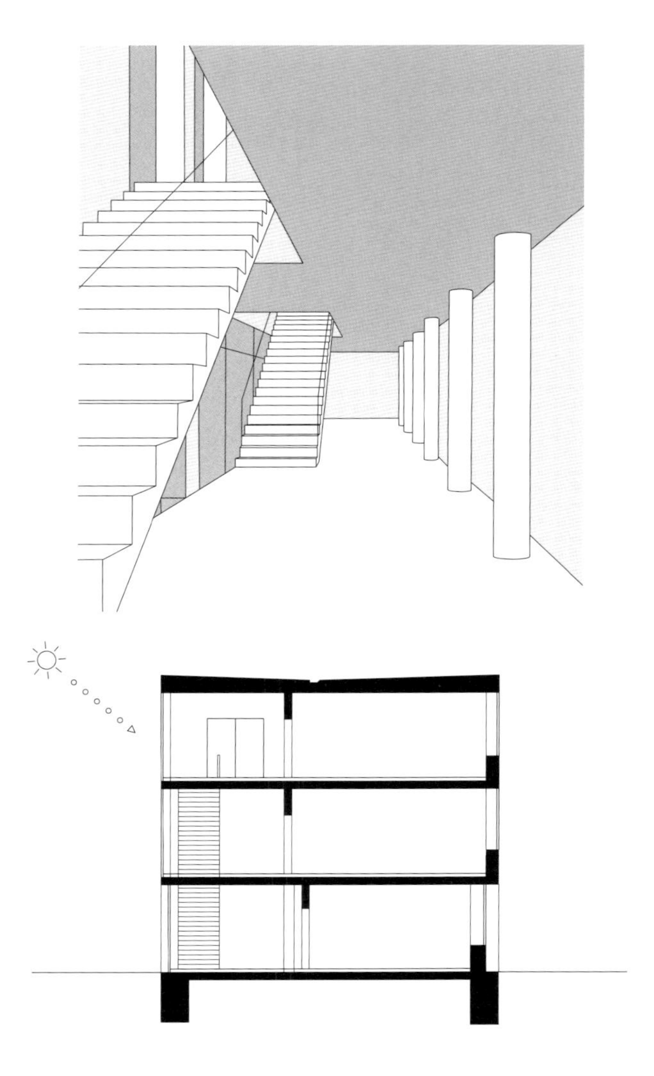

Schnitt M 1:250

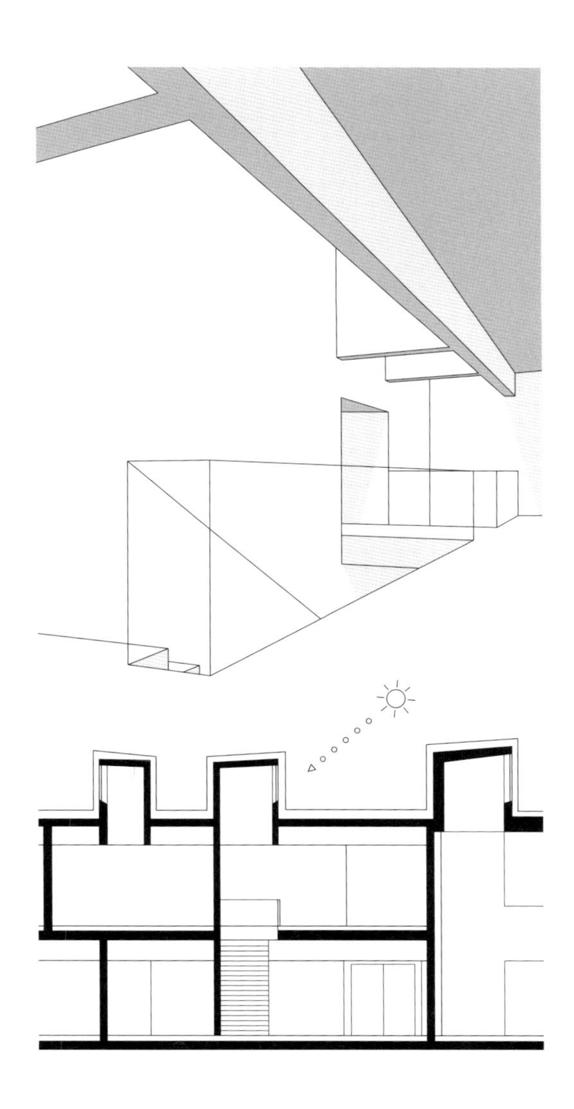

[42]

Oberstufenschulhaus
Compogna
Compognastraße
Thusis (CH)
Jüngling & Hagmann

Schnitt M 1:250

Flur

Flur im Freien 82

[10] Sarasota High School
1000 South School Avenue (US)
Paul Rudolph

[04] Primarschule Wasgenring
Welschmattstraße 30, Basel (CH)
Fritz Haller

[24] Scuola elementare ai Saleggi
Via delle Scuole, Locarno (CH)
Livio Vacchini

Flur als Ort der Begegnung 86

[56] Erweiterung Gustav-von-Schmoller-Schule
Frankfurter Straße 63, Heilbronn (DE)
Lederer + Ragnarsdóttir + Oei

[16] Mittelpunktschule In den Berglen
Stockwiesen 1, Berglen (DE)
Behnisch & Partner

[26] Basisschool Polygoon
Hollywoodlaan 109, Almere (NL)
Herman Hertzberger

Flur als Veranstaltungsort 90

[54] Gesamtschule In der Höh
In der Höh 9, Volketswil (CH)
Gafner & Horisberger Architekten

[25] Scholen Apollolaan, Montessorischool
Willem Witsenstraat 14, Amsterdam (NL)
Herman Hertzberger

[05] Hunstanton Secondary Modern School
Downs Road, Hunstanton (GB)
Alison & Peter Smithson

Flur als Arbeitsplatz 94

[07] Munkegårdsskolen
Vangedevej 178, Dyssegaard (DK)
Arne Jacobsen

[25] Scholen Apollolaan, Montessorischool
Willem Witsenstraat 14, Amsterdam (NL)
Herman Hertzberger

[54] Gesamtschule In der Höh
In der Höh 9, Volketswil (CH)
Gafner & Horisberger Architekten

Belichtung 98

[30] Erweiterung Schulanlage Brühl
Friedhofweg, Gebenstorf (CH)
Burkard Meyer Architekten

[65] Schulhaus Baumgarten
Schulgasse, Buochs (CH)
pool Architekten

[33] Öko-Hauptschule Mäder
Neue Landstraße 29, Mäder (AT)
Baumschlager Eberle

Einleitung

Bis ins letzte Drittel des vergangenen Jahrhunderts dienten Flure in den Schulbauten lediglich der Erschließung. Die dafür notwendigen Flächen richteten sich in erster Linie nach den Brandschutzbestimmungen und dem Finanzierungsrahmen. Dieser sah ein bestimmtes Verhältnis von Nutz- zu Nebenflächen vor, das in der Regel, nach Land und Schulträger schwankend, circa 65 zu 35 Prozent betrug. Da in den Nebennutzflächen auch noch andere Bereiche als Flure und Treppen eingerechnet sind, wird deutlich, wie die Entwerfenden durch die Flächenvorgaben angehalten werden, die Erschließungsflächen sehr klein zu halten. Daraus ergibt sich, dass eine einhüftige Erschließung, die eine sehr schöne Belichtung der Flure gewährleistet, die Erfüllung der wirtschaftlichen Anforderungen erschwert.

Neben den ökonomischen Zwängen sind für Flure und Treppenanlagen in Schulen die Belange des Brandschutzes zu beachten. Auch hier erfährt die Freiheit der Raumbildung erhebliche Einschränkungen. Das betrifft zusammenhängende Raumgruppen, die Länge der Flure und deren optische Verbindung über Lufträume. Auch bei der Oberflächengestaltung und der Möblierung sind die Möglichkeiten der Raumgestaltung relativ eng. Davon betroffen sind alle brennbaren Baustoffe, die mindestens schwer entflammbar sein müssen. Auch an die Türen zu den benachbarten Brandabschnitten sind brandschutztechnische Anforderungen gestellt, die dem oft geäußerten Wunsch nach fließenden Raumgruppen für Schüler und Lehrer widersprechen. Ein ungelöstes Problem stellt die Garderobe dar, die im Regelfall im Flur den einzelnen Klassenzimmern zugeordnet wird. Es ließe sich leicht durch abgeschlossene Garderobenräume lösen, die jedoch in den Finanzierungsprogrammen normalerweise nicht vorgesehen sind.

Entgegen den finanziellen und sicherheitstechnischen Vorgaben wünschen sich Pädagogen großzügige Flurzonen. Sie sehen in diesen Zwischenräumen Nutzungsmöglichkeiten, die das Klassenzimmer nicht erfüllen kann: Zonen für Einzel- und Gruppenarbeit, für Beschäftigung neben und außerhalb der regulären Unterrichtsstunden. Längst hat man begriffen, dass Unterricht sich nicht auf die Wissensvermittlung in den Klassenzimmern beschränken kann. Aneignung von sozialer Kompetenz, aber auch Meinungs- und Wissensaustausch geschehen mehr in den öffentlichen Bereichen des Schulgebäudes, also den Fluren und Treppenhäusern, als in den eigentlichen Unterrichtsräumen. Überhaupt lässt sich an aktuellen Schulkonzepten eine Vermengung beider Raumtypen beobachten: zum Flur auf die gesamte Länge geöffnete Klassenbereiche, um zum Beispiel klassenübergreifende Unterrichtsformen und die Präsentation von Schülerarbeiten zu ermöglichen. Dass bei den dadurch entstehenden Grundrissformen besondere Anforderungen an Lichtführung und Akustik gestellt werden, versteht sich von selbst.

Flur im Freien

Flure im Freien haben den Vorteil, dass sie gut belichtet und belüftet sind. Sie bieten gleichzeitig Schutz vor Regen und Sonne während der Pausen. Bei Grundschulen sind Flure im Freien besser geeignet als bei weiterführenden Schulen, da dort der Unterricht vorwiegend im Klassenzimmer stattfindet und es keinen häufigen Raumwechsel gibt. Flure im Freien sind eine Folge vor allem des Konzepts der Pavillonschule, die den großen Vorteil hat, dass kleinere, dem kindgerechten Maßstab angepasste Baukörper möglich werden. Vor allem in wärmeren Regionen sind Flure im Freien eine gute Alternative.

Der Klassentrakt der Highschool in Sarasota [10] ist als zweibündige Anlage mit Mittelflur ausgebildet. Eine gute Belüftung sowie eine Verschattung der Erschließungs- und Aufenthaltsflächen ist aufgrund des sehr heißen Klimas von großer Bedeutung.
Die Flure im 1. Obergeschoss hängen wie Galerien zwischen den Klassenräumen.
Die Belichtung und Belüftung erfolgt durch Oberlichter, die so ausgebildet sind, dass kaum direktes Licht in den Flur fällt, um eine Aufwärmung zu vermeiden. Durch die Ausbildung der Flure als eingehängte Brücken kann eine gute Durchlüftung und Belichtung der inneren Flurbereiche auch im Erdgeschoss gewährleistet werden.

Die überdachten Wege der Primarschule Wasgenring in Basel [04] verbinden die Klassenpavillons mit dem zentralen Gebäude, das die Fachräume, die Bibliothek, den Veranstaltungssaal und die Lehrerzimmer in einem Baukörper zusammenfasst. Die gedeckten Wege bieten den Schülern die Möglichkeit, sich während der Pausen bei Regen im Freien aufzuhalten. Ebenso bieten sie an heißen Sonnentagen ausreichend Schatten. Die Überdachungen werden in den Eingangsbereichen der Klassenpavillons zu Vordächern.

Die überdachten Laubengänge der Primarschule Ai Saleggi in Locarno [24] machen die Schule zu einem öffentlichen Gebäude. Sie erschließen die einzelnen Klassenzimmer wie Häuser in einem Dorf und geben der Schule einen „offenen" Charakter. Es gibt eine Hierarchie von Wegen, die eine einfache Orientierung ermöglicht und die Wege in öffentliche und private Bereiche gliedert. Gleichzeitig dienen die Wege den Schülern als überdachte Pausen- und Spielfläche.

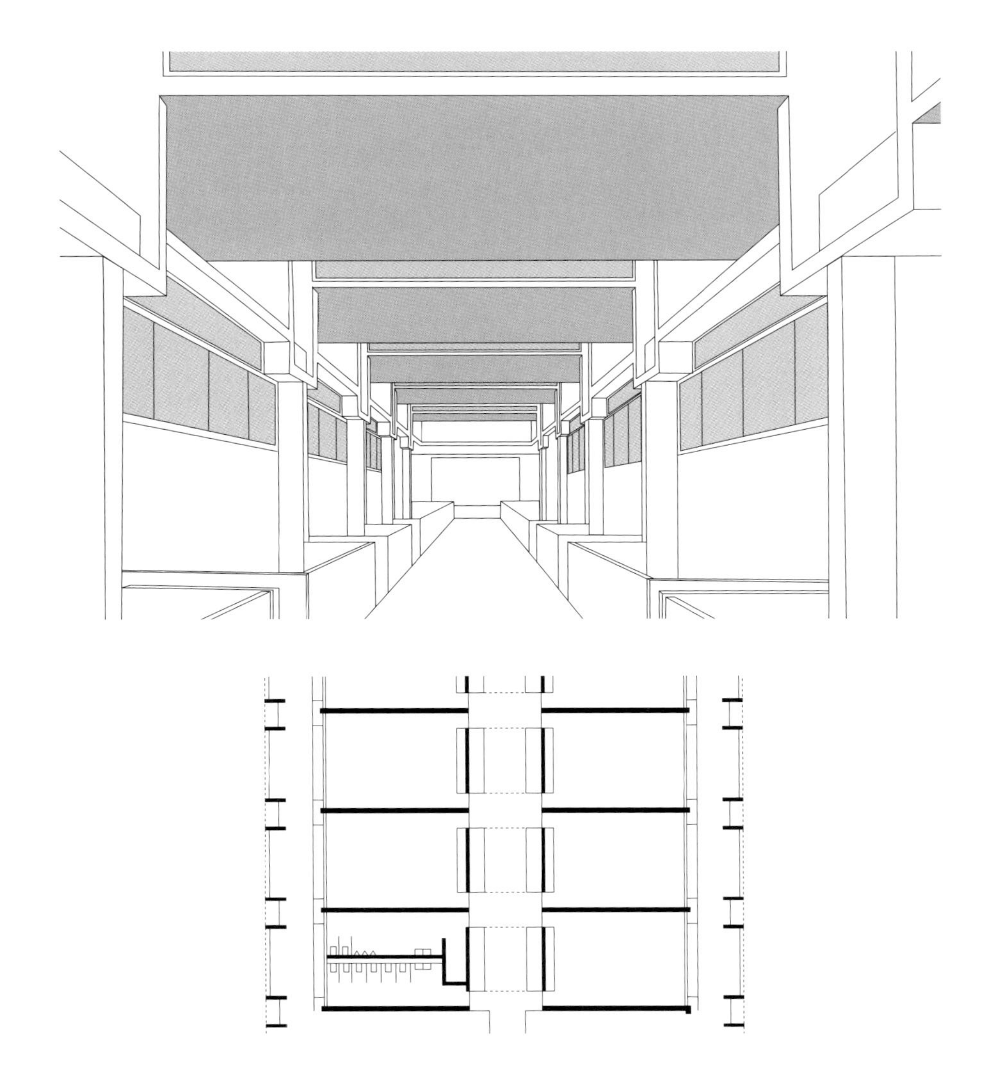

[10]

Sarasota High School
1000 South School Avenue
Sarasota, Florida (US)
Paul Rudolph

Grundriss OG M 1:500

[04]

Primarschule Wasgenring
Welschmattstraße 30
Basel (CH)
Fritz Haller

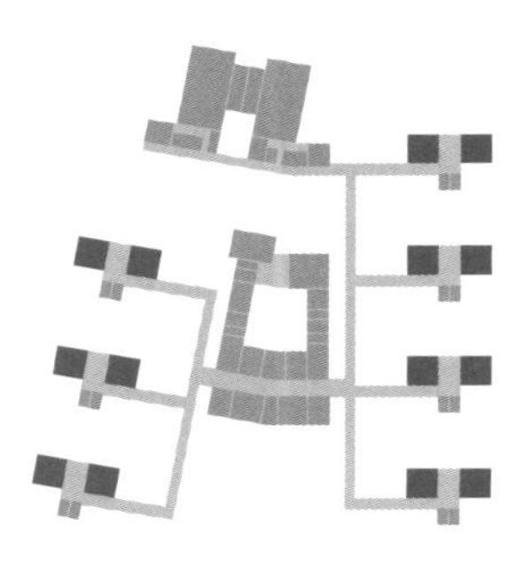

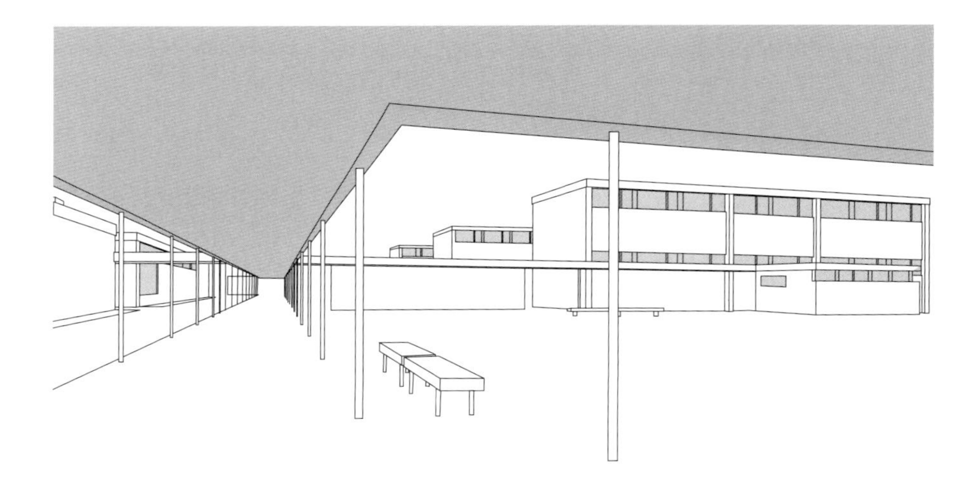

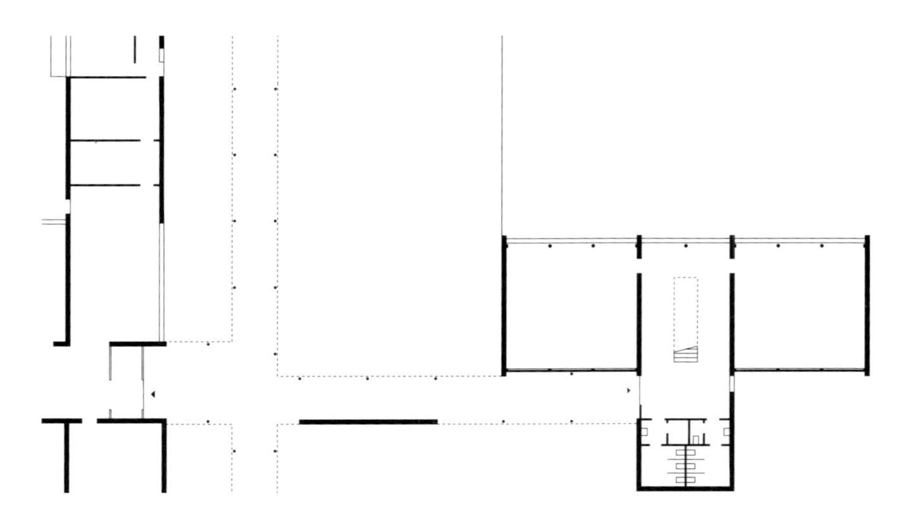

Grundriss EG M 1:500

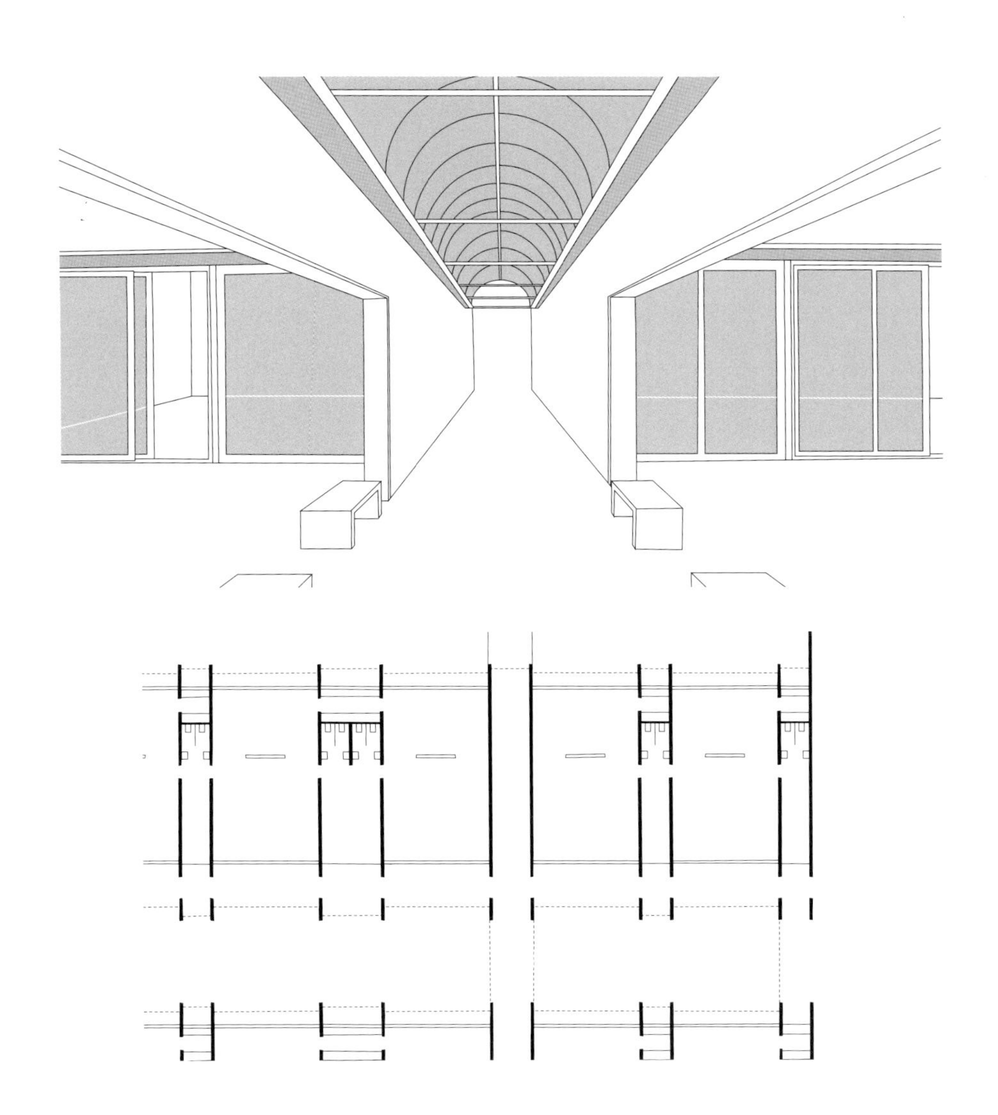

[24]

Scuola elementare ai Saleggi
Via delle Scuole
Locarno (CH)
Livio Vacchini

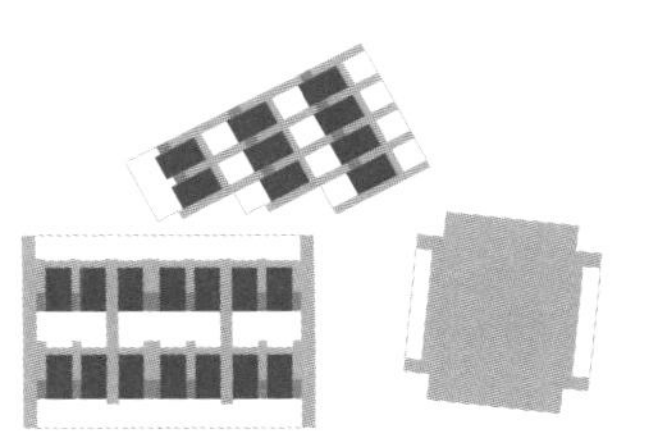

Grundriss M 1:500

Flur als Ort der Begegnung

In vielen Schulen ist der Flur als reiner Erschließungsraum konzipiert und wird auch nur als solcher wahrgenommen. Schon lange ist bekannt, dass sich ein gutes Lernumfeld positiv auf die Leistungen von Schülern und Lehrern auswirkt. Zu diesem Lernumfeld gehört auch der Flur. Der Flur soll mehr als nur der Verteilung und Erschließung dienen. Es ist ein Ort der Begegnung und des Austauschs. Loris Malaguzzi, der Gründer der Reggio-Pädagogik, sagte, dass der erste Lehrer der Schüler die anderen Kinder sind. Und die trifft man vor allem in den Pausen auf den Fluren.

In der Gustav-von-Schmoller-Schule in Heilbronn [56] wird durch die Nischen einerseits der Flur belichtet und belüftet, ohne zuviel Verkehrslärm in das Gebäude zu lassen. Andererseits bietet sich dadurch für die Schüler die Möglichkeit, sich während der Pausen in kleinen Gruppen zurückzuziehen und die Sitznischen zum Lesen, Ausruhen und Kommunizieren zu nutzen.

Der zentrale Luftraum der Mittelpunktschule in Berglen-Oppelsbohm [16] mit der umlaufenden Galerie und den gegenüberliegenden Treppenläufen bietet den Schülern einen Ort für Aufenthalt, Kommunikation und Versammlung. Die Großzügigkeit der Galerie ermöglicht auch die Installation von temporären und flexiblen Einzel- und Kleingruppenarbeitsplätzen.

Durch die große räumliche Offenheit der Grundschule in Almere [26] sind die Korridore keine reinen Verkehrsflächen mehr. Unter der eingestellten Galerie entstehen neue Rückzugsräume, die von den Kindern als zusätzliche Arbeitsplätze, aber auch als Pausenfläche und Orte des Rückzugs sowie der Kommunikation genutzt werden können.

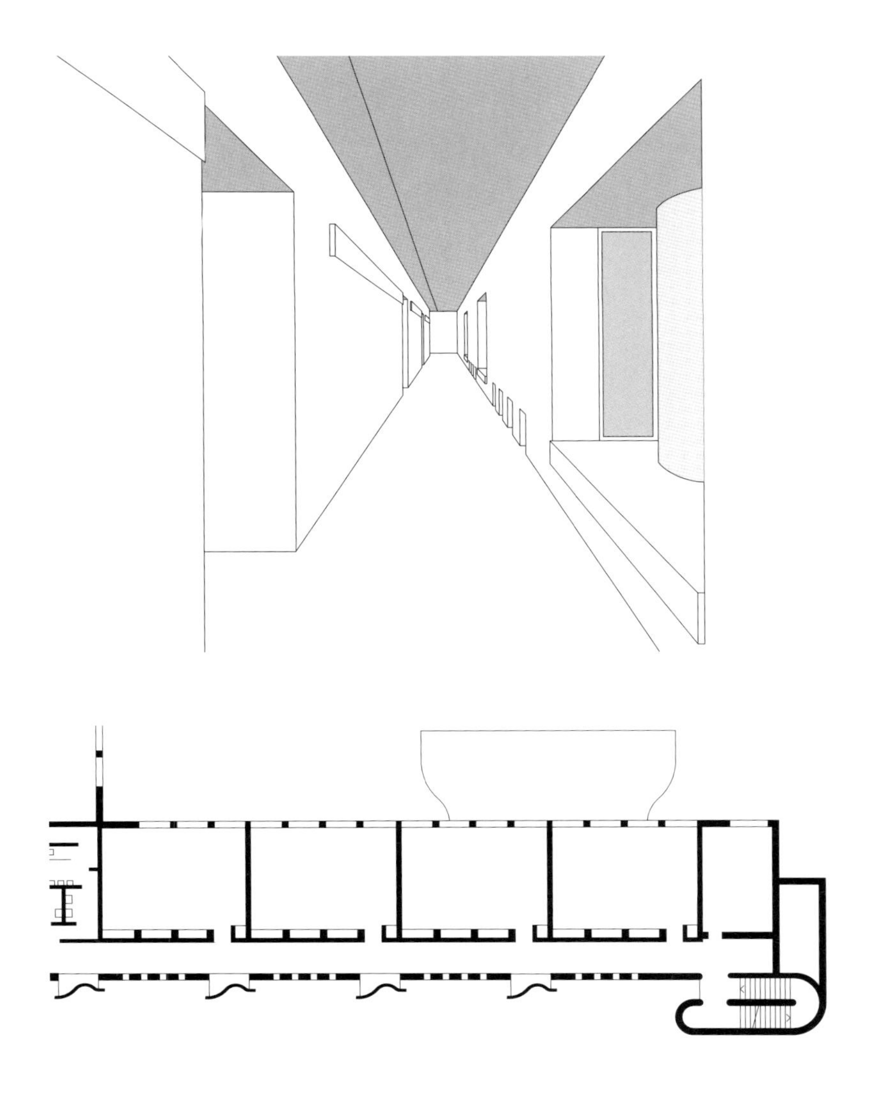

[56]

Erweiterung Gustav-von-Schmoller-Schule
Frankfurter Straße 63
Heilbronn (DE)
Lederer+Ragnarsdóttir+Oei

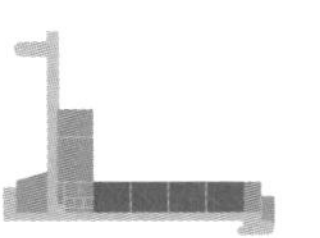

Grundriss 1. OG M 1:500

[16]

Mittelpunktschule In den Berglen
Stockwiesen 1
Berglen-Oppelsbohm (DE)
Behnisch & Partner

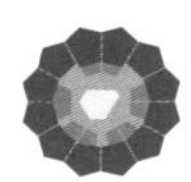

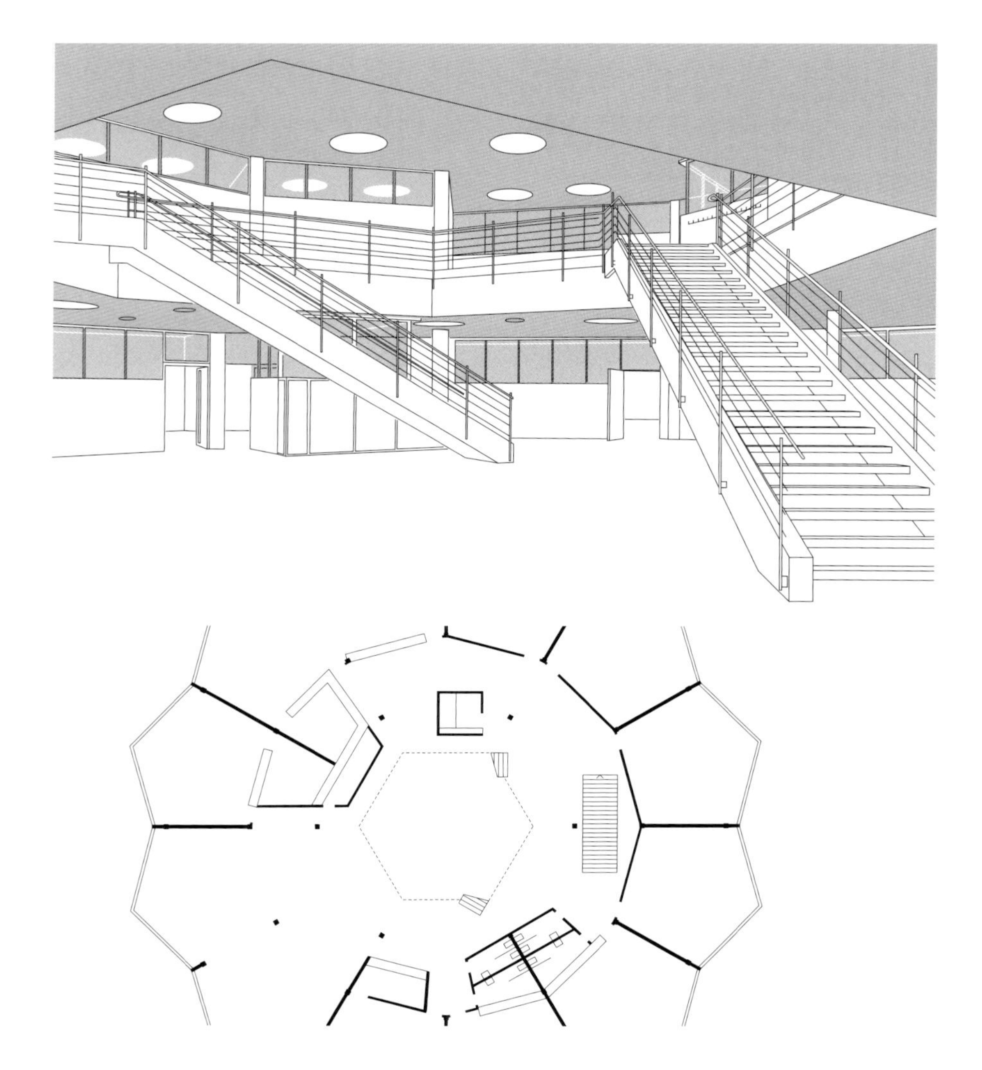

Grundriss EG M 1:500

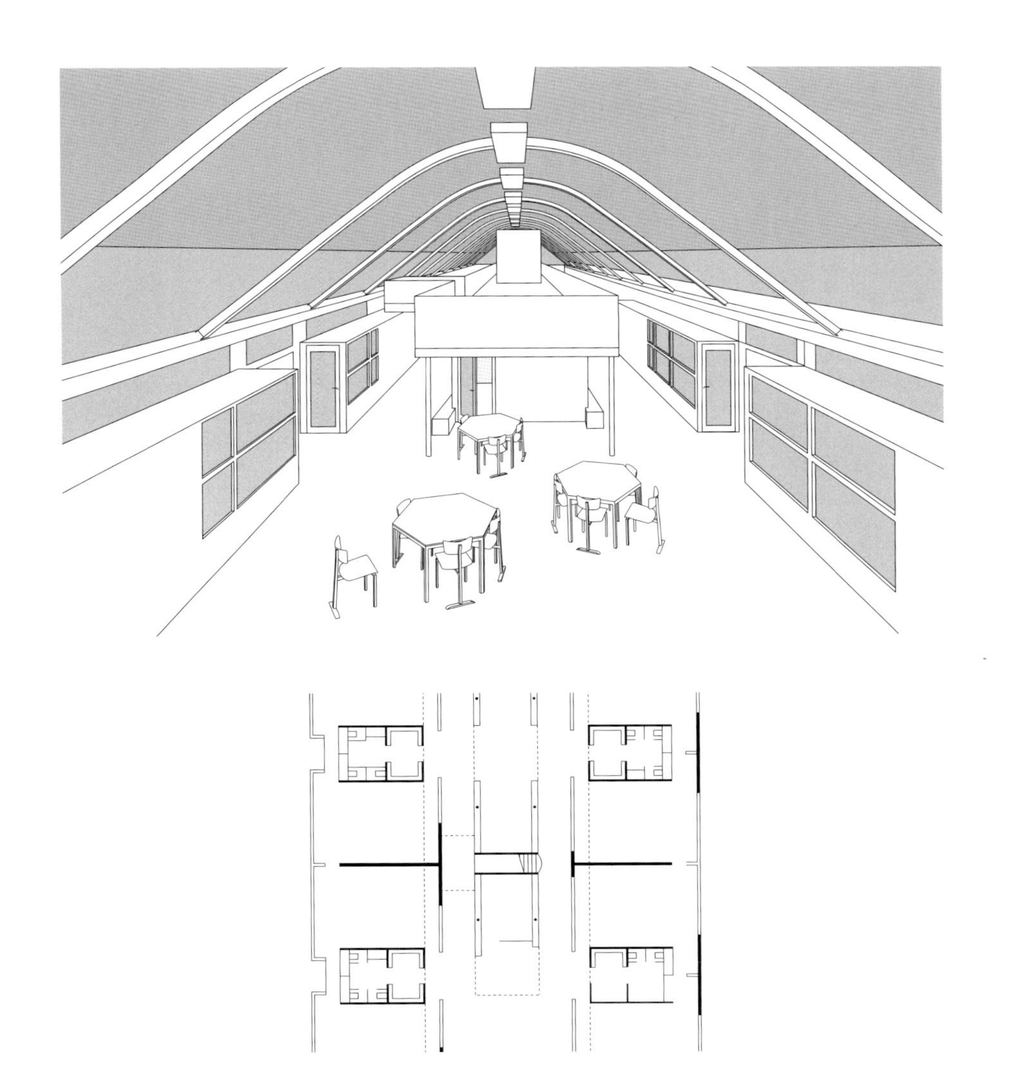

[26]

Basisschool Polygoon
Hollywoodlaan 109
Almere (NL)
Herman Hertzberger

Grundriss EG M 1:500

Flur als Veranstaltungsort

Bei kleineren Schulanlagen, in denen kein eigenständiger Saal für Aufführungen und Feste vorgesehen ist, werden die Verkehrsflächen so gestaltet, dass sie auch für Veranstaltungen, Ausstellungen und Feste genutzt werden können. In Kombination mit flexiblen Wandelementen oder Vorhängen können auch Bereiche abgetrennt werden. Die brandschutztechnischen Anforderungen an Fluchtwege sind jedoch zu beachten. (Siehe Raumpilot Grundlagen)

Die auf 270 m² ausgeweitete Gangzone der Gesamtschule In der Höh in Volketswil [54] kann durch einen rundum laufenden Vorhang von der Flurfläche abgetrennt und als Aula oder Saal für Veranstaltungen genutzt werden. Ansonsten werden die räumlich vielfältig ausgebildeten Korridorflächen zu Arbeistplätzen, zu Bereichen für Gruppenarbeit und zu Zonen, in denen getobt, sich erholt, gelesen und gegessen wird.

Die zentrale Aula der Montessori-Schule in Amsterdam [25] ist geeignet für Veranstaltungen mit kleinen Gruppen, aber auch für die gesamte Schulgemeinde. Dort finden Theateraufführungen und Versammlungen statt. Die großen Stufen bilden die Sitzreihen. Ein Aufstellen von Stühlen wird dadurch überflüssig.

Die Flure der Secondary School in Hunstanton [05] (heute: Smithdon High School) sind auf ein Minimum reduziert. Die Klassenzimmer werden über mehrere Treppenhäuser erschlossen. Die zentrale Verteilung und Erschließung erfolgt über eine großzügige Halle. Die zentrale Aula wird als Eingangs- und Pausenhalle, Veranstaltungs- und Speisesaal genutzt. Die umlaufenden niedrigeren Bereiche können durch Vorhänge oder Rollläden von der hohen Halle abgetrennt werden.

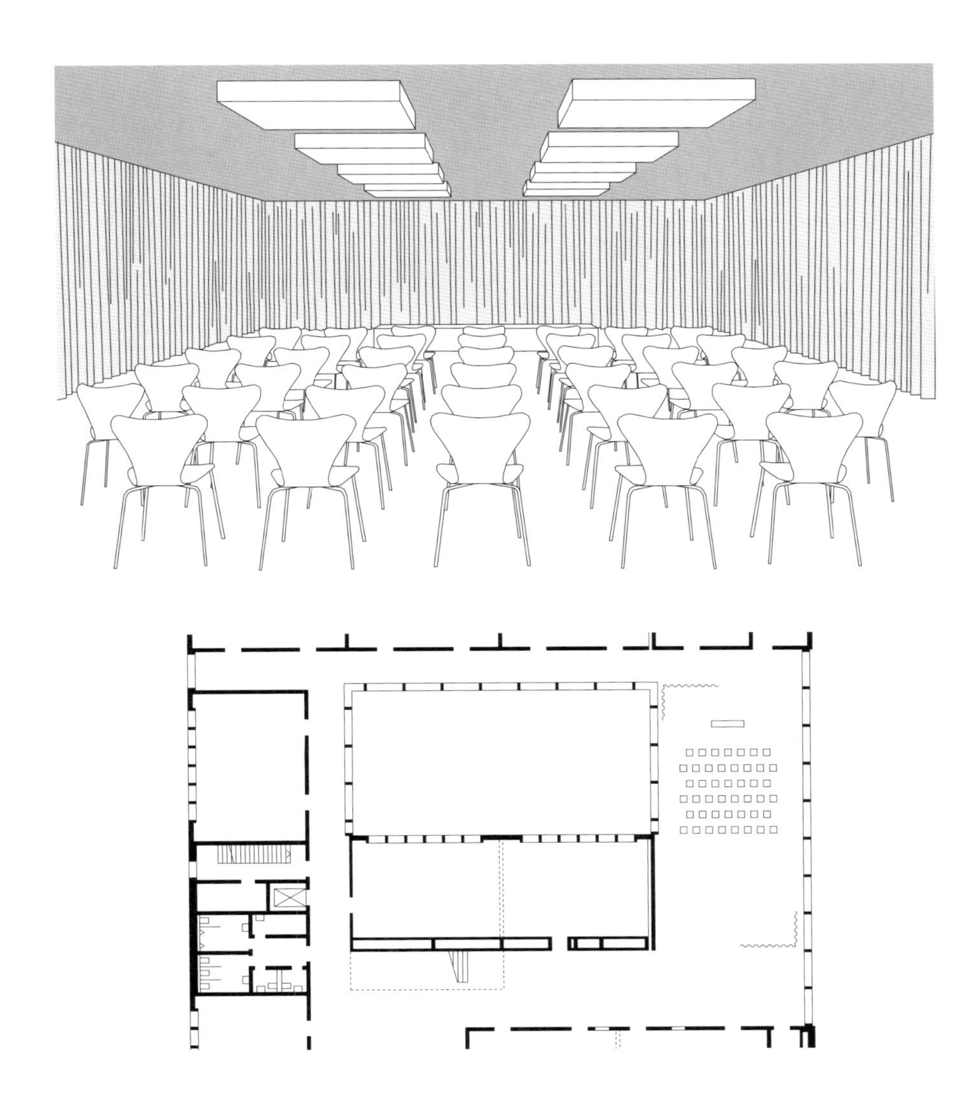

[54]

Gesamtschule In der Höh
In der Höh 9
Volketswil (CH)
Gafner & Horisberger
Architekten

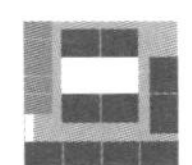

Grundriss EG M 1:500

[25]

Scholen Apollolaan
Montessorischool
Willem Witsenstraat 14
Amsterdam (NL)
Herman Hertzberger

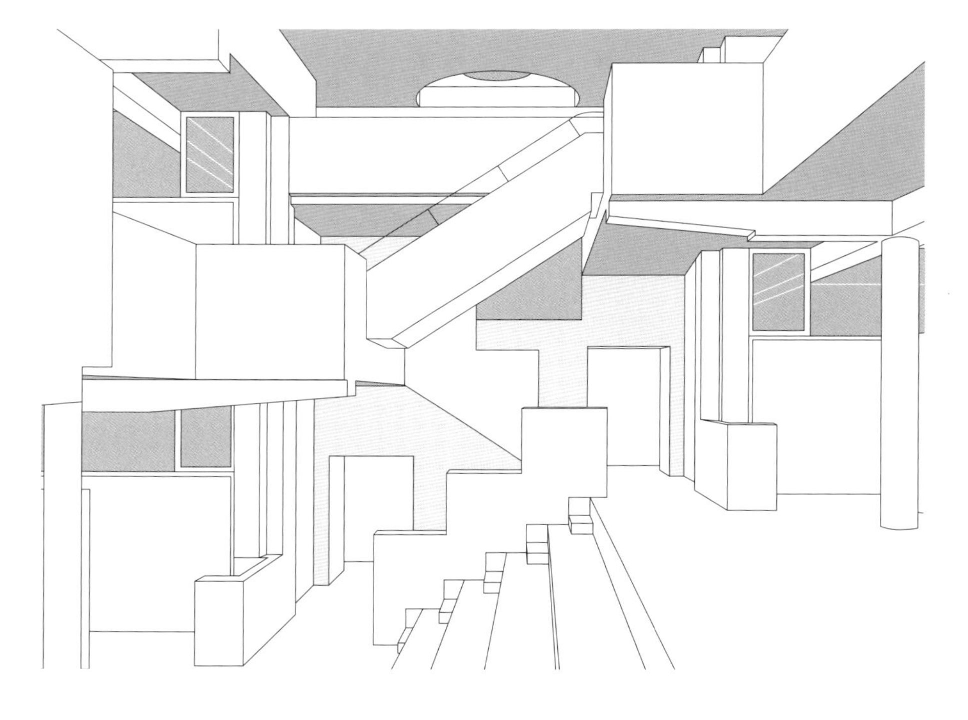

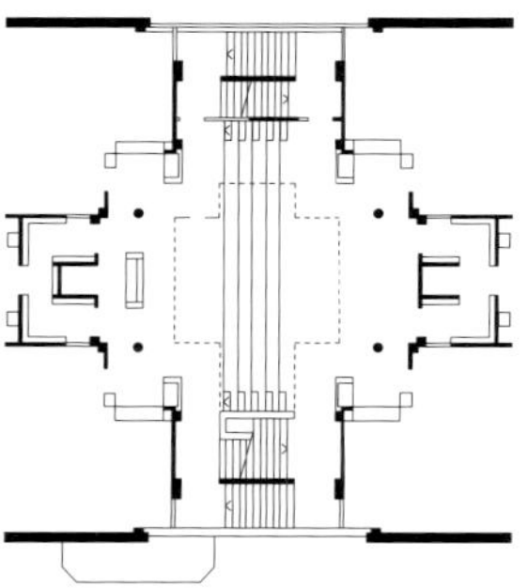

Grundriss 1. OG M 1:500

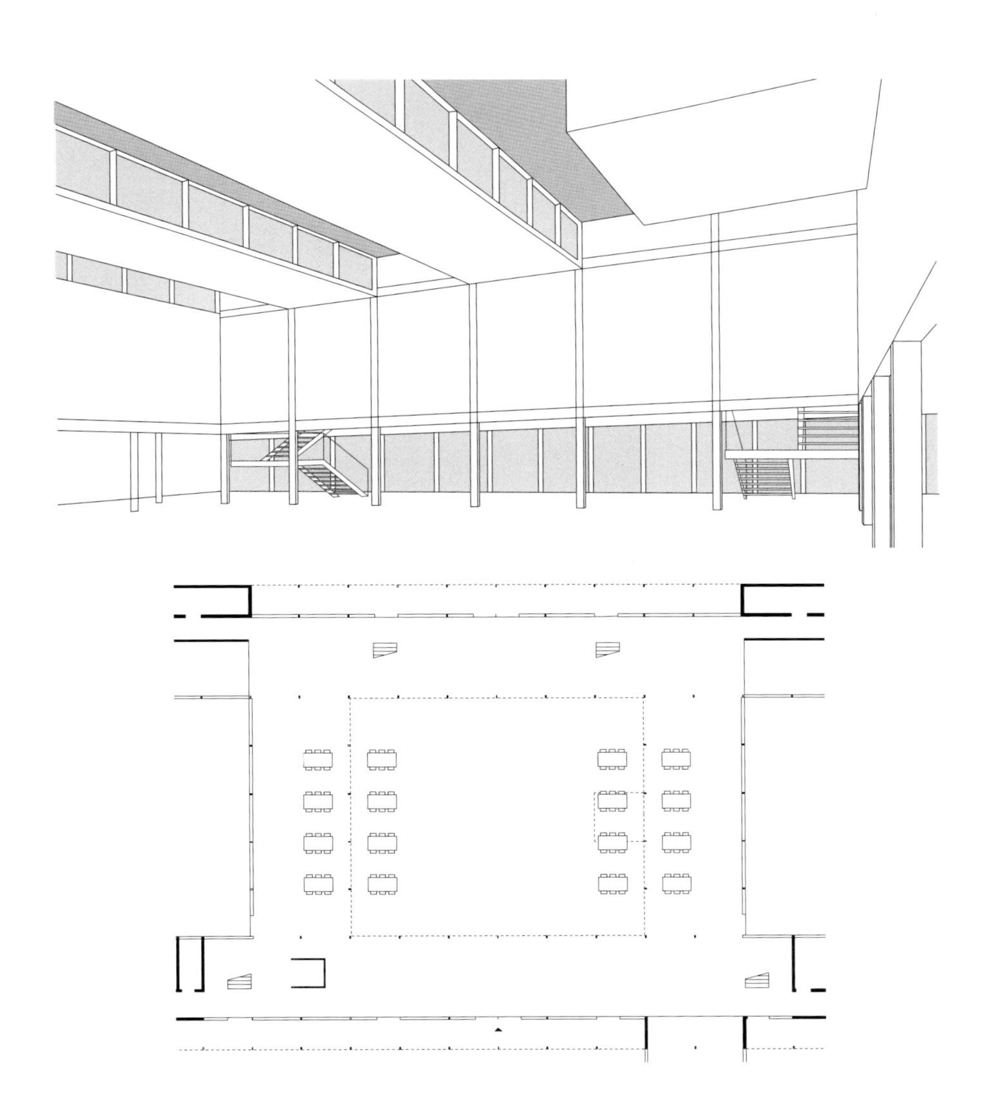

[05]

Hunstanton Secondary Modern School (heute Smithdon High School)
Downs Road
Hunstanton (GB)
Alison & Peter Smithson

Grundriss EG M 1:500

Flur als Arbeitsplatz

Die Räume außerhalb des Klassenzimmers gewinnen an Bedeutung. Es finden immer mehr Aktivitäten außerhalb der Klassenräume statt. Durch Nischen, Aufweitungen und Bereiche, die mehrere Funktionen in sich vereinen, können Korridore aufgewertet und vielfältig genutzt werden. Erschließungsflächen können durch entsprechende Dimensionierung und Ausgestaltung in die Unterrichtsflächen mit einbezogen werden.

Über die Vorräume der Munkegårdsskolen in Dyssegaard [07] werden die Klassenzimmer über zentrale Flure erschlossen. Diese werden nicht nur zur Unterbringung der Jacken der Kinder genutzt, sondern auch als Rückzugsmöglichkeiten zum Arbeiten für kleinere Gruppen oder als Einzelarbeitsplätze. Gruppenraum und Flur verschmelzen zu einem Raum.

Durch die große räumliche Offenheit der Montessori-Schule in Amsterdam [25] werden aus den Korridoren nicht nur reine Verkehrsflächen. Zahlreiche Nischen mit Lernplätzen und Sitzmöglichkeiten verlagern den Schwerpunkt von den Klassenzimmern in die daran angrenzenden Räume. Die Kinder können dort allein oder in kleinen Gruppen arbeiten, lesen, sich treffen, reden und Konflikte austragen. Ebenso kann dort Unterricht stattfinden.

Die Flure der Gesamtschule In der Höh in Volketswil [54] sind so gestaltet und dimensioniert, dass den Kindern verschiedene Bereiche angeboten werden, in denen sie außerhalb der sogenannten Universalräume (Klassenzimmer) lernen, üben, spielen, sich erholen und sich treffen können. Das Forum im Erdgeschoss wird, wenn es nicht gerade für Ausstellungen und Veranstaltungen dient, von den Schülern als Arbeits- und Experimentierfläche genutzt. Im Obergeschoss sind erweiterte und tageslichtdurchflutete Flurzonen mit Tischen und Stühlen möbliert, die zusätzliche Aufenthalts- und Arbeitsbereiche bieten.

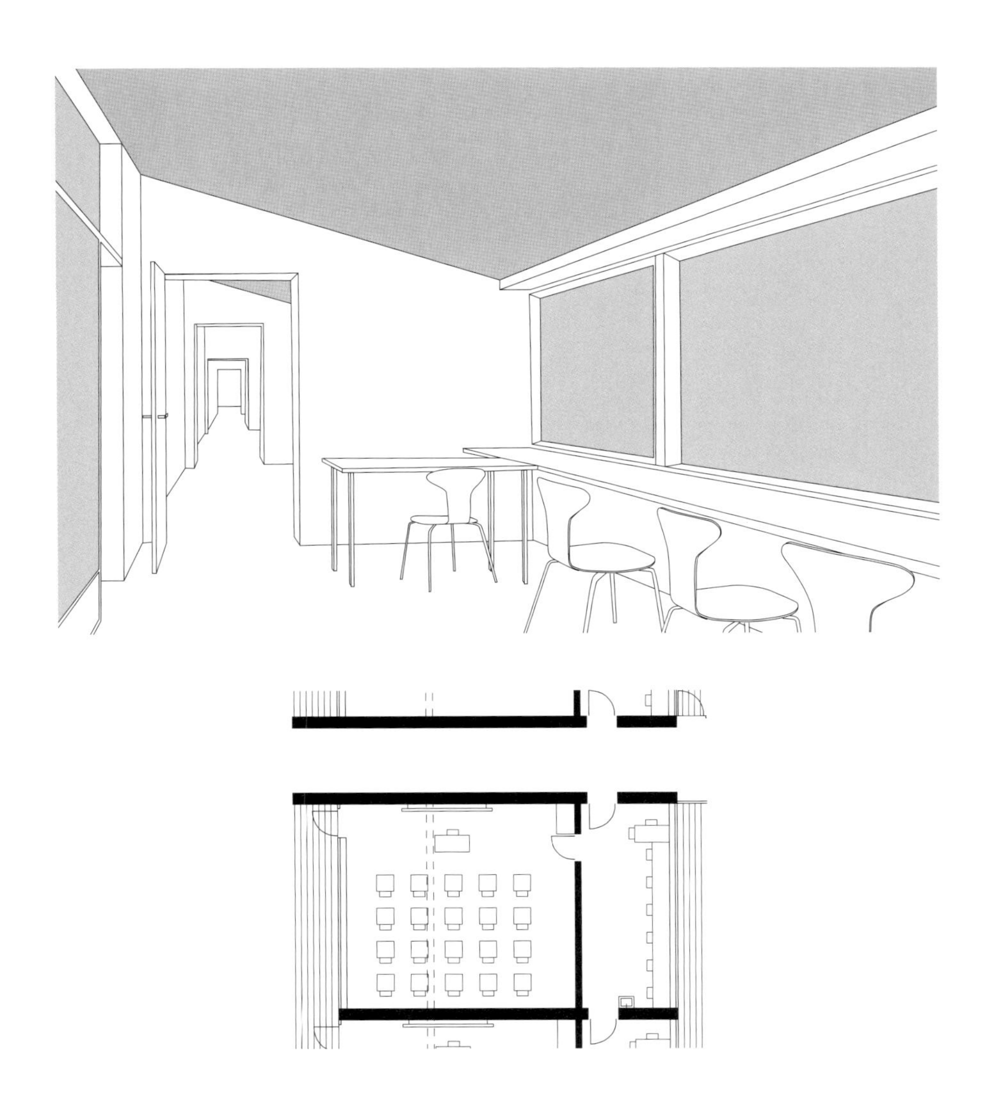

[07]

Munkegårdsskolen
Vangedevej 178
Dyssegaard (DK)
Arne Jacobsen

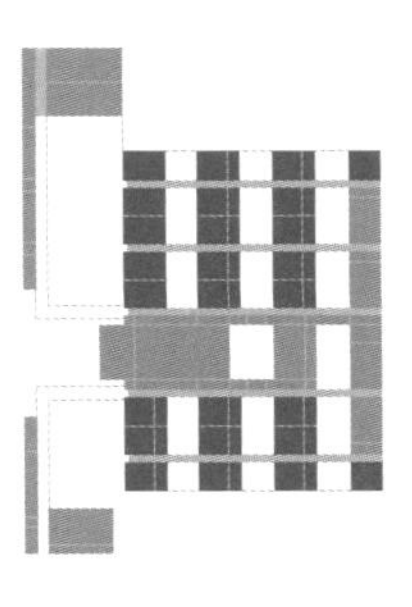

Grundriss EG M 1:250

[25]

Scholen Apollolaan
Montessorischool
Willem Witsenstraat 14
Amsterdam (NL)
Herman Hertzberger

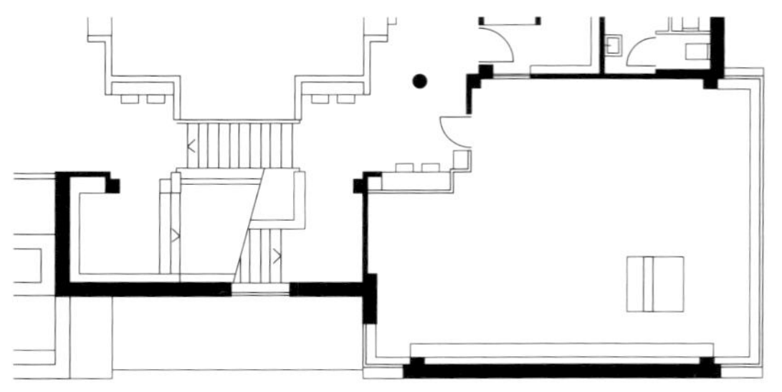

Grundriss 2.OG M 1:250

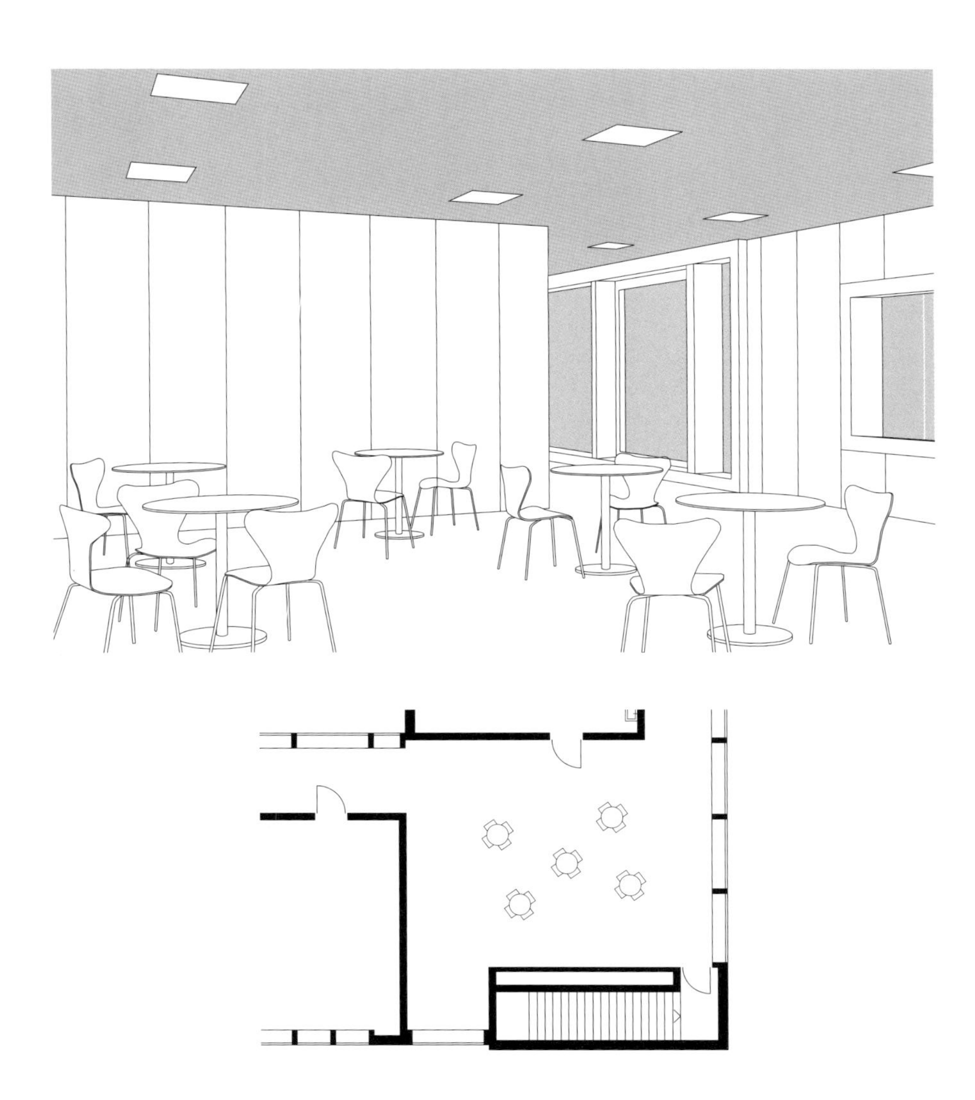

[54]

Gesamtschule In der Höh
In der Höh 9
Volketswil (CH)
Gafner & Horisberger
Architekten

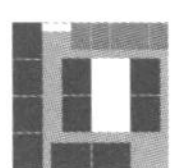

Grundriss OG M 1:250

Belichtung

Eine ausreichende Beleuchtung der Flure mit Tages- und Kunstlicht ist wichtig, da sie nicht nur der Verteilung der Schüler dienen, sondern auch Teil des Lernumfelds sind und somit Räume zum Lernen, Treffen, Reden, Toben und Erholen bieten.

Der Erweiterungsbau der Schulanlage Brühl in Gebenstorf [30] besteht aus einem einbündigen dreigeschossigen Klassentrakt und einem zweigeschossigen Bau mit Lehrerzimmer, Bibliothek und Schulküche. Der Flur des Klassentrakts ist nach Nordosten gerichtet und unbeheizt. Die Ganzglasfassade ist mit automatischen Lüftungsklappen versehen, die das Klima im Erschließungsbereich regeln. Die Beleuchtung der Flure erfolgt über Leuchtstoffröhren, die zwischen Deckenplatten und der Fassade angeordnet sind. Die Verkleidung der Beleuchtung wird nach oben als Sitzbank genutzt. Die Vitrinen und Türen in der inneren Fassade ermöglichen Ein- und Ausblicke in die und aus den Klassenzimmern. So wird aus dem Korridor ein angenehmer, tageslichtdurchfluteter Bereich mit Sitzmöglichkeiten, der für weit mehr als nur zur Erschließung dient.

Die Klassenzimmer im Obergeschoss des Schulhauses Baumgarten in Buochs [65] werden nicht über einen Mittelflur erschlossen, sondern über zwei querliegende Treppenhäuser, die sich zwischen die Klassenzimmer schieben. Zwischen je zwei Klassenzimmern liegt ein Gruppenraum, über den das Klassenzimmer betreten wird. Die Belichtung dieser Zone erfolgt über Oberlichter, die durch das Zerschneiden, Versetzen und Falten des Pultdachs entstehen. Durch die zweiflügeligen Glastüren zu den Klassenzimmern und zwischen den Gruppenräumen entsteht eine großzügige und helle Mittelzone.

Die Klassenzimmer der Öko-Hauptschule in Mäder [33] gruppieren sich um einen großzügigen innenliegenden Erschließungs- und Pausenbereich. Ein zentraler Lichtschacht und Oberlichtbänder in den Wänden zu den Klassenzimmern ermöglichen eine natürliche Belichtung trotz einer Grundfläche der Geschosse von 27 x 27 m.

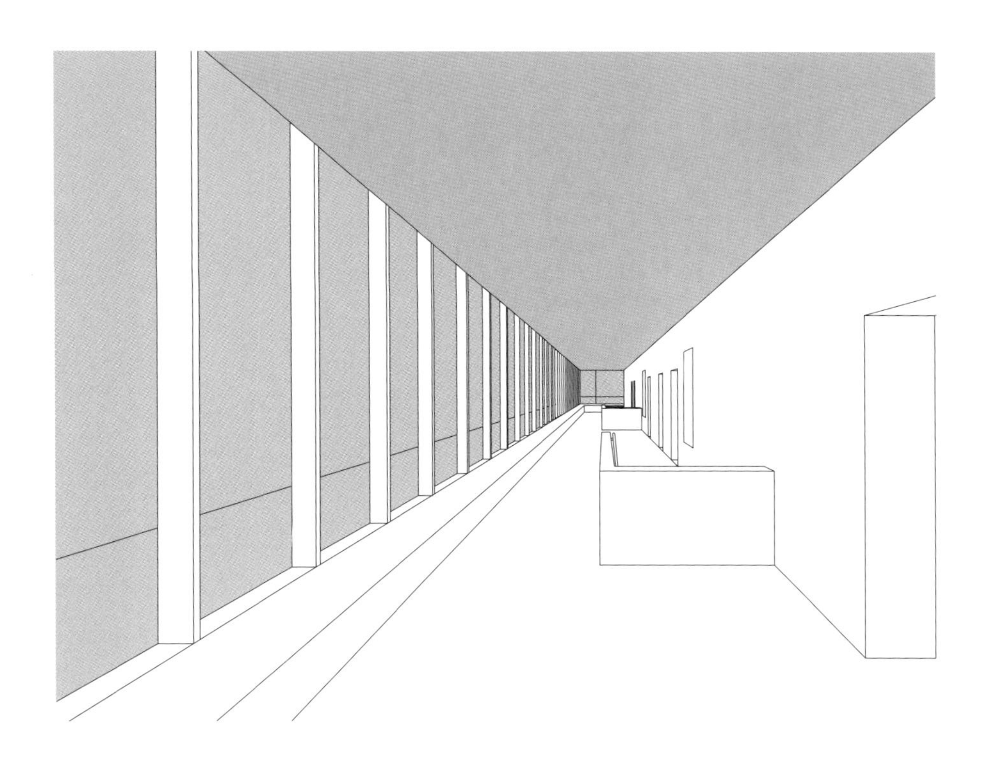

[30]

Erweiterung
Schulanlage Brühl
Friedhofweg
Gebenstorf (CH)
Burkard Meyer Architekten

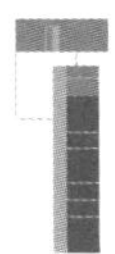

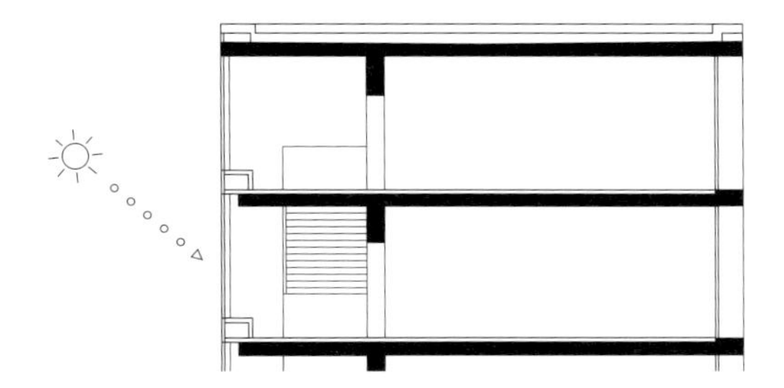

Schnitt M 1:250

[65]

Schulhaus Baumgarten
Schulgasse
Buochs (CH)
pool Architekten

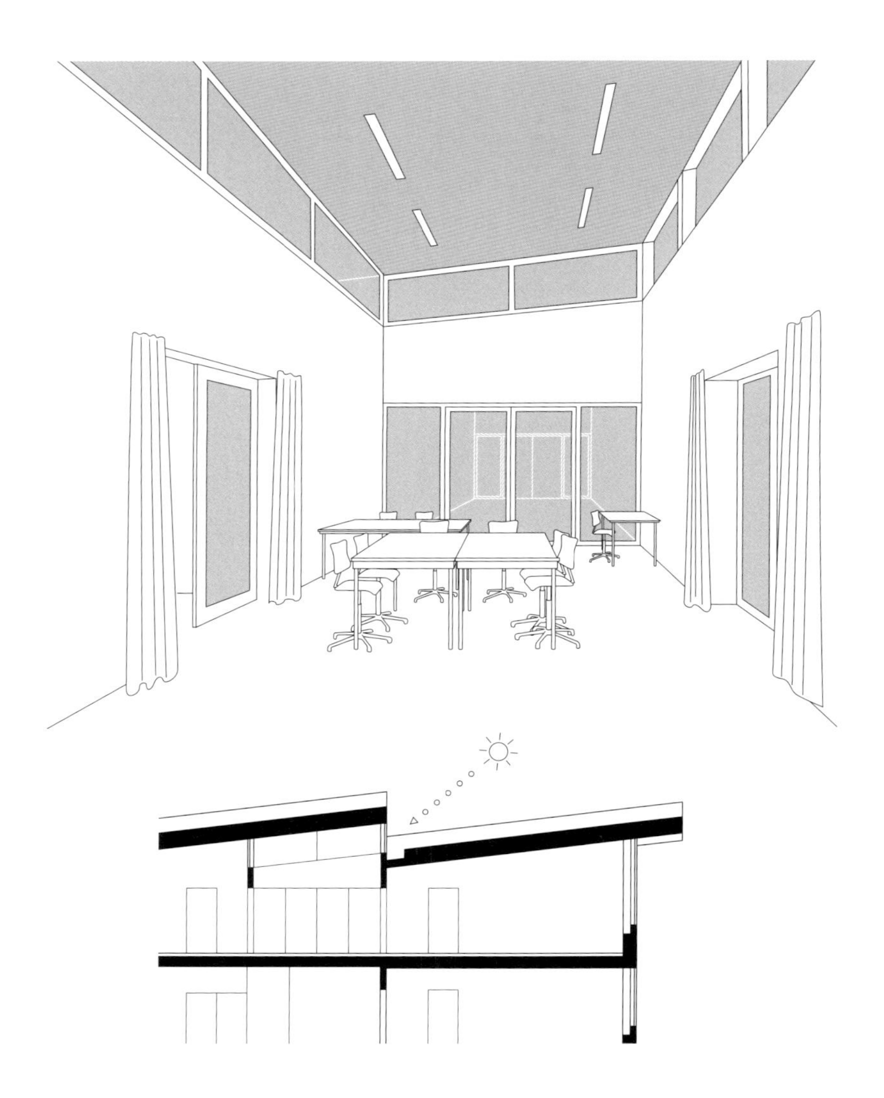

Schnitt M 1:250

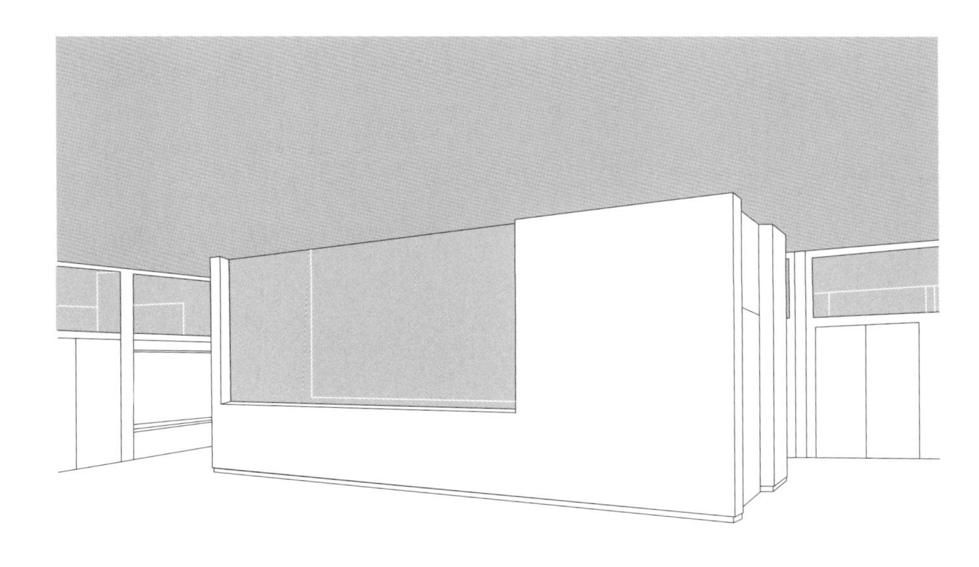

[33]

Öko-Hauptschule Mäder
Neue Landstraße 29
Mäder (AT)
Baumschlager Eberle

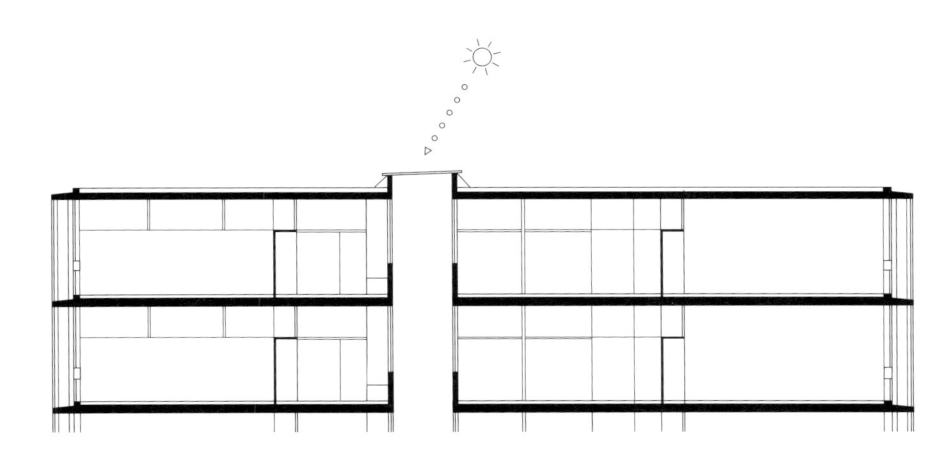

Schnitt M 1:250

Aula

Aula als eigener geschlossener Raum 106

[14] Geschwister-Scholl-Gymnasium
Holtgrevenstraße 2-6, Lünen (DE)
Hans Scharoun

[61] Marie-Curie-Gymnasium
Marie-Curie Straße 1, Dallgow-Döberitz (DE)
Grüntuch Ernst Architekten

[38] Salem International College
Kurt-Hahn-Straße 1, Überlingen (DE)
Lederer + Ragnarsdóttir + Oei

Aula als eigenständiger Baukörper 110

[06] Sekundarschule Letzi
Espenhofweg 60, Zürich (CH)
Ernst Gisel

[11] Kantonsschule Freudenberg
Gutenbergstraße 15, Zürich (CH)
Jacques Schader

[07] Munkegårdsskolen
Vangedevej 178, Dyssegaard (DK)
Arne Jacobsen

Aula als Erweiterung der Verkehrsflächen (Mehrfachnutzung) 114

[47] Schule am Mummelsoll
Eilenburger Straße 4, Berlin (DE)
Grüntuch Ernst Architekten

[46] Internationale Schule Zürich
Steinacherstraße 140, Wädenswil (CH)
Galli & Rudolf Architekten

[45] Hellerup Skole
Dessaus Boulevard 10, Kopenhagen (DK)
Arkitema

Aula mit Außenbühne 118

[28] Musikgymnasium Schloss Belvedere
Schloss Belvedere, Weimar (DE)
Thomas van den Valentyn,
Mohammad Oreyzi

[18] Gymnasium Christianeum
Otto-Ernst-Straße 34, Hamburg (DE)
Arne Jacobsen

[29] Erweiterung Schulanlage Vella
Sutvitg 28a, Vella (CH)
Bearth & Deplazes Architekten

Einleitung

Zuerst ist die Aula das Wohnzimmer der Schulgemeinschaft. Insofern sollte der Raum nicht eine Fluraufweitung sein, wie das oft aus ökonomischen Gründen angestrebt wird. Feiern, Theater- und Konzertaufführungen, Vorträge und Schulversammlungen sind im Grunde auf einen großen, abgeschlossenen Raum angewiesen. Allein die Vorbereitungen für diverse Schulaufführungen, von den Kulissen bis zur Bestuhlung, ist ein Vorgang, der ohne Störung für den normalen Schulbetrieb erfolgen soll. Umgekehrt setzt konzentrierte Probenarbeit für Musik und Theater einen abgeschlossenen Bereich voraus. Unabhängig davon bleibt natürlich die Option, über breitere Türen oder flexible Wände die Aula zum Flur und Vorbereich hin öffnen zu können.

Darüber hinaus hat es Vorteile, die Aula als getrennt nutzbaren Veranstaltungsraum anbieten zu können. Eine Vermietbarkeit stellt nicht nur eine zusätzliche Einnahmequelle dar, sondern bindet auch noch die Schule in die Nachbarschaft ein. Damit kann die Schule selbst über die Alltagsarbeit hinweg zum kulturellen und sozialen Ort werden und als integraler Teil der Stadt verstanden werden.

Hinsichtlich der Größe ist auf die baugesetzlichen Bestimmungen zu achten. Grundsätzlich muss zunächst an Hand der gewünschten Belegung definiert werden, ob es sich aufgrund der möglichen Besucherzahlen um eine Versammlungsstätte handelt. Dadurch erhalten die Brandschutzbestimmungen, die Fluchtwege und die notwendige Luftwechselrate jeweils eine andere Bewertung. Dies betrifft auch die Frage, ob es eine Bühne oder lediglich eine Szenenfläche geben soll. Auch hier ist im Falle der Einrichtung einer Bühne mit höheren Brandschutzauflagen zu rechnen.

Wenn der Raumzuschnitt es zulässt, kann es besser sein, anstelle einer festen Bühne eine mobile Szenenfläche vorzusehen. Dadurch kann der Raum bei geeignetem Zuschnitt variabel bespielt werden. Viele Schulen haben zum Beispiel eine eigene Zirkus-AG, für deren Aufführungen eine Rundumbestuhlung zweckmäßig ist.

Aulen sollten grundsätzlich unter Hinzuziehung von Akustikern geplant werden. Die unterschiedlichen Anforderungen an die Nachhallzeiten, die Sprachverständlichkeit und die optimale Schallverteilung im Raum benötigen ein Spezialwissen, das den Architekten nicht abverlangt werden kann. Auf der anderen Seite sind die gestalterischen Ansprüche, die an Aulen gestellt werden, überdurchschnittlich, was eine intensive Zusammenarbeit zwischen Akustiker und planendem Architekten voraussetzt.

Ähnliches betrifft die Zusammenarbeit mit den Fachingenieuren, die für die Beleuchtung und die akustischen Anlagen sowie die Be- und Entlüftung zuständig sind. Die Integration von Bühnenbeleuchtung, Regiepulten und den Leitungsführungen für Zu- und Abluft sollte in einem sehr frühen Planungsstadium erfolgen, weil dafür weitgehende Vorkehrungen in Roh- und Ausbaugewerken getroffen werden müssen.

Es ist gut, wenn eine direkte Anlieferung von größeren Gegenständen zur Aula möglich ist. Die dafür notwendige Außenfläche sollte auch für Lastwagen befahren werden können. Zwischen Bühne und Anlieferung sollte ein Lagerraum als Verteilerfläche angeordnet sein.

Aula als eigener geschlossener Raum

Verschiedenste Anlässe erfordern einen Raum für Versammlungen und Aufführungen. Oft wird die Turnhalle so geplant, dass sie auch für außersportliche Zwecke genutzt werden kann. Kostenuntersuchungen ergaben, dass eine einfache Turnhalle im Vergleich zu einer Multifunktionshalle wesentlich kostengünstiger zu bauen ist. Die eingesparten Kosten können so für den Bau eines Veranstaltungssaals genutzt werden. Die Aula ist das Herzstück der Schule, da sie als einziger Raum der gesamten Schulgemeinschaft dient.

Die Sonderräume der Geschwister-Scholl-Gesamtschule in Lünen [14] in der Nähe des Eingangs werden über die Pausenhalle miteinander verbunden. Die Lage der Aula am Ein- und Ausgang der Schule beruht auf der Einstellung von Scharoun, dass die wichtigste Aufgabe der Erziehung die Einordnung des Individuums in die Gemeinschaft ist. In der Aula versammeln sich alle Schüler. Sie sollen sich dort als Gemeinschaft begreifen. Der Saal ist einerseits durch seine Form ein auf sich gerichteter Raum, andererseits bekommt er eine Richtung durch die Öffnung zur Pausenhalle. Die Pausenhalle kann durch die Öffnung einer Faltwand mit einbezogen werden.

Auf einer eingeschossigen Plattform des Marie-Curie-Gymnasiums in Dallgow-Döberitz [61] stehen zwei L-förmige Klassentrakte. Die Plattform beinhaltet die Verwaltung und die Fachräume, die sich um einen eingeschnittenen Innenhof gruppieren, sowie die Turnhalle, die Cafeteria und die Aula. Die Aula durchstößt die Plattform mit der Hälfte ihres Volumens. So kann man von der Pausenplattform in die Aula hinunter sehen und die Aula erhält Tageslicht von oben. Direkt neben der Aula befindet sich die Turnhalle, die in die Plattform integriert ist. Faltwände an den Längsseiten des Saals ermöglichen die Sicht aus der Aula in die Turnhalle sowie in den Innenhof.

Den Mittelpunkt der Internatsschule Salem in Überlingen [38] bildet das sogenannte Forum. Es beinhaltet alle Gemeinschaftseinrichtungen, die miteinander verwoben und untereinander überlagert sind. Die im Zentrum angeordnete Aula wird von der Mensa, der Bibliothek und der Theaterwerkstatt umschlossen. Die Belichtung erfolgt über vier große Sheddächer. Die Bühne der Aula taucht unter der Mensa hindurch und öffnet sich zum Theaterhof zwischen den beiden Freitreppen, dem Außenbereich der Mensa.

[14]

Geschwister-Scholl-Gymnasium
Holtgrevenstraße 2-6
Lünen (DE)
Hans Scharoun

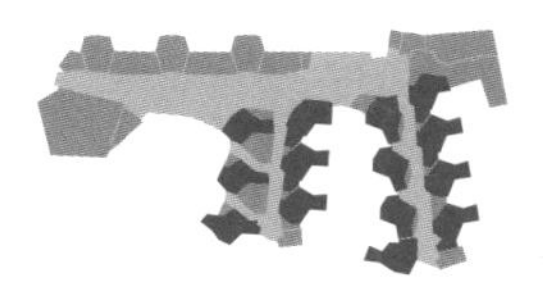

Grundriss EG M 1:800

[61]

Marie-Curie-Gymnasium
Marie-Curie-Straße 1
Dallgow-Döberitz (DE)
Grüntuch Ernst Architekten

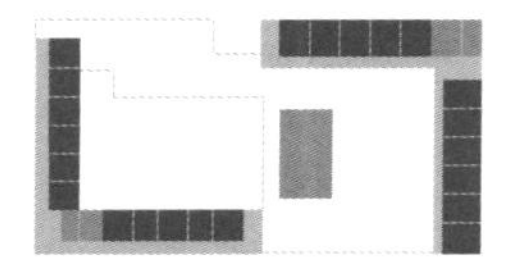

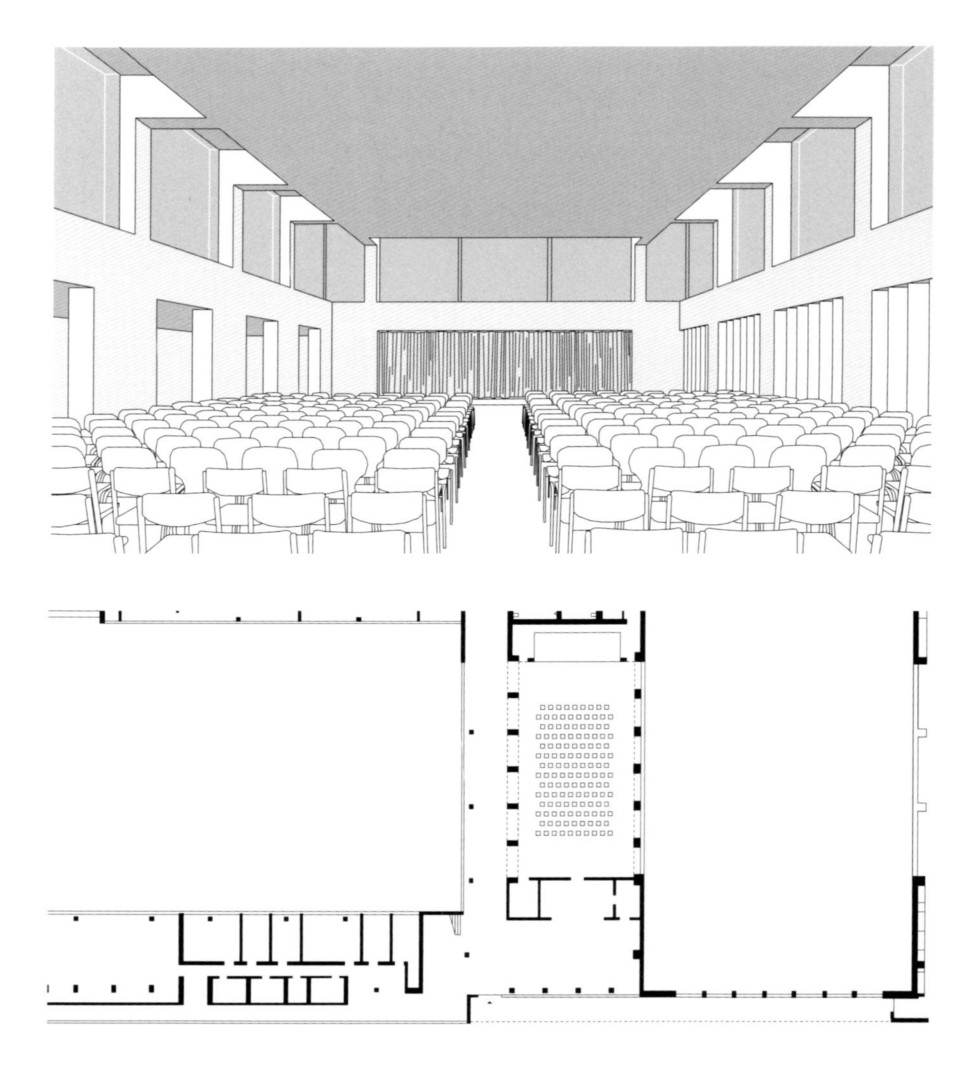

Grundriss EG M 1:800

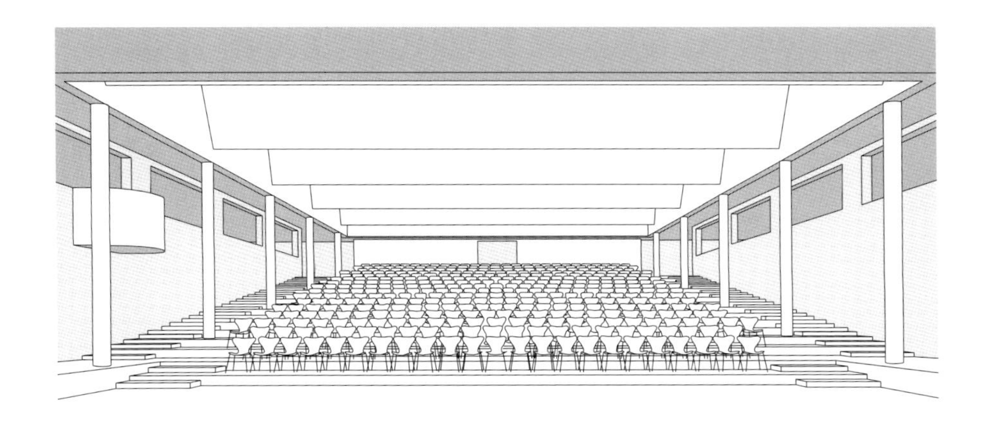

[38]

Salem International College
Kurt-Hahn-Straße 1
Überlingen (DE)
Lederer+Ragnarsdóttir+Oei

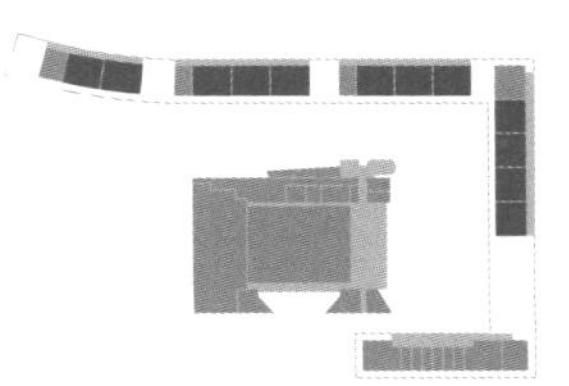

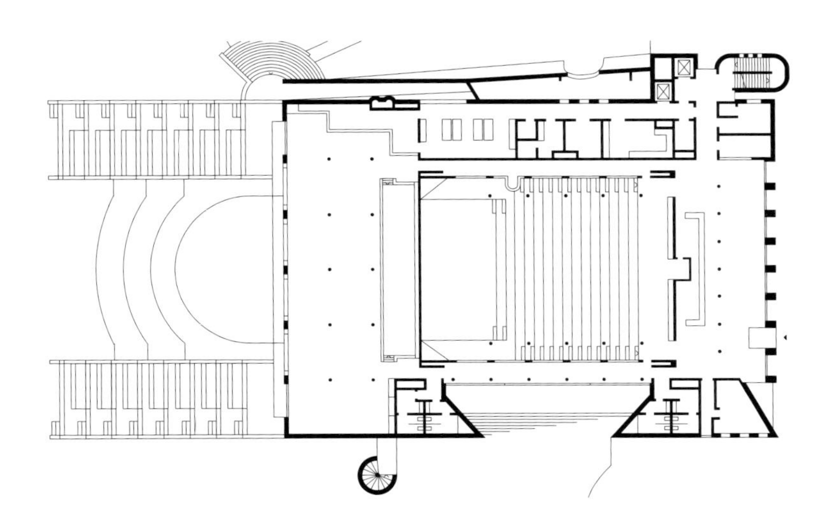

Grundriss EG M 1:800

Aula als eigenständiger Baukörper

Der Vorteil einer Aula, die als eigenständiger Baukörper geplant wird, liegt darin, dass der Saal aufgrund seiner Lage auch für außerschulische Zwecke wie öffentliche Veranstaltungen, Ausstellungen oder Vereinsversammlungen verwendet werden kann. In Anbetracht des schlechten finanziellen Status von Schulen könnte die Vermietung des Veranstaltungsraums auch zu einer zusätzlichen Einnahmequelle werden.

Die drei zweigeschossigen Klassentrakte der Sekundarschule Letzi in Zürich [06] umrahmen einen zentralen Pausenhof, in dessen Mittelpunkt die Aula mit dem Zeichensaal steht. Durch seine isolierte Lage kann der Saal zwar nicht, zum Beispiel durch ein angrenzendes Foyer, erweitert werden, doch steht die Aula auch Vereinen und der Bevölkerung zur Verfügung.

Die Aula der Kantonsschule Freudenberg in Zürich-Enge [11] steht außerhalb der Schulanlage als freier Baukörper. Sie wird von beiden Schulen, der Handelsschule und dem Realgymnasium, genutzt und umfasst den Veranstaltungssaal, zwei Musikzimmer sowie die Mensa mit Garderobe. Durch die Loslösung von den eigentlichen Schulgebäuden und die Lage am Hauptzugang zur Schule ist eine Nutzung außerhalb des Schulbetriebs gut möglich.

Der Festsaal der Munkegårdsskolen in Dyssegaard [07] ist in die Struktur der Klassenzimmer, Innenhöfe und Gänge integriert. Durch seine Lage in der Verlängerung des Eingangs und das Herausschieben des Gebäudevolumens wird er gleichzeitig zum Zentrum der Gesamtanlage. Wie den Klassenzimmern ist auch der Aula beziehungsweise dem gegenüberliegenden Lehrerbereich ein Innenhof zugeordnet. Die Belichtung erfolgt von Norden über die Glasfassade zum Innenhof.

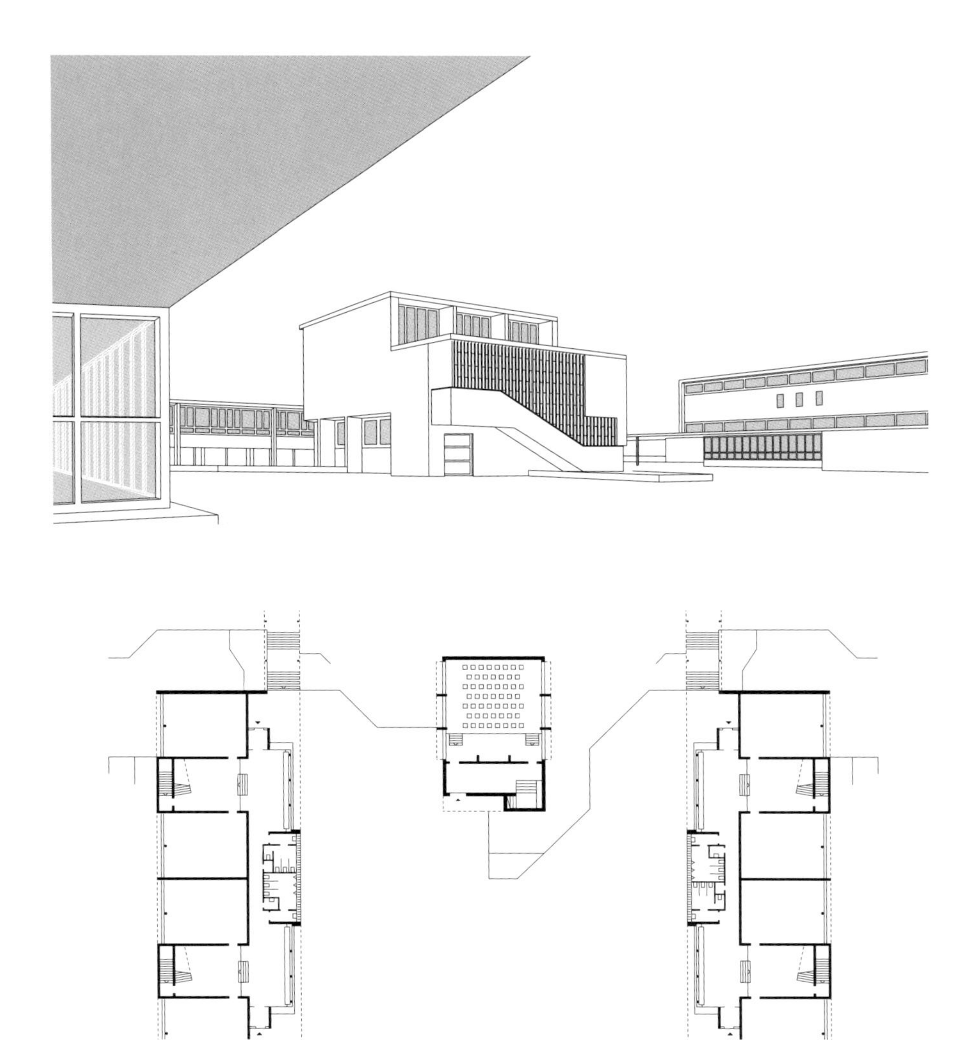

[06]

Sekundarschule Letzi
Espenhofweg 60
Zürich (CH)
Ernst Gisel

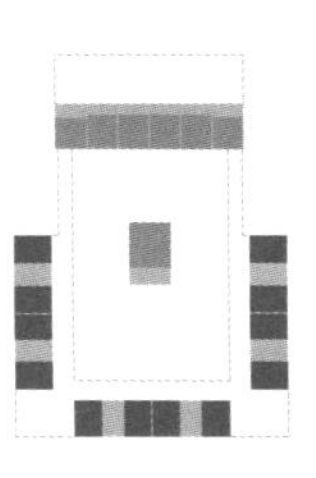

Grundriss EG M 1:800

[11]

Kantonsschule Freudenberg
Gutenbergstraße 15
Zürich-Enge (CH)
Jacques Schader

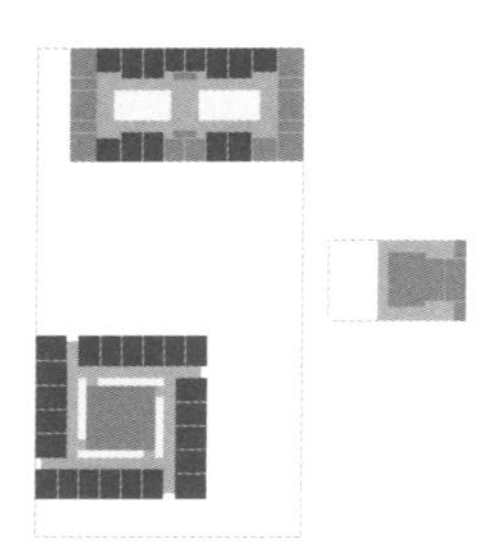

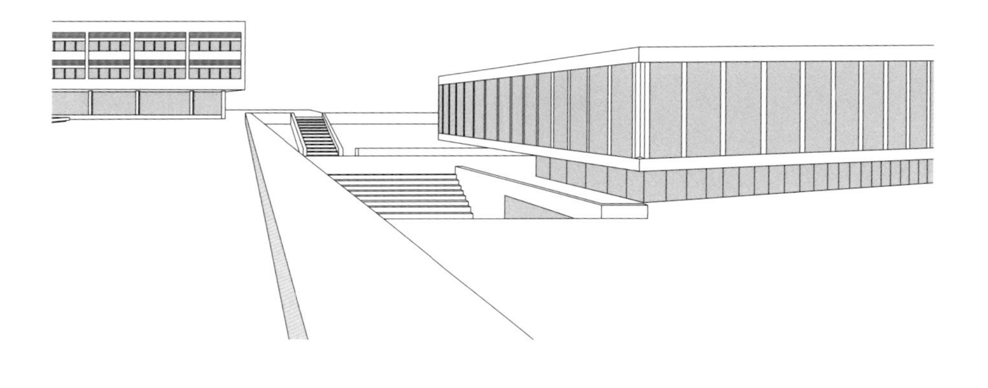

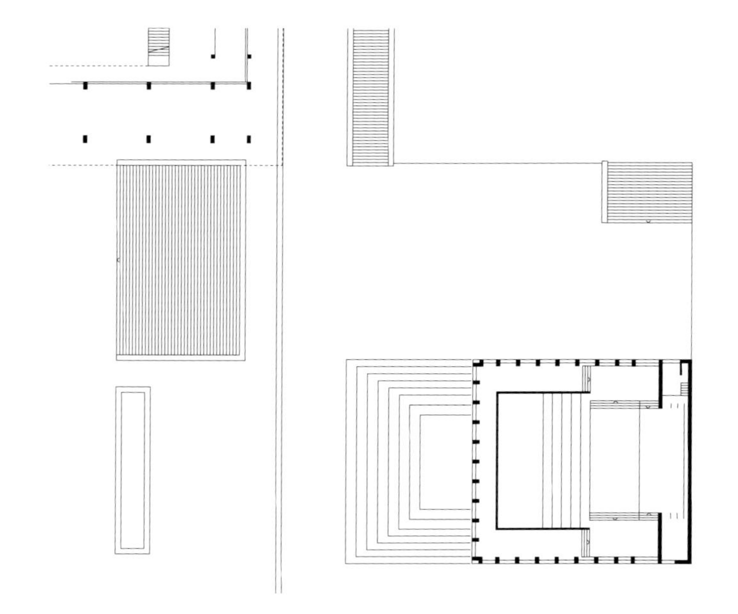

Grundriss EG M 1:800

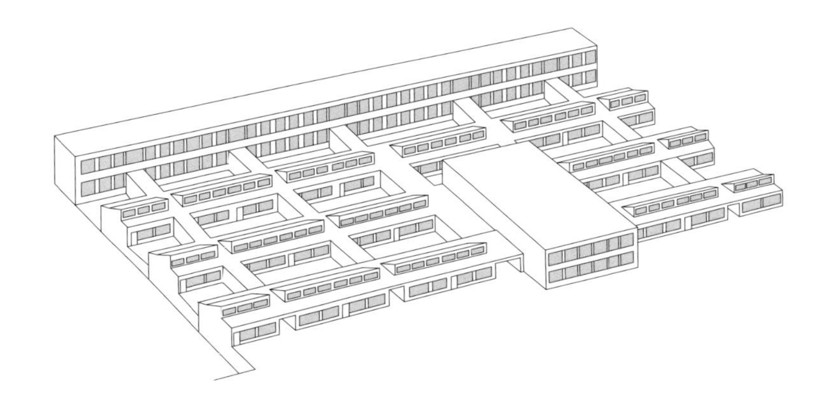

[07]

Munkegårdsskolen
Vangedevej 178
Dyssegaard (DK)
Arne Jacobsen

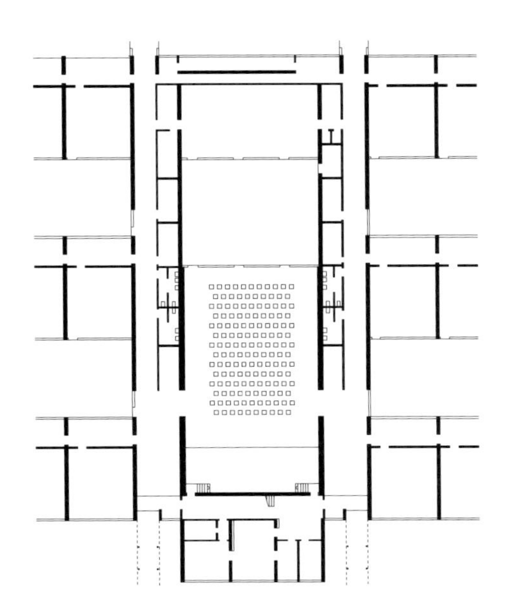

Grundriss EG M 1:800

Aula als Erweiterung der Verkehrsflächen (Mehrfachnutzung)

Bei vielen Schulen werden die Erschließungsflächen zu einer Halle zusammengefasst, die sich auch für Veranstaltungen eignet. Zu beachten ist, dass an diese Halle aufgrund der unterschiedlichen Nutzungen besondere Anforderungen gestellt werden. Als Erschließungsfläche muss sie akustisch abgeschirmt sein, so dass die benachbarten Klassenzimmer nicht gestört werden.
Als Musiksaal muss die Raumakustik für Musik, Theater und Vortrag funktionieren. Ebenso sind die brandschutztechnischen Anforderungen aufgrund der jeweiligen Nutzung zu beachten. (Siehe Raumpilot Grundlagen)

Die Aula der Schule am Mummelsoll in Berlin-Hellersdorf [47] dient vor allem als überdachter Pausenhof bei schlechtem Wetter. Durch das ellipsenförmige Podest kann die Halle auch für Vorführungen genutzt werden. Ursprünglich war die Halle als Eingangsfoyer, mit dem Haupteingang an der Nordseite, gedacht. Der Haupteingang liegt nun auf der Westseite, da die neu gestaltete „Kinderstraße" im Norden, von der aus mehrere Gebäude hätten erschlossen werden können, nicht realisiert wurde. Der anschließende großzügige und leicht ausschwingende Flur erweitert sich in die zentrale Halle.

Die zweigeschossige Aula der Internationalen Schule Zürich [46] bildet mit der zentralen Halle einen öffentlichen Bereich, an den Empfang, Bibliothek, Turnhalle und der Raum des Elternvereins angegliedert sind. Die Aula ist über Schiebewände zur Halle hin abtrennbar, so dass die Bereiche auch einzeln genutzt werden können. Aula und zentrale Halle dienen zugleich als Speisesaal. Die Tische sind zusammenklappbar und können somit leicht weggestellt werden. Große Fenster erlauben Durchblicke zwischen den Räumen über die Geschosse hinweg.

Die offene Treppenanlage der Hellerup Skole in Kopenhagen-Hellerup [45] bildet das Zentrum der Schule und dient bei großen Anlässen auch als Versammlungsort. Sie ist gleichzeitig die zentrale Erschließung und Verbindung der Sonderräume wie Bibliothek, Turnhalle, Hauswirtschaftsraum, Kunst- und Musiksaal und Raum für Naturwissenschaften. Durch Sitzstufen und unterschiedlich große Plattformen ermöglicht der Treppenraum eine Vielzahl verschiedenartiger Nutzungen.

[47]

Schule am Mummelsoll
Eilenburger Straße 4
Berlin-Hellersdorf (DE)
Grüntuch Ernst Architekten

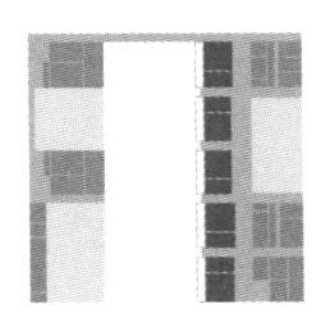

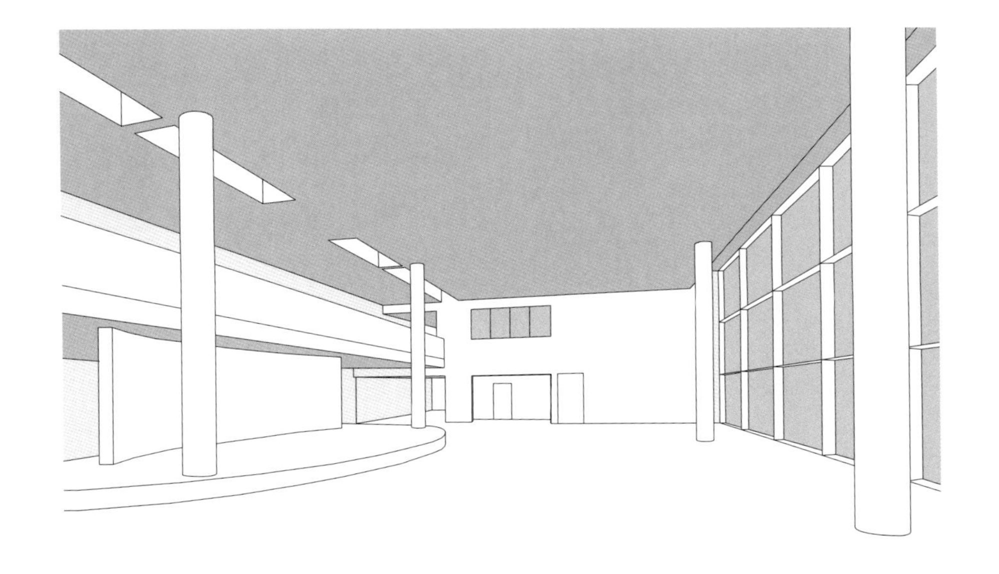

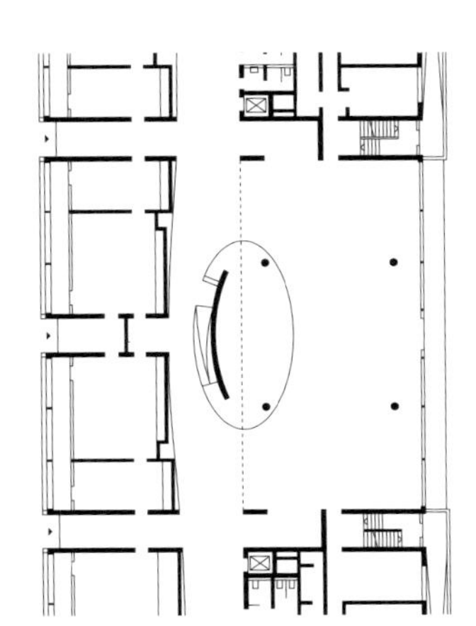

Grundriss EG M 1:800

[46]

Internationale Schule
Zürich
Steinacherstraße 140
Wädenswil (CH)
Galli & Rudolf Architekten

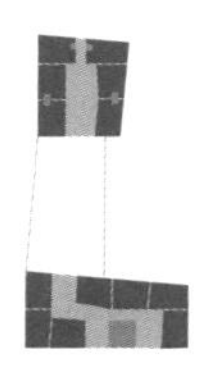

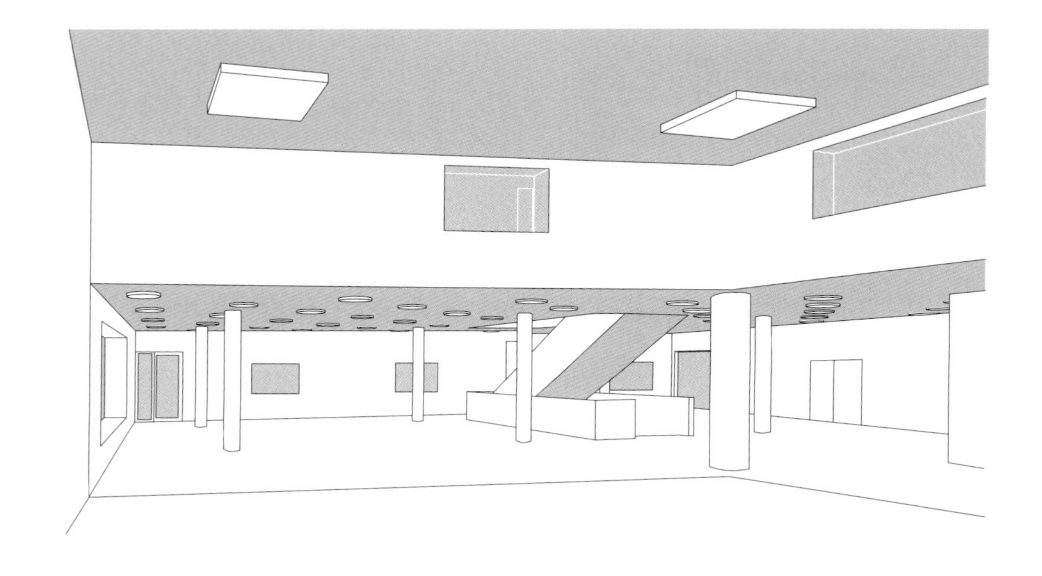

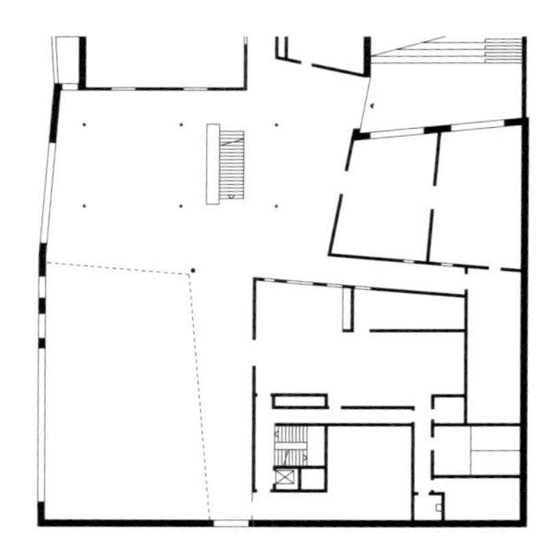

Grundriss UG M 1:800

[45]

Hellerup Skole
Dessaus Boulevard 10
Kopenhagen-Hellerup (DK)
Arkitema

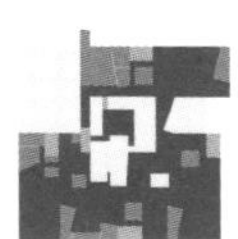

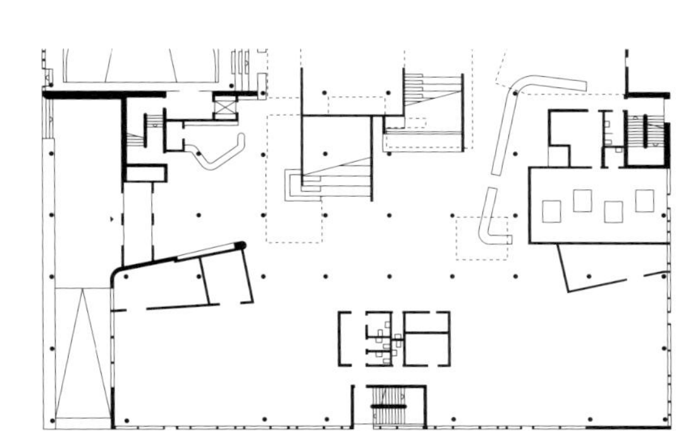

Grundriss EG M 1:800

Aula mit Außenbühne

Durch eine angeschlossene Freilichtbühne lässt sich eine Aula vergrößern. Die Zuschauerzahl kann ohne großen baulichen Aufwand erhöht werden. Ebenso bietet eine nach außen erweiterbare Aula die Möglichkeit, die Bühne von zwei Seiten zu bespielen und sie im Sommer für Freilichtaufführungen zu nutzen. Ein weiterer Vorteil bei einer geschickten Anordnung der Aula und der Außenbühne ist die Nutzbarkeit als öffentlicher Raum für die Bevölkerung.

Im Sockelgeschoss des Musikgymnasiums Schloss Belvedere in Weimar [28] befindet sich hinter einer Arkade aus Sichtbeton der Veranstaltungssaal, der auch als Gymnastikraum genutzt wird. An die stadionartige Arena mit ansteigenden Sitzstufen schließt im Norden eine Freilichtbühne an. Durch verschiebbare Fassadenelemente kann der Saal nach außen erweitert werden. Die kleine Waldbühne vollendet formal das Oval des Konzertsaals.

Die Plattform des Gymnasiums Christianeum in Hamburg [18] wird von der Sporthalle und der Aula als zweigeschossiges Volumen durchstoßen. Die Aula öffnet sich mit der Südseite, an der die Bühne angeordnet ist, zu einem Innenhof. Die Glasfassade kann geöffnet werden, so dass die Bühne von zwei Seiten nutzbar ist. Die Sitzstufen im Freien bilden einen weiteren Zuschauerraum und verbinden das Niveau des Innenhofs und der Aula mit der Plattform beziehungsweise der Schulhofebene.

Die Mehrzweckhalle der Schulanlage in Vella [29] besteht aus einem Saal mit einer Bühne. Die Bühne lässt sich mittels großer Flügeltüren zum Sportplatz hin öffnen, so dass dieser auch im Sommer für Freilichtaufführungen genutzt werden kann. Dieser Platz dient der Gemeinde und der Schule als öffentlicher Raum, der bei festlichen Anlässen genutzt wird.

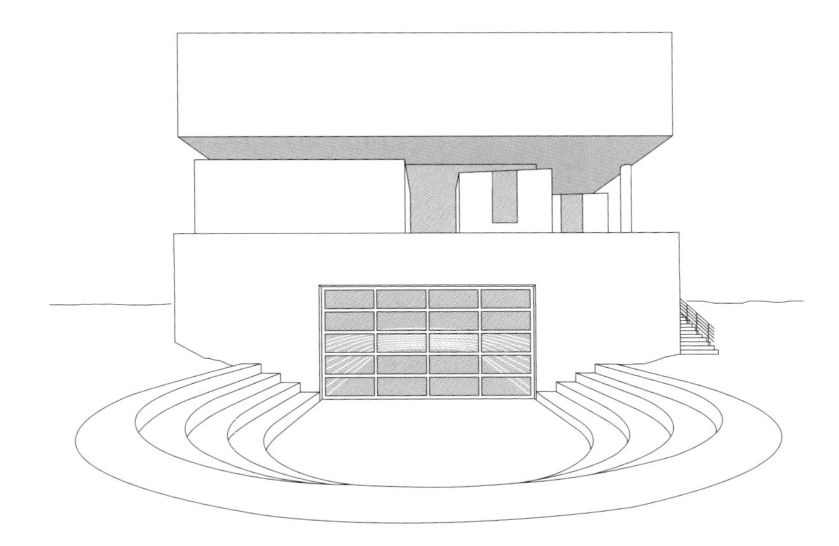

[28]

Musikgymnasium Schloss Belvedere
Schloss Belvedere
Weimar (DE)
Thomas van den Valentyn, Mohammad Oreyzi

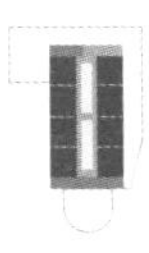

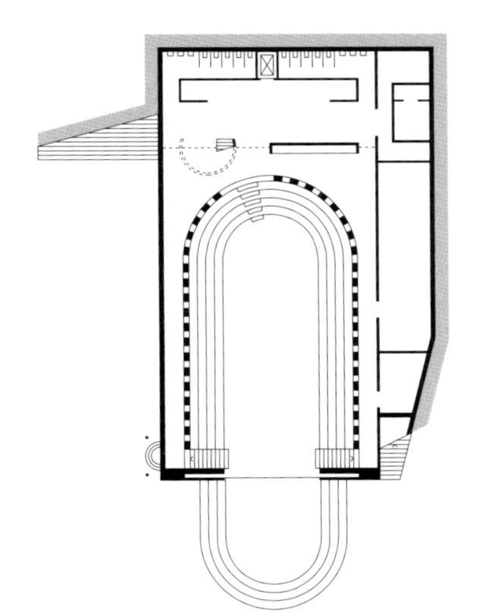

Grundriss UG 1:800

[18]

Gymnasium Christianeum
Otto-Ernst-Straße 34
Hamburg (DE)
Arne Jacobsen

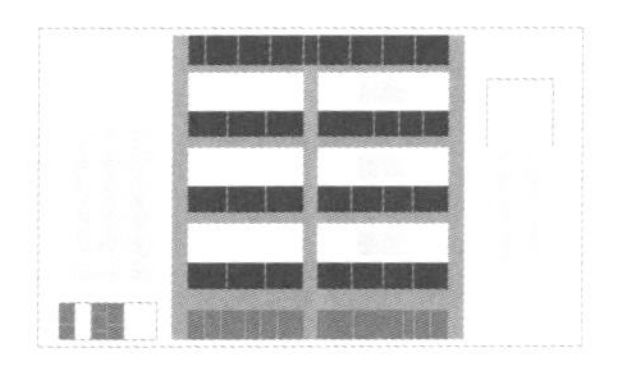

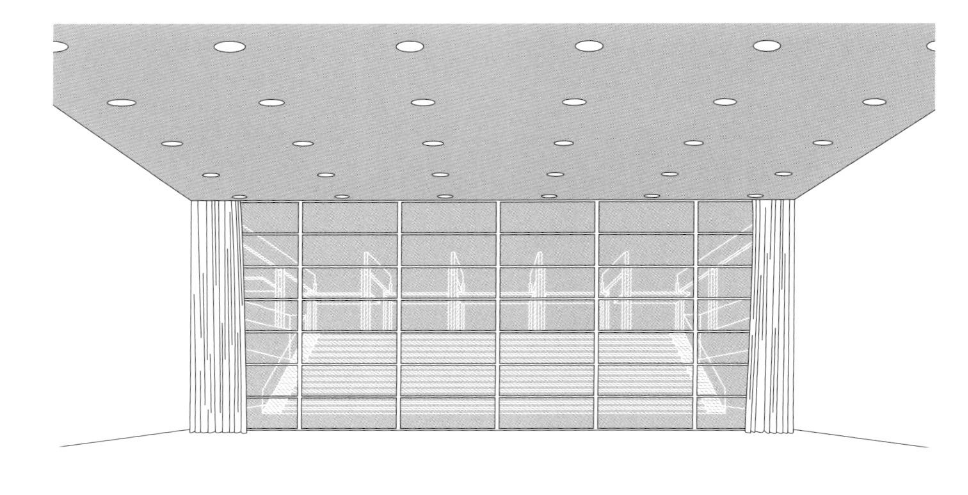

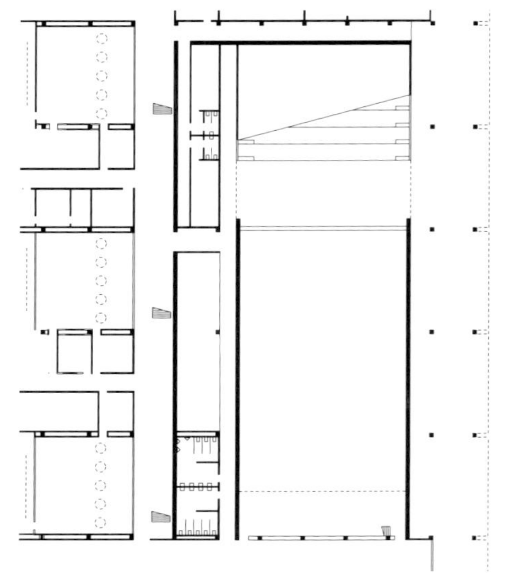

Grundriss EG M 1:800

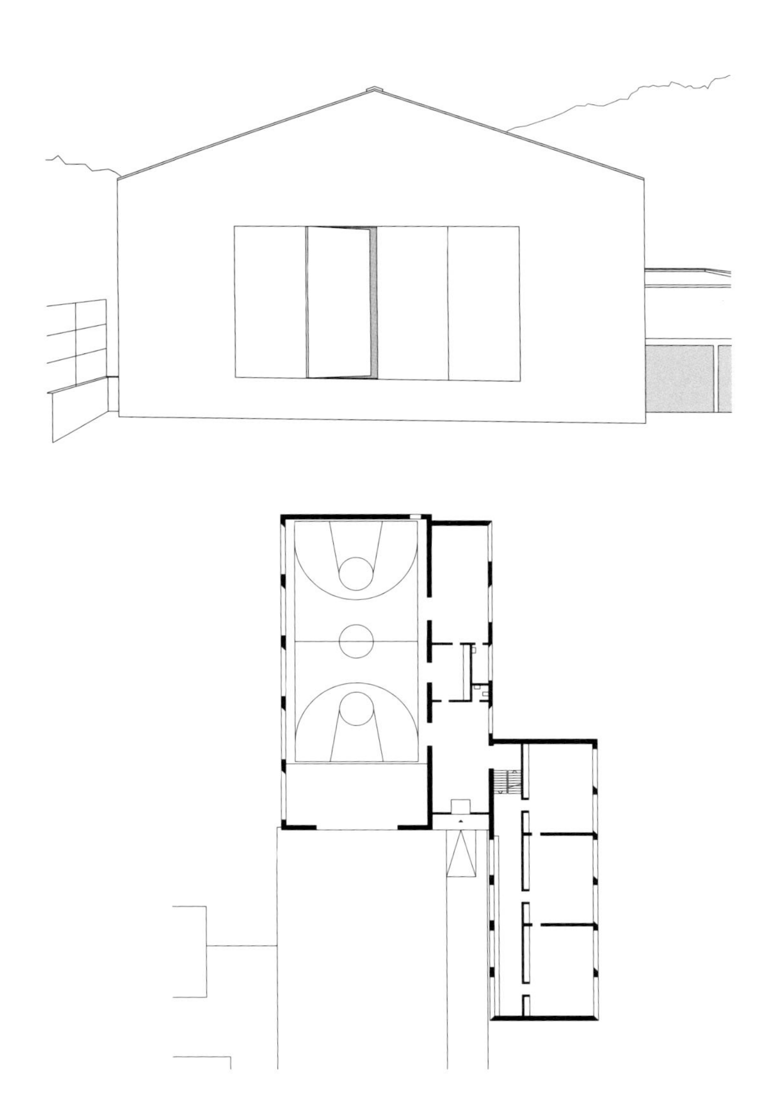

[29]

Erweiterung Schulanlage Vella
Sutvitg 28a
Vella (CH)
Bearth & Deplazes Architekten

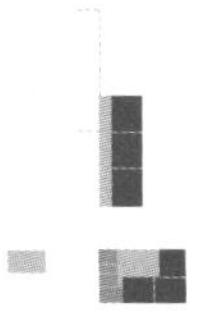

Grundriss EG M 1:800

Klassenzimmer

Reihung von Klassenzimmern 128
[33] Öko-Hauptschule Mäder
Neue Landstraße 29, Mäder (AT)
Baumschlager Eberle
[44] Gymnasium Markt Indersdorf
Arnbacher Straße 40, Markt Indersdorf (DE)
Allmann Sattler Wappner Architekten
[48] Schulzentrum im Scharnhauser Park
Gerhard-Koch-Straße 6, Ostfildern (DE)
Lederer + Ragnarsdóttir + Oei

Ein Gruppenraum für mehrere Klassenzimmer 132
[52] Primarschulhaus Linden
Lindenstraße 21, Niederhasli (CH)
Bünzli & Courvoisier
[40] Sonderpädagogisches Förderzentrum
Schottenau 10a, Eichstätt (DE)
Diezinger & Kramer
[55] Erweiterung Schule Scherr
Stapferstraße 54, Zürich (CH)
Patrick Gmür Architekten

Ein Gruppenraum pro Klassenzimmer 136
[39] Volta Schulhaus
Wasserstraße 40, Basel (CH)
Miller & Maranta
[47] Schule am Mummelsoll
Eilenburger Straße 4, Berlin (DE)
Grüntuch Ernst Architekten
[63] Schulhaus Mitte
Weissenrainstraße 9, Uetikon am See (CH)
huggen berger fries Architekten

Gruppenraum in Klassenzimmer integriert 140
[24] Scuola elementare ai Saleggi
Via delle Scuole, Locarno (CH)
Livio Vacchini
[27] Scuola elementare
El Cunvént 4, Monte Carasso (CH)
Luigi Snozzi
[03] Crow Island School
1112 Willow Road, Winnetka (US)
Eliel & Eero Saarinen

Überlagerung von Gruppenraum und Erschließungszone 144
[59] Schulanlage Im Birch
Margrit-Rainer-Straße 5, Zürich (CH)
Peter Märkli
[41] Kindercluster Voorn
Akkrumerraklaan 31, Utrecht (NL)
Frencken Scholl Architecten
[68] Schulanlage Leutschenbach
Andreasstraße, Zürich (CH)
Christian Kerez

Computerarbeitsplätze im Klassenzimmer 148
[43] Primarschule Riedmatt
Riedmatt 41, Zug (CH)
Nägele Twerenbold Architekten
[55] Erweiterung Schule Scherr
Stapferstraße 54, Zürich (CH)
Patrick Gmür Architekten
[53] Erweiterung Kantonsschule Zug
Lüssiweg 24, Zug (CH)
Enzmann + Fischer Architekt/-innen

Variable Klassenzimmergröße 152

[54] Gesamtschule In der Höh
In der Höh 9, Volketswil (CH)
Gafner & Horisberger Architekten

[67] Schulzentrum Turmatt
Bluemattstraße 1, Stans (CH)
Masswerk Architekten

[69] Oberstufenschulhaus Albisriederplatz
Badenerstraße 383, Zürich (CH)
studer simeon bettler

Klassenraumerweiterung durch Freibereich 156

[14] Geschwister-Scholl-Gymnasium
Holtgrevenstraße 2-6, Lünen (DE)
Hans Scharoun

[32] Volksschule Breitenlee
Schukowitzgasse 89, Wien (AT)
Helmut Wimmer

[02] Openluchtschool
Cliostraat 40, Amsterdam (NL)
Johannes Duiker

Klassenzimmer als Haus 160

[12] Vogelsangschule
Paulusstraße 30, Stuttgart (DE)
Behnisch & Partner

[15] Kristofferskolan
Marklandsbacken 11, Stockholm (SE)
Erik Asmussen

[60] Evangelische Gesamtschule Gelsenkirchen
Laarstraße 41, Gelsenkirchen (DE)
plus+ bauplanung GmbH

Offene Lernlandschaft 164

[57] Minami-Yamashiro Primary School
Minami Yamashiro, Kyoto (JP)
Richard Rogers Partnership

[45] Hellerup Skole
Dessaus Boulevard 10, Kopenhagen (DK)
Arkitema

[20] Laborschule Bielefeld
Universitätsstraße 21, Bielefeld (DE)
Ludwig Leo, Planungskollektiv Nr. 1

Belichtung und Belüftung 168

[10] Sarasota High School
1000 South School Avenue, Sarasota (US)
Paul Rudolph

[11] Kantonsschule Freudenberg
Gutenbergstraße 15, Zürich (CH)
Jacques Schader

[50] Erweiterung Schulanlage Mattenhof
Dübendorfstraße 300, Zürich (CH)
B.E.R.G. Architekten

Einleitung

Ideal für Klassenräume sind Grundrissformen, die sich dem Quadrat annähern. Dadurch können die Räume unterschiedlich möbliert und an die jeweiligen pädagogischen Bedürfnisse angepasst werden. Obwohl von vielen Pädagogen der Frontalunterricht sehr kritisch beurteilt wird, gibt es immer noch eine große Anzahl von Raumprogrammen, die diese Unterrichtsform bevorzugen. Für sie werden dann der Standort für Tafel oder Projektion, aber auch für Bestuhlung und Betischung vorgegeben, und ebenso lassen sich Beleuchtung und Akustik präzise festlegen. Akustisch dämpfend werden die Deckenrandbereiche behandelt, während ein mittlerer Bereich zur besseren Sprachverständlichkeit freigehalten wird. Auch eine Tafelbeleuchtung kann exakt festgelegt werden. Schwieriger sind diese Maßnahmen bei freier Möblierung zu treffen. In diesen Fällen behilft man sich zum Beispiel mit beweglichen Tafeln. Hinsichtlich der Akustik wie auch der Beleuchtung werden alle Raumbereiche ähnlich behandelt.

Das Maß der Raumtiefe ergibt sich aus der Zahl der Tische, die unter Berücksichtigung der Fluchtwege in einer Reihe nebeneinander gestellt werden können, und aus der Forderung nach genügender Ausleuchtung mit Tageslicht.

In diesem Zusammenhang ist zu beachten, dass die Glasfläche der Fensteröffnungen ein Fünftel der Grundfläche des Klassenraums betragen soll, wodurch die Freiheit der Fassadengestaltung oft eingeschränkt wird. Dieses Problem ist auch in Verbindung mit der notwendigen Verschattung, Blendfreiheit und Belüftung zu sehen. Große Fensterflügel haben erhebliche Nachteile für die Möblierung. Fensterkonstruktionen, die in einer gesicherten Position Nachtlüftung ermöglichen, sind von Vorteil.

Vor allem für kleinere Kinder ist eine niedrige Brüstungshöhe, verbunden mit geeigneten transparenten Absturzsicherungen, angenehm. Der freie Blick nach außen gehört zu einer der Grundanforderungen. Deshalb ist es auch gut, wenn der Sonnenschutz nicht unmittelbar vor der Fensterfläche senkrecht geführt wird, sondern durch Schrägstellung und/oder genügenden Abstand noch hinreichende Aussichtsmöglichkeit gegeben ist.

Bei eingeschossigen Schulbauten wie auch bei Schulräumen, die in den obersten

Geschossen liegen, kann über ein in der Raumtiefe angeordnetes Oberlicht die Belichtung und natürliche Belüftung erheblich verbessert werden.

Für eventuelle Schrankwände, aber auch die Türen zum Flur ist es geschickt, wenn die Wände durch entsprechend tiefe Schotten eine Gliederung erhalten. In diesen Fällen können Einbauten und Nischen für Waschbecken sowie die zum Flur hin sich öffnenden Türblätter zu einer gestalterisch befriedigenden Einheit zusammengefasst werden. Für zusätzliche akustische Maßnahmen eignen sich großflächige Platten oder Aufdoppelungen der Zwischenwände, die gleichzeitig als Pinwände zu nutzen sind.

Da die gängigen Unterrichtsformen einem Wandel unterliegen, wird auch die herkömmliche Funktion des Klassenraums von vielen Pädagogen in Frage gestellt. Sie wünschen sich flexible Raumangebote, bei denen die Klassenzimmer an beliebige Gruppengrößen angepasst werden können. Dies bedingt den Einbau von flexiblen Wänden. Aus der Erfahrung der Gesamtschulen der 1970er Jahre, bei denen solche Räume realisiert wurden, muss auch auf die Nachteile flexibler Wände hingewiesen werden.

Um eine genügenden Luftschallschutz zwischen den Raumeinheiten zu erreichen, bedarf es erheblicher konstruktiver Aufwendungen. Dies betrifft vor allem die Frage von Fugen. Die einzelnen Elemente müssen untereinander, zum Boden, zur Decke und zu den seitlichen Anschlüssen dichtschließend gekoppelt werden können. Das hat nicht nur erhebliche Auswirkungen auf die Kosten, sondern auch auf die Bedienung selbst, da das Öffnen und Schließen der Wände einen zeitlichen Aufwand bedeutet. Durch die mechanische Beanspruchung ist die Dauerhaftigkeit der Wände bei häufiger Nutzung gegenüber einer fest installierten Wand begrenzt. Auch müssen die Heizung, die Fensterteilung, die Beleuchtung und gegebenenfalls die Deckenabhängung so konzipiert sein, dass in beiden Raumsituationen eine befriedigende Gestaltqualität vorhanden ist.

Oft entsteht der Wunsch nach einer Unterteilung größerer Räume in zwei Einheiten, weil man mit kleineren Gruppen arbeiten will. Man empfindet dann die Klassenräume wegen ihrer Größe als störend. Dies liegt häufig aber auch an einer nachlässigen Behandlung der räumlichen Qualitäten. Billig wirkende Oberflächen, die sichtbaren Einsparungen der Baukosten und der zweckrationale Umgang mit den technischen Einrichtungen erzeugen den Charakter der Lieblosigkeit. Das ist das eigentliche Dilemma der oft kritisierten Architektur von Schulbauten. Gestalterische Qualität lässt sich aber nicht durch quantitative Merkmale bestimmen, weshalb keine Schulbaurichtlinie darüber Auskunft gibt. Aus diesem Grund sieht wiederum der Geldgeber keinen Anlass, für ästhetisch befriedigende Lösungen nennenswerte Aufwendungen zu tätigen. Es bleibt deshalb eine wesentliche Planungsaufgabe der Architekten, darauf hinzuweisen, dass eine Vernachlässigung gestalterischer Belange als ein ebenso gravierender Mangel zu bewerten ist wie mangelhafte Beleuchtung, Belüftung oder Akustik. Erfahrungen mit Schulbauten der 1970er Jahre, die oftmals technisch optimiert, aber unter Vernachlässigung handwerklicher und damit verbundener gestalterischer Qualitäten errichtet wurden, lehren, dass anspruchsvoll entworfene Klassenräume eine höhere Akzeptanz erfahren können als noch so flexible Angebote, die jegliche Identifizierung mit dem Raum verhindern.

Reihung von Klassenzimmern

Es gibt eine Vielzahl von Möglichkeiten, Klassenzimmer zueinander anzuordnen. Die folgende Auswahl von Beispielen soll nur drei Standardmöglichkeiten aufzeigen.

Anordnung über Eck

Die Klassenzimmer der Öko-Hauptschule in Mäder [33] sind um einen innenliegenden Pausenbereich angeordnet. Dadurch entsteht ein quadratischer Grundriss mit einer Grundfläche von 27 x 27 m. Durch eine großzügige Verglasung der Fassade, Oberlichtbänder in den Flurtrennwänden und einen zentralen Lichtschacht kann eine ausreichende Belichtung gewährleistet werden.

Einhüftige Organisation

Die Klassen- und Fachräume des Gymnasiums in Markt Indersdorf [44] werden über einen zum Innenhof orientierten, großzügig verglasten Flur erschlossen. Die Klassenräume sind nach Süden und Westen ausgerichtet. Der einseitig verglaste Flur ermöglicht eine leichte Orientierung und schafft einen hellen Aufenthaltsbereich.

Zweihüftiger Grundriss

Der Grundriss der Grund- und Hauptschule im Scharnhauser Park in Ostfildern [48] ist zweibündig organisiert. Links und rechts des Mittelflurs liegen die Unterrichtsräume. Der Flur ist großzügig dimensioniert und integriert die offenen Treppenläufe. Zwei zusätzliche geschlossene Treppenhäuser gewährleisten einen sicheren Fluchtweg aus dem Obergeschoss direkt ins Freie.

[33]

Öko-Hauptschule Mäder
Neue Landstraße 29
Mäder (AT)
Baumschlager Eberle

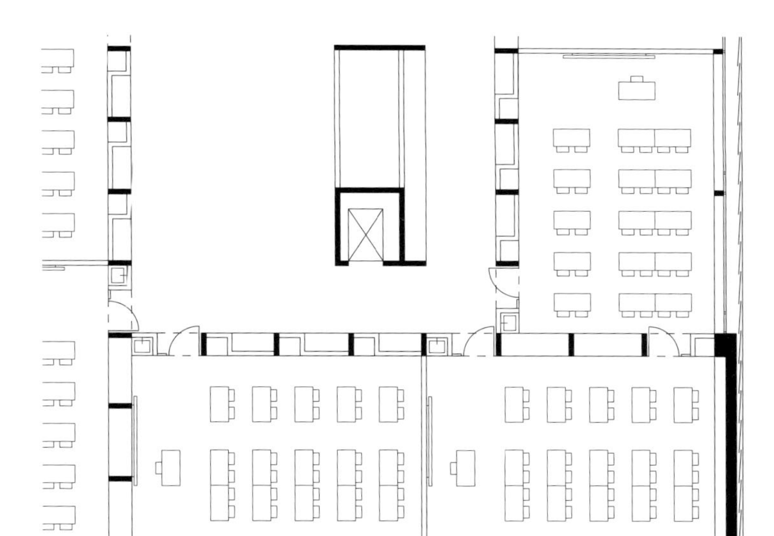

Grundriss 1.-3. OG
M 1:250

[44]

Gymnasium Markt Indersdorf
Arnbacher Straße 40
Markt Indersdorf (DE)
Allmann Sattler Wappner
Architekten

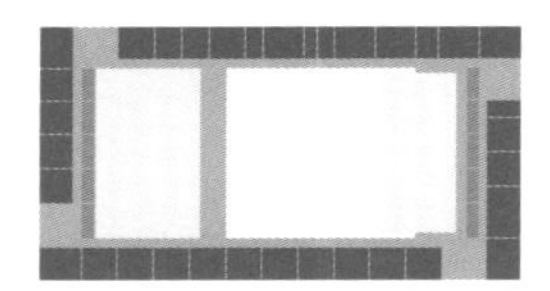

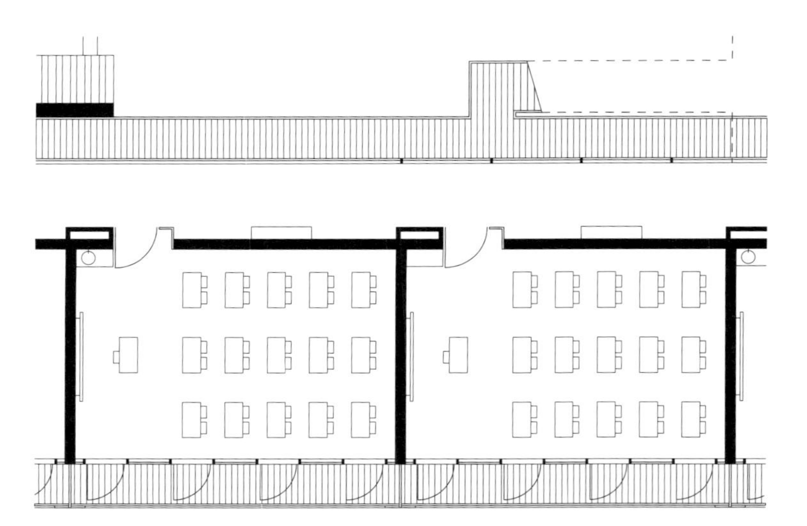

Grundriss 1. OG M 1:250

[48]

Schulzentrum im Scharnhauser Park
Gerhard-Koch-Straße 6
Ostfildern (DE)
Lederer + Ragnarsdóttir + Oei

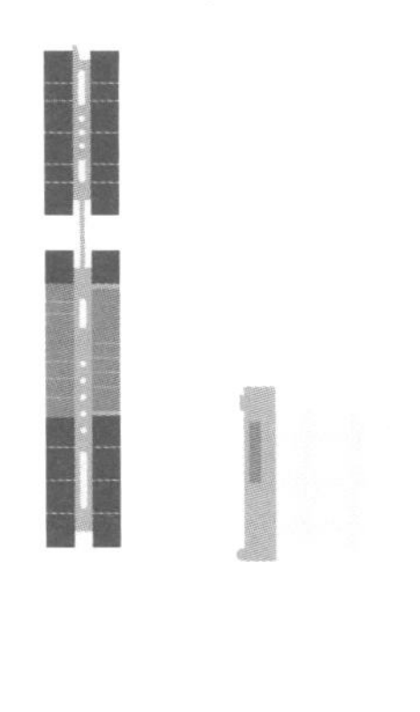

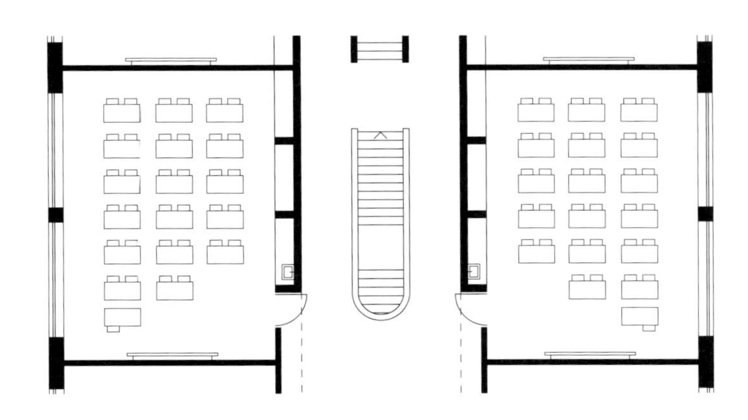

Grundriss EG M 1:250

Ein Gruppenraum für mehrere Klassenzimmer

Aufgrund der heutigen Vielfalt der Unterrichtsformen bedarf es zusätzlicher Räume. Ein größerer Platzbedarf und eine Raumvielfalt für den Unterricht sind deshalb notwendig. Gruppenräume schaffen die Möglichkeit, die Klasse zu trennen und in den Räumen unterschiedliche Lehr- und Lernformen zu praktizieren. Der Gruppenraum ermöglicht auch, dass klassenübergreifend zusammengearbeitet werden kann oder dass Schüler eine Zeit lang individueller betreut werden können. Daher hängt die Anordnung der Gruppenräume von den Unterrichtsformen der Schule ab. Wenn das Raumprogramm einer Schule die Planung eines Gruppenraums für zwei Klassenzimmer vorgibt, sind verschiedene Anordnungsmöglichkeiten denkbar.

Jeweils zwei Klassenzimmern des Primarschulhauses Linden in Nierderhasli [52] ist ein innenliegender Gruppenraum zugeordnet. Der Gruppenraum von circa 37 m² ist über ein großzügiges Oberlicht belichtet und natürlich belüftet. Der Gruppenraum ermöglicht klassenübergreifende Projektarbeit und bietet einen zusätzlichen Arbeitsraum für kleinere Gruppen. Durch den Gruppenraum sind die einzelnen Klassentrakte miteinander verbunden.

Je zwei Klassen des Sonderpädagogischen Förderzentrums in Eichstätt [40] teilen sich einen circa 15 m² großen Gruppenraum. Der Gruppenraum ist von beiden Klassenzimmern aus zu erreichen und wird zusätzlich noch vom Flur beziehungsweise vom Garderobenvorraum erschlossen. Die Trennwände sind teilweise verglast ausgeführt, um eine Einsicht vom Klassenraum her zu ermöglichen. Durch seine Lage an der Fassade wird eine ausreichende Belichtung des Gruppenraums gewährleistet.

Der Gruppenraum der Schule Scherr in Zürich [55] ist zwischen zwei Klassenzimmern an der Außenfassade angeordnet. Er wird über beide Räume sowie über den Flur erschlossen. Er bietet neben Gruppenarbeitsplätzen zusätzliche Computerarbeitsplätze.

[52]

Primarschulhaus Linden
Lindenstraße 21
Niederhasli (CH)
Bünzli & Courvoisier

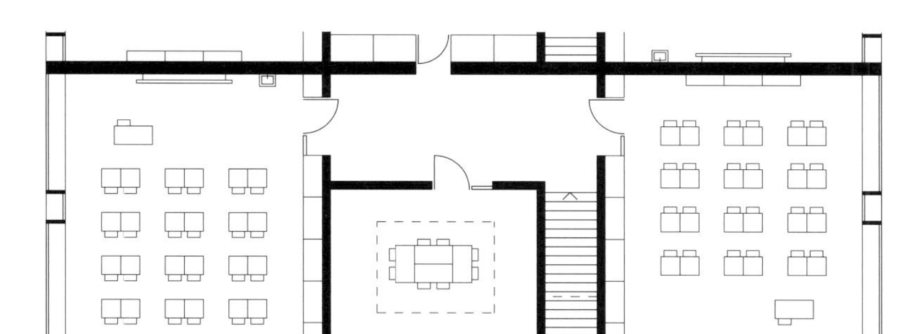

Grundriss OG M 1:250

[40]

Sonderpädagogisches
Förderzentrum
Schottenau 10a
Eichstätt (DE)
Diezinger & Kramer

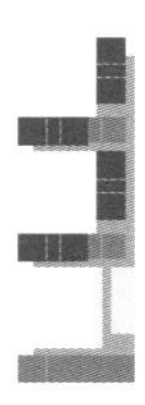

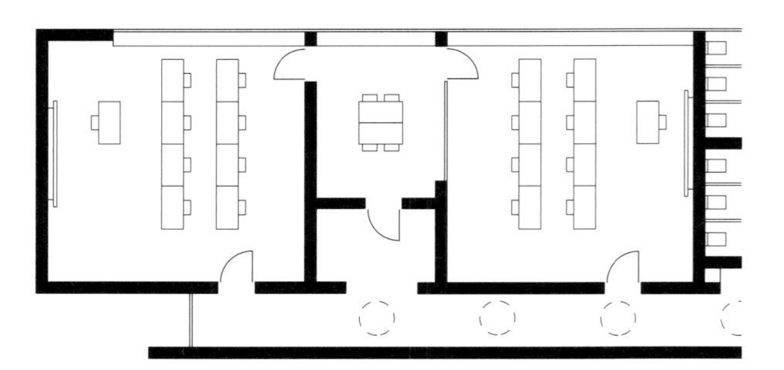

Grundriss 1. OG M 1:250

[55]

Erweiterung Schule Scherr
Stapferstraße 54
Zürich (CH)
Patrick Gmür Architekten

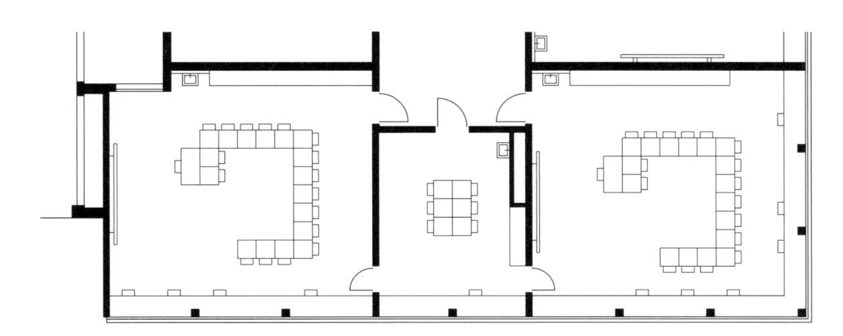

Grundriss OG M 1:250

Ein Gruppenraum pro Klassenzimmer

Jedem Klassenzimmer des Volta-Schulhauses in Basel [39] ist ein circa 18 m² großer Gruppenraum zugeordnet, der über den Klassenraum und den Flur zugänglich ist. Die Gruppenräume sind durch Einbauschränke vom Klassenraum abgetrennt. Der Grad der Öffnung kann durch ein Schiebeelement gesteuert werden. Die Gruppenräume erhalten Tageslicht über Innenhöfe, die in das Bauvolumen eingeschnitten sind.

Parallel zu jedem Klassenzimmer der Schule am Mummelsoll in Berlin [47] ist ein Gruppenraum angeordnet, der einen Zugang zum Balkon besitzt und mit einer Küchenzeile ausgestattet ist. Gruppenraum und Klassenzimmer bilden jeweils räumliche Einheiten, die untereinander durch Balkone und Flure voneinander getrennt sind. Diese Gliederung in kleine Einheiten ermöglicht eine gute Orientierung für Schüler und Lehrer.

Die Klassenzimmer des Schulhauses Mitte in Uetikon am See [63] befinden sich in den Gebäudeecken. Durch die zweiseitige Belichtung und den quadratischen Grundriss wird eine möglichst flexible Nutzung für den Unterricht ermöglicht. Die jeweiligen Gruppenräume sind auf den Stirnseiten zwischen den Klassenzimmern angeordnet und untereinander verbunden.

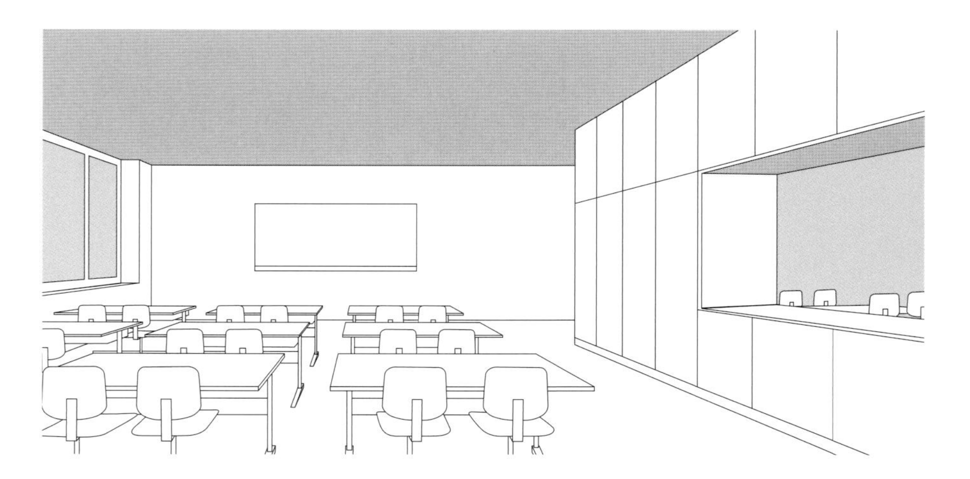

Volta-Schulhaus
Basel (CH)
Miller & Maranta

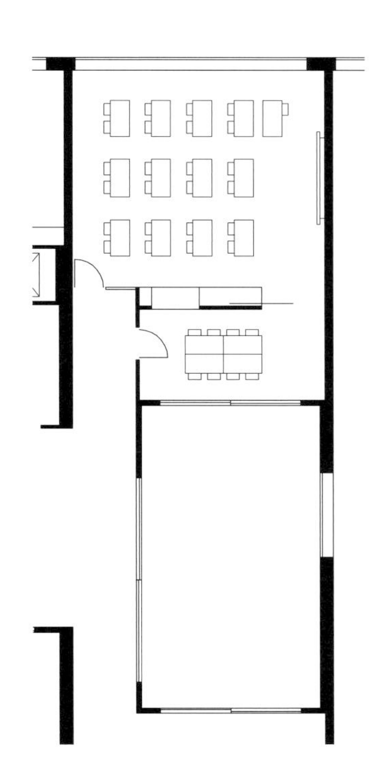

[39]

Volta Schulhaus
Wasserstraße 40
Basel (CH)
Miller & Maranta

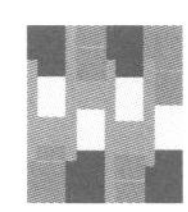

Grundriss 4. OG M 1:250

[47]

Schule am Mummelsoll
Eilenburger Straße 4
Berlin-Hellersdorf (DE)
Grüntuch Ernst Architekten

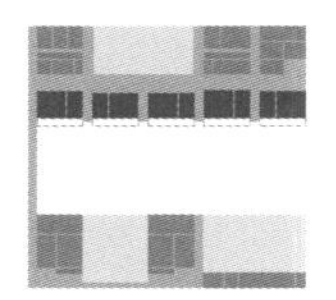

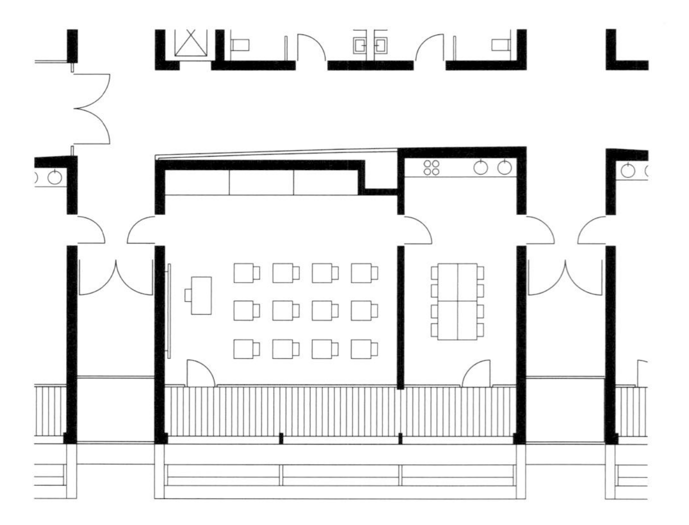

Grundriss 1. OG M 1:250

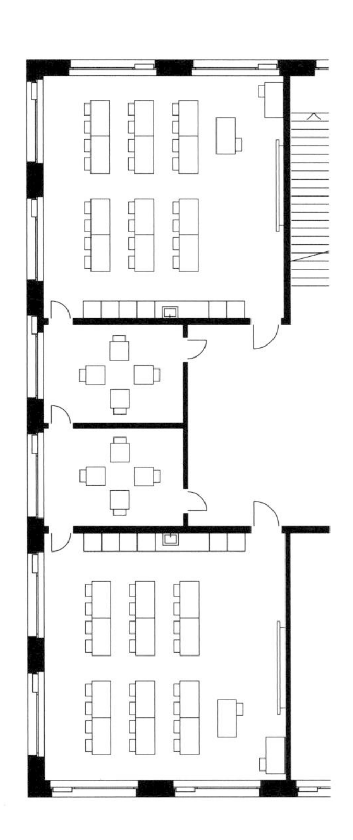

[63]

Schulhaus Mitte
Weissenrainstraße 9
Uetikon am See (CH)
huggen berger fries
Architekten

Grundriss 1. OG M 1:250

Gruppenraum im Klassenzimmer integriert

Der Vorteil eines im Klassenzimmer integrierten Gruppenraums liegt darin, dass der gesamte Unterrichtsbereich für den Lehrer einsehbar ist. Negativ zu bewerten ist hingegen die gegenseitige Störung der Schüler durch die unterschiedlichen Tätigkeiten in den beiden Bereichen.

Klassenzimmer und Gruppenraum der Grundschule ai Saleggi in Locarno [24] bilden einen Raum, der durch eine vertikal verschiebbare Tafel und durch Vorhänge geteilt werden kann. Der Gruppenraum bietet somit eine Erweiterungsfläche für das eigentliche Klassenzimmer und eröffnet trotzdem die Möglichkeit, einen Bereich für Einzel- und Kleingruppenarbeit abzuteilen.

Der Gruppenraum der Grundschule in Monte Carasso [27] ist als „Spielgalerie" ausgebildet, die über gläserne Verbindungstüren die aneinandergereihten Klassenzimmer verbindet. Der Zugang zur Galerie erfolgt über eine Treppe im Klassenraum.

Gruppenraum, Freibereich, Toiletten und Klassenraum bilden in der Crow Island School in Winnetka [03] eine in sich abgeschlossene Einheit im Schulgebäude. Der Gruppenraum ist vom Klassenraum durch ein Schiebeelement und ein raumhohes Bücherregal getrennt. Er dient vor allem als Werkraum. Die Toiletten werden über den Gruppenraum erschlossen.

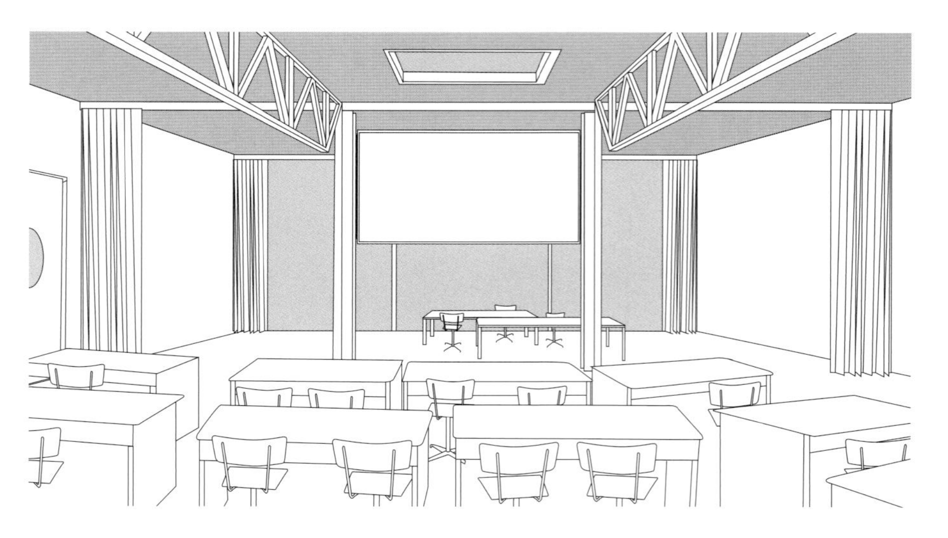

Scuola elementare ai Saleggi
Locarno (CH)
Livio Vacchini

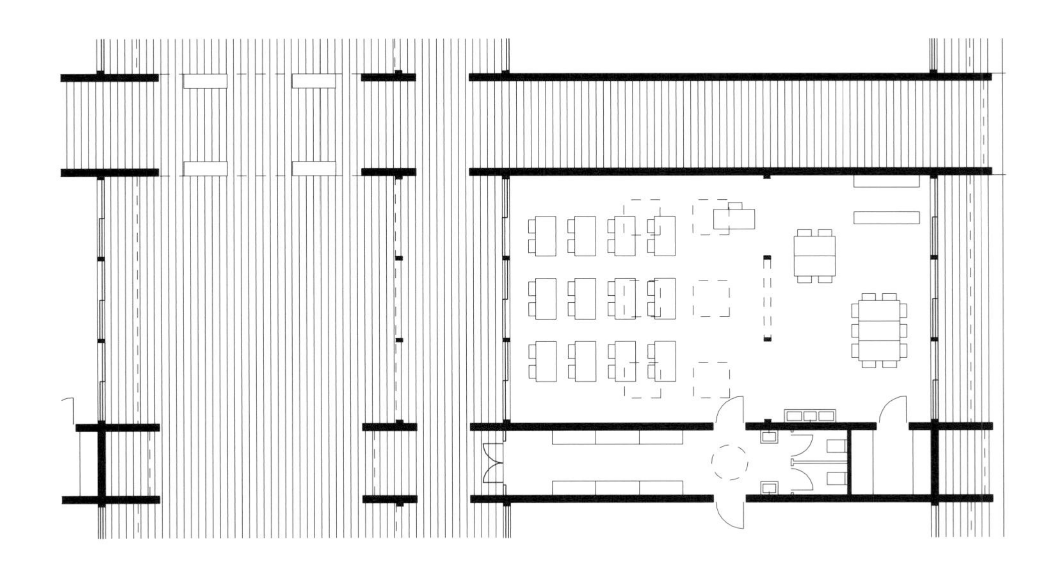

[24]

Scuola elementare ai Saleggi
Via delle Scuole
Locarno (CH)
Livio Vacchini

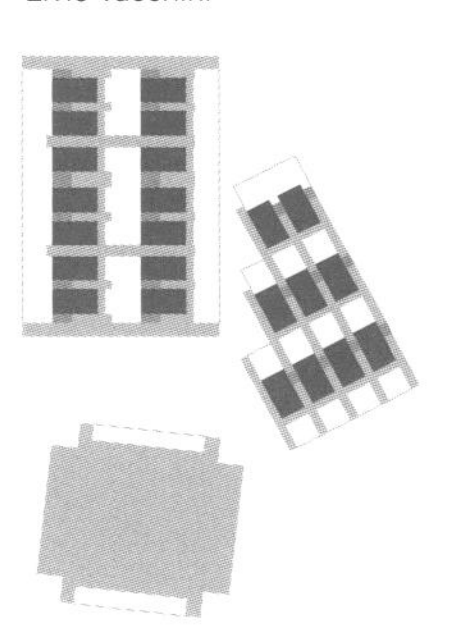

Grundriss M 1:250

[27]

Scuola elementare
El Cunvént 4
Monte Carasso (CH)
Luigi Snozzi

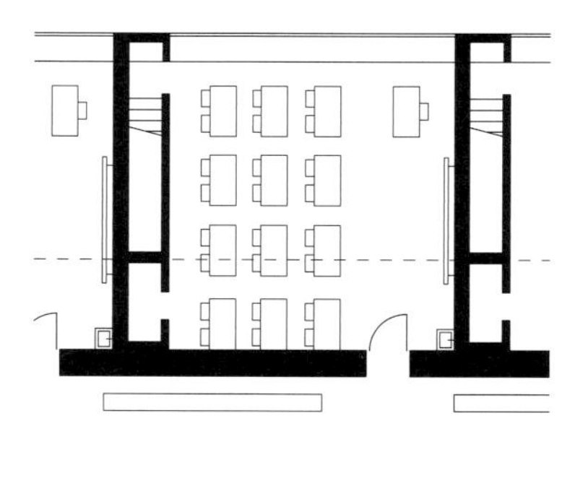

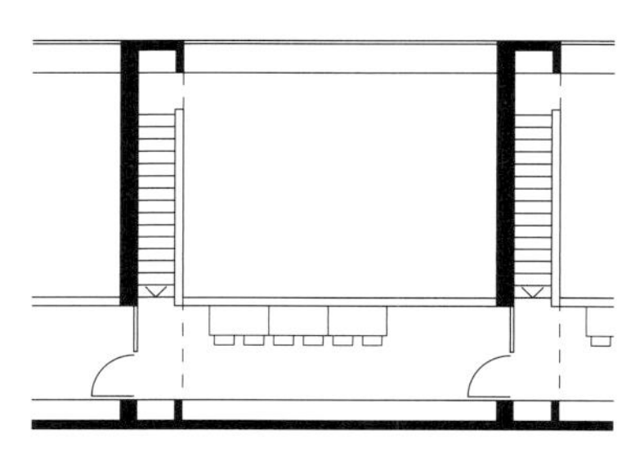

Grundriss 1. und 2. OG
M 1:250

[03]

Crow Island School
1112 Willow Road
Winnetka, Illinois (US)
Eliel & Eero Saarinen

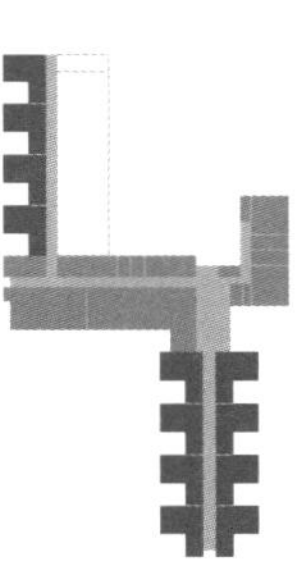

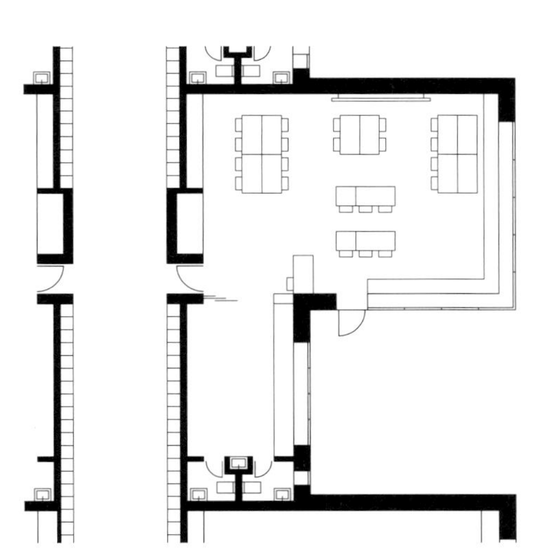

Grundriss EG M 1:250

Überlagerung von Gruppenraum und Erschließungszone

Die Vielfalt der heute angewandten Lehr- und Lernformen löst Bewegung im Klassenzimmer aus und beansprucht mehr Platz. Daher gewinnen die Erschließungsflächen an zusätzlichen Funktionen und werden ein wichtiger Teil der Lernlandschaft.

In der Schulanlage Im Birch in Zürich [59] bilden drei Klassenzimmer und ein Gruppenraum einen Cluster, der innerhalb der Schule überschaubare Einheiten bildet. Der Gruppenraum ist im Zentrum des Clusters angeordnet, so dass er klassenübergreifende Projekt- und Gruppenarbeit ermöglicht. Durch Glaswände sind die Klassenräume mit dem Gruppenraum visuell verbunden.

In der Grundschule in Utrecht [41] bilden vier Klassenzimmer mit einem zentralen Erschließungs- beziehungsweise Gruppenraum ein Modul, das eine überschaubare Einheit in der gesamten Schule darstellt. Der Gruppenraum wird über die Klassenzimmer belichtet. Große Schiebetüren und Trennwände aus Glas erzeugen eine räumliche Verbindung zwischen Gruppen- und Klassenraum.

Jeweils vier Klassenräume der Schulanlage Leutschenbach in Zürich [68] grenzen an eine circa 180 m² große Halle, die sich für verschiedene Nutzungen wie Ausstellungen, klassenübergreifende Projektarbeit et cetera eignet.

Schulanlage Im Birch
Zürich-Oerlikon (CH)
Peter Märkli

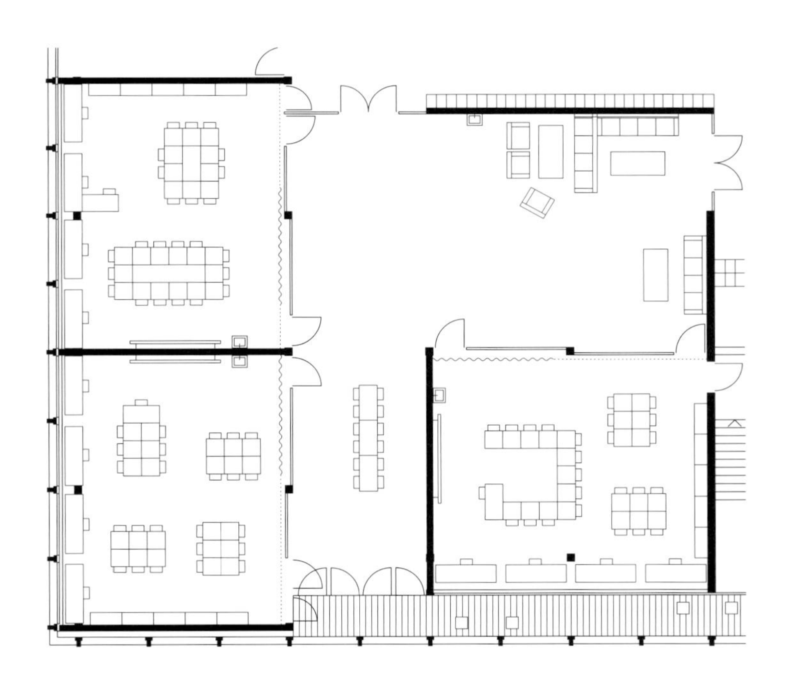

[59]

Schulanlage Im Birch
Margrit-Rainer-Straße 5
Zürich-Oerlikon (CH)
Peter Märkli

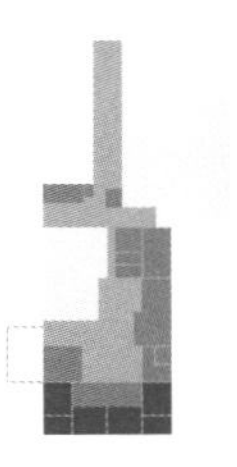

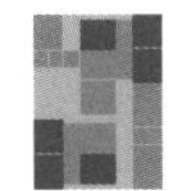

Grundriss 1. OG M 1:250

[41]

Kindercluster Voorn
Akkrumerraklaan 31
Utrecht (NL)
Frencken Scholl Architecten

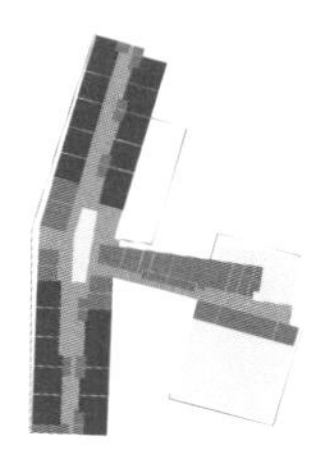

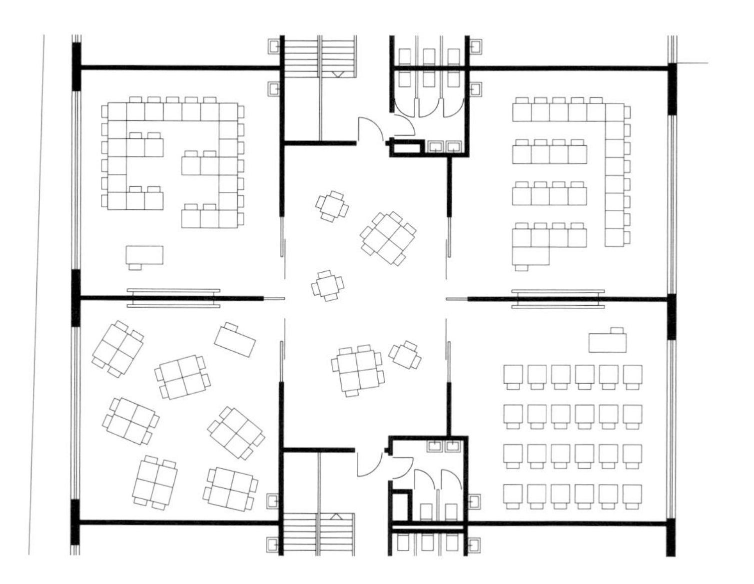

Grundriss OG M 1:250

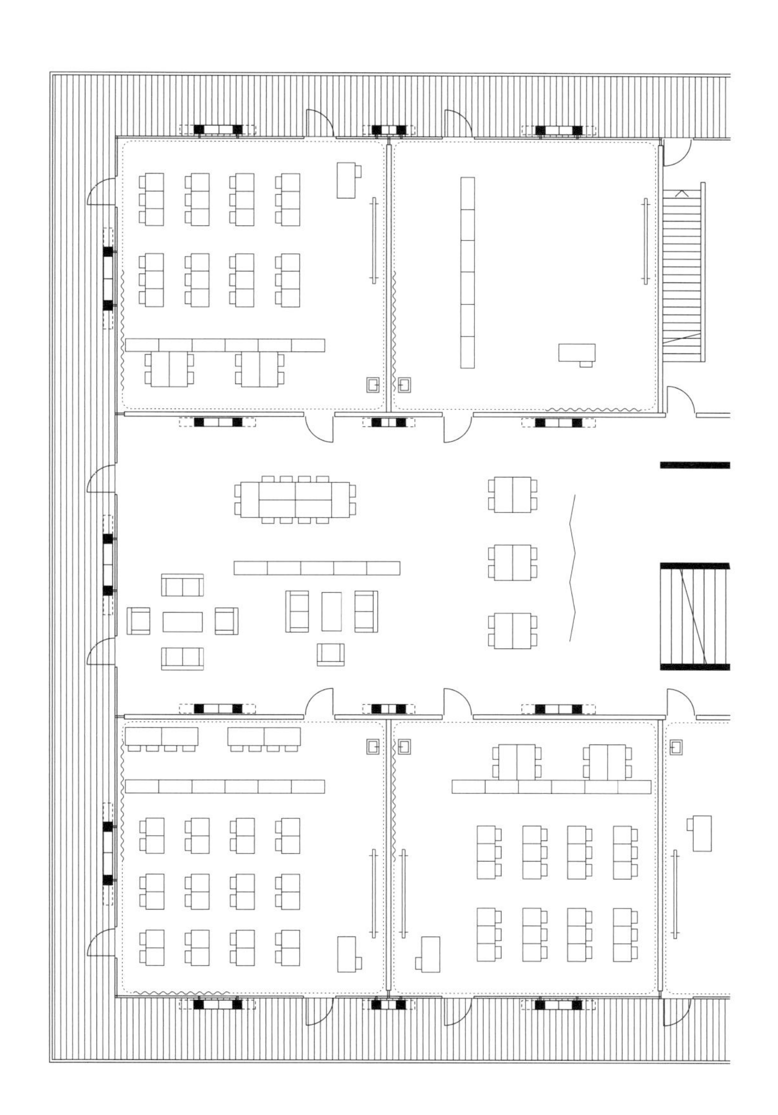

[68]

Schulanlage Leutschenbach
Andreasstraße
Zürich-Oerlikon (CH)
Christian Kerez

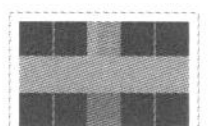

Grundriss 1.-3. OG
M 1:250

Computerarbeitsplätze im Klassenzimmer

Immer häufiger ist die Arbeit am Computer auch Teil des Schüleralltags. Spezielle Computerräume sind nicht mehr gefragt, sondern die Integration von Computerarbeitsplätzen im Klassenzimmer beziehungsweise im Gruppenraum wird angestrebt.

Die Klassenzimmer der Primarschule Riedmatt in Zug [43] sind mit einer 140 cm tiefen Dienstzone ausgestattet, in die Schrank- und Abstellflächen sowie Nischen mit Computerarbeitsplätzen integriert sind.

Die Fensterbänke der Schulerweiterung Scherr in Zürich [55] sind so ausgebildet, dass zusätzliche Arbeitsplätze entstehen, die auch mit Schulcomputern bestückt werden können. Die Fenster sind horizontal zweigeteilt. Der untere Teil lässt sich mit Schiebefenstern öffnen und verdunkeln, so dass an den Fensterplätzen blendfrei am Computer gearbeitet werden kann.

Die tiefe Fassadenkonstruktion der Kantonsschule in Zug [53] wird dazu genutzt, zusätzliche Arbeitsflächen an den Fenstern anzubieten.

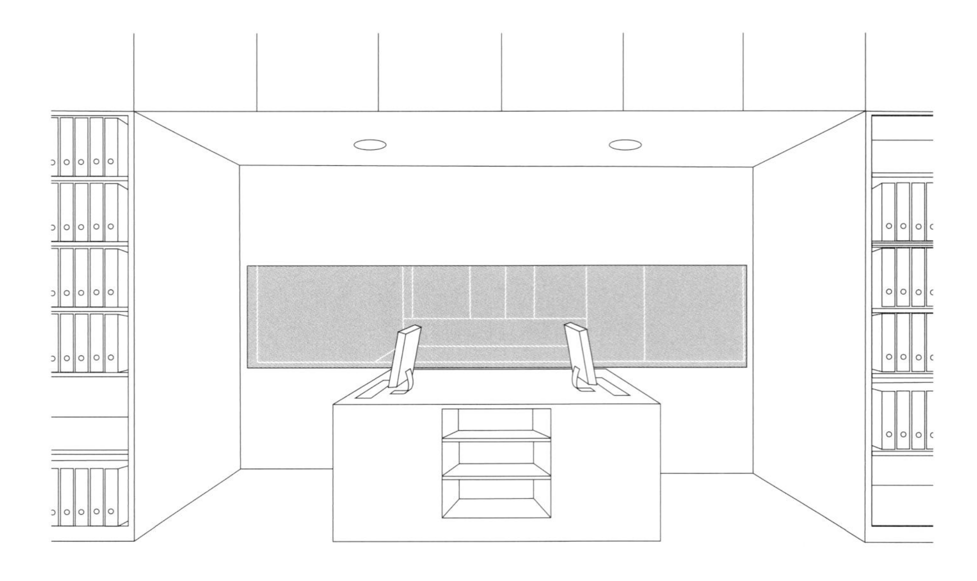

Primarschule Riedmatt
Zug (CH)
Nägele Twerenbold
Architekten

[43]

Primarschule Riedmatt
Riedmatt 41
Zug (CH)
Nägele Twerenbold
Architekten

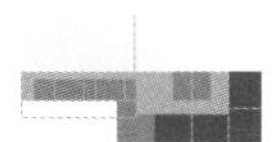

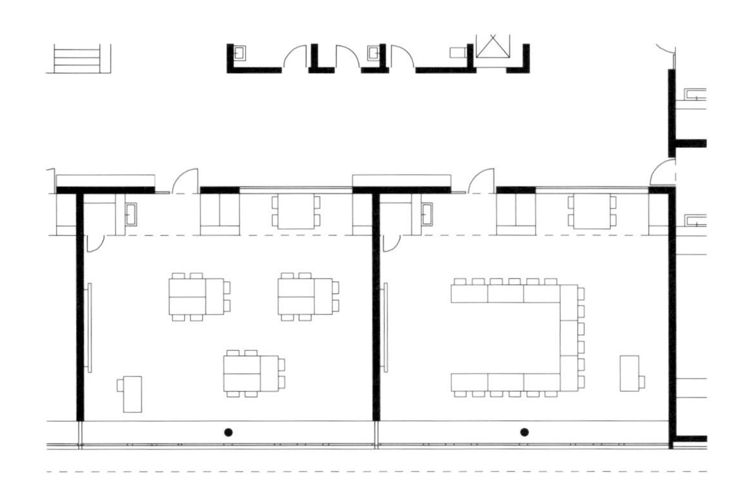

Grundriss 2. OG M 1:250

[55]

Erweiterung Schule Scherr
Stapferstraße 54
Zürich (CH)
Patrick Gmür Architekten

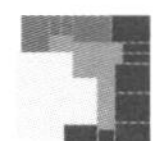

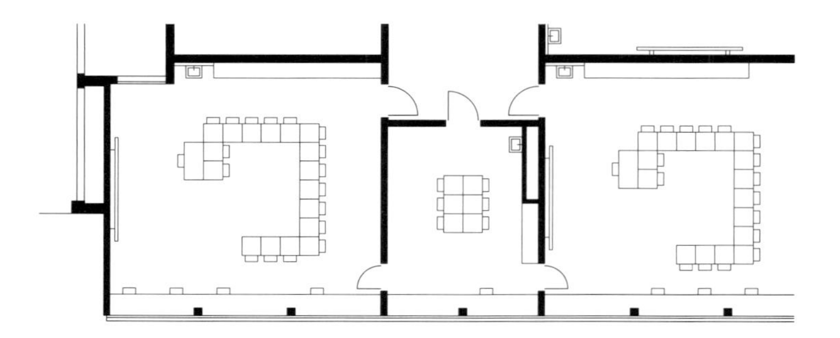

Grundriss OG M 1:250

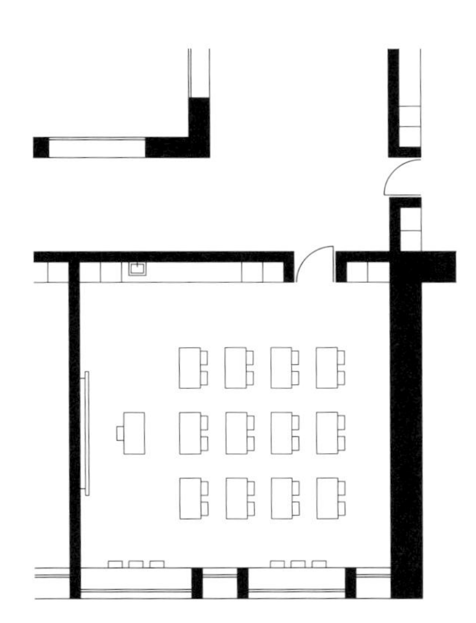

[53]

Erweiterung
Kantonsschule Zug
Lüssiweg 24
Zug (CH)
Enzmann + Fischer
Architekt/-innen

Grundriss 2. OG M 1:250

Variable Klassenzimmergröße

Die Forderung nach Flexibilität der Raumstruktur kann unterschiedlich erreicht werden. Wände können „mobil" geplant, die Raumgröße nutzungsneutral festgelegt und die Konstruktion vom Ausbau getrennt konzipiert werden, um einen schnellen Umbau zu ermöglichen.

Jeweils zwei Klassenzimmer der Gesamtschule In der Höh in Volketswil [54] können über eine Faltwand zusammengeschaltet werden. Dadurch entstehen 160 m² große Räume, die in unterschiedlich eingerichtete Arbeitszonen gegliedert werden können. Die Möblierung ist daraufhin angepasst. Tische und Wandtafeln lassen sich auf Rollen durch den Raum bewegen.

Die Multifunktionsräume des Schulhauses Turmatt in Stans [67] sind an der Außenfassade oder angrenzend an die Innenhöfe angeordnet, so dass diese bei einer notwendigen Erweiterung zu Klassenräumen umfunktioniert werden können. Die Tragkonstruktion ist reduziert auf ein Stützenraster und aussteifende Kerne, wodurch alle inneren Wände nichttragend sind und eine Anpassung an Nutzungsänderungen ohne großen Aufwand erfolgen kann.

Die Lastabtragung des Oberstufenschulhauses Albisriederplatz in Zürich [69] erfolgt über Stützen an den Fassaden und an den inneren Kernen. Dadurch wird eine flexible Raumteilung möglich. Durch Weglassen von Trennwänden können größere Räume zum Beispiel für den Fachunterricht gebildet werden.

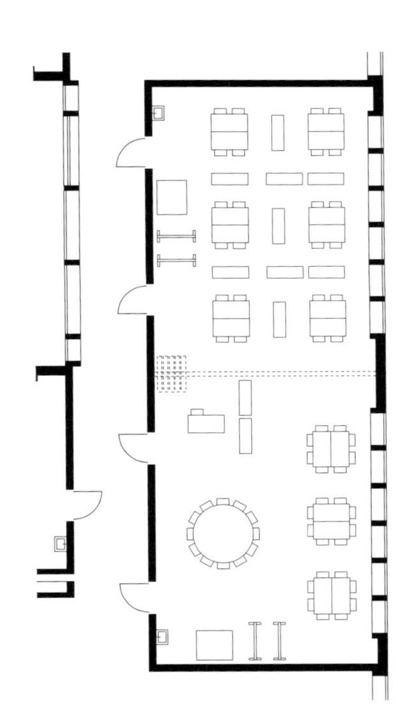

[54]

Gesamtschule In der Höh
In der Höh 9
Volketswil (CH)
Gafner & Horisberger
Architekten

Grundriss OG M 1:250

[67]

Schulzentrum Turmatt
Bluemattstraße 1
Stans (CH)
Masswerk Architekten

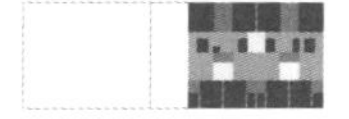

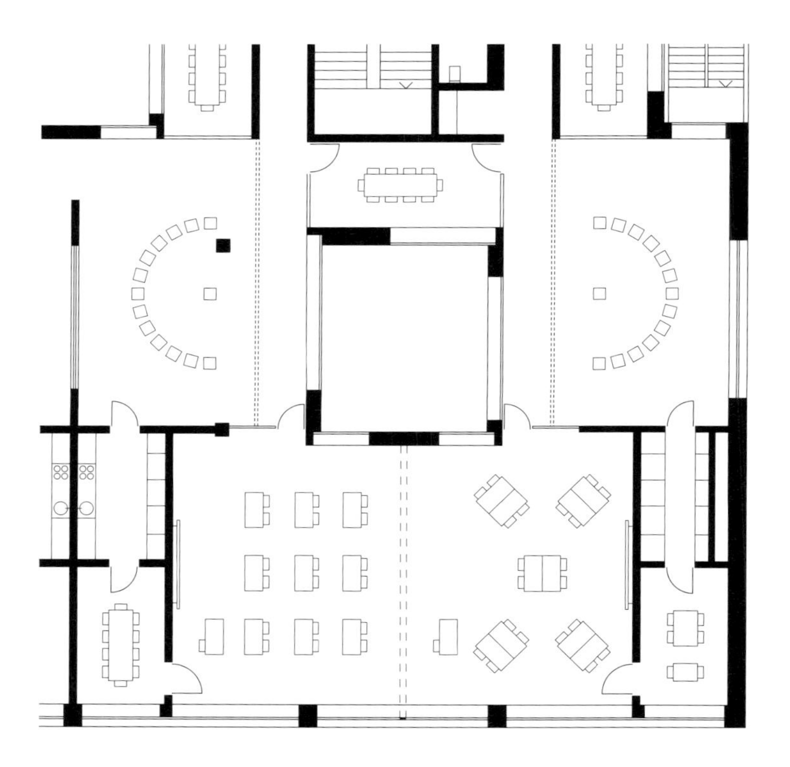

Grundriss 1. OG M 1:250

[69]

Oberstufenschulhaus
Albisriederplatz
Badenerstraße 383
Zürich (CH)
studer simeon bettler

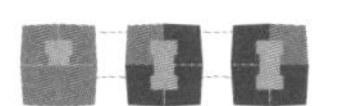

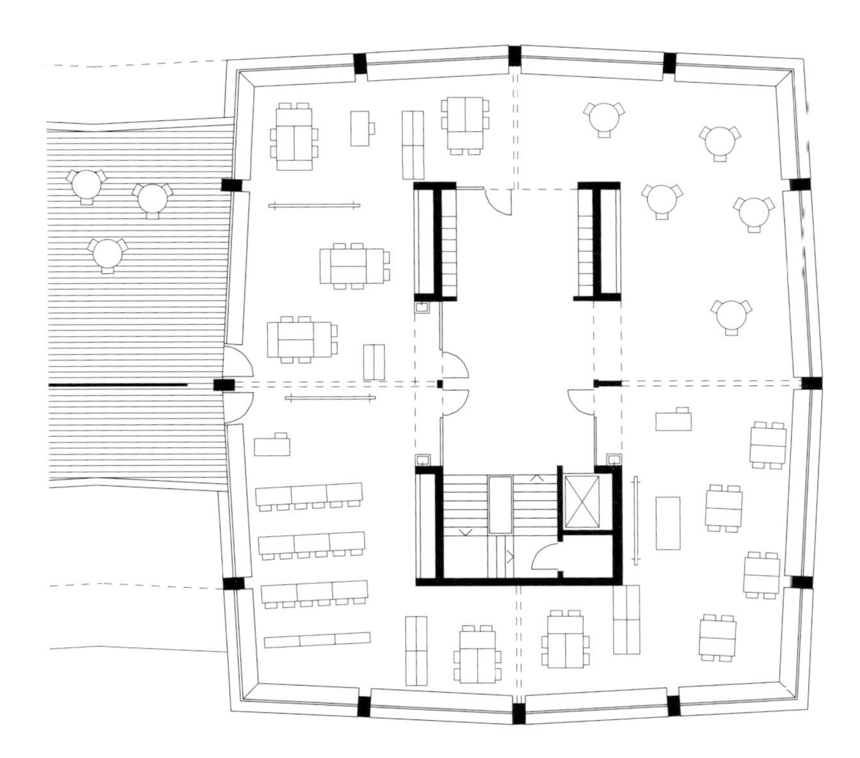

Grundriss 3. OG M 1:250

Klassenraumerweiterung durch Freibereich

Ein dem Unterrichtsraum zugeordneter Freibereich ermöglicht Aktivitäten innerhalb des Unterrichts im Freien. Zusätzlich bietet dieser Bereich, zumindest bei angenehmen äußeren Temperaturen, einen zusätzlichen Lehr- und Lernraum.

Garderobe, Klassenraum, Gruppenraum und Freibereich des Geschwister-Scholl-Gymnasiums in Lünen [14] bilden eine in sich geschlossene Einheit. Wegen der ausschließlichen Orientierung der Klassenräume zum Freibereich hin findet keine Störung des benachbarten Klassenzimmers durch die Nutzung des Hofes statt.

Durch die eingeschnittenen Innenhöfe der Grundschule in Wien [32] ist jedem Klassenzimmer ein Freibereich zugeordnet. Allerdings gibt es keine Trennung zwischen zwei Freiklassen, so dass eine Störung durch die benachbarte Klasse nicht ausgeschlossen ist. Da die Terrassenfläche relativ klein ausgelegt ist, dient der Freibereich hauptsächlich kleineren Gruppen zum Unterricht im Freien und als Pausenfläche.

Je zwei Klassenzimmer der Openluchtschool in Amsterdam [02] öffnen sich zu einer überdachten Terrasse, so dass diese auch bei schlechtem Wetter benutzt werden kann. Die Glasfassaden zur Terrasse können komplett aufgeschoben werden.

Geschwister-Scholl-Gymnasium
Lünen (DE)
Hans Scharoun

[14]

Geschwister-Scholl-Gymnasium
Holtgrevenstraße 2-6
Lünen (DE)
Hans Scharoun

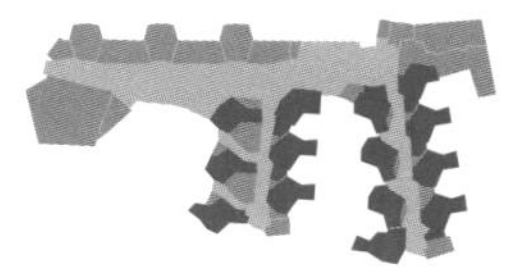

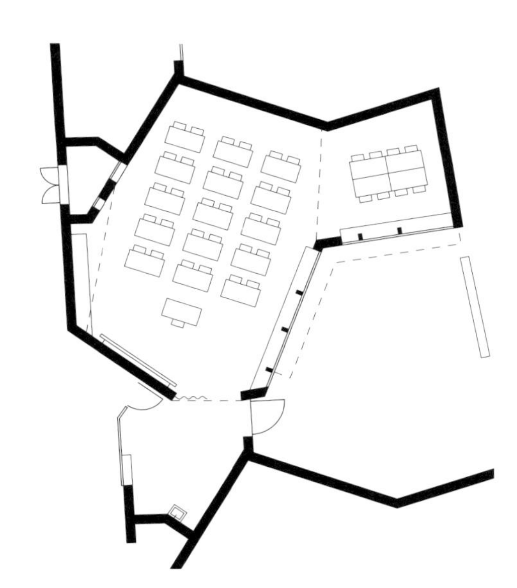

Grundriss OG M 1:250

[32]

Volksschule Breitenlee
Schukowitzgasse 89
Wien (AT)
Helmut Wimmer

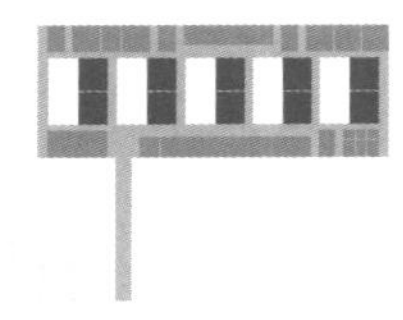

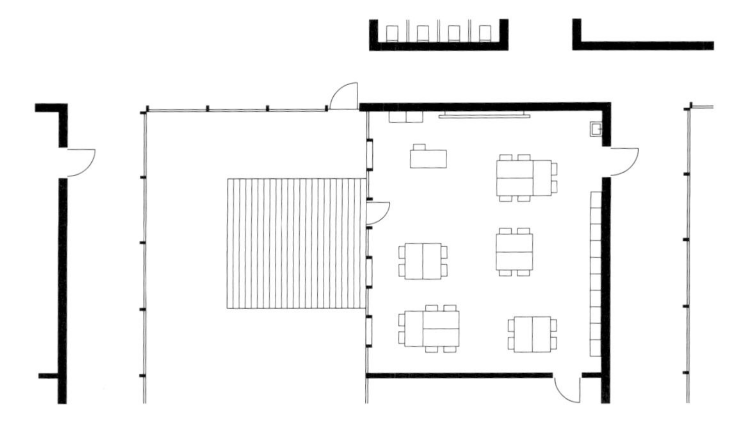

Grundriss EG M 1:250

[02]

Openluchtschool
Cliostraat 40
Amsterdam (NL)
Johannes Duiker

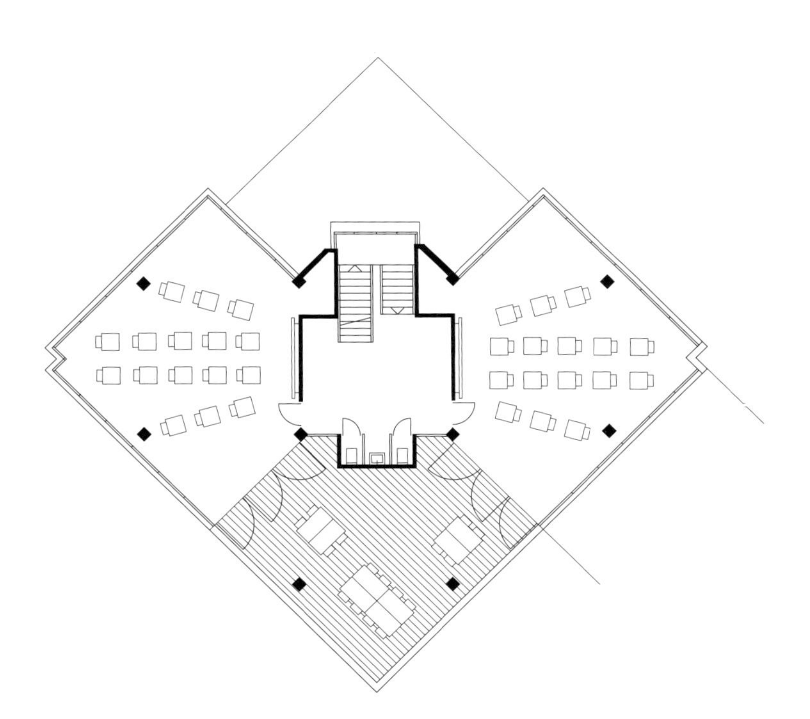

Grundriss 1. OG M 1:250

Klassenzimmer als Haus

Die sogenannten Pavillonschulen bieten den Kindern eine überschaubare Welt sowie eine intensive Beziehung zur Natur und zur unmittelbaren Umgebung des Schulhauses. Der Vorteil der Pavillons liegt auch in einer zweiseitigen Belichtung der Klassenzimmer. Aufgrund der heute oft reduzierten Grundstücksflächen und der teilweise wenig attraktiven Lagen lässt sich diese Art von Schulen nur selten realisieren.

Jedes Klassenzimmer der Vogelsangschule in Stuttgart [12] bildet ein Haus, das über eine Treppenanlage mit einem weiteren Klassenraum eine Pavillongruppe ergibt. Die Anlage bewahrt den Charakter des ursprünglichen Freiraums in einer dichten Bebauung.

Jeweils zwei Klassenräume der Unterstufe der Waldorfschule Kristofferskolan in Stockholm [15] ergeben mit einem großzügigen Vorraum und den Toiletten ein Haus. Die Häuser sind so gruppiert, dass sie eine „Dorfstraße" bilden.

Die Klassenzimmer der Evangelischen Gesamtschule in Gelsenkirchen [60] bilden Reihenhäuser mit jeweils eigener Toilettenanlage, Garderobe, Spielgalerie, eigenem Gruppenraum und Freibereich. Die sechs Klassenhauszeilen mit den dazwischenliegenden Gärten gruppieren sich um die Schulstraße, an der sich die unterschiedlichen Häuser für die gemeinschaftlichen Aktivitäten befinden.

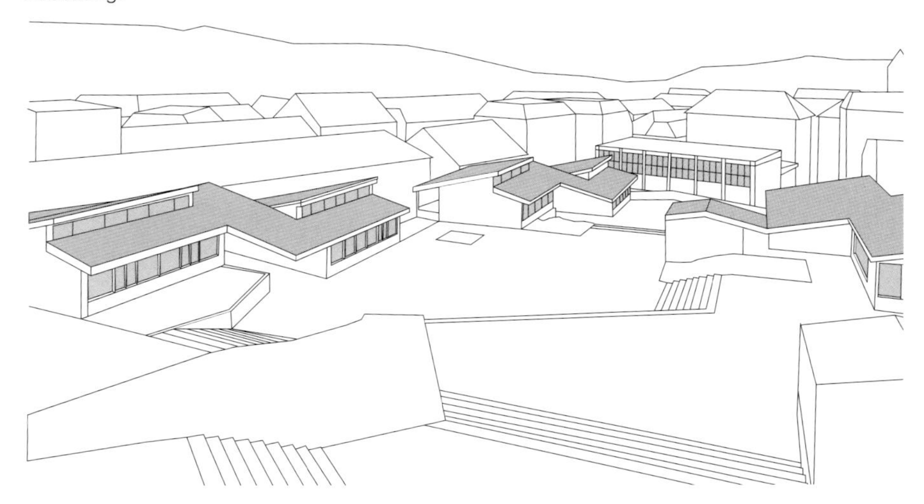

Vogelsangschule
Stuttgart (DE)
Behnisch & Partner

[12]

Vogelsangschule
Paulusstraße 30
Stuttgart (DE)
Behnisch & Partner

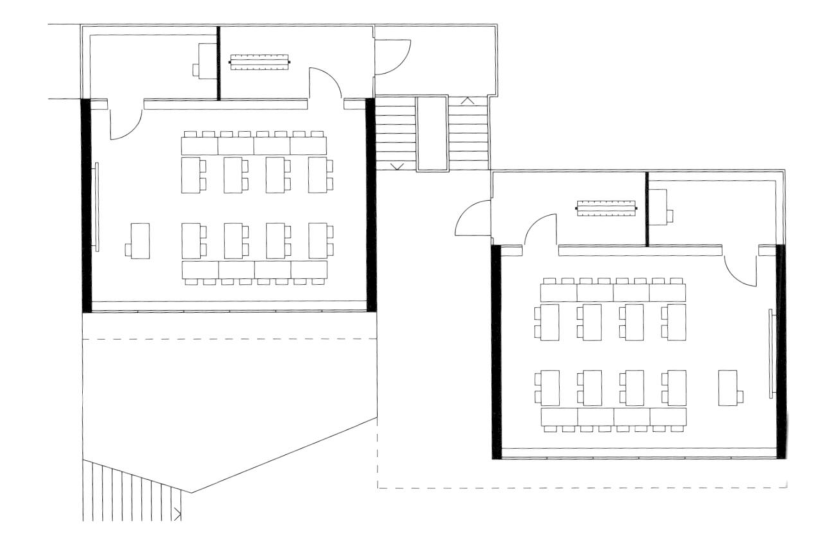

Grundriss EG M 1:250

[15]

Kristofferskolan
Marklandsbacken 11
Stockholm (SE)
Erik Asmussen

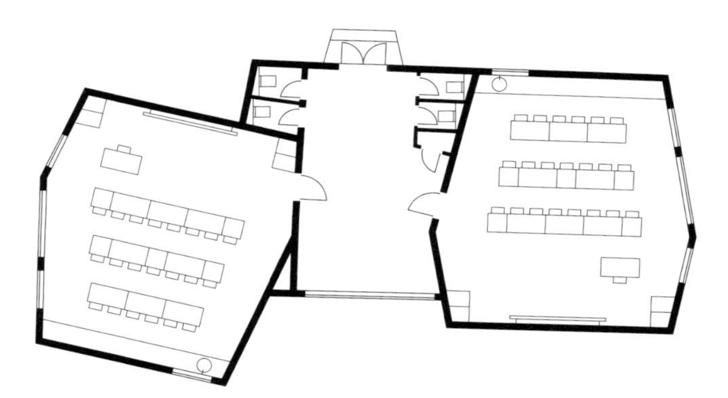

Grundriss EG M 1:250

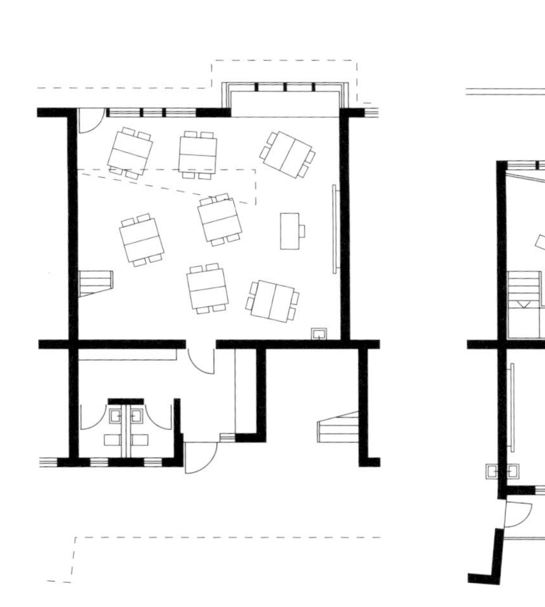

[60]

Evangelische Gesamtschule Gelsenkirchen
Laarstraße 41
Gelsenkirchen (DE)
plus+ bauplanung GmbH

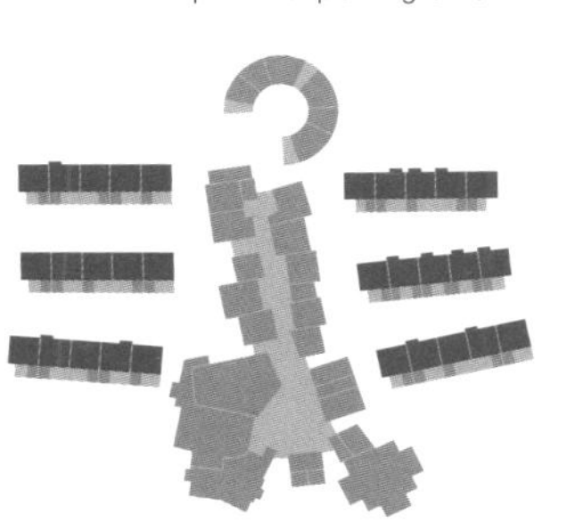

Grundriss EG und 1. OG
M 1:250

Offene Lernlandschaft

Der Großraum als Lehr- und Lernort hat den Vorteil, dass er durch flexibles Mobiliar auf alle Bedürfnisse reagieren kann und verschiedene Raumsituationen für unterschiedliche Lehr- und Lernformen erzeugt werden können. Diesem Vorteil steht der Nachteil der Lärmbelästigung im Großraum gegenüber. Um sie zu reduzieren, bedarf es vor allem einer Erziehung zur gegenseitigen Rücksichtnahme und nicht nur schalldämpfender Baumaßnahmen.

Das Klassenzimmer der Minami Yamashiro Primary School in Kyoto [57] geht fließend in einen Multifunktionsraum über, der wiederum zur Erschließungsfläche nur durch brüstungshohe Schrankmöbel getrennt ist. Durch Schiebetüren können die Klassenzimmer von dem Großraum abgetrennt werden.

Die offene Treppenanlage der Hellerup Skole in Kopenhagen [45] erschließt Arbeitsflächen, die im Grundriss einem Großraumbüro gleichen. Nur die sanitären Anlagen, die Teambüros und die Treppenhäuser bilden abgeschlossene Räume. Die Arbeitsflächen werden durch flexibles Mobiliar in differenzierte Arbeitsbereiche eingeteilt.

Die offene Lernlandschaft der Laborschule in Bielefeld [20] verzahnt Unterrichts- und Forschungsflächen, Schüler- und Lehrerarbeitsplätze. Sie ist in drei halbgeschossig versetzte Ebenen gegliedert. Auf den mittleren Ebenen mit jeweils einer Fläche von circa 140 m² findet der Hauptunterricht statt. Auf der unteren Ebene sind die Nebenräume angeordnet. Auf der oberen Ebene sind Flächen für Lesen, Werken, Stillarbeit, Kleingruppen und Materialien vorgesehen.

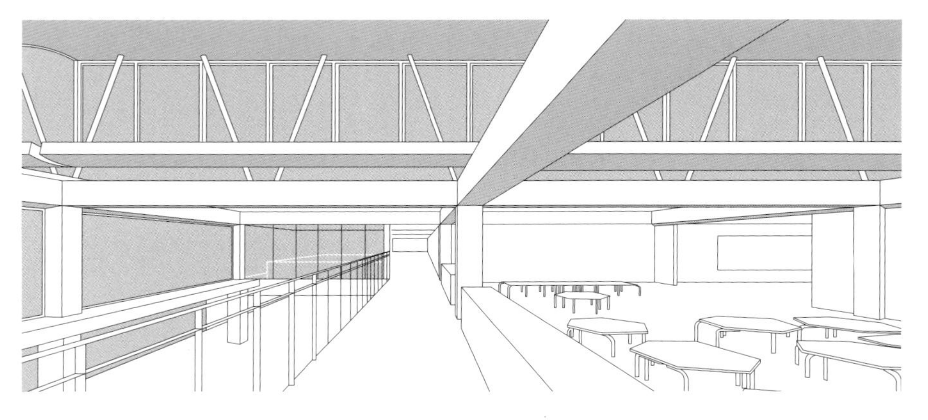

Minami-Yamashiro Primary School
Kyoto (JP)
Richard Rogers Partnership

[57]

Minami-Yamashiro Primary School
Minami Yamashiro
Kyoto (JP)
Richard Rogers Partnership

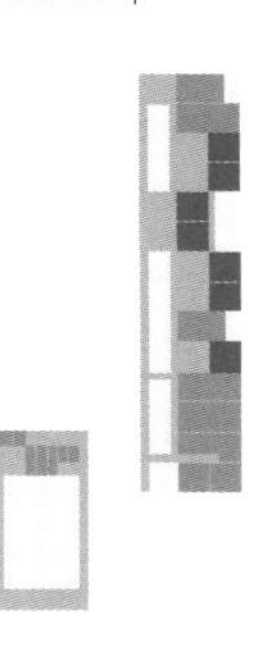

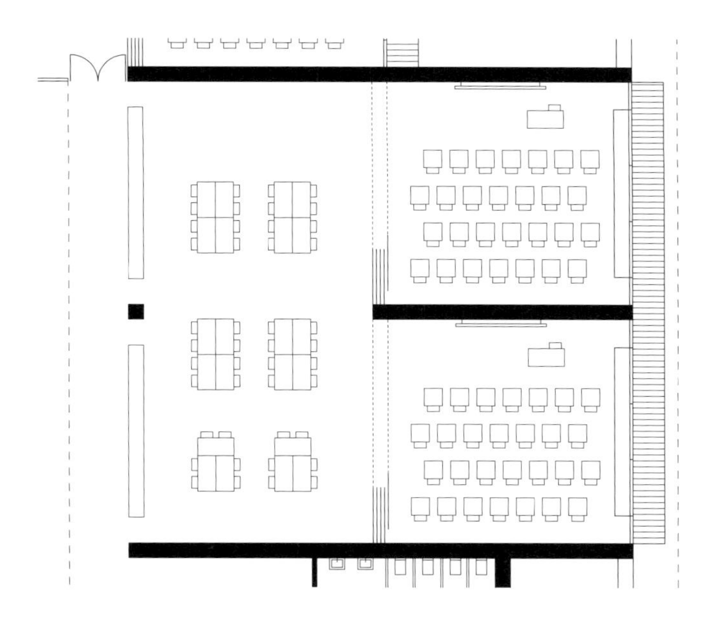

Grundriss OG M 1:250

[45]

Hellerup Skole
Dessaus Boulevard 10
Kopenhagen-Hellerup (DK)
Arkitema

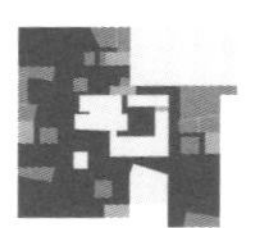

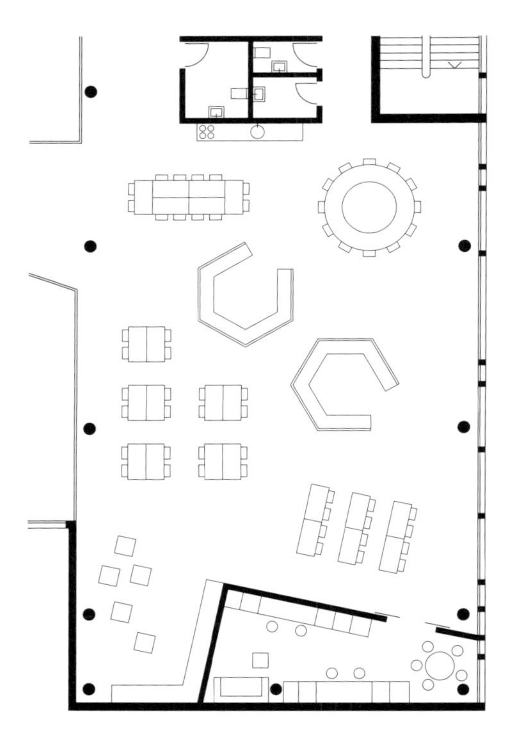

Grundriss 1. OG M 1:250

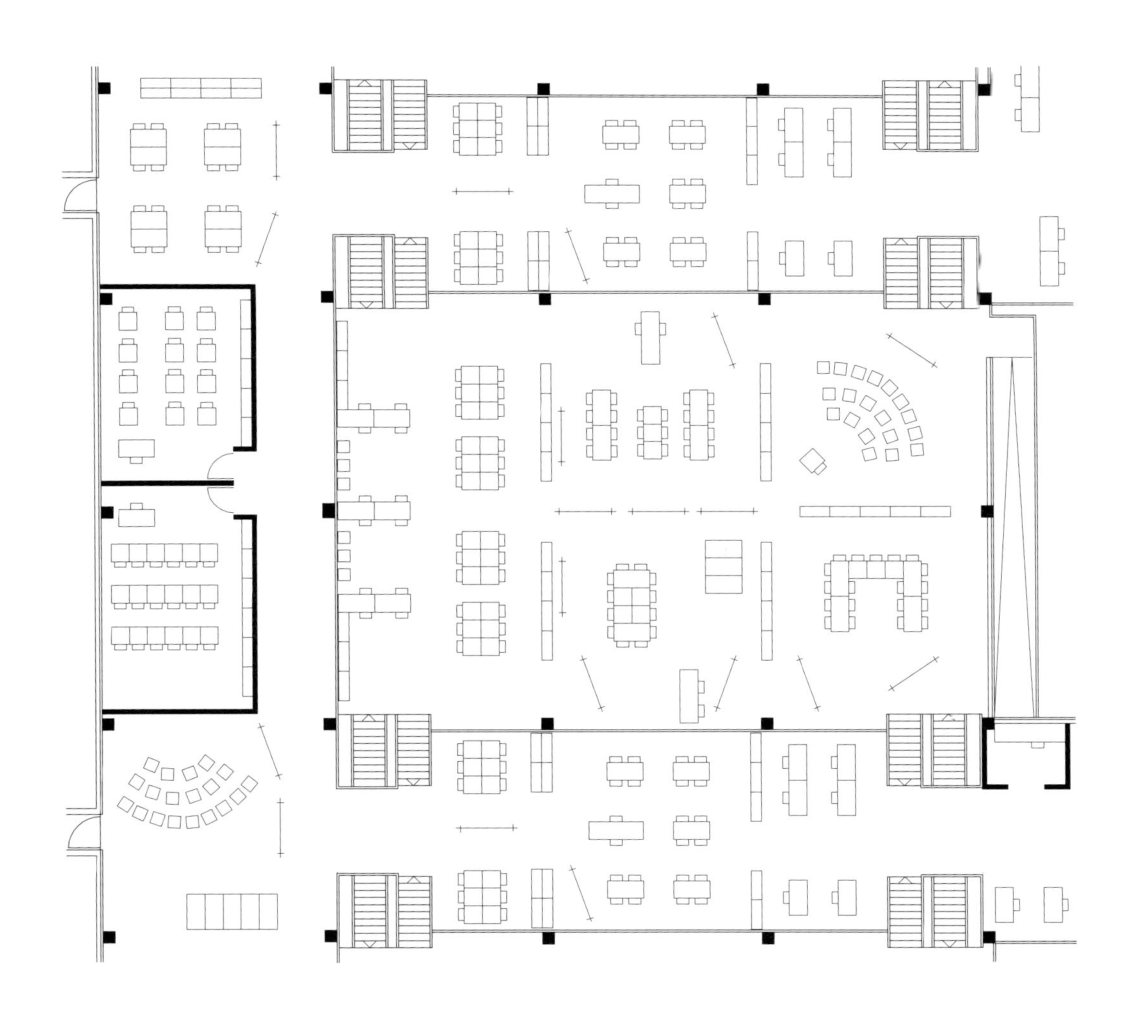

[20]

Laborschule Bielefeld
Universitätsstraße 21
Bielefeld (DE)
Ludwig Leo, Planungs-
kollektiv Nr. 1

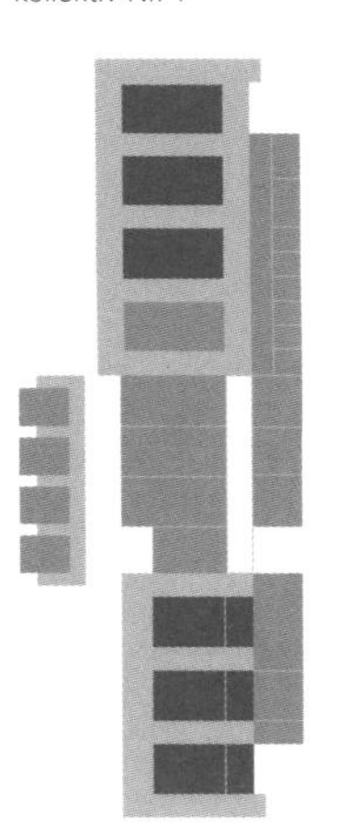

Grundriss OG M 1:250

Belichtung und Belüftung

Die Belichtung und Belüftung der Lehr- und Lernräume hat eine entscheidende Wirkung auf das Wohlbefinden und die Leistungen der Schüler und Lehrer. Eine optimale Belichtung des Unterrichtsraums kann gewährleistet werden, wenn das Tageslicht von zwei Seiten eingeführt wird. Dies verringert die Wahrscheinlichkeit von störenden Blendungen und schafft eine gleichmäßige Lichtverteilung. Oberlichtbänder erzeugen eine optimale Verteilung des Tageslichts und lassen es tief in den Raum eindringen. Nach Möglichkeit sollten die Klassenzimmer nach Norden oder Süden ausgerichtet sein. Das Sonnenlicht auf der Südseite lässt sich leicht regulieren. Öffnungen auf der Nordseite liefern gleichmäßiges, diffuses Tageslicht.

Aufgrund der Lage der High School in Sarasota [10] und der dort vorherrschenden intensiven Sonneneinstrahlung sind Verschattung und Belüftung der Unterrichtsräume ein zentrales Entwurfsthema. Die Klassenzimmer werden über zwei Seiten belichtet. Vom Flur her erfolgt die Belichtung indirekt über Oberlichter in der Flurtrennwand und über seitliche Oberlichter im Dach. Durch eine vorgehängte Betonkonstruktion werden die Klassenzimmer vor direkter Sonneneinstrahlung geschützt und gleichzeitig ausreichend belichtet.

Durch einen Versatz in der Geschosshöhe zwischen Klassenzimmer und Flur der Kantonsschule Freudenberg in Zürich [11] können die Klassenräume zweiseitig belichtet und eine Querlüftung gewährleistet werden. Die Seitenfenster sind zweigeteilt. Der obere Fensterteil besteht aus Lamellen, die das Licht an die Klassenzimmerdecke reflektieren und damit eine gleichmäßige Lichtverteilung erzeugen. Der untere Fensterteil, das Blickfenster, kann durch Schiebeflügel geöffnet werden

Die neu entstandenen Klassenräume des Schulhauses Mattenhof in Zürich [50] werden über drei Seiten belichtet. Direktes Tageslicht fällt über Lichtkamine sowie über die Seitenfenster in den Raum. Die Lichtkamine erzeugen eine gleichmäßige Lichtverteilung. Eine zusätzliche indirekte Belichtung erfolgt über die Oberlichter zu den benachbarten Klassenzimmern.

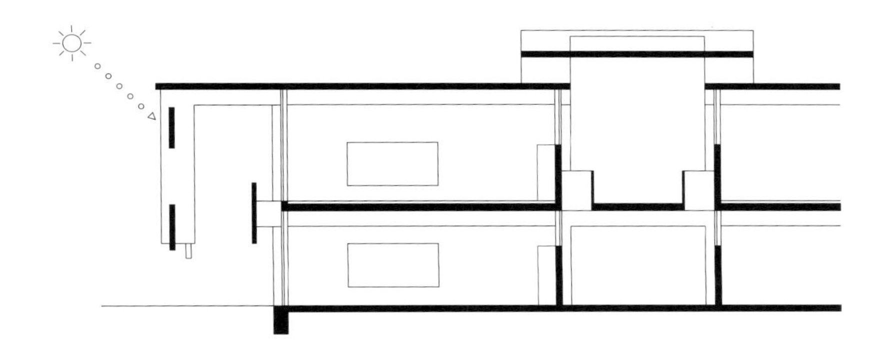

[10]

Sarasota High School
1000 South School Avenue
Sarasota, Florida (US)
Paul Rudolph

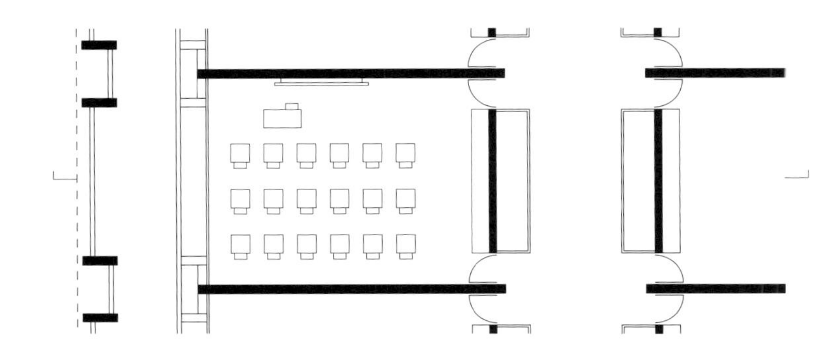

Schnitt M 1:250
Grundriss OG M 1:250

[11]

Kantonsschule Freudenberg
Gutenbergstraße 15
Zürich-Enge (CH)
Jacques Schader

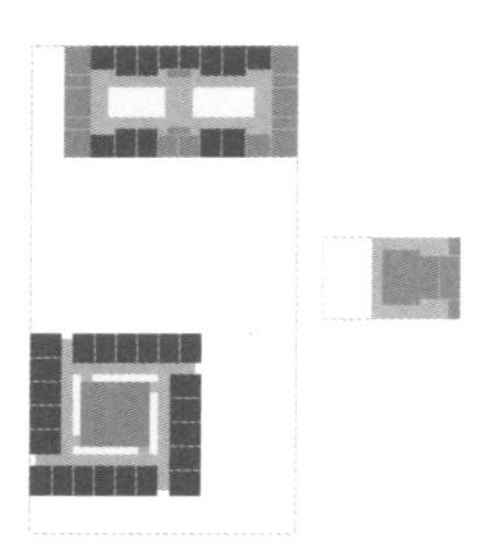

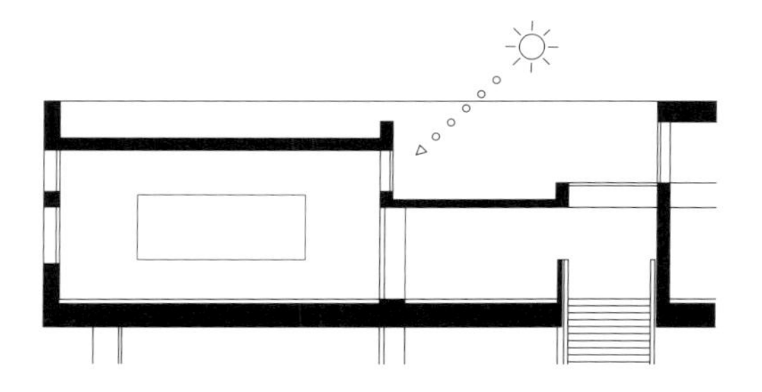

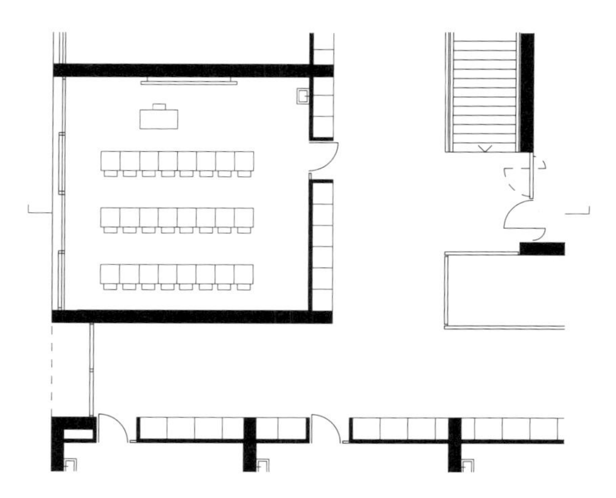

Schnitt M 1:250
Grundriss 1. OG M 1:250

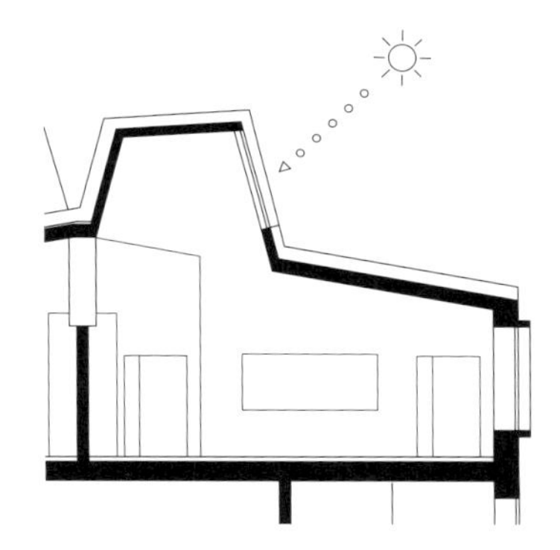

[50]

Erweiterung Schulanlage
Mattenhof
Dübendorfstraße 300
Zürich (CH)
B.E.R.G. Architekten

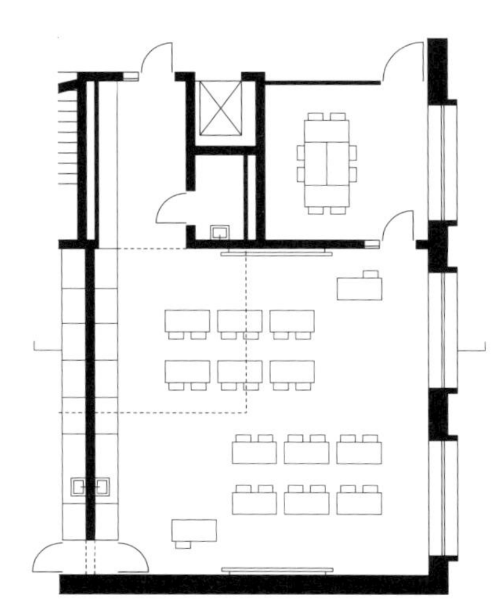

Schnitt M 1:250
Grundriss M 1:250

Lage 176

[68] Schulanlage Leutschenbach
Andreasstraße, Zürich (CH)
Christian Kerez

[11] Kantonsschule Freudenberg
Gutenbergstraße 15, Zürich-Enge (CH)
Jacques Schader

[21] Scuola Media Cantonale
Via Saleggi 3, Losone (CH)
Aurelio Galfetti, Livio Vacchini

[61] Marie-Curie-Gymnasium
Marie-Curie Straße 1, Dallgow-Döberitz (DE)
Grüntuch Ernst Architekten

[69] Oberstufenschulhaus Albisriederplatz
Badenerstraße 383, Zürich (CH)
studer simeon bettler

[23] Scuola Media Cantonale
Via Stefano Franscini 30, Morbio Inferiore (CH)
Mario Botta

[58] Gesamtschule Flims
Via Punt Crap 2, Flims (CH)
Philipp Wieting, Martin Blättler

[06] Sekundarschule Letzi
Espenhofweg 60, Zürich (CH)
Ernst Gisel

[13] Gymnasium Andreanum
Hagentorwall 17, Hildesheim (DE)
Dieter Oesterlen

Naturwissenschaften 187

[14] Geschwister-Scholl-Gymnasium
Holtgrevenstraße 2-6, Lünen (DE)
Hans Scharoun

[66] Erweiterung Schulzentrum Schreienesch
Vogelsangstraße 23, Friedrichshafen (DE)
Lederer + Ragnarsdóttir + Oei

Kunst 190

[14] Geschwister-Scholl-Gymnasium
Holtgrevenstraße 2-6, Lünen (DE)
Hans Scharoun

[11] Kantonsschule Freudenberg
Gutenbergstraße 15, Zürich (CH)
Jacques Schader

Musik 193

[49] Oberstufenzentrum Thurzelg
Thurzelgstraße, Oberbüren (CH)
Staufer & Hasler Architekten

[06] Sekundarschule Letzi
Espenhofweg 60, Zürich (CH)
Ernst Gisel

Einleitung

Unter Fachklassen versteht man die Schulräume für naturwissenschaftlichen Unterricht, für Kunst und Musik, für Hauswirtschaft und Kochen ebenso wie Werkstätten und Computerräume. Sie sind alle auf die speziellen Bedürfnisse des jeweiligen Fachs ausgerichtet, was nicht nur ihre technische Ausstattung betrifft, sondern auch ihre Lage im Schulhaus oder eventuell auch eine von den allgemeinen Stockwerkshöhen unterschiedene Raumhöhe.

Naturwissenschaftliche Räume legt man in der Regel zu einer Raumgruppe zusammen. Bei größeren Flächenansprüchen ist eine geneigte Bestuhlung optimal, um einen Blick auf die Experimentiereinrichtungen auch von den hinteren Reihen aus zu ermöglichen. Es gibt aber neben oder anstelle dieser Bestuhlung für einen eher traditionellen Unterricht auch Möblierungen, die an mehreren Tischen experimentelles Arbeiten für Kleingruppen gestatten. Für die Versorgung mit bestimmten Medien, den Einbau von Digistoren oder die Verkabelung und ähnliches ist die Hinzuziehung von entsprechenden Fachingenieuren unerlässlich. Ausreichende Nebenräume für Geräte und Sammlungen sind in direkter Zuordnung vorzusehen. Eine künstliche Be- und Entlüftung kann von Fall zu Fall erforderlich sein.

Musikräume sollen eine andere Akustik aufweisen als normale Schulräume. Auch hier wäre es gut, für eine ausreichende schalltechnische Behandlung größere Raumhöhen einzuplanen, was normalerweise wegen der durchgehenden Geschosshöhen nicht ganz einfach ist. Wird viel musiziert, ist es günstig, durch schallharte Oberflächen die Nachhallzeit geringfügig zu erhöhen. Dabei muss allerdings eine ausreichende Sprachverständlichkeit erhalten bleiben. Oft bedient man sich in diesen Räumen lediglich einer Bestuhlung, die nur mit Schreibplatte, aber ohne Tische auskommt. Gut ist, wenn der Musikraum unmittelbar an eine Aula angrenzt oder durch flexible Wände der Aula oder dem Flur zugeschlagen werden kann. Bei diesen Trennwänden sind aber besondere technische und finanzielle Aufwendungen gegen Luftschallübertragungen notwendig.

Der Kunstunterricht soll für die praktischen Arbeiten mit Nordlicht versorgt werden. Entsprechende Deckenbewegungen für Oberlichter sind in Obergeschossen oder eingeschossigen Schulgebäuden einfach zu integrieren. In solchen Fällen kann die Befensterung über Wandflächen minimiert werden, um eine gleichmäßige Ausleuchtung zu erreichen und genügend Hängefläche für Kunst an den Wänden zu erhalten. Ausreichende Abstell- und Spülflächen sind vorzusehen.

Werkräume, insbesondere solche, in denen mit Maschinen gearbeitet wird, sollen in der Nähe eines Bereichs liegen, an den leicht angeliefert werden kann. Schön ist die Lage in direkter Verbindung mit einem Werkhof, der in den Sommermonaten auch ein Arbeiten im Freien zulässt. Bei Holzarbeiten und ähnlichem ist darauf zu achten, dass Staub- und Absauganlagen für Späne eingebaut werden können. Auf genügenden Lärmschutz über Wände, Decken und Flanken ist zu achten und im Raum selbst auf eine ausreichend große Fläche zur Dämpfung von Geräuschen.

Die Räume für Kochunterricht werden gern mit den Küchen für die Speiseräume verwechselt. Es handelt sich dabei aber um Unterrichtsräume, die nicht der Verpflegung der Schülerschaft dienen. Auch hier lohnt sich die Einschaltung von Küchenplanern, die genaue Angaben zu Größen und Standorten von Geräten liefern.

Räume und Bereiche

Lage

Die einzelnen Räume sollten nach ihrer Funktion zu Gruppen verbunden werden, da eine räumliche Nähe aufgrund der technischen Ausstattung und als Orientierungshilfe sinnvoll erscheint. So bietet es sich an, die naturwissenschaftlichen Räume sowie die Kunst- und Musikräume zusammenzufassen. Je nach Raumprogramm ist es auch sinnvoll, den Kunstraum den Werkräumen anzugliedern und den Musikraum der Aula. Im Folgenden werden einige Beispiele für die verschiedenen Anordnungsmöglichkeiten im Gesamtgefüge der Schulanlage beschrieben.

Untergeschoss

Die Unterbringung der Fachräume im Untergeschoss erfordert eine ausreichende Belichtung durch Oberlichter.

Die Werkstätten, der Naturkunde- und der Informatikraum der Schulanlage Leutschenbach in Zürich [68] sind im Untergeschoss angeordnet. Durch den im Vergleich zum Erdgeschoss vergrößerten Grundriss können die Räume über Oberlichtstreifen belichtet werden. Der Musikraum grenzt an den Mehrzwecksaal im 4. Obergeschoss.

Die naturwissenschaftlichen Unterrichtsräume der Kantonsschule Freudenberg in Zürich [11] sind im gemeinsamen dreigeschossigen Sockel der beiden Schulen untergebracht. Im Obergeschoss sind die Unterrichts-, Vorbereitungs- und Sammlungsräume für Geografie und Biologie angeordnet, im Erdgeschoss diejenigen für Chemie und Physik. Im Untergeschoss liegen die Labor-, Werkstatt-, Maschinen- und Nebenräume für Chemie und Physik. Die Kunsträume des Gymnasiums sind im Obergeschoss zentral angeordnet und werden über Oberlichtbänder belichtet.

Erdgeschoss

Die Lage der Spezialräume, vor allem der Labore und Werkstätten, im Erdgeschoss bietet den Vorteil, dass Maschinen leichter eingebracht werden und eventuell zusätzlich erforderliche Fluchtwege leicht realisiert werden können. Zudem kann der Außenbereich in den Fachunterricht mit einbezogen werden.

Im Erdgeschoss der Scuola Media Cantonale in Losone [21] befinden sich die Übungs-, Fach- und Laborräume. Im 1. Obergeschoss liegen die Klassenzimmer. Das 2. Obergeschoss beherbergt neben den Gruppenräumen, die als Galerien über den Klassenzimmern liegen, eine Bibliothek, Lesesäle und Vortragsräume.

Im Erdgeschoss des Marie-Curie-Gymnasiums in Dallgow-Döberitz [61] liegen neben der Aula die Verwaltung, die Bibliothek, die Cafeteria, die Umkleideräume für die Sporthalle und die Fachräume. Im Obergeschoss auf dem Sockel befinden sich der Pausenhof und die beiden L-förmigen Klassentrakte.

Obergeschoss

Bei mehrgeschossigen Schulen erscheint es sinnvoll, die Fachräume in einem mittleren Geschoss anzuordnen, damit die Wege für alle Schüler möglichst kurz sind.

Im Erdgeschoss des Oberstufenschulhauses Albisriederplatz in Zürich [69] sind die gemeinschaftlichen Einrichtungen wie Mensa, Pausenhalle und Bibliothek angeordnet. Die Fachräume und der Lehrerbereich liegen im 2. Obergeschoss zwischen den beiden Klassengeschossen, so dass die Wege für alle kurz sind.

Die Fachräume der Scuola Media Cantonale in Morbio Inferiore [23] befinden sich im obersten Geschoss und werden über schmale Fensterbänder mit Tageslicht versorgt.

Gestapelt

Wenn die Fachräume auf alle Geschosse verteilt werden, jedoch immer im selben Bereich innerhalb des Geschosses angeordnet sind, wird eine gute Orientierung innerhalb der Schule erzielt.

Die Fachräume der Gesamtschule in Flims [58] sind auf alle Geschosse verteilt. Sie befinden sich auf den Geschossen selbst immer an der selben Stelle, so dass eine klare Orientierung gegeben ist.

Eigenständiger Baukörper

Der Bau mit dem Musik- und Vortragssaal und den Kunsträumen der Sekundarschule Letzi in Zürich [06] steht im Mittelpunkt des Pausenhofs, der von den drei zweigeschossigen Klassentrakten umschlossen wird. Nach Norden wird der Hof durch das Gebäude mit der Turnhalle und den Spezialräumen abgeschlossen. Durch die bauliche Trennung kann eine externe Nutzung durch Bevölkerung und Vereine ermöglicht werden. Allerdings gestattet die isolierte Lage des Musiksaals keine Vergrößerung für spezielle Anlässe.

Die Funktionsbereiche des Gymnasiums Andreanum in Hildesheim [13] sind einzelnen Baukörpern zugeordnet. Auf dem höchsten Punkt des Grundstücks steht der Fachklassentrakt, der über Brückengänge mit den zwei rechtwinklig dazu angeordneten Klassentrakten verbunden ist. Im Obergeschoss liegen die Fachräume für Physik, Chemie und Biologie sowie die Räume für die Lehrer und die Schulverwaltung. Im Erdgeschoss befinden sich die Eingangshalle, der Zeichensaal, ein Raum für Filmvorführungen und Räume für den Hausmeister und die Fahrschüler.

[68]

Schulanlage Leutschenbach
Andreasstraße
Zürich-Oerlikon (CH)
Christian Kerez

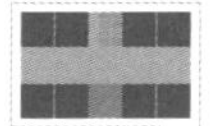

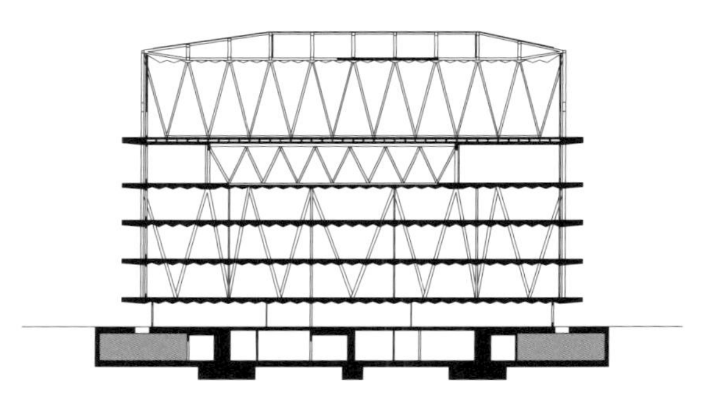

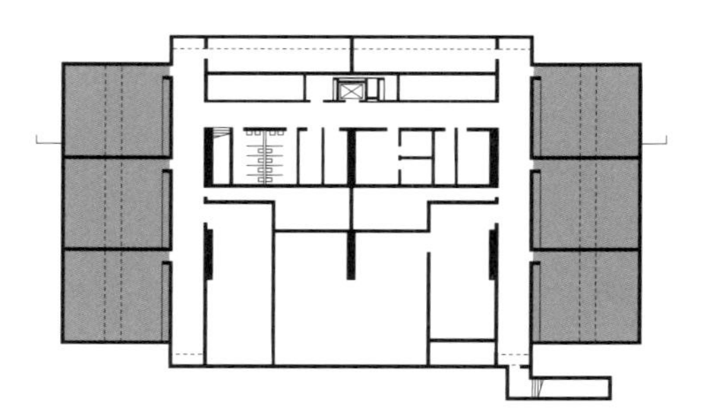

Schnitt M 1:1.000
Grundriss UG M 1:1.000

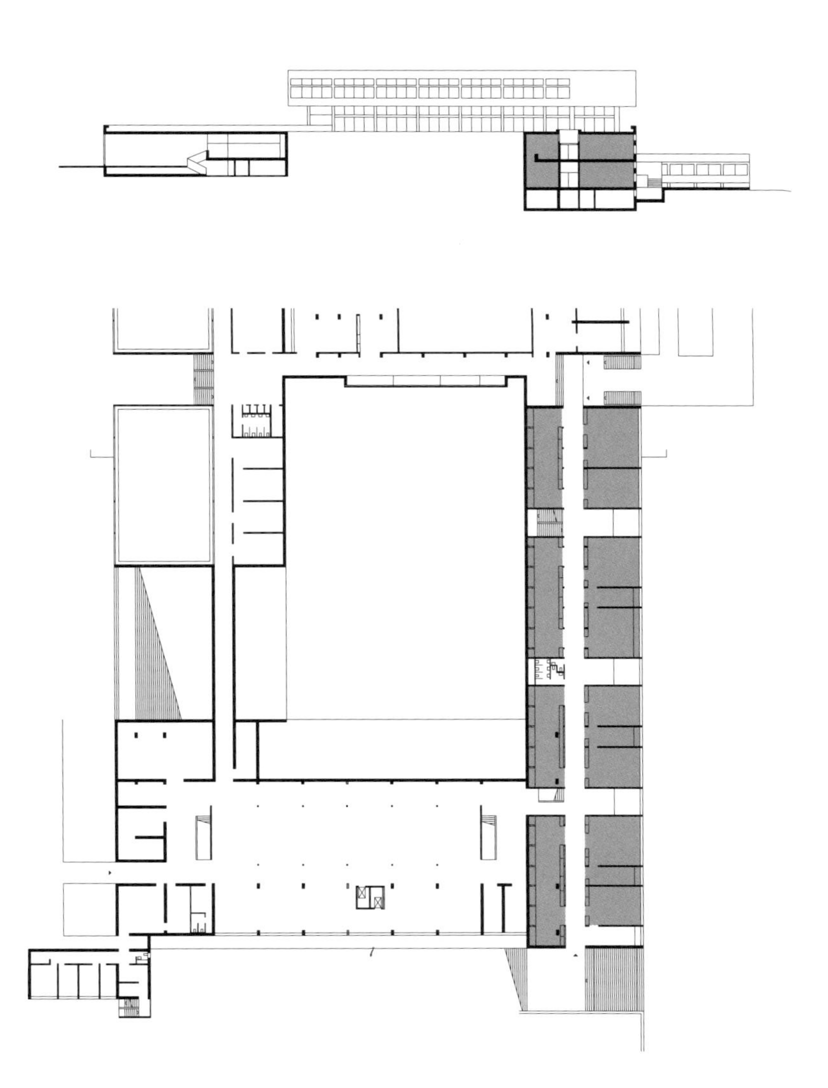

[11]

Kantonsschule Freudenberg
Gutenbergstraße 15
Zürich-Enge (CH)
Jacques Schader

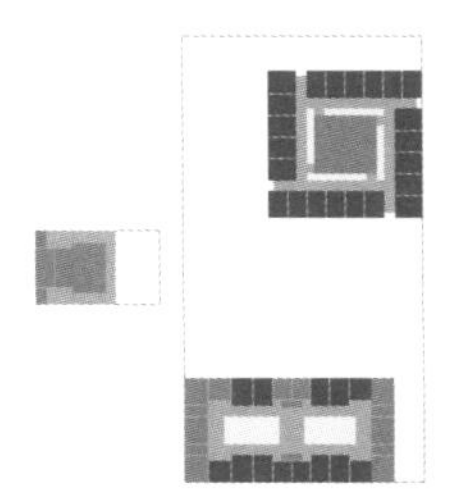

Schnitt M 1:1.000
Grundriss 1. UG M 1:1.000

[21]

Scuola Media Cantonale
Via Saleggi 3
Losone (CH)
Aurelio Galfetti,
Livio Vacchini

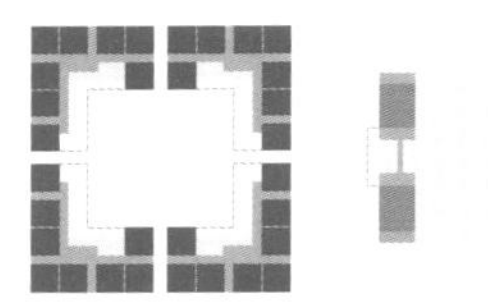

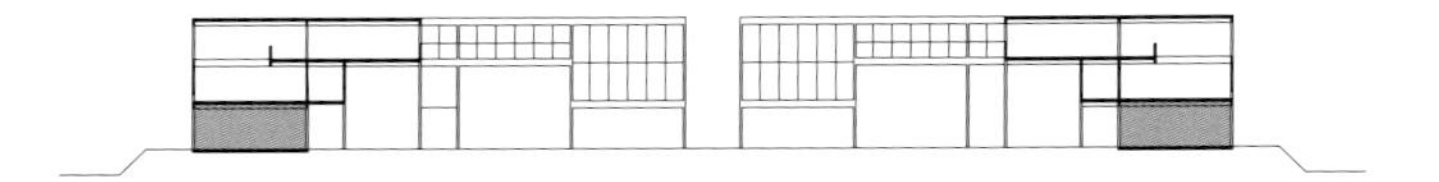

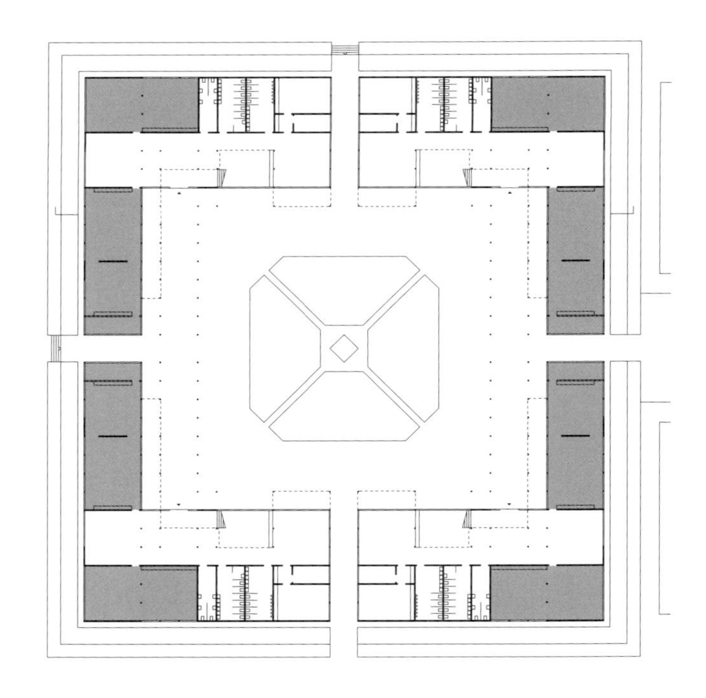

Schnitt M 1:1.000
Grundriss EG M 1:1.000

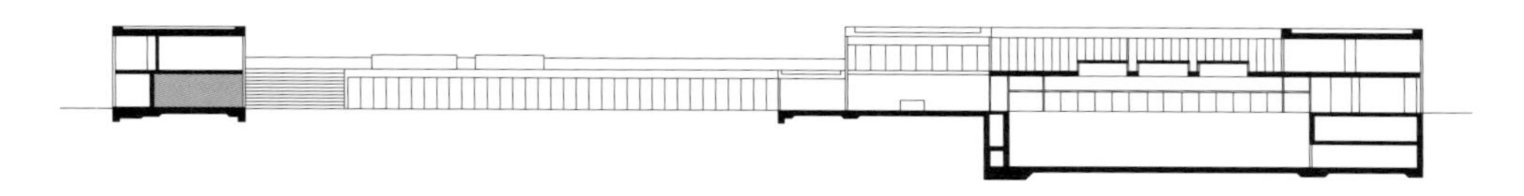

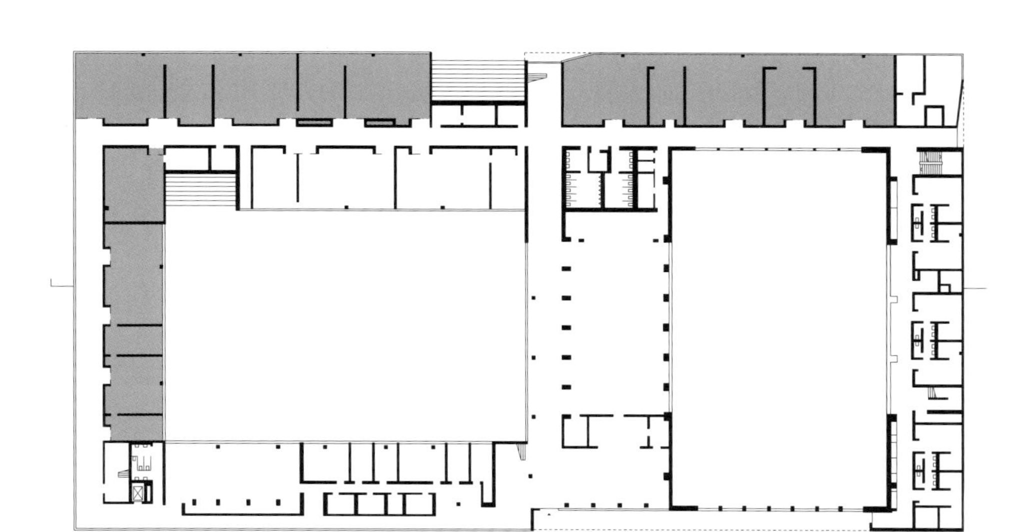

[61]

Marie-Curie-Gymnasium
Marie-Curie Straße 1
Dallgow-Döberitz (DE)
Grüntuch Ernst Architekten

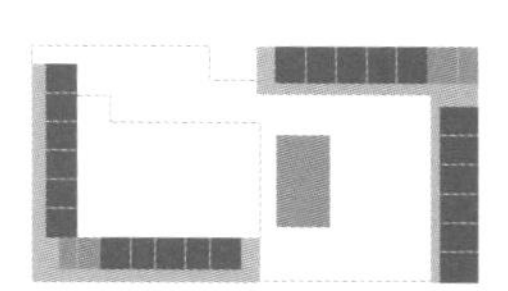

Schnitt M 1:1.000
Grundriss EG M 1:1.000

[69]

Oberstufenschulhaus
Albisriederplatz
Badenerstraße 383
Zürich (CH)
studer simeon bettler

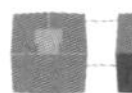  

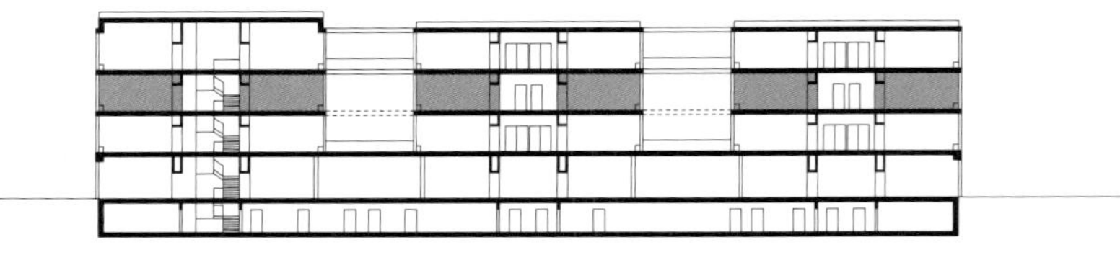

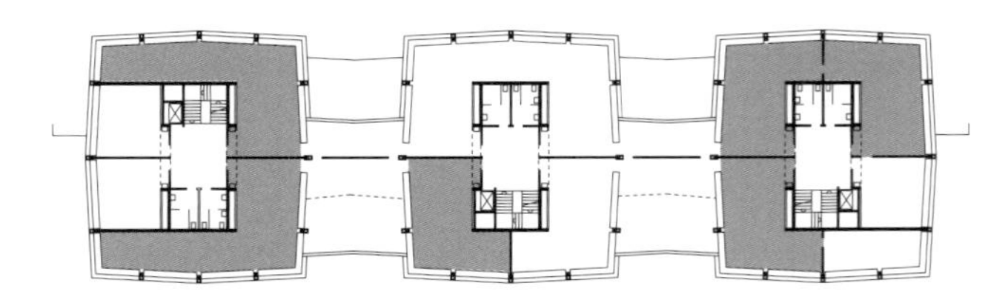

Schnitt M 1:1.000
Grundriss 2. OG
M 1:1.000

[23]

Scuola Media Cantonale
Via Stefano Franscini 30
Morbio Inferiore (CH)
Mario Botta

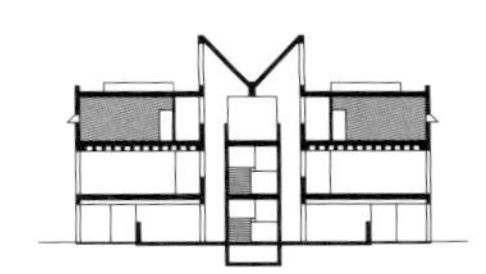

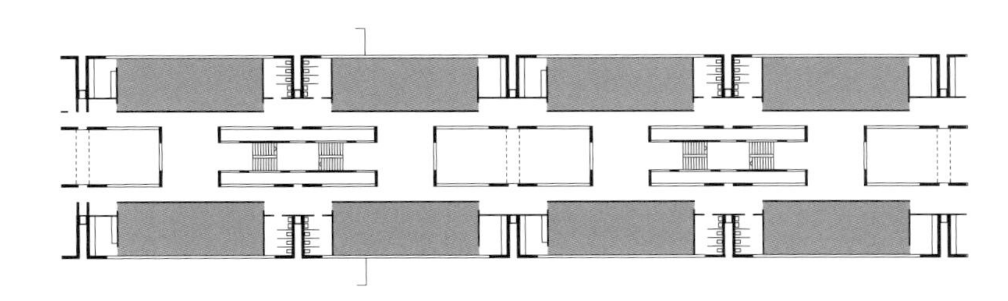

Schnitt M 1:1.000
Grundriss 2. OG
M 1:1.000

[58]

Gesamtschule Flims
Via Punt Crap 2
Flims (CH)
Philipp Wieting, Martin
Blättler

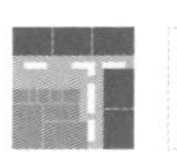

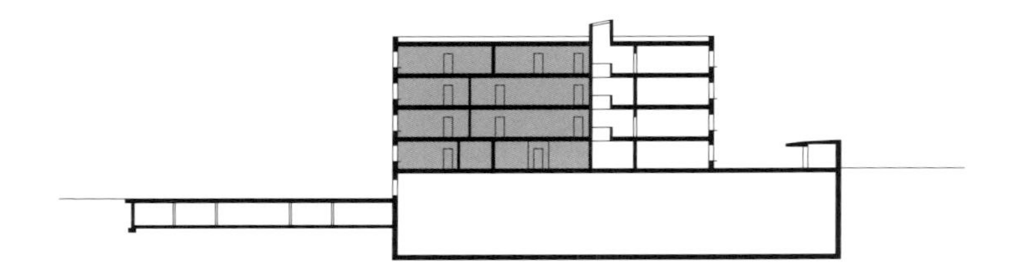

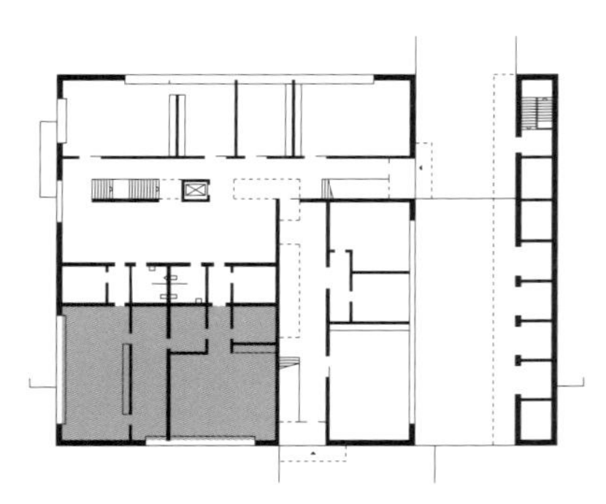

Schnitt M 1:1.000
Grundriss EG M 1:1.000

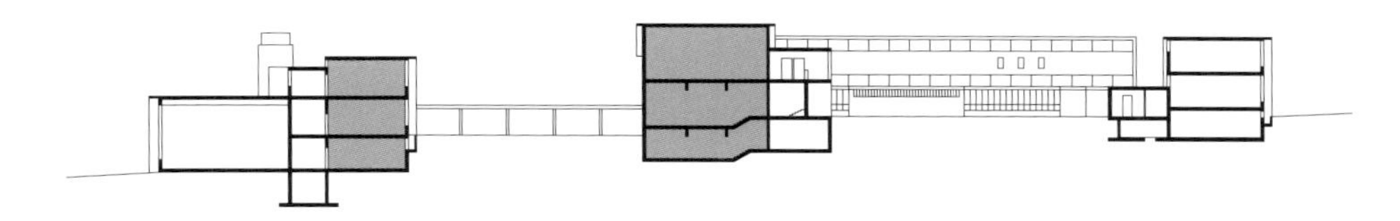

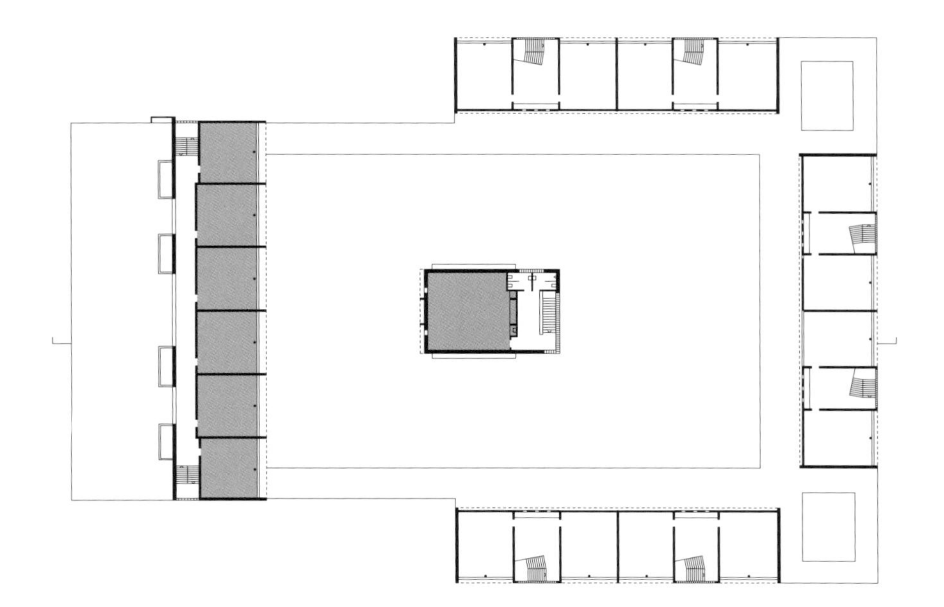

[06]

Sekundarschule Letzi
Espenhofweg 60
Zürich (CH)
Ernst Gisel

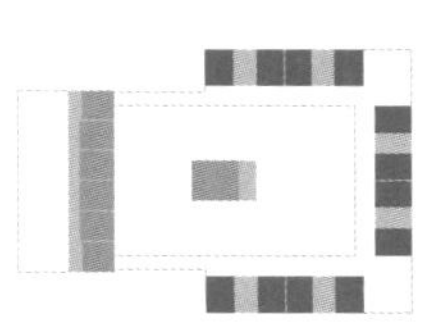

Schnitt M 1:1.000
Grundriss EG M 1:1.000

[13]

Gymnasium Andreanum
Hagentorwall 17
Hildesheim (DE)
Dieter Oesterlen

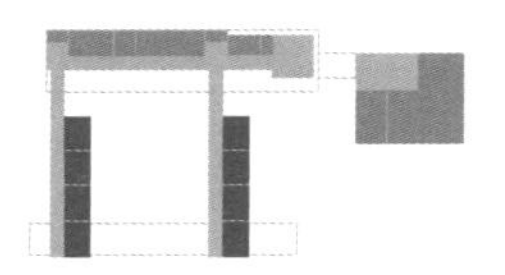

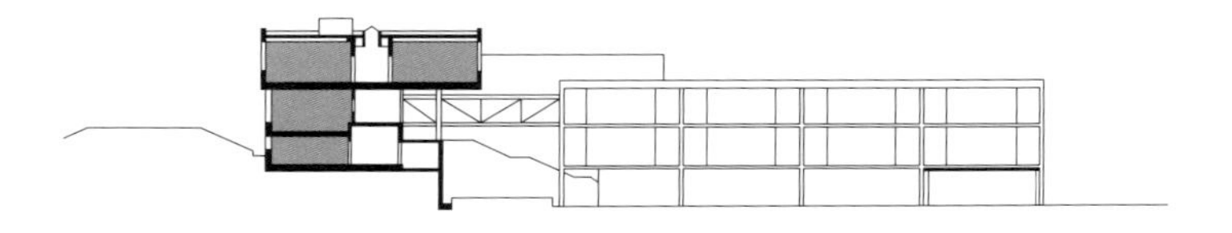

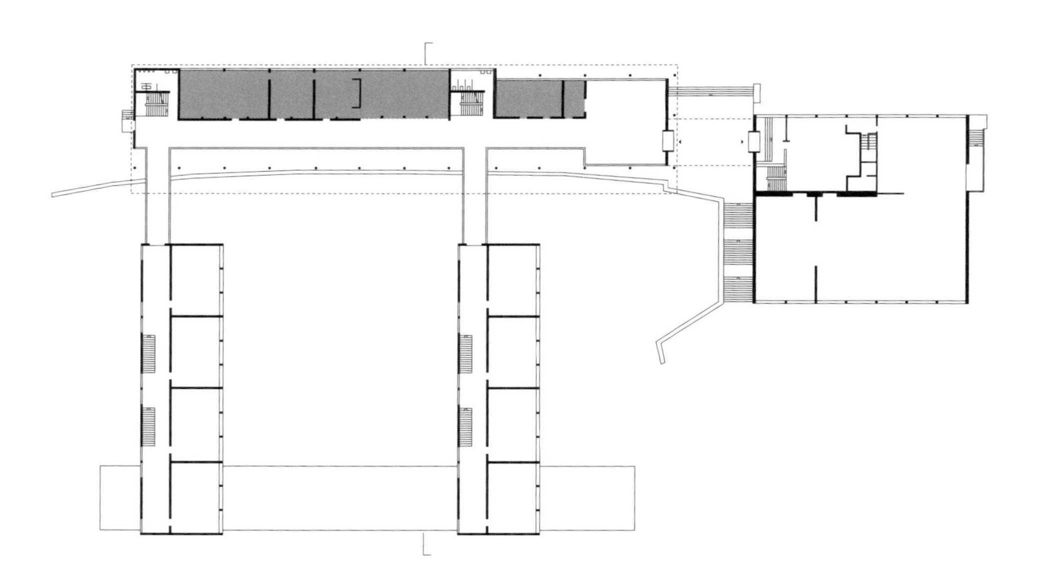

Schnitt M 1:1.000
Grundriss 1. OG M 1:1.000

Naturwissenschaften

Die Räume für Physik, Chemie und Biologie bilden in den Schulgebäuden geschlossene Raumgruppen. Jede dieser Raumgruppen besteht meistens aus Lehrsaal, Übungs-, Sammlungs- und Vorbereitungsraum. Durch Änderungen in den Lehrplänen der letzten zehn Jahre, die bei den naturwissenschaftlichen Fächern mehr Eigentätigkeit fordern, ist ein zweiter Lehr-Übungsraum anstelle des Lehrsaals erforderlich geworden. Der Fachunterricht ist zunehmend darauf orientiert, dass der Schüler im Unterricht selbst aktiv wird. Dies lässt sich in Lehrsälen, die auf theoretischen und Demonstrationsunterricht ausgelegt sind, nicht realisieren.

Die naturwissenschaftlichen Räume des Geschwister-Scholl-Gymnasiums in Lünen [14] liegen zusammen mit der Turnhalle und der Aula in der Nähe des Eingangs und der Klassenräume der Oberstufe. Den Lehrsälen mit ansteigenden Sitzplätzen für Physik, Biologie und Chemie sind jeweils ein Vorbereitungs- und Sammlungsraum angegliedert, der auch für Übungen und Experimente genutzt wird.

In der Hauptschule des Schulzentrums Schreienesch in Friedrichshafen [66] findet der Physik-, Chemie- und Biologieunterricht in zwei Lehr-Übungsräumen ohne ansteigendes Gestühl statt. Der dazwischen liegende Vorbereitungsraum ist von beiden Räumen zugänglich und großzügig dimensioniert.

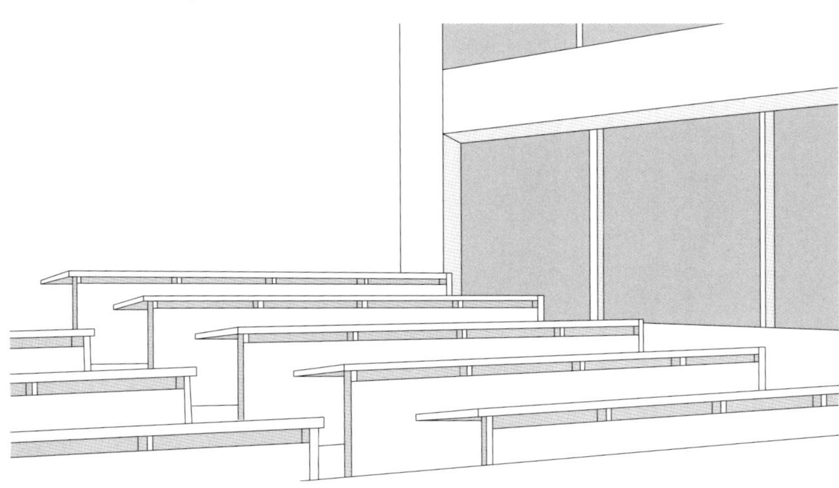

Kantonsschule Freudenberg
Zürich-Enge (CH)
Jacques Schader

[14]

Geschwister-Scholl-Gymnasium
Holtgrevenstraße 2-6
Lünen (DE)
Hans Scharoun

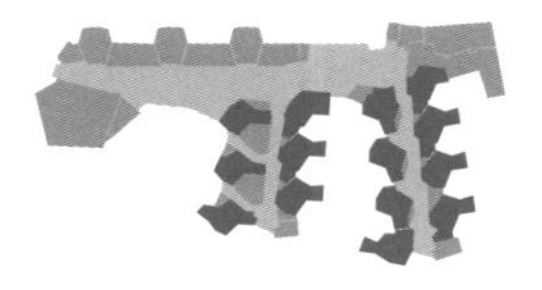

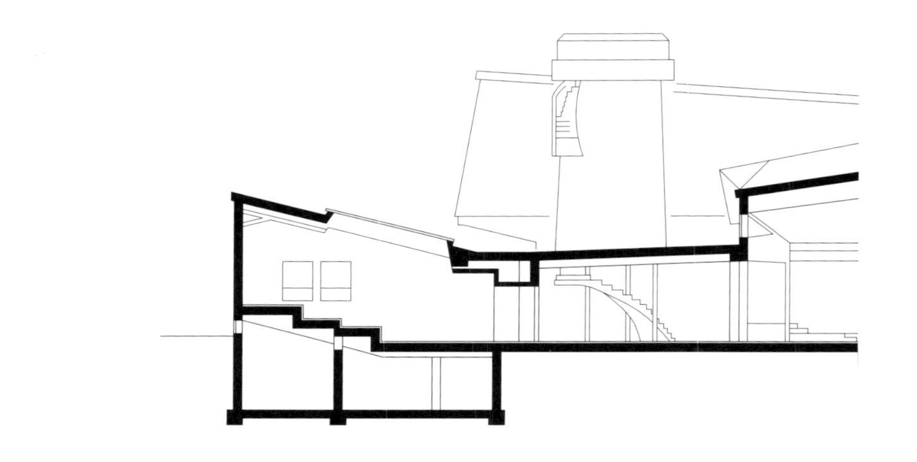

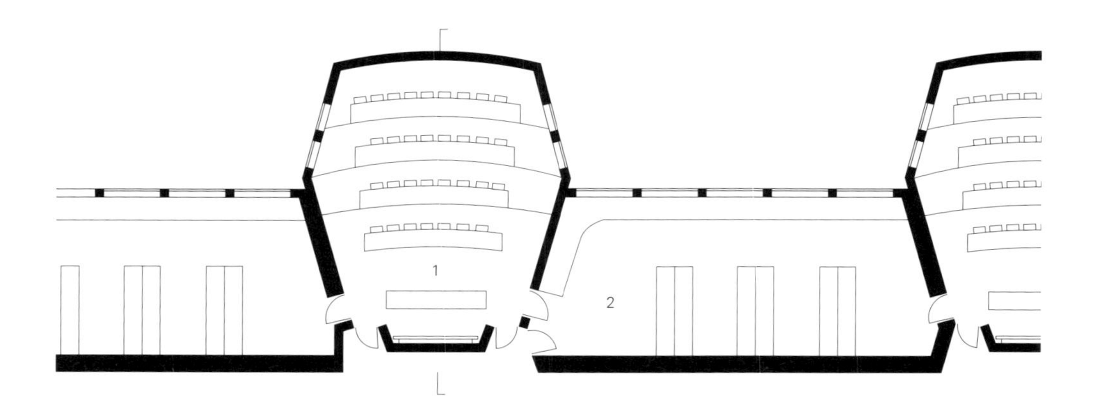

1 Lehrsaal
2 Vorbereitungs-, Sammlungs- und Übungsraum

Schnitt M 1:250
Grundriss EG M 1:250

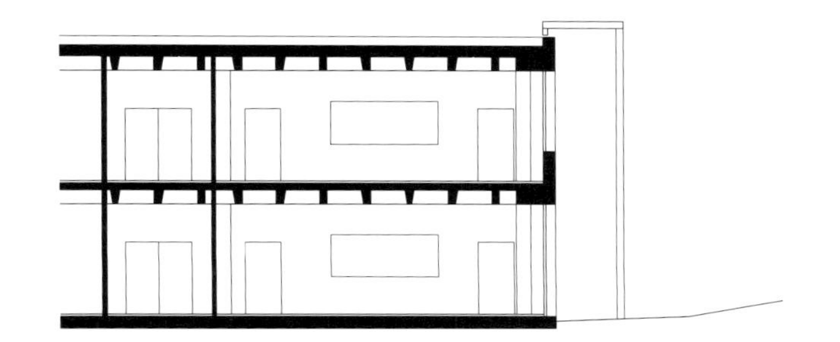

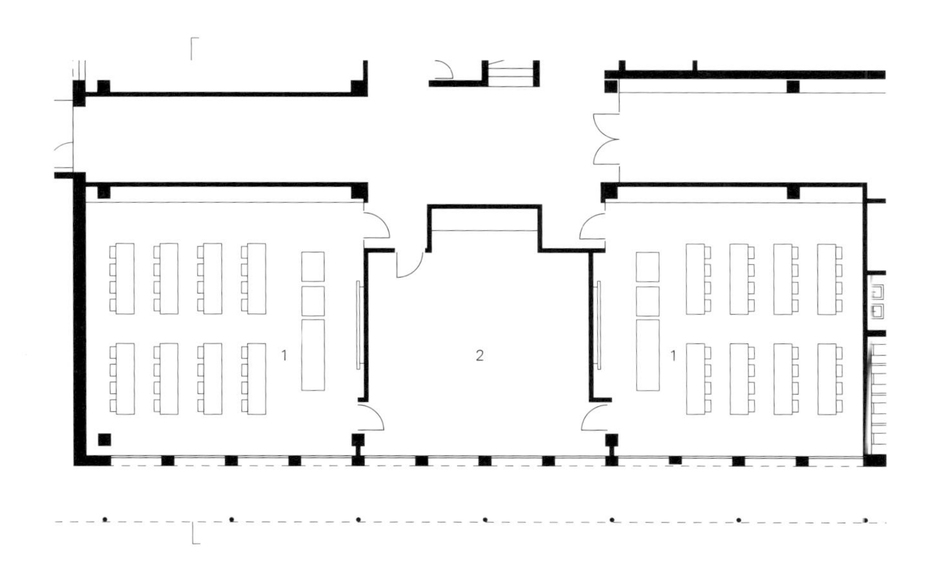

[66]

Erweiterung Schulzentrum
Schreienesch
Vogelsangstraße 23
Friedrichshafen (DE)
Lederer + Ragnarsdóttir + Oei

1 Lehr-Übungsraum
2 Vorbereitungsraum

Schnitt M 1:250
Grundriss EG M 1:250

Kunst

In der Grundschule findet der Kunstunterricht meistens im Klassenzimmer statt. Für den Kunstunterricht an weiterführenden Schulen wird ein separater Zeichensaal vorgesehen. Der im Vergleich zum Klassenzimmer größere Kunstraum sollte nach Norden oder Nordosten orientiert sein, damit eine möglichst gleichmäßige Beleuchtung durch Tageslicht erreicht wird. Die Räume für den Kunstunterricht stehen in enger Beziehung zu den Werk- und Handarbeitsräumen, da die Techniken eng miteinander verknüpft sind.

Die Kunst- und Werkräume des Geschwister-Scholl-Gymnasiums in Lünen [14] befinden sich in der Nähe der anderen Spezialräume, allerdings im Obergeschoss. Der Zeichensaal ist nach Norden orientiert. Eine Galerie ermöglicht den Schülern, Gegenstände aus der Vogelperspektive zu zeichnen.

Der Zeichensaal der Kantonsschule Freudenberg in Zürich [11] wird über ein umlaufendes Oberlichtband mit gleichmäßigem Tageslicht versorgt. Durch eine verstellbare Lamellenjalousie können Lichtqualität und -quantität gesteuert werden. Die untere Wandabwicklung steht als Ansteck- und Tafelfläche zur Verfügung. Auch hier ermöglicht eine Galerie, die Zeichenobjekte von verschiedenen Standpunkten aus zu betrachten und zu zeichnen.

Geschwister-Scholl-Gymnasium
Lünen (DE)
Hans Scharoun

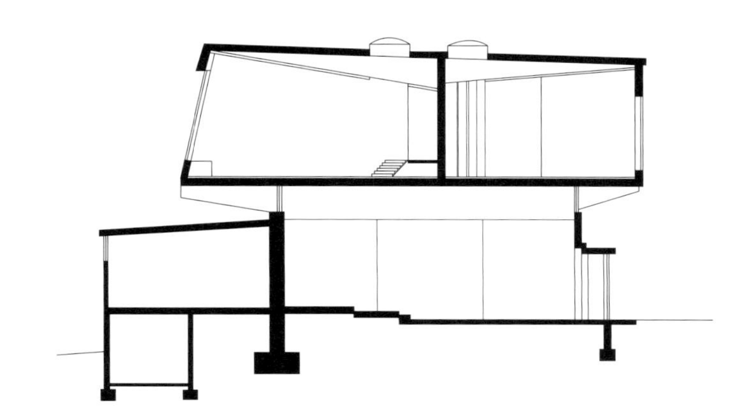

[14]

Geschwister-Scholl-Gymnasium
Holtgrevenstraße 2-6
Lünen (DE)
Hans Scharoun

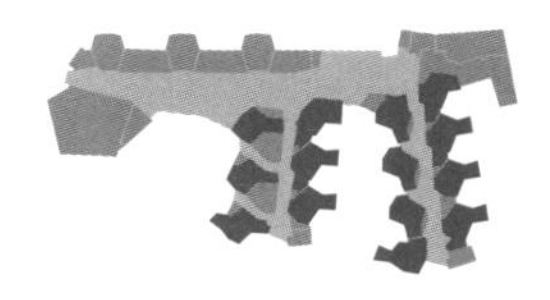

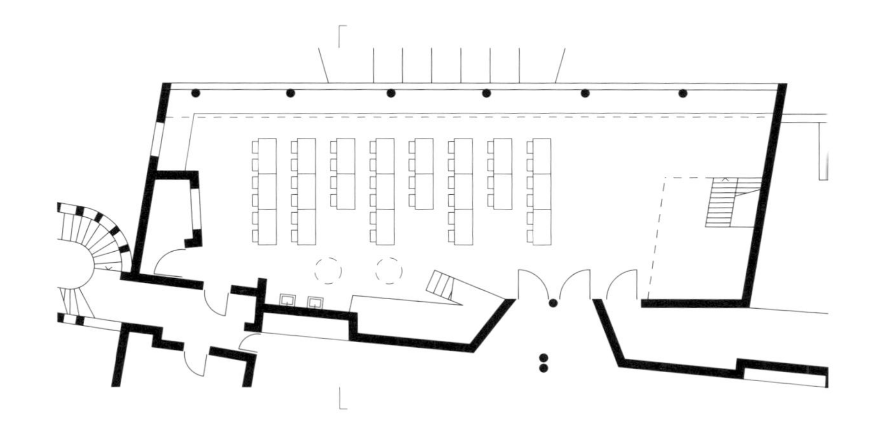

Schnitt M 1:250
Grundriss OG M 1:250

[11]

Kantonsschule Freudenberg
Gutenbergstraße 15
Zürich-Enge (CH)
Jacques Schader

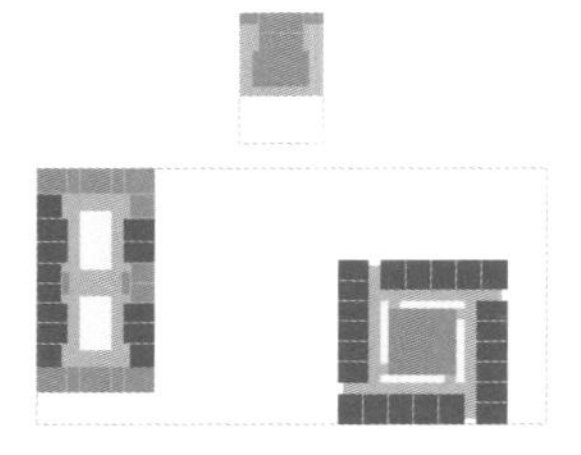

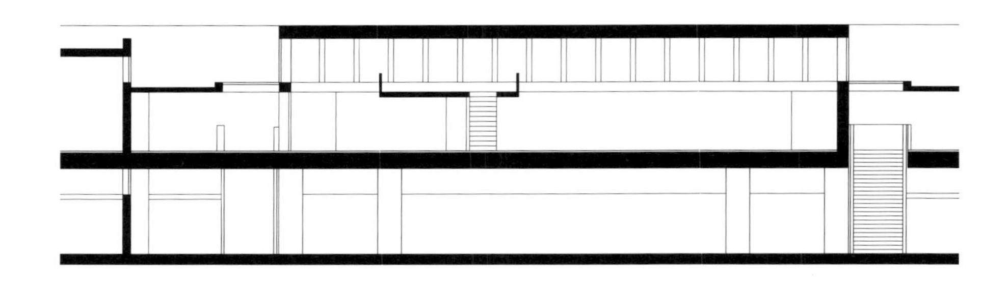

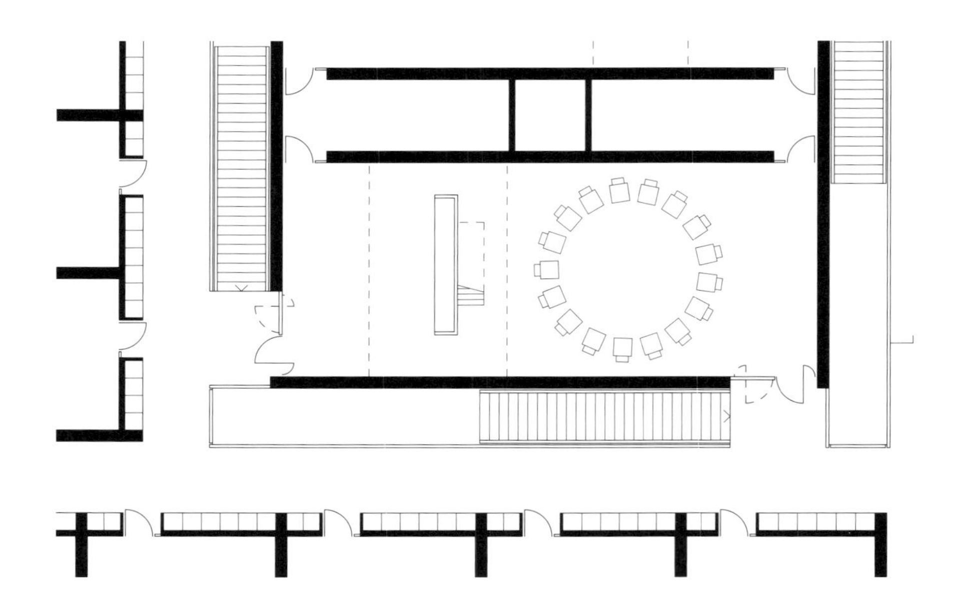

Schnitt M 1:250
Grundriss OG M 1:250

Musik

In der Grundschule wird oft im Klassenzimmer gesungen und musiziert. In den weiterführenden Schulen wird für den Musikunterricht ein eigener Raum vorgesehen. Die Größe und Lage des Musikraums hängt davon ab, ob er auch für außerschulische Veranstaltungen und für größere Vorführungen und Versammlungen genutzt wird. Die Multifunktionalität bestimmt die Größe und Lage des Raums. Die Raumakustik ist dabei besonders sorgfältig zu behandeln.

Der Musiksaal des Oberstufenzentrums Thurzelg in Oberbüren [49] befindet sich in der Verlängerung des zentralen Lichthofs. Durch Schiebeelemente kann der Raum halbiert und zum Lichthof hin geöffnet werden, so dass dort auch Veranstaltungen der gesamten Schule stattfinden können.

Der Musiksaal der Sekundarschule Letzi in Zürich [06] liegt in einem separaten Bau in der Mitte des Pausenhofs. Dadurch dient dieser auch der Bevölkerung für Kurse und Veranstaltungen. Allerdings ist eine Vergrößerung aufgrund seiner isolierten Lage nicht möglich. Im Obergeschoss befindet sich ein großer Zeichensaal.

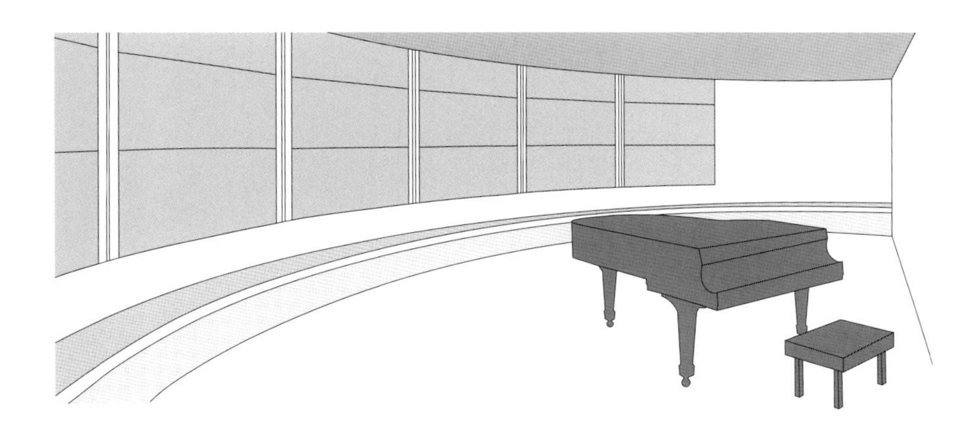

Musikgymnasium Schloss Belvedere
Weimar (DE)
Thomas van den Valentyn, Mohammad Oreyzi

[49]

Oberstufenzentrum
Thurzelg
Thurzelgstraße
Oberbüren (CH)
Staufer & Hasler
Architekten

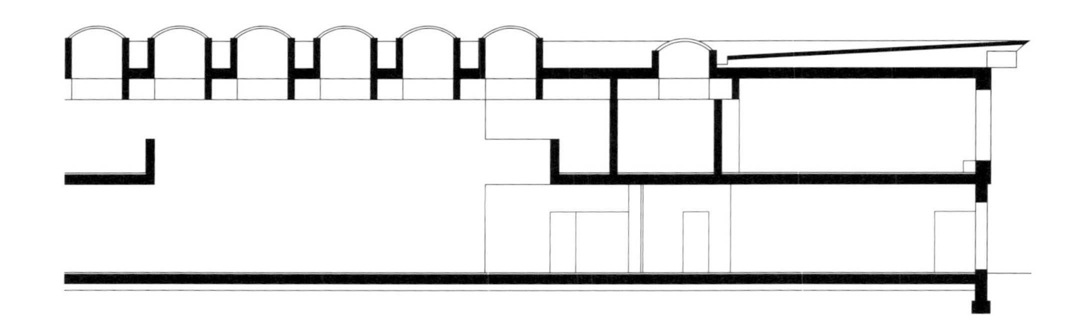

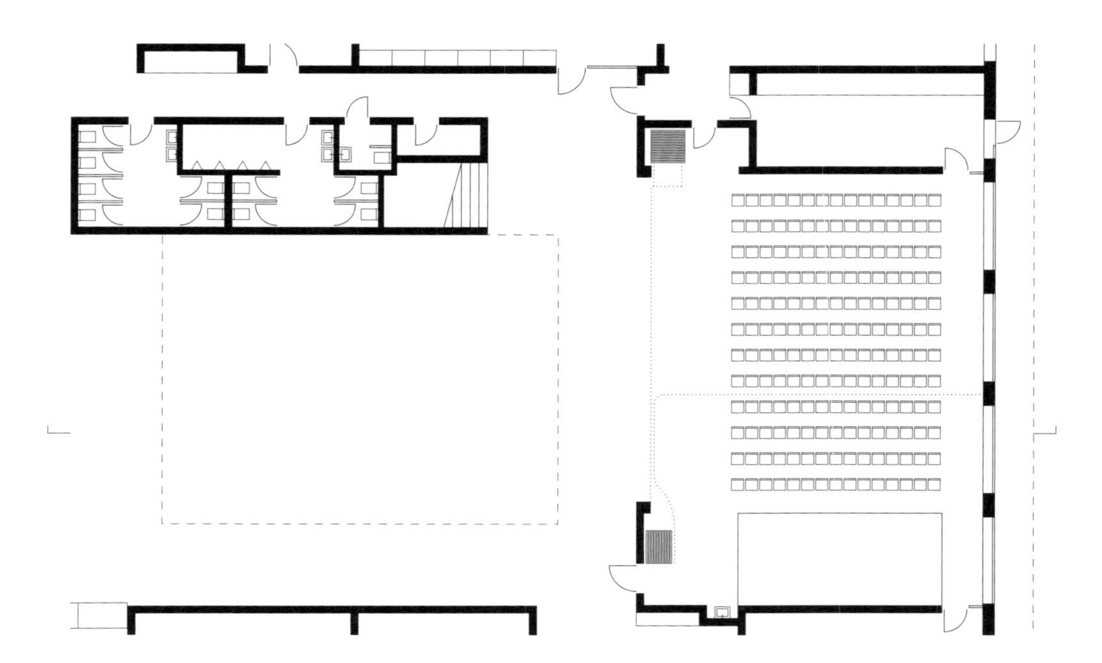

Schnitt M 1:250
Grundriss EG M 1:250

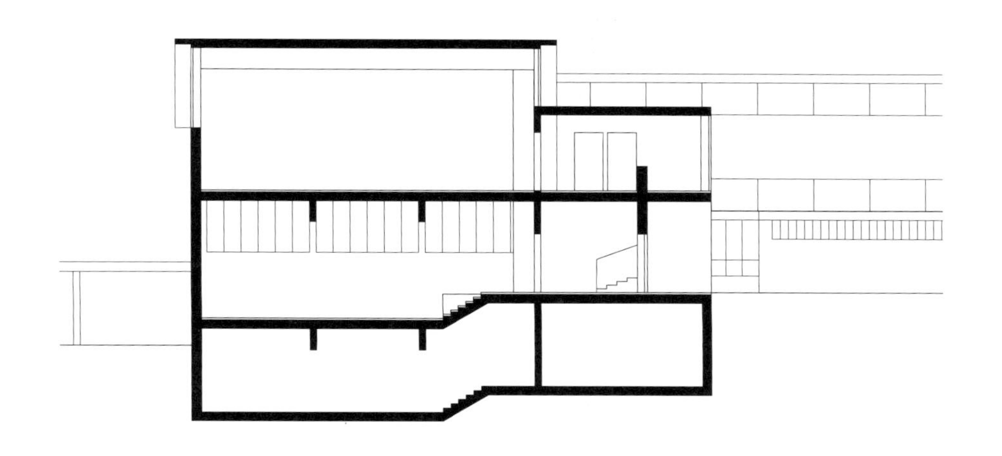

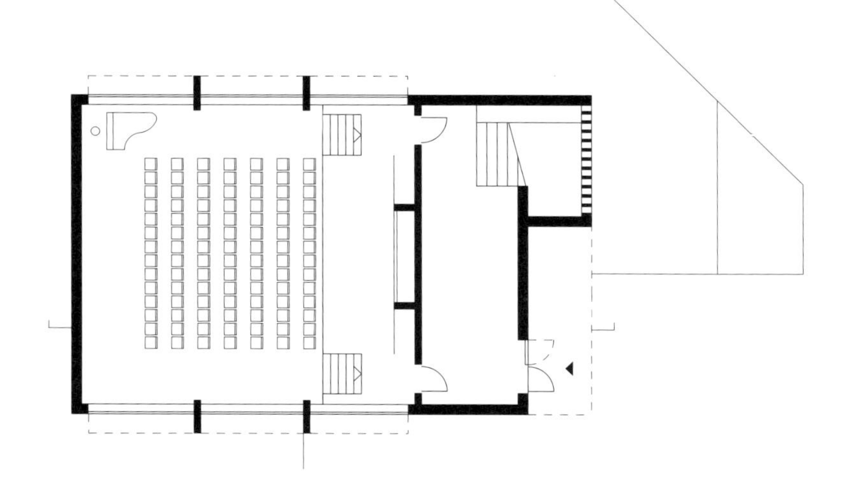

Sekundarschule Letzi
Espenhofweg 60
Zürich (CH)
Ernst Gisel

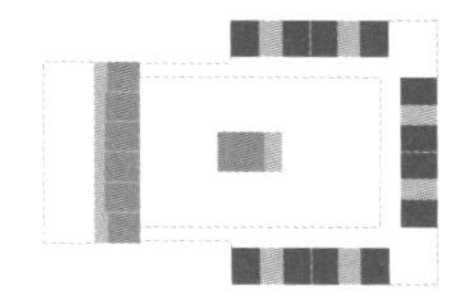

Schnitt M 1:250
Grundriss EG M 1:250

Bibliothek

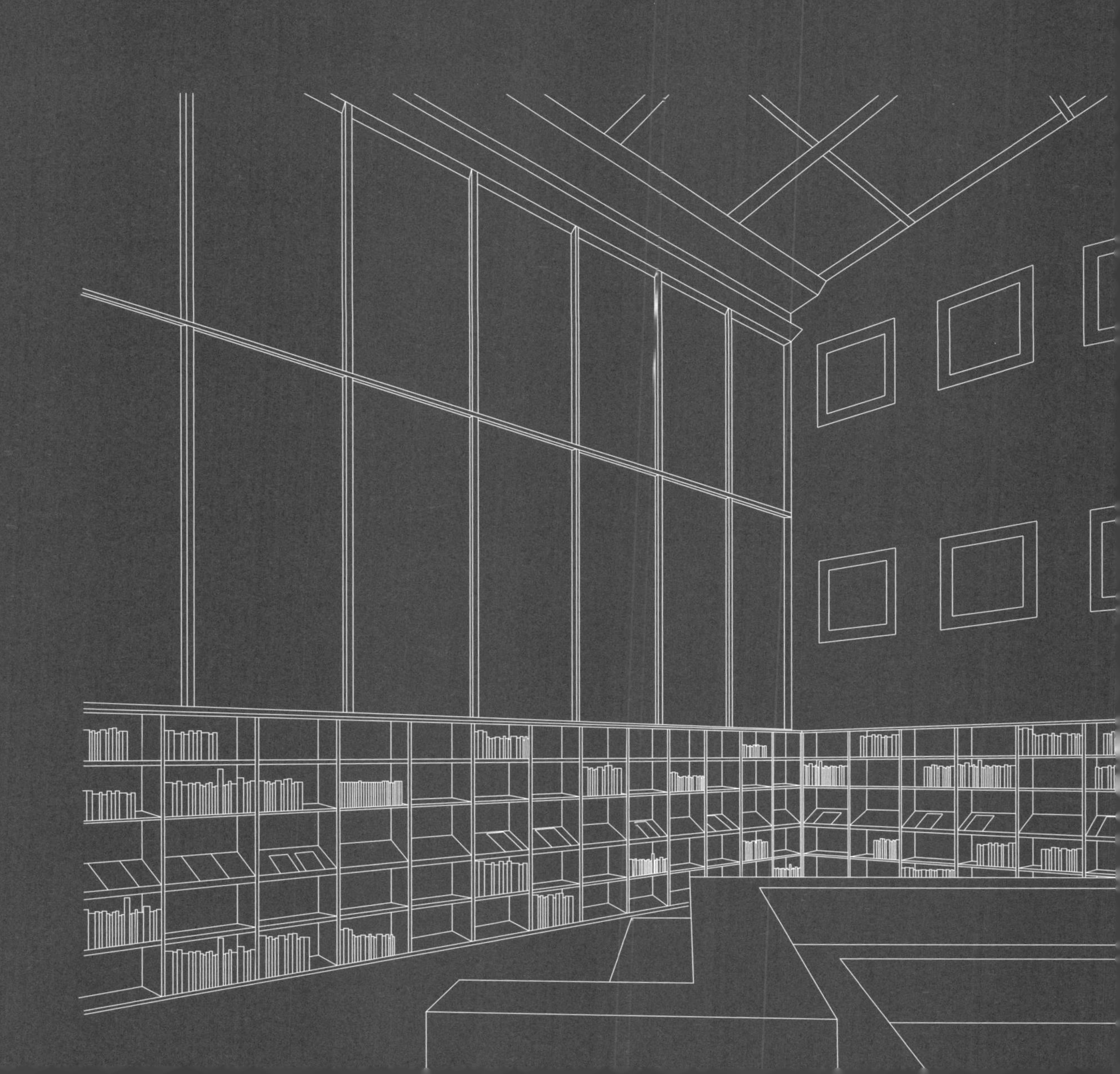

Bibliothek 200

[34] Erweiterung Oberstufenschulhaus Willisau
Schlossfeldstraße 1, Willisau (CH)
Max Bosshard & Christoph Luchsinger

[22] Scuola Elementare Salvatore Orrù
Via Pasubio 10, Fagnano Olona (IT)
Aldo Rossi

[38] Salem International College
Kurt-Hahn-Straße 1, Überlingen (DE)
Lederer + Ragnarsdóttir + Oei

Einleitung

Bibliotheksräume in Schulen sollen in zentraler Lage angeordnet sein. Ähnlich wie bei den Unterrichtsräumen für Kunst ist blendfreies Nordlicht für die Versorgung mit Tageslicht sehr gut. Ansonsten müssen entsprechende Vorkehrungen getroffen werden.

Eine Schulbibliothek ist eine Arbeitsbibliothek, weshalb das Mobiliar und die Beleuchtung darauf abzustimmen sind. Man kann die Arbeitstische in Einzelanordnung einigermaßen sichtgeschützt planen, man kann aber auch Tischgruppen in einer alternativen Art Lesesaal zusammensetzen. In solchen Fällen ist es möglich, den Raum außerhalb der normalen Öffnungszeiten für Lehrerkonferenzen und ähnliche Funktionen zu nutzen. Ist der Bibliothek eine Terrasse vorgelagert, kann ein Lesebereich im Freien geplant werden. In diesen Fällen sollte der Freiraum für sich abgegrenzt sein (Aufsicht).

Es hat sich bewährt, im Eingangsbereich Fächer für Taschen und Mappen bereitzustellen. Dieser Zone, in der Unterhaltungen noch möglich sind, kann auch das Zeitungslesen zugeordnet werden. Dort ist eine bequemere Möblierung angebracht. Die Theke oder der Arbeitsplatz für die Mitarbeiter sollten zwischen diesem und dem Bereich der Arbeitsplätze mit Regalen liegen. In direkter Beziehung dazu ist die Buchrecherche über einen oder mehrere Computerplätze zu planen.

Die Stellung der Regale soll eine klare Orientierung aufweisen. Es ist darauf zu achten, dass über alle Regalböden hinweg die Medien gut ausgeleuchtet werden. Empfehlenswert ist die Anordnung von Anleseplätzen, die am einfachsten stehend zu nutzen sind.

Zunehmend findet man in Bibliotheken hinter halbhohen Abtrennungen Computerarbeitsplätze. Sie sollten durch schalldämpfende Maßnahmen akustisch vom übrigen Bereich abgekoppelt sein und dennoch als Teil des großen Raums empfunden werden (zum Beispiel durch halbhohe Abtrennung). Wegen des zunehmenden Zugriffs auf digitale Medien ist es wichtig, die Fläche für diese Nutzung langfristig erweitern zu können.

Bei manchen Schulen ist es sinnvoll, die Frage zu stellen, ob die Schulbibliothek nicht mit einer Stadtteilbücherei zusammengeführt werden kann.

Bibliothek

Die Schulbibliothek soll als Ort des selbstbestimmten individuellen Lernens, der Kommunikation und der Information an zentraler Stelle in der Schulanlage angeordnet werden. Die Nähe und Zugänglichkeit zu allen Unterrichtsbereichen ist wichtig. Je nach pädagogischer Ausrichtung der Schule wird die Bibliothek auch außerhalb des Unterrichts und von der Bevölkerung genutzt; in diesem Fall erscheint eine Anordnung unmittelbar im Eingangsbereich der Schule sinnvoll. Ein Bibliotheksraum gliedert sich in folgende Bereiche: den Eingangsbereich, den Regalbereich, den Informationsbereich mit dem elektronischen Katalog und Internetplätzen, den Arbeitsbereich mit Gruppen- und Einzelarbeitsplätzen und den Kommunikationsbereich, der eventuell auch für kleinere Veranstaltungen oder Ausstellungen genutzt werden kann. Aufgrund des stetigen Wandels in der Medienwelt und der sich damit stetig verändernden Anforderungen an die Planung, ist die Bibliothek in ihrer Aufteilung und Ausstattung flexibel zu planen.

Durch die Erweiterung des Oberstufenschulhauses in Willisau [34] entstand ein zweiter Innenhof. Der bestehende und der neue Innenhof wurden bei der Sanierung mit einem Glasdach versehen, so dass zwei zusätzliche lichtdurchflutete Innenräume entstanden sind, die die Bibliothek aufnehmen. Sie bildet nun den zentralen „Kern" der Schulanlage.

Die Bibliothek der Grundschule in Fagnano Olona [22] bildet mit dem zentralen Platz den Mittelpunkt und das Herzstück der Schulanlage. Sie ist in einem zylinderförmigen Bau untergebracht, der über den Hof erschlossen wird. Ursprünglich sollte die Bibliothek auch der Bevölkerung zugänglich sein. Der Bibliothek gegenüber befindet sich, über eine große Freitreppe erreichbar, die Turnhalle.

Die Bibliothek des Salem International College in Überlingen [38] befindet sich in dem zentralen Gebäude, das die Gemeinschaftseinrichtungen wie Aula, Mensa, Theaterwerkstatt und Verwaltung beherbergt.
Die Belichtung der Bibliothek erfolgt über Oberlichtsheds und schmale Fenster in der Nordwestfassade. Von den dort angeordneten Arbeitsplätzen haben die Studenten und Lehrer einen herrlichen Blick auf den Bodensee. Der angegliederte Dachgarten mit einer Schatten werfenden Pergola bietet die Möglichkeit, sich zum Lesen und Studieren dorthin zurückzuziehen.

[34]

Erweiterung Oberstufen-
schulhaus Willisau
Schlossfeldstraße 1
Willisau (CH)
Max Bosshard &
Christoph Luchsinger

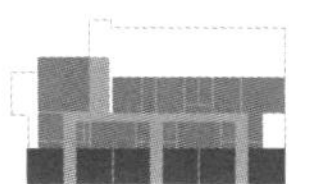

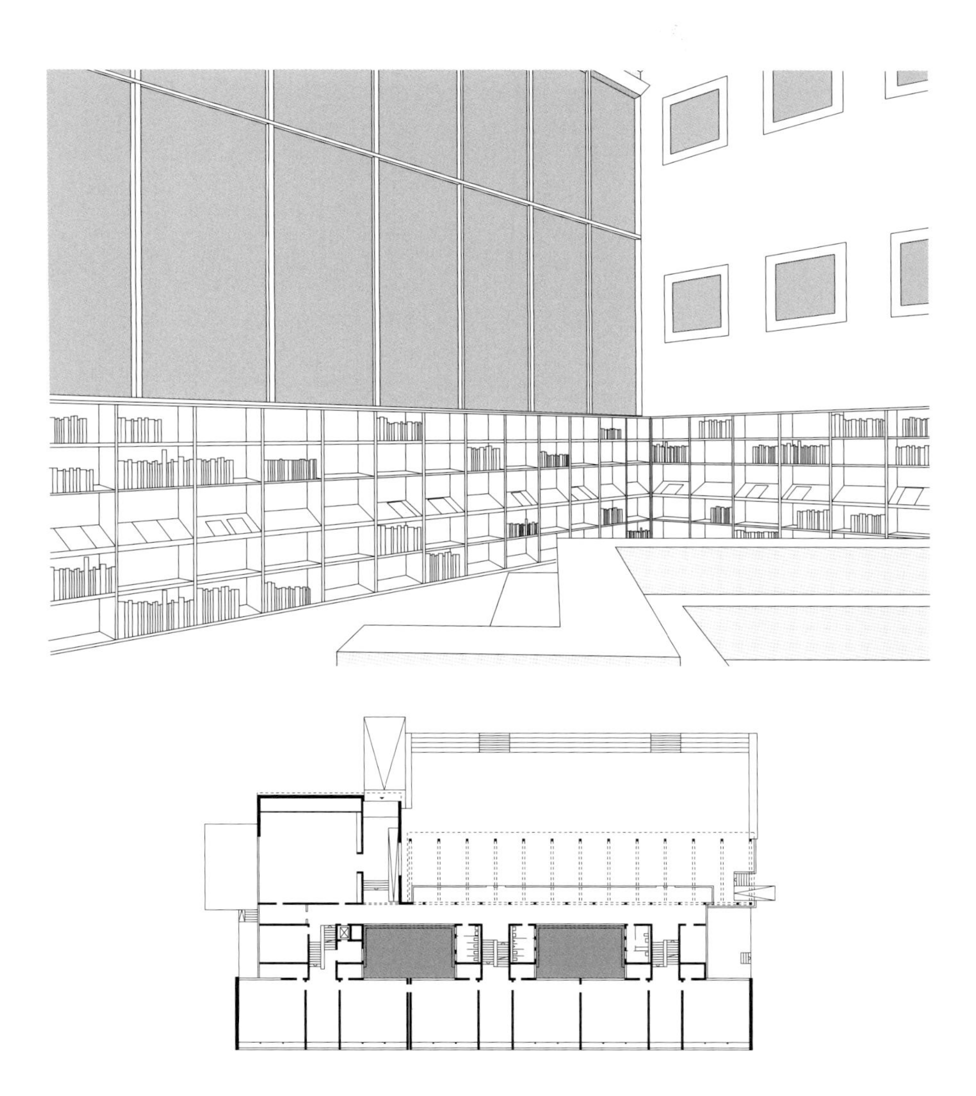

Grundriss EG M 1:1000

[22]

Scuola Elementare Salvatore Orrù
Via Pasubio 10
Fagnano Olona (IT)
Aldo Rossi

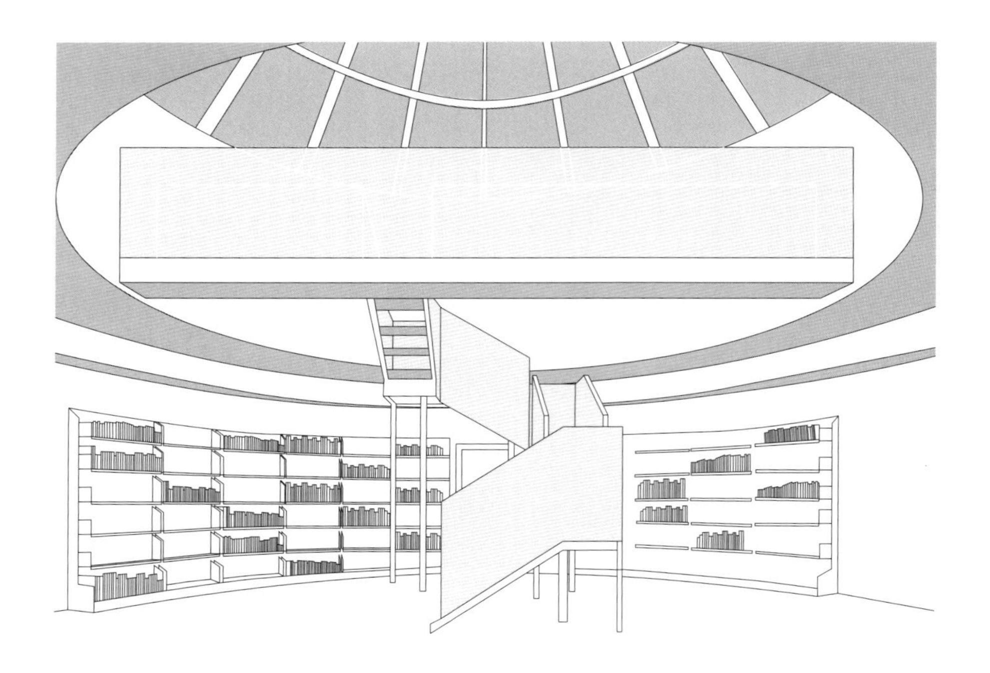

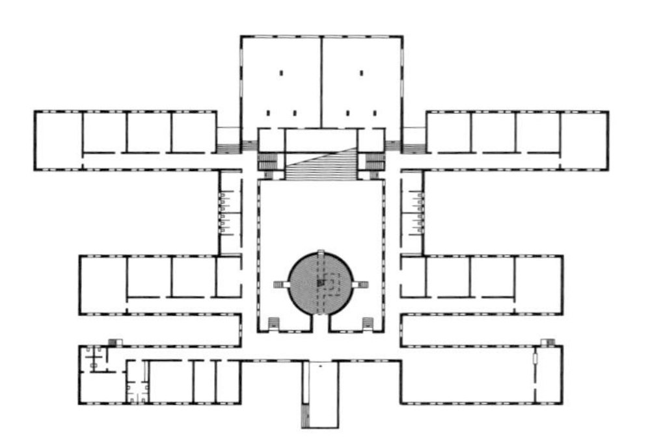

Grundriss EG M 1:1000

[38]

Salem International College
Kurt-Hahn-Straße 1
Überlingen (DE)
Lederer + Ragnarsdóttir + Oei

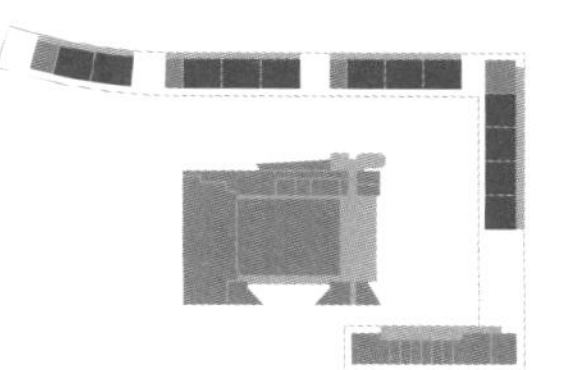

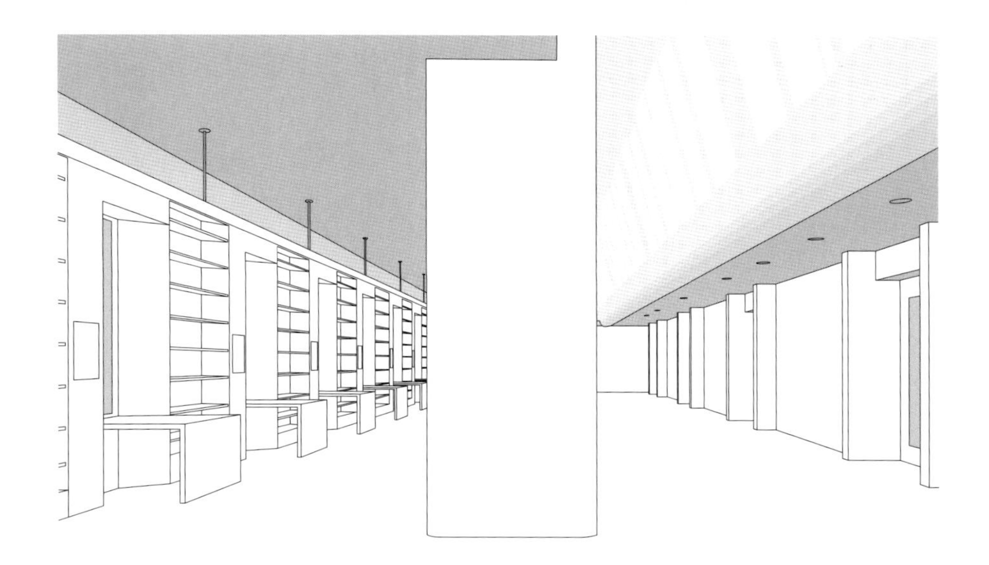

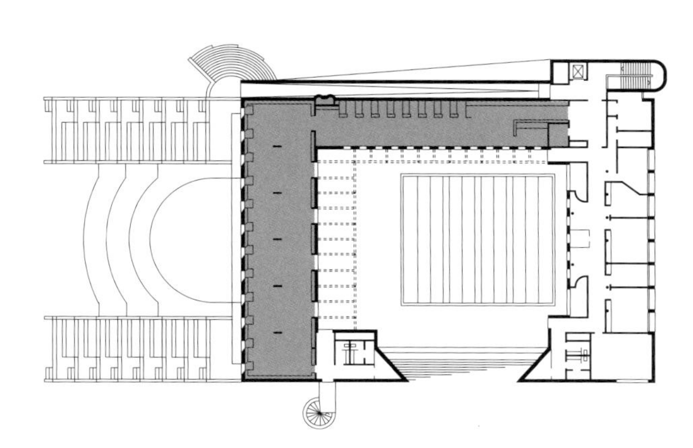

Grundriss OG M 1:1000

Lehrerbereich

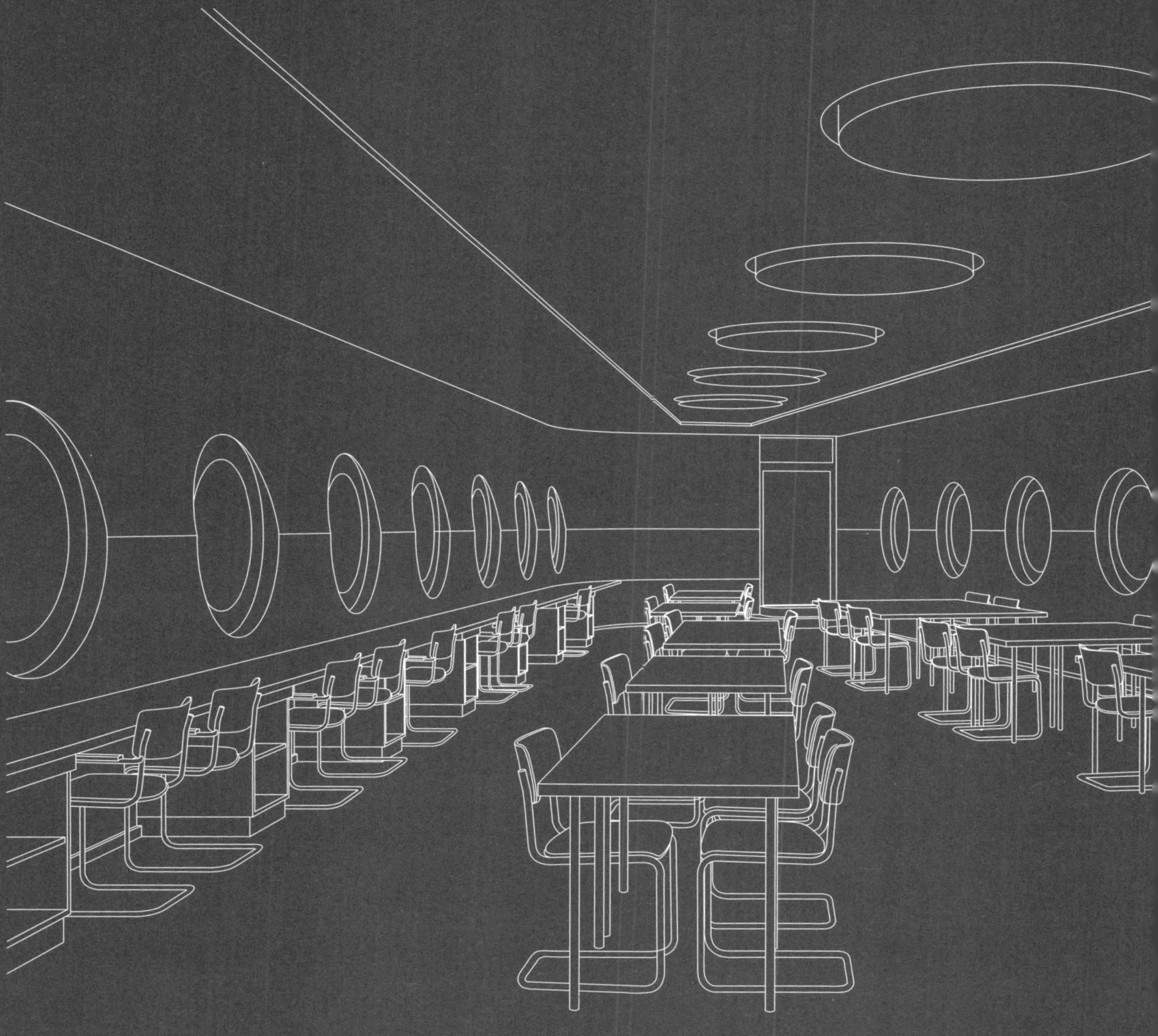

Lage und Gestaltung 208

[50] Erweiterung Schulanlage Mattenhof
Dübendorfstraße 300, Zürich (CH)
B.E.R.G. Architekten

[45] Hellerup Skole
Dessaus Boulevard 10, Kopenhagen (DK)
Arkitema

[20] Laborschule Bielefeld
Universitätsstraße 21, Bielefeld (DE)
Ludwig Leo, Planungskollektiv Nr. 1

[68] Schulanlage Leutschenbach
Andreasstraße, Zürich (CH)
Christian Kerez

[43] Primarschule Riedmatt
Riedmatt 41, Zug (CH)
Nägele Twerenbold Architekten

[37] Schulhaus Paspels
Schulstraße, Paspels (CH)
Valerio Olgiati

[66] Erweiterung Schulzentrum Schreienesch
Vogelsangstraße 23, Friedrichshafen (DE)
Lederer + Ragnarsdóttir + Oei

Einleitung

Beim klassischen Lehrerzimmer geht man von einer Möblierung aus, die auf der einen Seite die gemeinsame Konferenz ermöglicht, aber zugleich auch die Möglichkeit bietet, Korrekturen von Arbeiten zu erledigen. Man geht ferner davon aus, dass die Lehrerschaft einen Teil der Arbeiten ungestört zu Hause am eigenen Schreibtisch erledigen kann. Das wird sich mit der Umstellung auf den Ganztagsbetrieb ändern müssen. Neben dem dann als Konferenzraum dienenden Lehrerzimmer müsste eine Anzahl von kleineren Räumen bereitgestellt werden, in denen bis zu vier Personen sich besprechen oder die Lehrer einzeln den Unterricht vor- und nachbereiten können.

Es liegt mit an den Architekten, auf den Mangel an derartigen Möglichkeiten in den Raumprogrammen hinzuweisen. Schließlich werden solche Angebote auch für Einzelgespräche notwendig sein, da ein Großteil der Schüler und ihre Eltern auch außerhalb des normalen Unterrichts beraten werden wollen.

Für jeden Lehrer ist ein abschließbarer Schrank vorzusehen. Eine Nische für Tee- oder Kaffeezubereitung sollte ebenfalls eingeplant werden. Die Lage in direkter Beziehung zu den übrigen Verwaltungsräumen, zur Schulleitung und zu allgemeinen Sammlungsräumen ist günstig.

Lehrerzimmer sollten so abgedunkelt werden können, dass Projektionen ohne Störungen möglich sind. Für eine Leinwand ist eine genügend große Fläche auszuweisen.

Bei den Zimmern der Verwaltung handelt es sich um normale Büroräume. Bevorzugt wird eine innere Verbindungsmöglichkeit dieser Einheiten sowie eine flexible Anordnung der Trennwände. Es ist sinnvoll, vor diesen Bereichen Wartemöglichkeiten vorzusehen.

Lage und Gestaltung

Die Lage und Ausbildung des Lehrerbereichs hängt davon ab, wie Lehrer an der Schule arbeiten, ob sie sich dort ganztags aufhalten und ob sie im Team mit ihren Kollegen vorbereiten, bewerten und beraten.

Das Lehrerzimmer der Primarschule Mattenhof in Zürich [50] liegt im mittleren Geschoss, das sich ebenerdig an den Pausenhof anschließt. Somit befindet sich das Lehrerzimmer an zentraler Stelle, die Lehrer haben kurze Wege zu den Unterrichtsräumen, und der Lehrerbereich bildet gleichzeitig eine zentrale Anlaufstelle für die Schüler.

In den offenen Geschossflächen der Hellerup Skole in Kopenhagen [45] sind die einzigen abgeschlossenen Räume die Toiletten und die Teambüros für die Lehrer. Auf jedem Geschoss befinden sich mehrere dieser „Kuben", die dem Schüler die Möglichkeit bieten, ein individuelles Gespräch mit dem Lehrer zu führen. Die Lehrer können diesen Raum für Vorbereitung und für Besprechungen mit Kollegen nutzen.

Die Lehrerarbeitsplätze der Laborschule in Bielefeld [20] sind in die Unterrichtsflächen integriert. Sie sind Teil der Lernlandschaft und verteilen sich entlang der Haupterschließungsachse. Die Lehrer arbeiten ganztägig an der Schule. Da die Laborschule eine forschende Schule ist, sind sie gleichermaßen Lehrer und Forscher.

Das Lehrerzimmer der Schulanlage Leutschenbach in Zürich-Oerlikon [68] befindet sich in räumlicher Nähe zur Schulverwaltung und den gemeinschaftlich genutzten Bereichen wie Bibliothek, Musikraum und Aula im 4. Obergeschoss. Die Klassenzimmer sind in den darunterliegenden Geschossen angeordnet. Im letzten Obergeschoss befindet sich die Turnhalle. Das Lehrerzimmer mit circa 140 m² integriert neben Arbeitsplätzen einen Aufenthaltsbereich mit Teeküche. Zwei anschließende Gruppenräume stehen für kleinere Besprechungen und Beratungen zur Verfügung.

Dem Lehrerzimmer der Primarschule in Riedmatt [43] ist ein Arbeitsraum zugeordnet, in dem Einzelarbeitsplätze für die Lehrer angeordnet sind. Der Lehrerbereich befindet sich im 2. Obergeschoss. Die Klassenzimmer sind auf das 1. und 2. Obergeschoss verteilt.

In dem Schulhaus in Paspels [37] ist den Klassenzimmern pro Geschoss ein kleines Lehrerzimmer zugeordnet.

Das Lehrerzimmer der Schreienesch-Schule in Friedrichshafen [66] verbindet die bestehende Grundschule mit der erweiterten und umgebauten Hauptschule. Die Lehrer beider Schulen teilen sich diesen Raum.

[50]

Erweiterung Schulanlage
Mattenhof
Dübendorfstraße 300
Zürich (CH)
B.E.R.G. Architekten

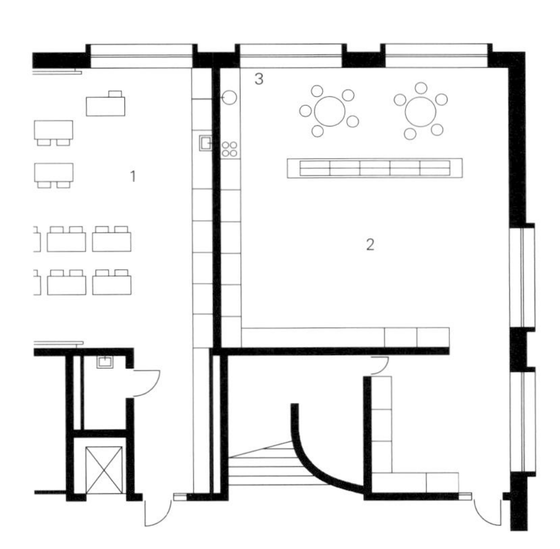

1 Klassenzimmer
2 Lehrerbereich
3 Teeküche

Grundriss EG M 1:250

[45]

Hellerup Skole
Dessaus Boulevard 10
Kopenhagen-Hellerup (DK)
Arkitema

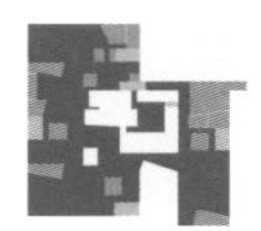

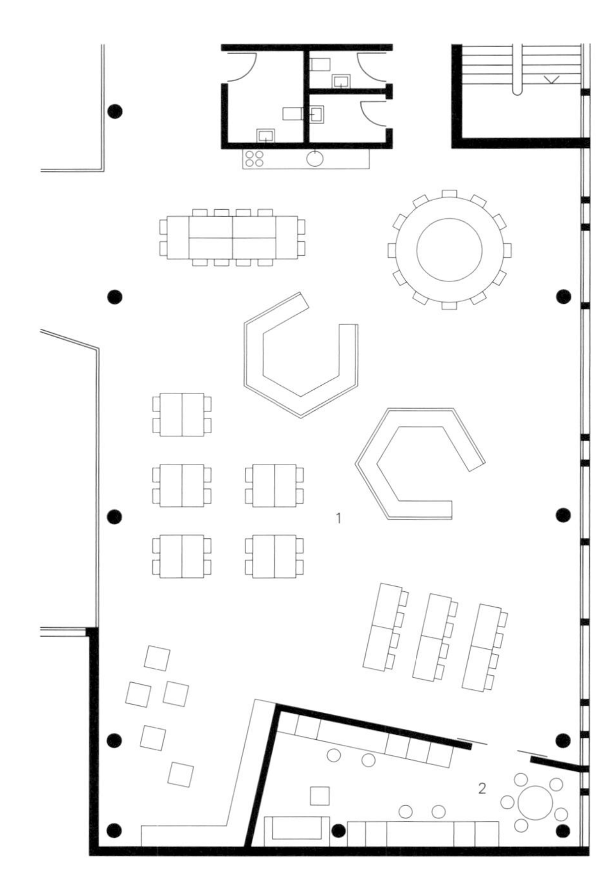

1 offene Unterrichtszone
2 Teambüro Lehrer

Grundriss 1. OG M 1:250

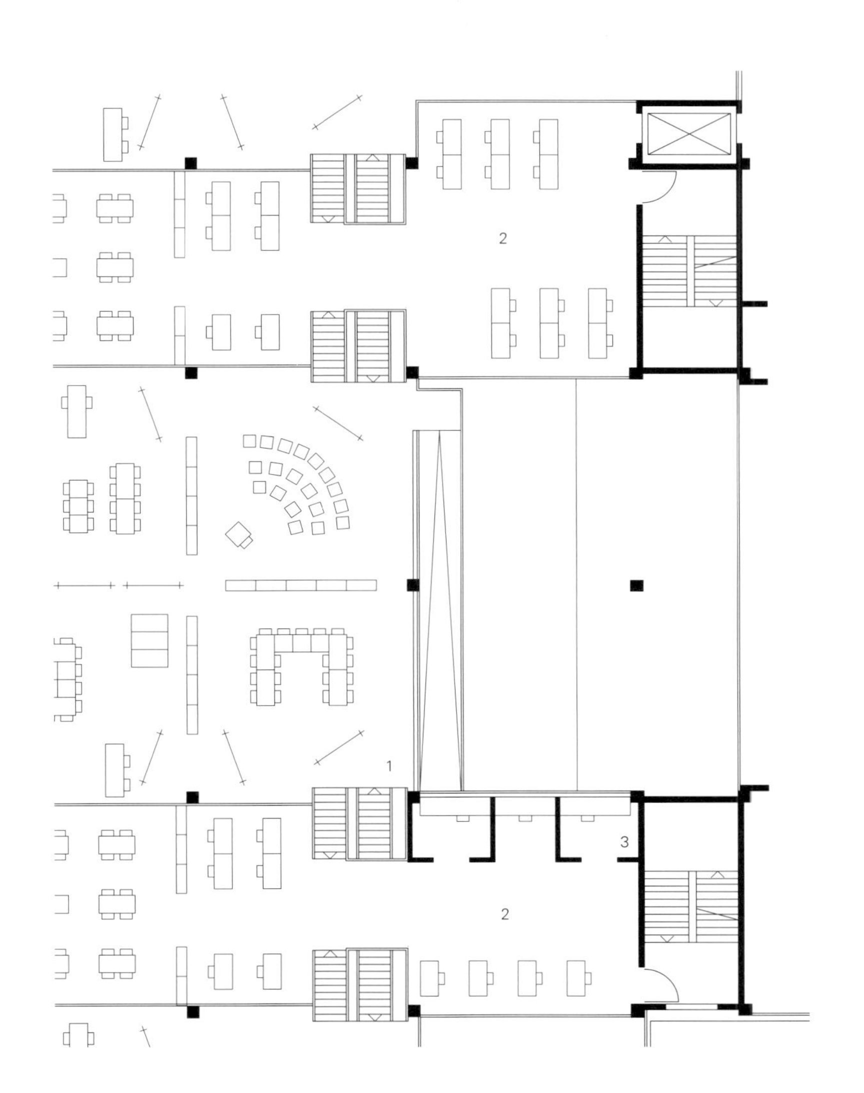

[20]

Laborschule Bielefeld
Universitätsstraße 21
Bielefeld (DE)
Ludwig Leo, Planungskollektiv Nr. 1

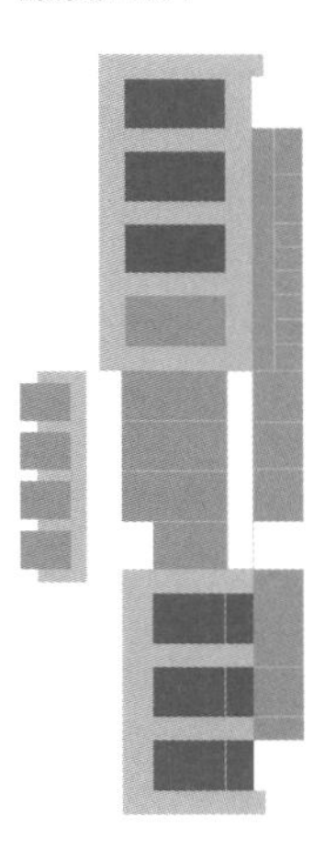

1 offene Unterrichtszone
2 Lehrerbereich
3 Einzelarbeitsplätze Lehrer

Grundriss OG M 1:250

[68]

Schulanlage Leutschenbach
Andreasstraße
Zürich-Oerlikon (CH)
Christian Kerez

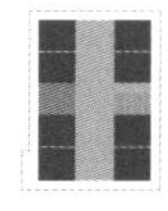

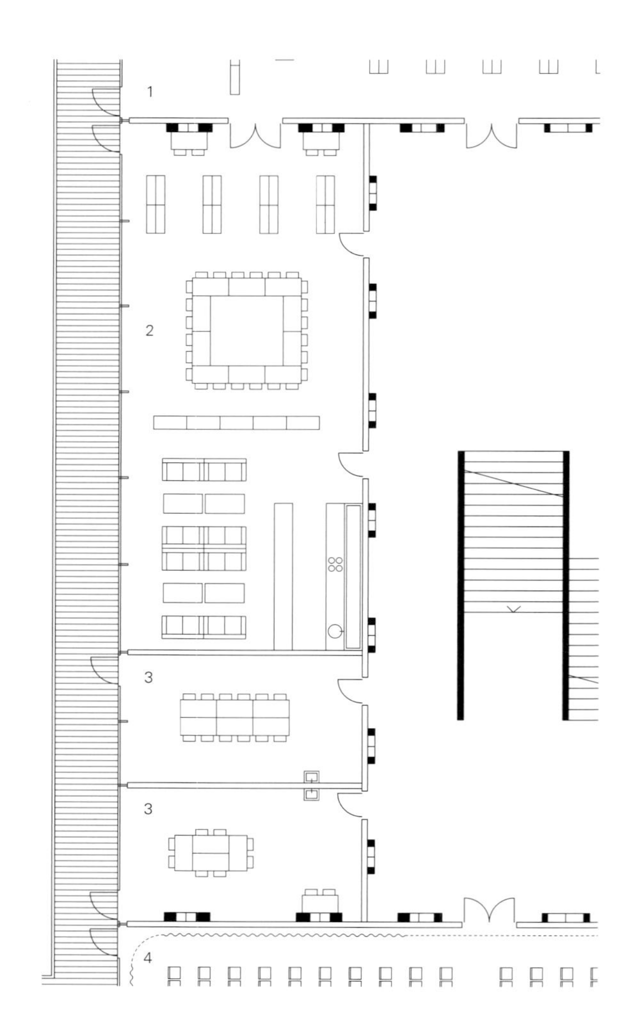

1 Bibliothek
2 Lehrerbereich mit Teeküche
3 Gruppenraum/Besprechung
4 Aula

Grundriss 4. OG M 1:250

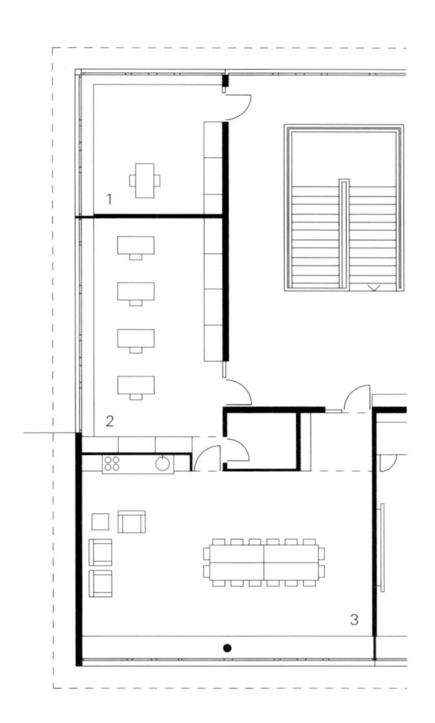

[43]

Primarschule Riedmatt
Riedmatt 41
Zug (CH)
Nägele Twerenbold
Architekten

1 Schulleiter
2 Arbeitsraum mit
Einzelarbeitsplätzen
3 Lehrerbereich mit Teeküche

Grundriss 2. OG M 1:250

[37]

Schulhaus Paspels
Schulstraße
Paspels (CH)
Valerio Olgiati

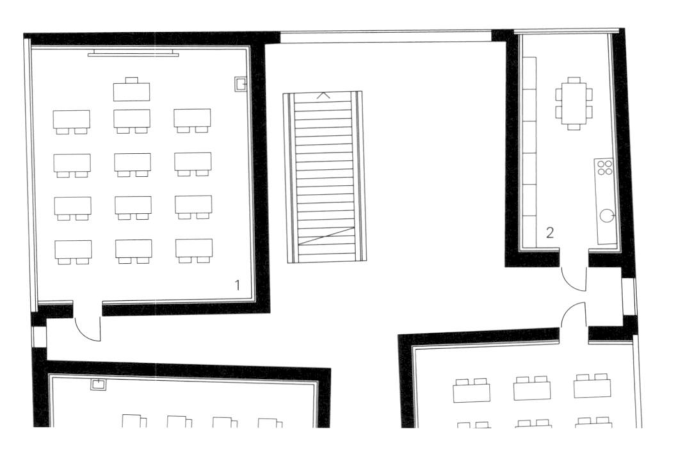

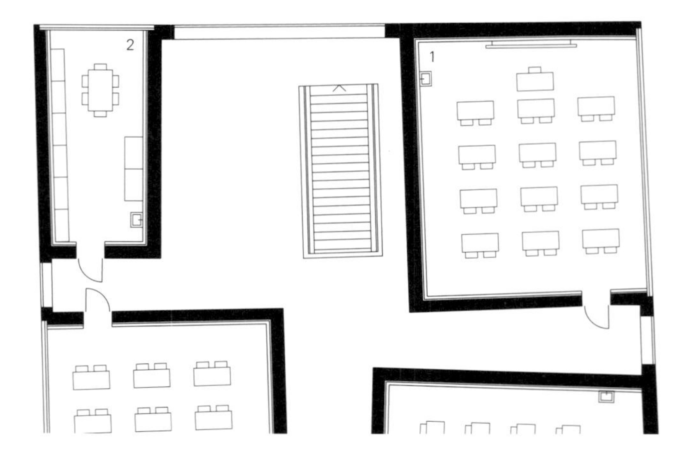

1 Klassenzimmer
2 Lehrerbereich mit
Teeküche
3 Lehrerbereich

Grundriss 1. OG, 2. OG
M 1:250

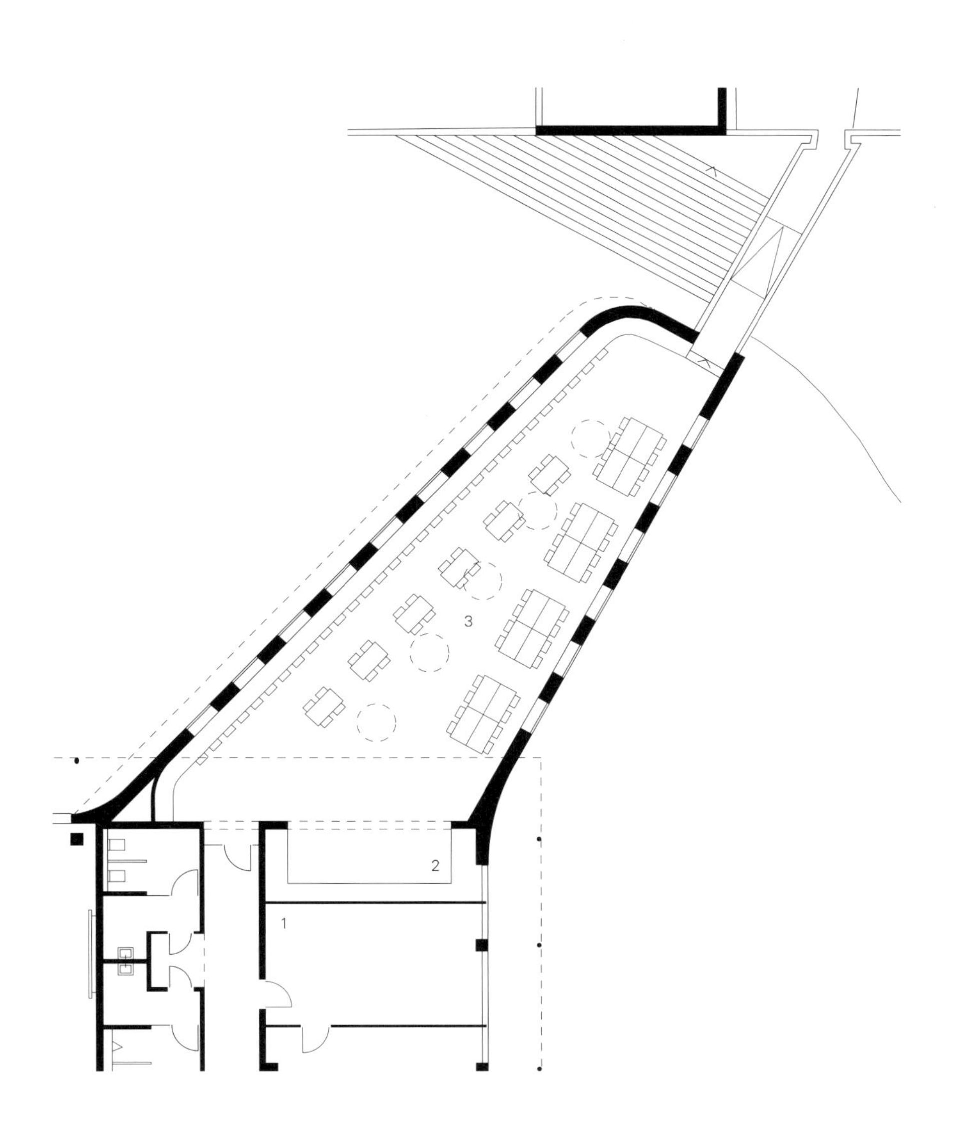

[66]

Erweiterung Schulzentrum
Schreienesch
Vogelsangstraße 23
Friedrichshafen (DE)
Lederer + Ragnarsdóttir + Oei

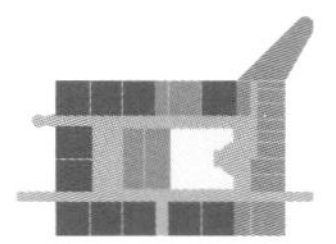

1 Schulleiter
2 Teeküche
3 Lehrerbereich

Grundriss OG M 1:250

Abstellorte

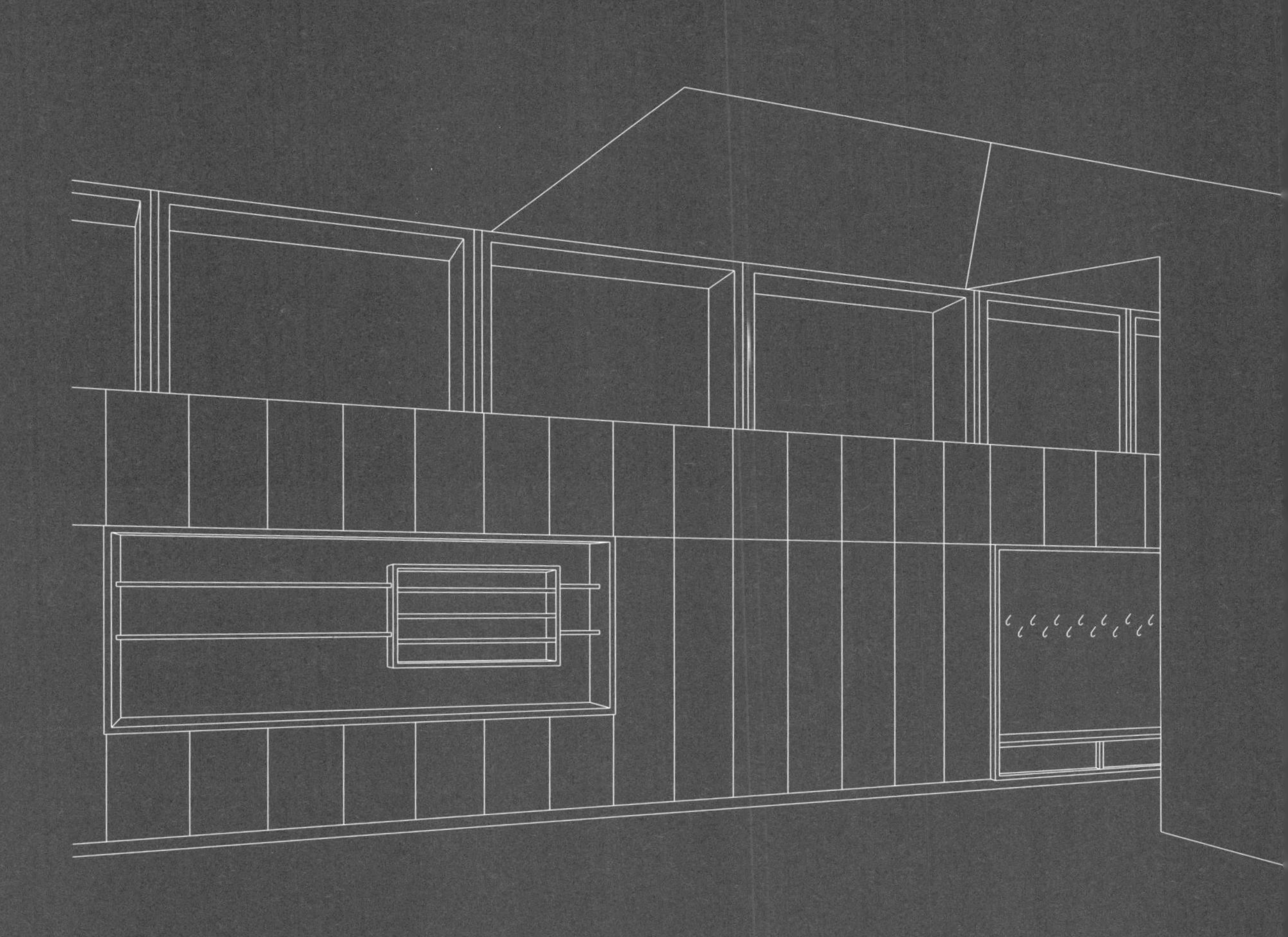

Garderobe im Klassenzimmer 221

[17] Scuola elementare Riva San Vitale
Via Monsignor Sesti 1, Riva San Vitale (CH)
Galfetti, Ruchat-Roncati, Trümpy

[56] Erweiterung Gustav-von-Schmoller-Schule
Frankfurter Straße 63, Heilbronn (DE)
Lederer + Ragnarsdóttir + Oei

[50] Erweiterung Schulanlage Mattenhof
Dübendorfstraße 300, Zürich (CH)
B.E.R.G. Architekten

Garderobe im Nebenraum 224

[07] Munkegårdsskolen
Vangedevej 178, Dyssegaard (DK)
Arne Jacobsen

[36] Lauder Chabad Schule
Rabbiner Schneerson Platz 1, Wien (AT)
Adolf Krischanitz

[26] Basisschool Polygoon
Hollywoodlaan 109, Almere (NL)
Herman Hertzberger

Garderobe im Flur 227

[59] Schulanlage Im Birch
Margrit-Rainer-Straße 5, Zürich (CH)
Peter Märkli

[08] Lagere Scholen Nagele
Ring 1, Nagele (NL)
Aldo van Eyck

[29] Erweiterung Schulanlage Vella
Sutvitg 28a, Vella (CH)
Bearth & Deplazes Architekten

Stauraum – Lehrmaterial 230

[25] Scholen Apollolaan, Montessorischool
Willem Witsenstraat 14, Amsterdam (NL)
Herman Hertzberger

[33] Öko-Hauptschule Mäder
Neue Landstraße 29, Mäder (AT)
Baumschlager Eberle

[39] Volta Schulhaus
Wasserstraße 40, Basel (CH)
Miller & Maranta

[64] Schule Weid
Weidstraße 20, Pfäffikon (CH)
Meletta Strebel Architekten

[43] Primarschule Riedmatt
Riedmatt 41, Zug (CH)
Nägele Twerenbold Architekten

Abstellorte

Man kann noch so viele Räume dafür planen, ständig sind sie voll...

Einen in allen Schulbauprogrammen vernachlässigter Nutzungsbereich stellen die Garderoben dar. Der Konflikt zwischen Brandlast und den üblichen Garderobenleisten in den Fluren ist an anderer Stelle bereits beschrieben. Selten ist die Unterbringung von Mänteln und Jacken in den Klassenräumen. Dagegen sprechen vor allem hygienische Gründe. Vor allem in den Wintermonaten, wenn die Kleidungsstücke feucht sind, ist das Klassenzimmer als Aufbewahrungsort ungeeignet.

Mit Blick auf die Umstellung der Einrichtungen zu Ganztagsschulen wird es unerlässlich sein, jedem Schüler einen Garderobenschrank zur Verfügung zu stellen. Es wäre angebracht, dafür einen eigenen Raum zu planen. Spielen Brandlasten keine Rolle, könnten auch die Flure dafür genutzt werden. Gestalterisch befriedigende Lösungen sehen im Regelfall Wandnischen vor, in der die Schränke als Einbauten integriert werden können. Bei allen diesen Lösungen ist auf eine ausreichende Belüftung geschlossener Garderoben zu achten.

Auch sollten Abstellflächen und Stauraum für Lehrmaterialien und Schülerarbeiten beim Entwerfen berücksichtigt werden. Lehrmaterialien und Schülerarbeiten können entweder in Nebenräumen, in Einbauschränken und Regalen im Klassenzimmer oder in eigens dafür konzipierten Möbeln untergebracht werden.

Größere Lagerflächen sind zusammen mit der Anlieferung zu betrachten, die so zu planen ist, dass eine vom Schulbetrieb ungestörte Anlieferung und Entsorgung gewährleistet ist. Sie soll auch von Lastwagen befahren werden können und über eine geeignete Aufstellfläche für Fahrzeuge verfügen. Größere Lagerräume sollten in der Nähe von Aufzügen liegen.

Bei Lagerräumen, die der Schulküche dienen, ist auf die Hygienevorschriften zu achten. Stuhllager, zum Beispiel für die Möblierung der Aula, sollten in direktem Anschluss an diese geplant werden.

Alle Lagerflächen in geschlossenen Räumen sind ausreichend zu belüften.

Garderobe

Garderoben können entweder im Klassenzimmer, in einem Nebenraum oder im Flur angeordnet werden.

Garderobe im Klassenzimmer

Wie erwähnt, sollten Mäntel und Jacken nicht offen im Klassenzimmer untergebracht werden. Daher sind Nischen oder dafür vorgesehene Nebenräume zu empfehlen.

Die Klassenzimmer der Primarschule in Riva San Vitale [17] gliedern sich in einen Garderoben- und einen Unterrichtsbereich, die durch bewegliche Wandtafeln und Möbel voneinander abgegrenzt werden können.

In der Gustav-von-Schmoller-Schule in Heilbronn [56] sind die Garderoben ebenfalls im Klassenzimmer angeordnet. Die Tiefe der Betonstützen wird für Garderobe, Ablage und Schränke genutzt.

Auch bei dem Schulhaus Mattenhof in Zürich [50] sind die Garderoben Teil des Unterrichtsraums. Sie befinden sich in der Eingangsnische, integriert in einen Einbauschrank, der auch Sitzbank, Waschbecken, Schrankelemente und offene Regale aufnimmt.

Garderobe im Nebenraum

In der Munkegårdsskolen in Kopenhagen [07] sind die Garderoben im Vorraum der Klassenzimmer, der auch als Gruppenraum genutzt wird, untergebracht.

Den Klassenzimmern der Lauder Chabad Schule in Wien [36] sind Garderoben- und Sanitärräume vorgelagert. Diese bilden die fünf Eingangszonen zu den Klassenzimmern.

Jeweils zwei Klassenzimmern der Grundschule in Almere [26] ist ein Block mit Toiletten, Garderoben und integriertem Waschbecken zugeordnet.

Garderobe im Flur

Um die Kleidung vor Diebstahl zu schützen, sind im Oberstufenschulhaus der Schulanlage Im Birch in Zürich-Oerlikon [59] Spinde in den Fluren vorgesehen.

In der Grundschule in Nagele [08] befinden sich die Garderoben in Nischen vor den Klassenzimmern, so dass die Flure nicht eingeengt werden und eine klare Zuordnung zu dem jeweiligen Klassenzimmer gegeben ist.

Die Flurbreite des Schulhauses in Vella [29] ist so bemessen, dass neben den Garderobenhaken an der Klassenzimmerwand eine Sitzbank entlang der Fassade untergebracht werden konnte.

[17]

Scuola elementare
Riva San Vitale
Via Monsignor Sesti 1
Riva San Vitale (CH)
Aurelio Galfetti, Flora
Ruchat-Roncati, Ivo Trümpy

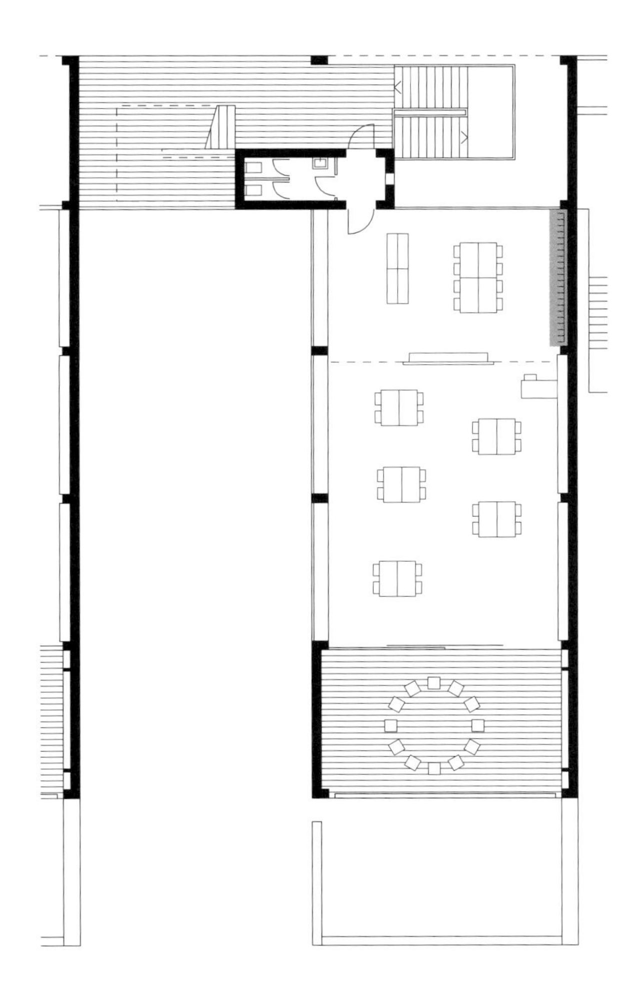

Grundriss 1. OG M 1:250

[56]

Erweiterung Gustav-von-Schmoller-Schule
Frankfurter Straße 63
Heilbronn (DE)
Lederer + Ragnarsdóttir + Oei

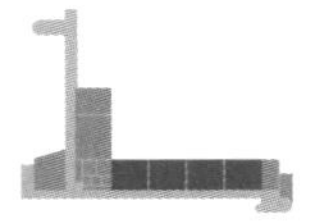

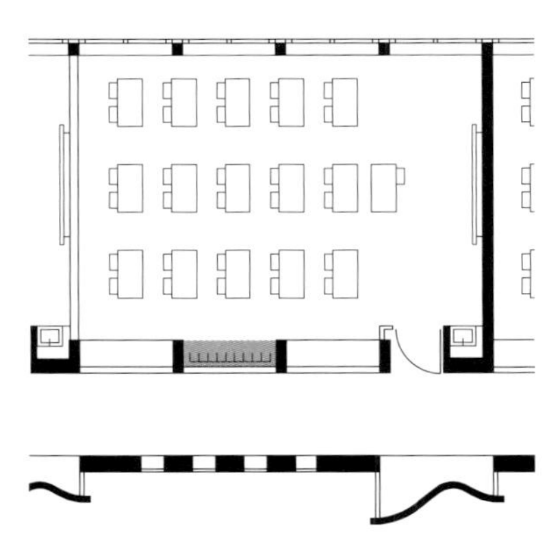

Grundriss 1. OG M 1:250

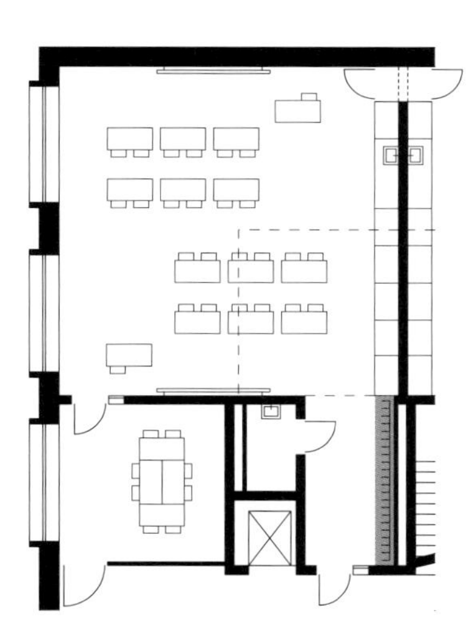

[50]

Erweiterung Schulanlage
Mattenhof
Dübendorfstraße 300
Zürich (CH)
B.E.R.G. Architekten

Grundriss OG M 1:250

[07]

Munkegårdsskolen
Vangedevej 178
Dyssegaard (DK)
Arne Jacobsen

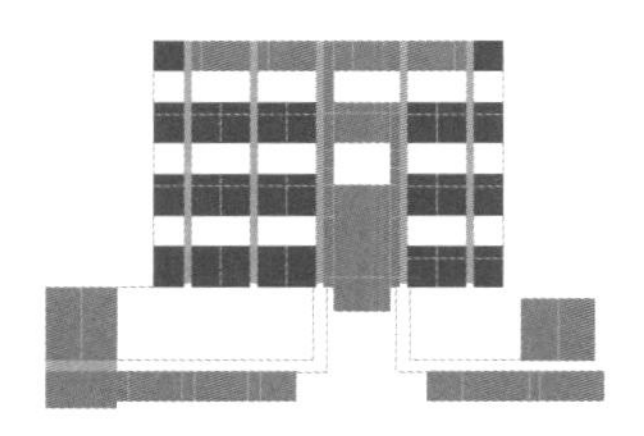

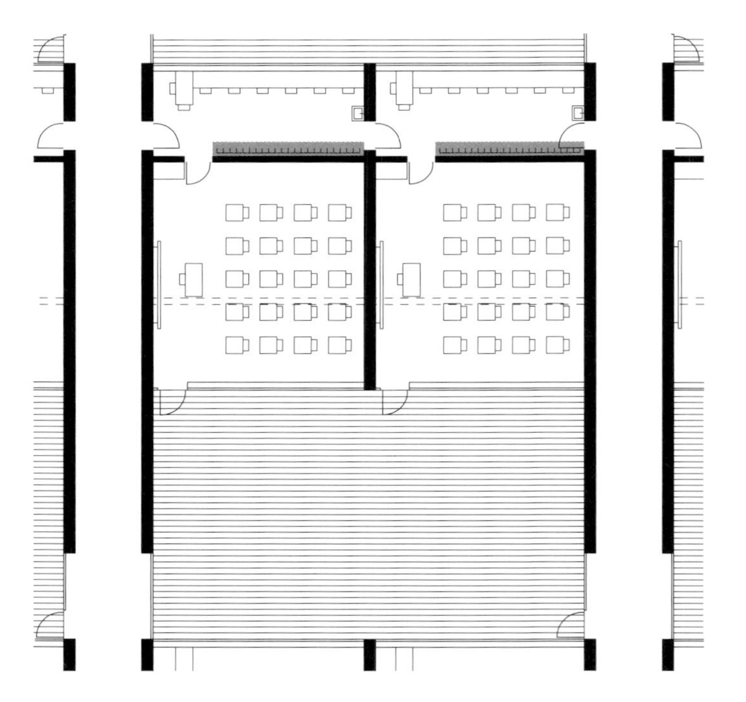

Grundriss EG M 1:250

[36]

Lauder Chabad Schule
Rabbiner Schneerson
Platz 1
Wien (AT)
Adolf Krischanitz

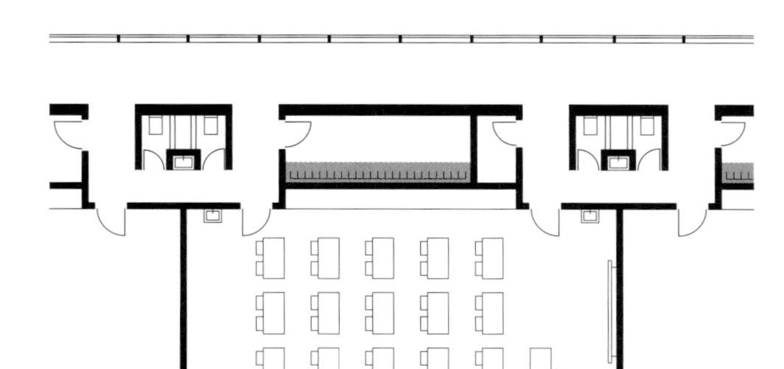

Grundriss EG M 1:250

[26]

Basisschool Polygoon
Hollywoodlaan 109
Almere (NL)
Herman Hertzberger

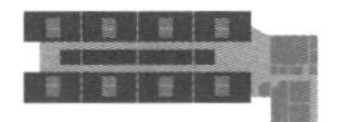

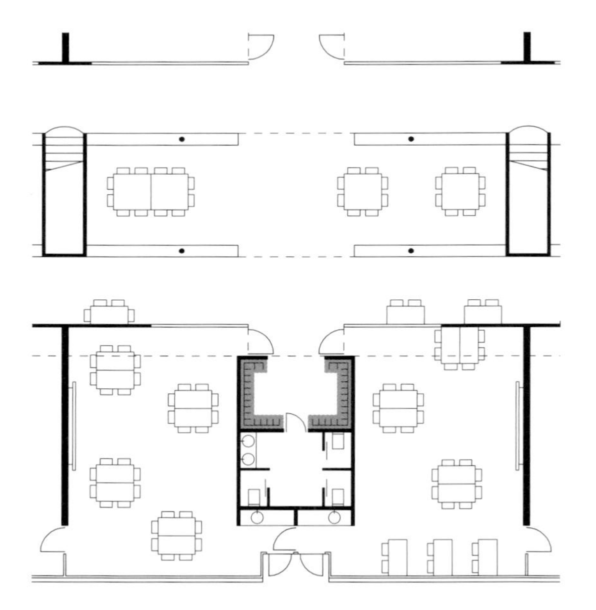

Grundriss EG M 1:250

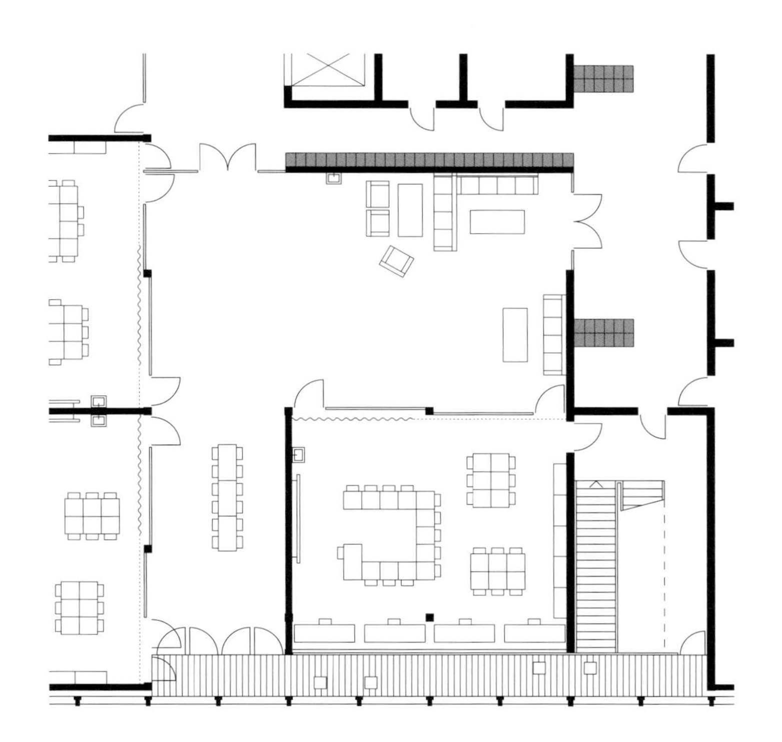

[59]

Schulanlage Im Birch
Margrit-Rainer-Straße 5
Zürich-Oerlikon (CH)
Peter Märkli

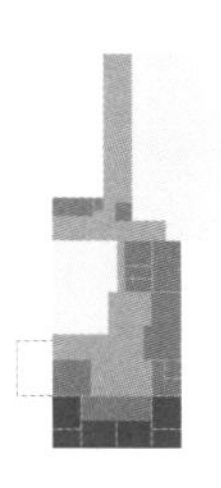

Grundriss 1. OG M 1:250

[08]

Lagere Scholen Nagele
Ring 1
Nagele (NL)
Aldo van Eyck

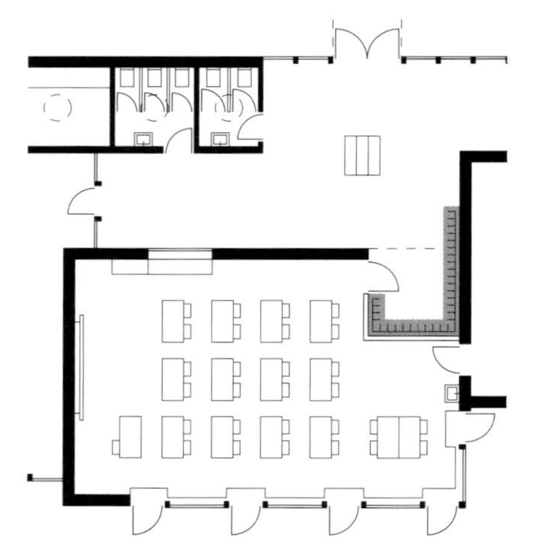

Grundriss EG M 1:250

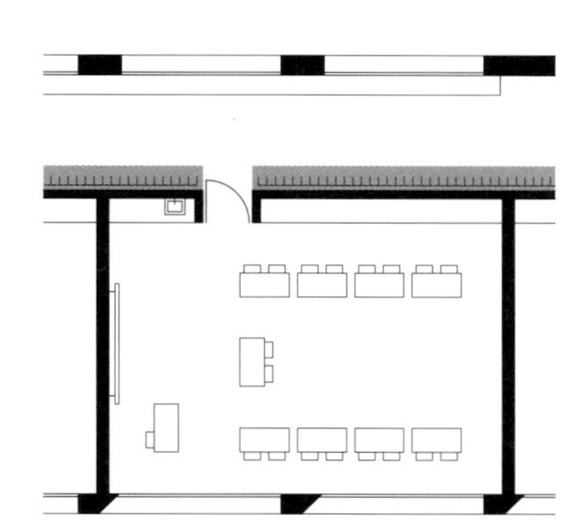

[29]

Erweiterung Schulanlage Vella
Sutvitg 28a
Vella (CH)
Bearth & Deplazes Architekten

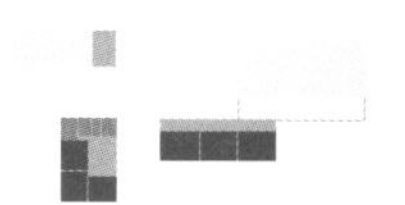

Grundriss 1. OG M 1:250

Stauraum – Lehrmaterial

In den Klassenzimmern der Montessori-Schule in Amsterdam [25] ist ein Küchenblock mit Arbeitsfläche, Regalflächen und Schubladen aufgestellt. Fensterbänke und Gesimse bilden zahlreiche Abstellmöglichkeiten für die Arbeiten der Kinder und für Lehrmaterial.

Die Fensterbänke in den Unterrichtsräumen der Öko-Hauptschule in Mäder [33] dienen einerseits als Absturzsicherung vor der Ganzglasfassade und andererseits als Ablagefächer. Die Bereiche zwischen den Betonstützen werden vom Klassenzimmer aus als Wandschränke genutzt und von der Pausenhalle aus als Garderoben.

Die Gruppenräume des Volta-Schulhauses in Basel [39] sind durch Einbauschränke von den Klassenzimmern getrennt. Diese bieten Stauraum für Lehrmaterial und integrieren die Waschbecken.

Zwischen den Klassenzimmern und dem Flurbereich der Oberstufenanlage der Schule Weid in Pfäffikon [64] befindet sich eine Zone, die Regale, Wandschränke und Waschbecken aufnimmt sowie die haustechnischen Installationen.

Die Klassenzimmer der Primarschule Riedmatt in Zug [43] haben auf der Flurseite eine Zone, in der Schrank- und Abstellflächen sowie Arbeitsnischen für Gruppenarbeiten und Computerarbeitsplätze untergebracht sind. Die tiefen Fensterbänke bieten zusätzliche Abstellflächen.

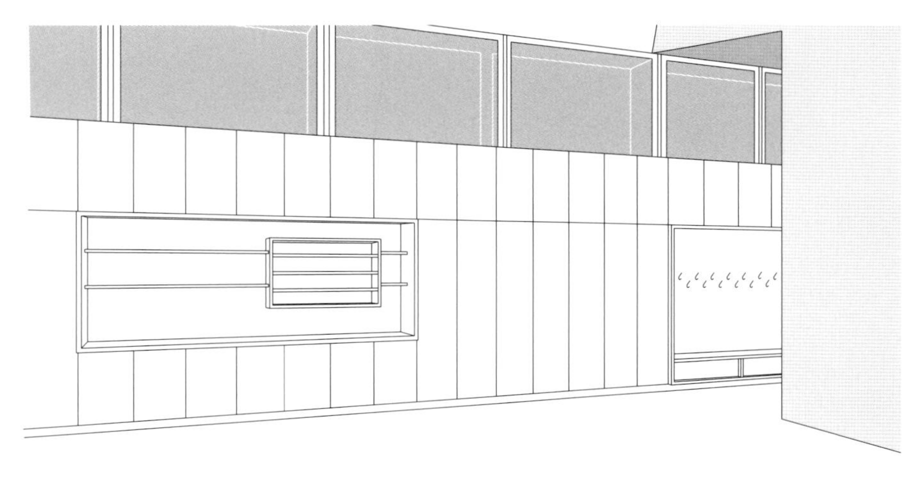

Erweiterung Schulanlage
Mattenhof
Zürch (CH)
B.E.R.G. Architekten

[25]

Scholen Apollolaan
Montessorischool
Willem Witsenstraat 14
Amsterdam (NL)
Herman Hertzberger

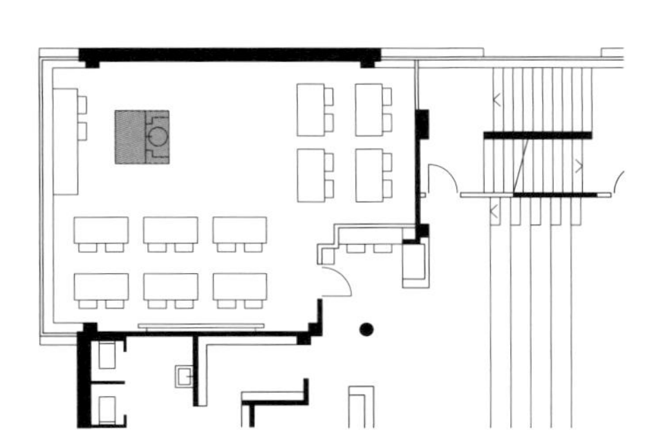

Grundriss 1. OG M 1:250

[33]

Öko-Hauptschule Mäder
Neue Landstraße 29
Mäder (AT)
Baumschlager Eberle

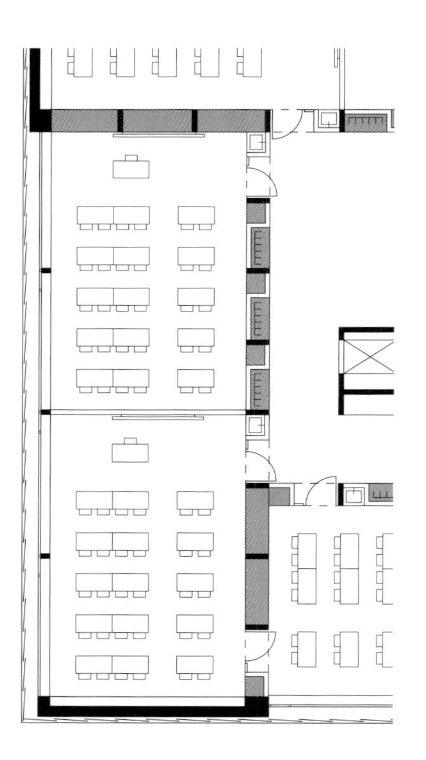

Grundriss 1.-3. OG
M 1:250

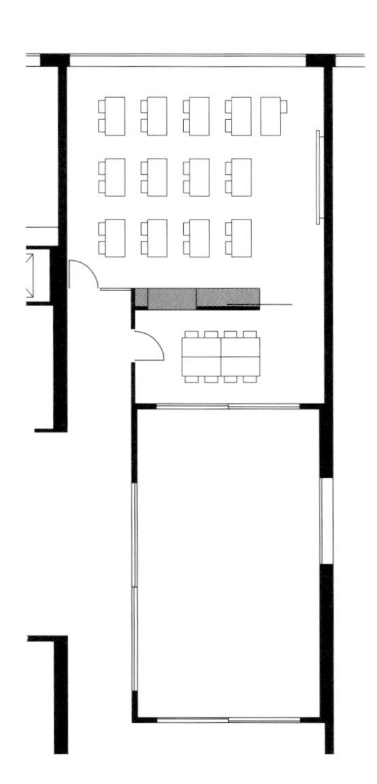

[39]

Volta Schulhaus
Wasserstraße 40
Basel (CH)
Miller & Maranta

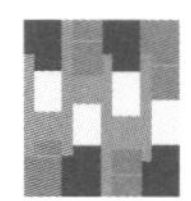

Grundriss 4. OG M 1:250

[64]

Schule Weid
Weidstraße 20
Pfäffikon (CH)
Meletta Strebel
Architekten

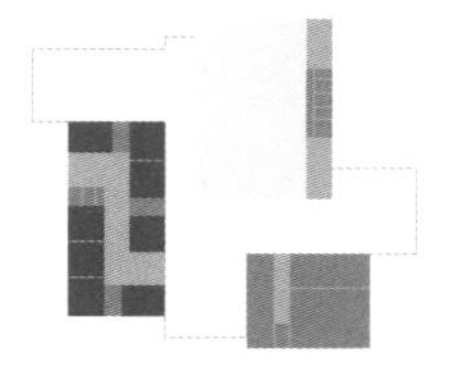

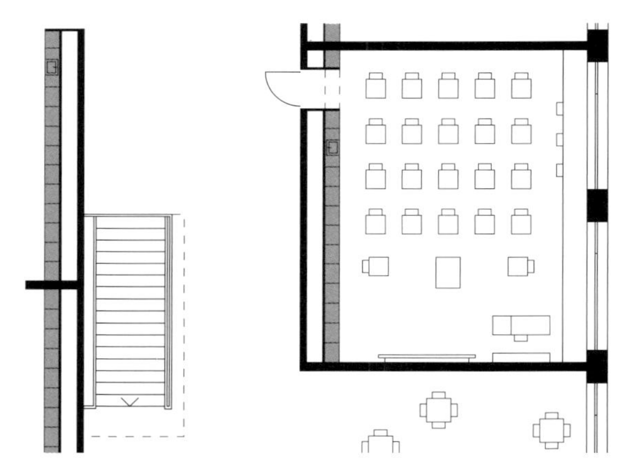

Grundriss OG M 1:250

[43]

Primarschule Riedmatt
Riedmatt 41
Zug (CH)
Nägele Twerenbold
Architekten

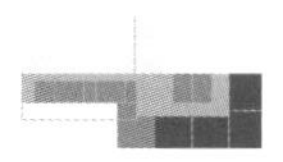

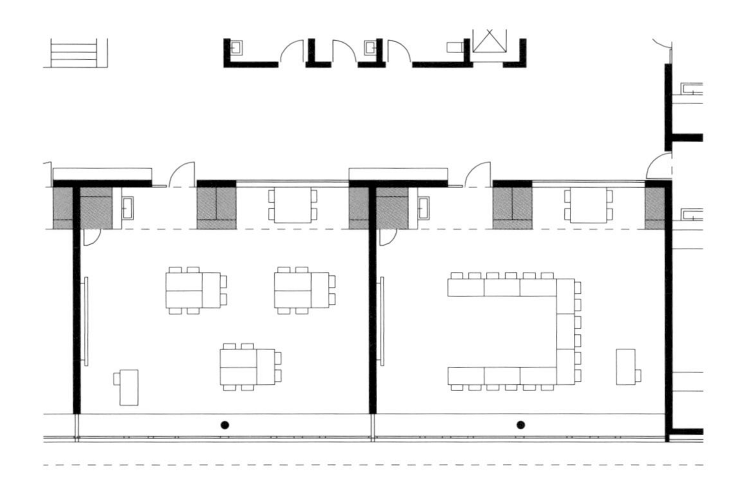

Grundriss 2. OG M 1:250

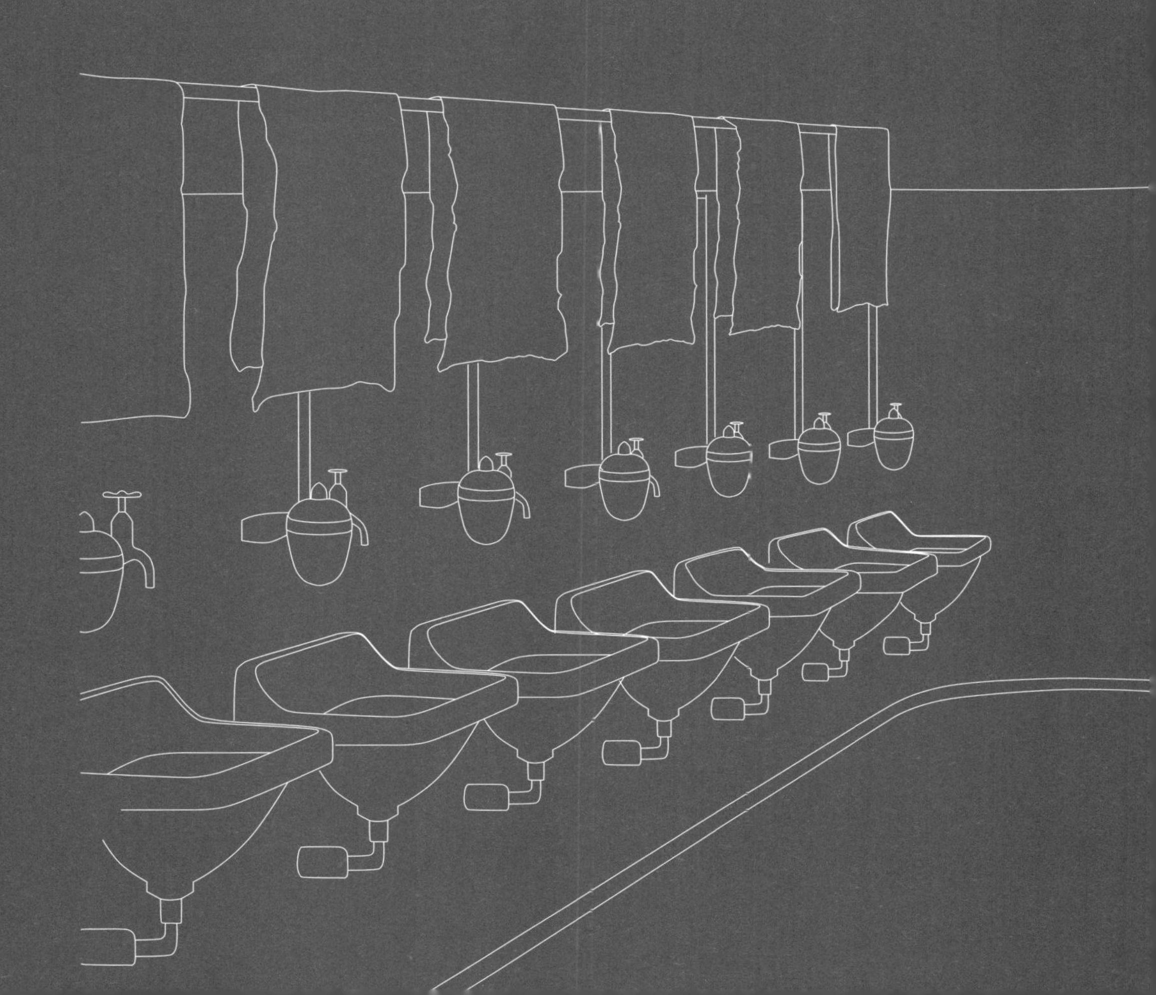

Zentrale Anordnung 240

[13] Gymnasium Andreanum
Hagentorwall 17, Hildesheim (DE)
Dieter Oesterlen

[08] Lagere Scholen Nagele
Ring 1, Nagele (NL)
Aldo van Eyck

[59] Schulanlage Im Birch
Margrit-Rainer-Straße 5, Zürich (CH)
Peter Märkli

Dezentrale Anordnung 244

[44] Gymnasium Markt Indersdorf
Arnbacher Straße 40, Markt Indersdorf (DE)
Allmann Sattler Wappner Architekten

[45] Hellerup Skole
Dessaus Boulevard 10, Kopenhagen (DK)
Arkitema

[40] Sonderpädagogisches Förderzentrum
Schottenau 10a, Eichstätt (DE)
Diezinger & Kramer

Dem Klassenzimmer zugeordnete Toilettenanlage 248

[03] Crow Island School
1112 Willow Road, Winnetka (US)
Eliel & Eero Saarinen

[36] Lauder Chabad Schule
Rabbiner Schneerson Platz 1, Wien (AT)
Adolf Krischanitz

[04] Primarschule Wasgenring
Welschmattstraße 30, Basel (CH)
Fritz Haller

Einleitung

Toiletten gehören zu den empfindlichsten Räumen des Schulhauses. Sie sollen zum Schutz der Privatsphäre nicht direkt sichtbar, auf der anderen Seite aber für jeden rasch aufzufinden sein. Für manche Schüler ist der Toilettengang mit Peinlichkeit verbunden, für andere haben sie die zusätzliche Funktion, Heimlichkeiten austauschen zu können. Freundliche Atmosphäre, absolut robuste Einrichtungsgegenstände sowie hochwertige Trennwände und Türen sind die Voraussetzung für eine ausreichende Benutzerfreundlichkeit. Meistens wird, weil man die Wichtigkeit dieser Räume unterschätzt, genau an dieser Stelle zu viel gespart, was die Anfälligkeit für Verunstaltungen und Vandalismus eher erhöht.

Am besten hat sich eine Lage in der Nähe der Treppenhäuser bewährt, was im Regelfall die Leitungsführung begünstigt. Für das hygienische Empfinden ist die Ausleuchtung mit Tageslicht von Vorteil, wiewohl grundsätzlich eine mechanische Be- und Entlüftung Standard ist. Überhaupt soll der Belüftung besondere Aufmerksamkeit gewidmet werden, weil allein schon schlechter Geruch die häufige Ursache für einen nachlässigen Umgang mit Sanitäreinrichtungen darstellt.

In Grund- und Sonderschulen ist die Höhe der Ausstattungsgegenstände auf die kleinen Kinder abzustimmen. Behindertentoiletten können, geschlechtsspezifisch getrennt, als größere Kabine in den Standardräumen integriert werden oder, wie allgemein üblich, als gesonderte Toilette ausgewiesen werden.

Die Grundrisse sollen nicht verwinkelt und eher großzügiger bemessen sein, um eine gute und leichte Reinigung zu ermöglichen. Für die Oberflächen sind grundsätzlich robuste Materialien einzusetzen, die auch dem Druck von Dampfstrahlern standhalten. Es ist gut, wenn die Toiletten in direkter Verbindung mit Putzräumen geplant werden.

Für die Lehrer und Mitarbeiter werden in der Regel gesonderte Toilettenanlagen in der Nähe der Verwaltungsräume angeordnet. Hier gibt es, was die Angaben über die Zahl von Damen- und Herrentoiletten betrifft, oft veraltete Vorschriften: Häufig werden in öffentlichen Gebäuden zu wenig Damentoiletten ausgewiesen.

Zentrale Anordnung

Zentral angeordnete Toilettenanlagen haben den Vorteil, dass sie von Schülern und Lehrern leicht aufzufinden und zu beaufsichtigen sind. Der Nachteil von zentralen Toilettenanlagen ist, dass sie oft durch ihre Größe und Gestaltung sehr anonym und nüchtern wirken. Toilettenanlagen sind Treffpunkte, Orte zum Nachschminken, Raucherecken, und Rückzugspunkte. Daher sollten sie einladend und als Aufenthaltsraum gestaltet werden. Zentrale Toilettenanlagen sind nur bei kleinen Schulanlagen sinnvoll oder wenn sie eine zentrale Einheit auf jedem Stockwerk bilden.

Im Gymnasium Andreanum in Hildesheim [13] sind die Funktionsbereiche der Schule einzelnen Baukörpern zugeordnet. Das Toilettengebäude ist zwischen den beiden zweigeschossigen Klassentrakten angeordnet. Eine überdeckte Pausenhalle stellt die Verbindung zu diesen her. Der WC-Block mit dem Vordach schirmt die vor den Klassenfronten liegenden Grünflächen gegen den Pausenhof ab. Durch ihre Lage zwischen den Klassenzimmertrakten sind die Toiletten auch vom Pausenhof aus gut zu erreichen.

Die sanitären Anlagen der Grundschule in Nagele [08] bilden mit dem Versammlungs- und Handarbeitsraum das Verbindungsglied der zwei Klassengruppen, die aus je drei Klassen mit einer gemeinsamen quadratischen Halle bestehen. Die Toilettenanlage ist zweigeteilt, so dass sie jeweils von den Hallen der Klassengruppen aus erreichbar sind.

Die Toilettenanlagen in der Sekundarschule Im Birch in Zürich-Oerlikon [59] sind geschossweise angeordnet und Teil des innenliegenden, zentralen Kerns, der alle Nebenräume und die Aufzugsanlage umfasst. Um den Kern sind die Klassenzimmer, die sich mit einem zentralen gemeinsamen Arbeitsbereich zu jeweils zwei Clustern gruppieren, sowie Fachräume angeordnet.

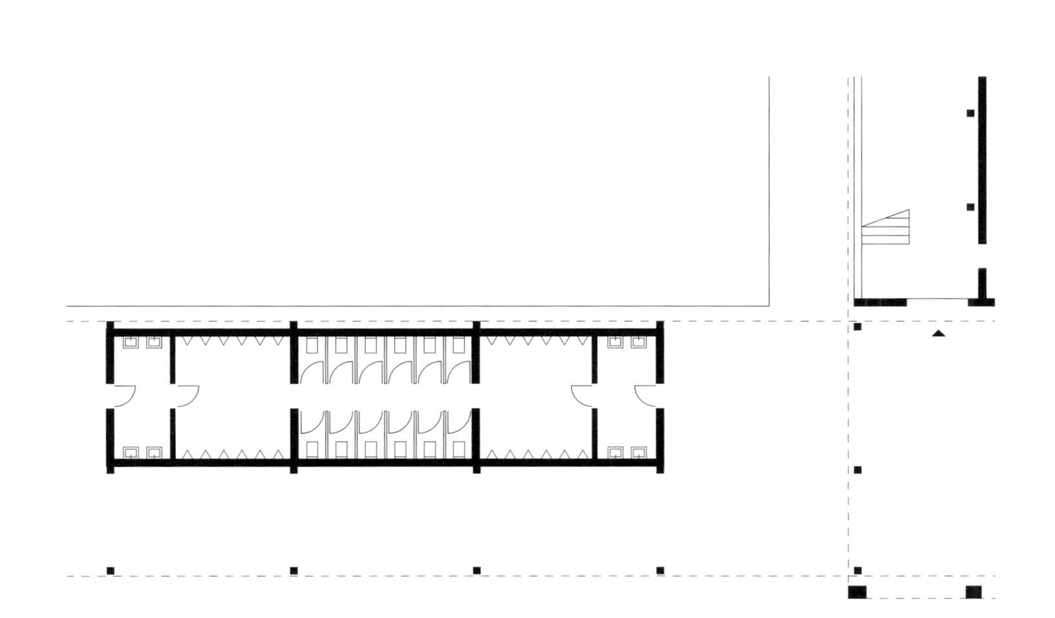

[13]

Gymnasium Andreanum
Hagentorwall 17
Hildesheim (DE)
Dieter Oesterlen

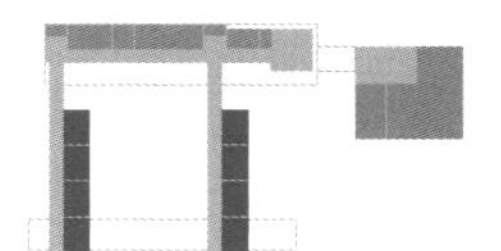

Grundriss 1.UG M 1:250

[08]

Lagere Scholen Nagele
Ring 1
Nagele (NL)
Aldo van Eyck

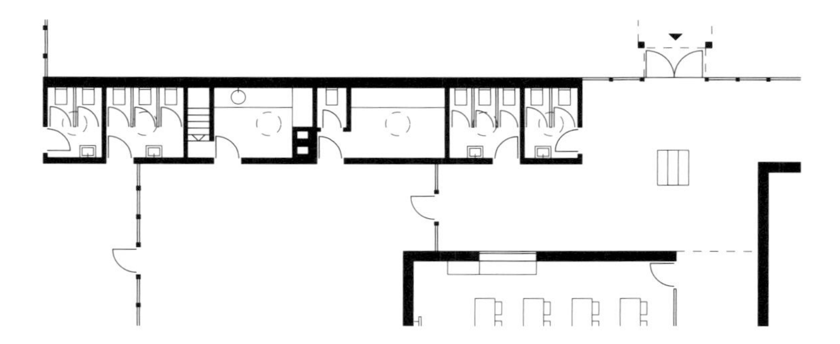

Grundriss EG M 1:250

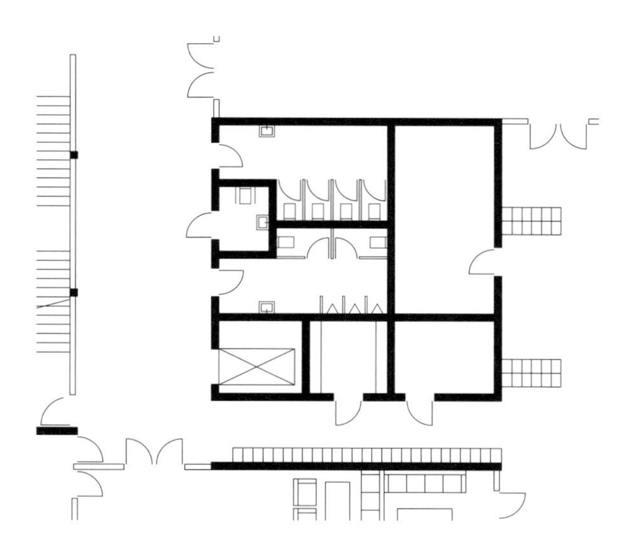

[59]

Schulanlage Im Birch
Margrit-Rainer-Straße 5
Zürich-Oerlikon (CH)
Peter Märkli

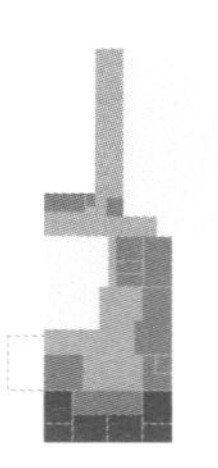

Grundriss 1. OG M 1:250

Dezentrale Anordnung

Dezentrale Toilettenanlagen sind meist Toilettenräume mit einer kleineren Anzahl von Toiletten und Waschbecken. Eine einladendere Gestaltung gegenüber zentralen großen Toilettenanlagen wird durch die Raumgröße erleichtert. Dezentrale Toilettenanlagen sind einer Gruppe von Klassenzimmern zugeordnet und oft in innenliegenden Bereichen des Schulgebäudes angeordnet.

Die Toilettenanlagen des Gymnasiums in Markt Indersdorf [44] sind jeweils in den Ecken des aufgeständerten Rechtecks angeordnet. Mädchen- und Jungentoiletten sind räumlich voneinander getrennt. Die Behindertentoiletten befinden sich in den Obergeschossen in der Nähe des Aufzugs jeweils im Anschluss an einen Toilettenraum.

Die Toiletten der Hellerup Skole in Kopenhagen [45] sind mit den Teambüros der Lehrkräfte und den Fluchttreppenhäusern die einzigen abgeschlossenen Räume in den offenen Geschossflächen. Sie werden über eine offene Treppenhalle erschlossen. Die WC-Räume und Lehrerbüros teilen die Arbeitsflächen in kleinere und größere Teilflächen.

Die WC-Anlagen des Sonderpädagogischen Förderzentrums in Eichstätt [40] sind in den inneren Ecken des Kammgebäudes angeordet. Mädchen-, Jungen- und Behindertentoiletten sind in einem Block zusammengefasst, so dass eine leichte Orientierung gewährleistet ist.

[44]

Gymnasium Markt Indersdorf
Arnbacher Straße 40
Markt Indersdorf (DE)
Allmann Sattler Wappner
Architekten

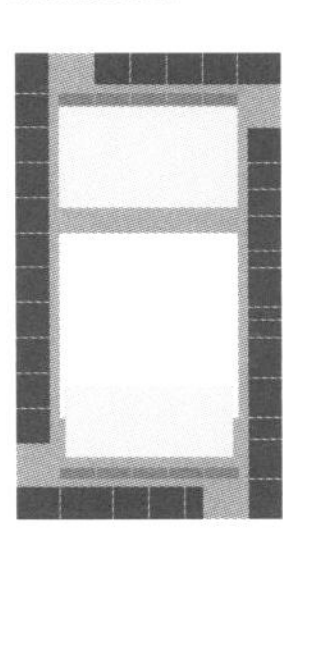

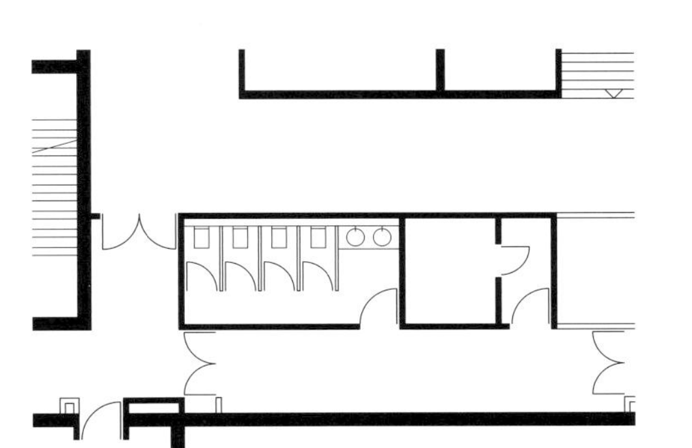

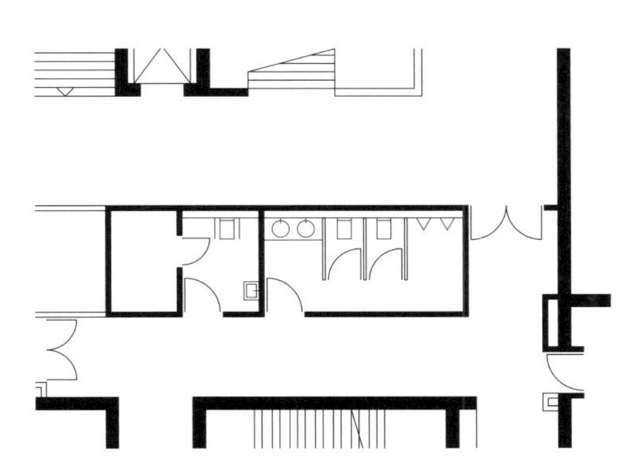

Grundriss 1. OG M 1:250

[45]

Hellerup Skole
Dessaus Boulevard 10
Kopenhagen-Hellerup (DK)
Arkitema

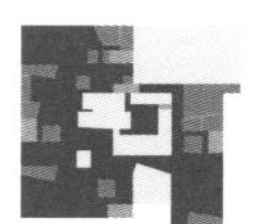

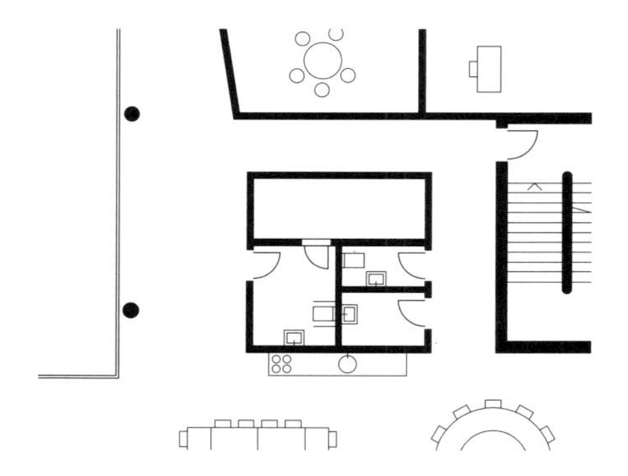

Grundriss 1. OG M 1:250

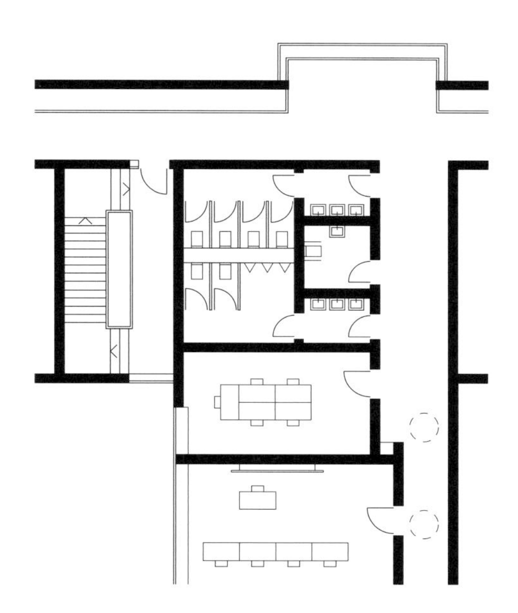

[40]

Sonderpädagogisches
Förderzentrum
Schottenau 10a
Eichstätt (DE)
Diezinger & Kramer

Grundriss 1. OG M 1:250

Dem Klassenzimmer zugeordnete Toilettenanlagen

Die VDI-Richtlinien weisen darauf hin, dass die Wasch- und Toilettenräume bei Kindergärten direkt dem Gruppenraum zuzuordnen sind. Für die Planung von Sanitärräumen in Schulen findet man diesen Hinweis nicht. Es macht jedoch durchaus Sinn, diese Leitlinie auch bei der Planung von Grundschulen zu berücksichtigen. Auch Toiletten bilden einen Bestandteil der Umgebung des Erziehungsgeschehens. Es erscheint deshalb sinnvoll, jede Klasse als eine möglichst vollständige und unabhängige Einheit zu gestalten.

Die Toiletten der Crow Island School in Winnetka **[03]** sind den einzelnen Klasseneinheiten zugeordnet. Jede Klasseneinheit besteht aus einem Hauptraum, einem Arbeits- oder Gruppenraum, einem Gartenhof für den Freiluftunterricht sowie zwei WCs. In der Oberstufe sind die Toiletten nach Geschlecht getrennt, während sie in der Unterstufe gemeinsam genutzt werden. Die Höhe der Sanitärobjekte differiert gemäß den Altersstufen.

Den Klassenzimmern der Lauder Chabad Schule in Wien **[36]** ist eine Eingangszone mit Umkleide- und Sanitärräumen vorgelagert. Die Anordnung der Vorräume mit den WCs und den Garderobenräumen, bezogen auf das Achsraster, ermöglicht eine variable Anordnung der Zwischenwände und somit die Möglichkeit, ein-, zwei- oder dreiachsige Räume zu schaffen.

Die zweigeschossigen Pavillons der Primarschule Wasgenring in Basel **[04]** enthalten vier Unterrichtsräume, die Treppen- und Garderobenhalle und einen eingeschossigen Anbau mit dem Eingang und den Toiletten. Ursprünglich waren vier Pavillons für die Mädchenschule und drei Pavillons für die Knabenschule vorgesehen. Weitere Toiletten befinden sich in dem eingeschossigen Mittelbau, der die Aula, die Bibliothek, den Lehrerbereich, Nebenräume und die Hausmeisterräume beherbergt.

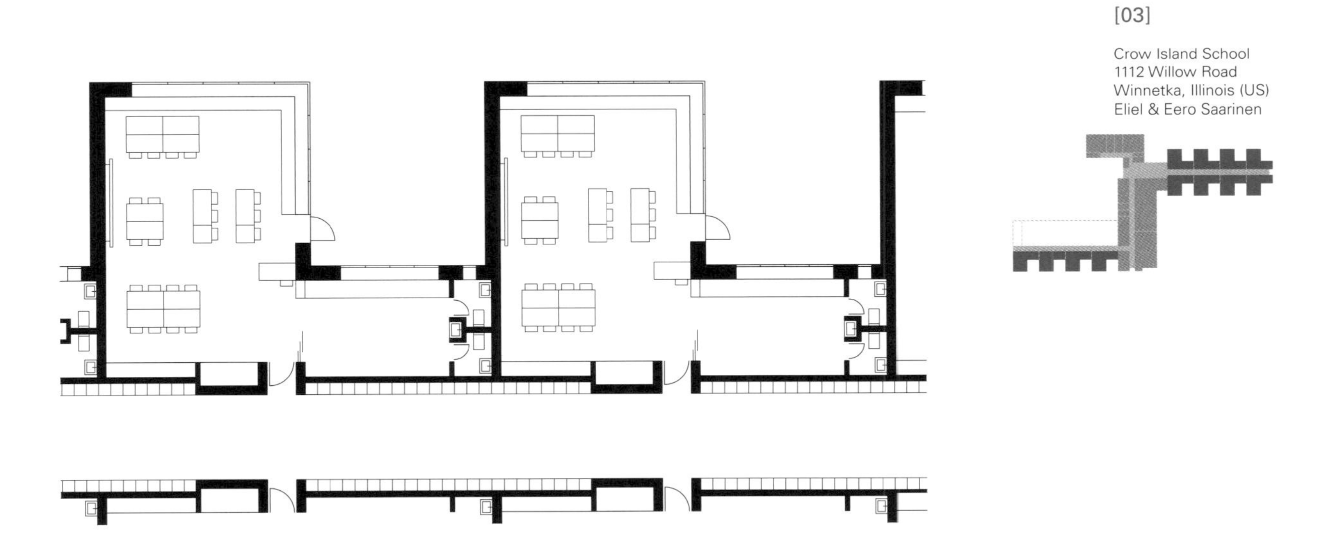

[03]

Crow Island School
1112 Willow Road
Winnetka, Illinois (US)
Eliel & Eero Saarinen

Grundriss EG M 1:250

[36]

Lauder Chabad Schule
Rabbiner Schneerson
Platz 1
Wien (AT)
Adolf Krischanitz

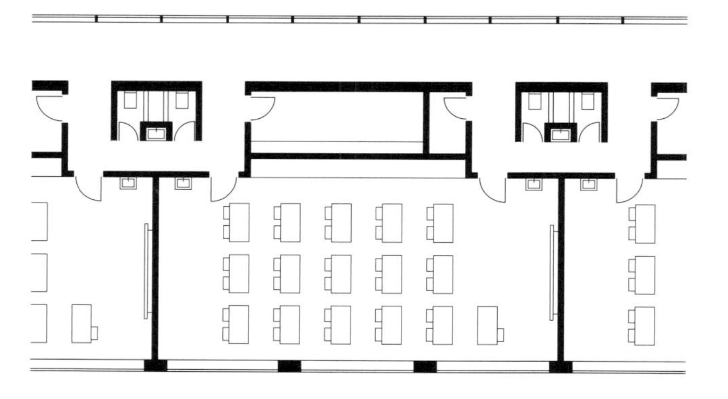

Grundriss EG M 1:250

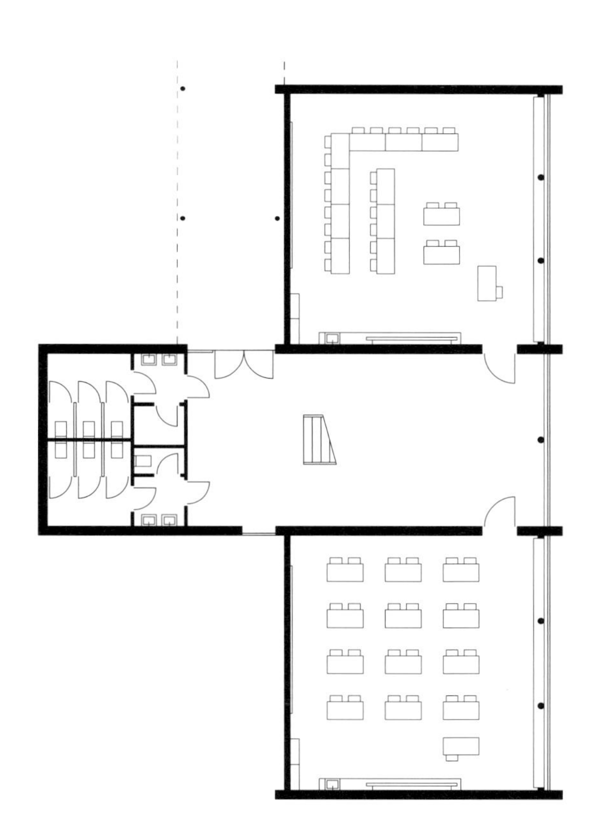

[04]

Primarschule Wasgenring
Welschmattstraße 30
Basel (CH)
Fritz Haller

Grundriss EG M 1:250

Pausenbereich

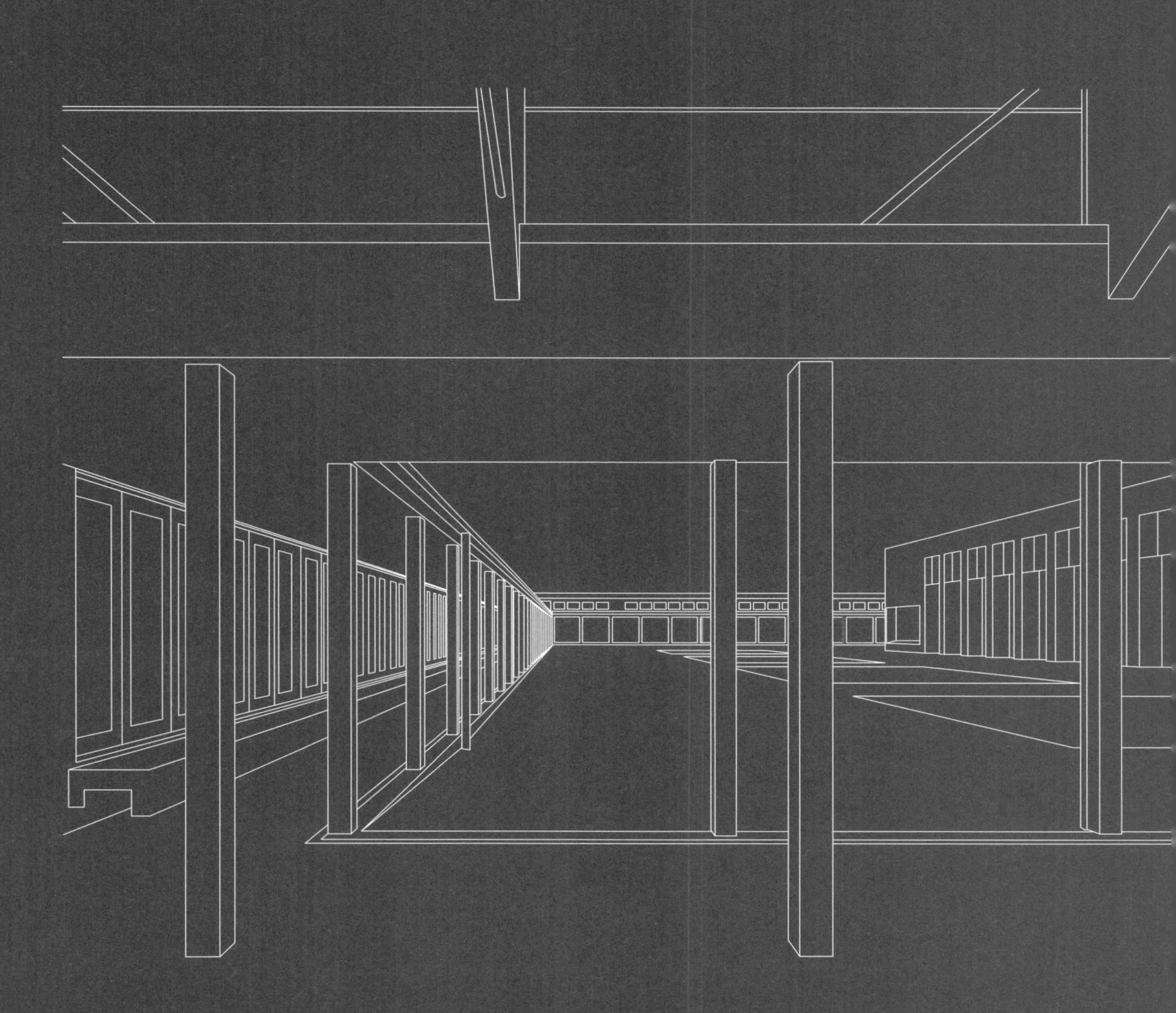

Schulhof 256

[48] Schulzentrum im Scharnhauser Park
Gerhard-Koch-Straße 6, Ostfildern (DE)
Lederer + Ragnarsdóttir + Oei

[47] Schule am Mummelsoll
Eilenburger Straße 4, Berlin (DE)
Grüntuch Ernst Architekten

[27] Scuola elementare
El Cunvént 4, Monte Carasso (CH)
Luigi Snozzi

[21] Scuola Media Cantonale
Via Saleggi 3, Losone (CH)
Aurelio Galfetti, Livio Vacchini

[38] Salem International College
Kurt-Hahn-Straße 1, Überlingen (DE)
Lederer + Ragnarsdóttir + Oei

[15] Kristofferskolan
Marklandsbacken 11, Stockholm (SE)
Erik Asmussen

[19] Waldorfschule Uhlandshöhe
Haußmannstraße 44, Stuttgart (DE)
Rolf Gutbrod, Wolfgang Henning

Pausenflächen auf dem Dach 264

[11] Kantonsschule Freudenberg
Gutenbergstraße 15, Zürich-Enge (CH)
Jacques Schader

[61] Marie-Curie-Gymnasium
Marie-Curie Straße 1, Dallgow-Döberitz (DE)
Grüntuch Ernst Architekten

[18] Gymnasium Christianeum
Otto-Ernst-Straße 34, Hamburg (DE)
Arne Jacobsen

Überdachter Pausenbereich 268

[06] Sekundarschule Letzi
Espenhofweg 60, Zürich (CH)
Ernst Gisel

[57] Minami-Yamashiro Primary School
Minami Yamashiro, Kyoto (JP)
Richard Rogers Partnership

[17] Scuola elementare Riva San Vitale
Via Monsignor Sesti 1, Riva San Vitale (CH)
Galfetti, Ruchat-Roncati, Trümpy

Differenzierte Hofflächen 272

[12] Vogelsangschule
Paulusstraße 30, Stuttgart (DE)
Behnisch & Partner

[23] Scuola Media Cantonale
Via Stefano Franscini 30, Morbio Inferiore (CH)
Mario Botta

[25] Scholen Apollolaan, Montessorischool
Willem Witsenstraat 14, Amsterdam (NL)
Herman Hertzberger

Pausenbereich innen 276

[11] Kantonsschule Freudenberg
Gutenbergstraße 15, Zürich (CH)
Jacques Schader

[35] Schulhaus Fläsch
Patschär, Fläsch (CH)
Pablo Horváth

[14] Geschwister-Scholl-Gymnasium
Holtgrevenstraße 2-6, Lünen (DE)
Hans Scharoun

Einleitung

Das Wort Pause wird mit „nichts tun" verbunden. In Pausen geschieht aber das Gegenteil. Kann man für Klassenzimmer eine klare funktionelle Beschreibung liefern, so tut man sich bei der Pause schwer: spielen, rennen, gehen, sitzen, anlehnen, ausruhen, gammeln, sich unterhalten, allein, zu zweit oder in Gruppen sein, essen, trinken, streiten, schreien, Geheimnisse austauschen, Ärger abbauen, die Sonne genießen, Schatten aufsuchen und so weiter. Es genügt also nicht, für den Pausenbereich, der sich zunächst einmal im Freien befindet, lediglich eine angemessene Fläche auszuweisen. Als Faustregel kann man 4 bis 5 m^2 pro Schüler rechnen, etwa 10 % davon sollten regengeschützt geplant werden. Der Bereich sollte in unterschiedliche Funktionsbereiche aufgeteilt sein:

- Für Spiele eine befestigte Fläche. Dabei soll der Belag für Spiel- und Sportgeräte mit kleinen Rollen geeignet sein. Es ist gut, wenn die Oberfläche sich mit Kreide bemalen lässt.
- Grünfläche (Rasen) mit Sitzbänken, bei geneigtem Gelände auch Sitzstufen
- Für Schattenzonen Baumpakete, Pergolen oder Schattendächer, kombiniert mit Sitzmöglichkeiten und Abfallkörben
- Freifläche für Aufführungen, Konzert, Theater, Schulfest
- Platz für Spielgeräte

Es ist gut, wenn dem Pausenhof eine Toilettenanlage zugeordnet ist. Im Regelfall werden die Toilettenräume im Erdgeschoss des Schulhauses so organisiert, dass sie auch von außen zugänglich sind und zwischen außen und innen eigene Schließbereiche gebildet werden können.

Die Anlage von Pausenräumen richtet sich auch nach den Altersstufen. Hat man es mit einer Mischung von älteren und jungen Schülern zu tun, ist es günstig, getrennte Bereiche für die jüngeren Schüler, besonders für Erstklässler, auszuweisen. Wegen der Aufsichtspflicht der Schule ist eine gute Übersicht über die Pausenflächen notwendig. Ferner sollte bei Pausenflächen eine sichtbare Abtrennung zum öffentlichen Raum erfolgen, um den Bereich, in dem Aufsichtspflicht besteht, deutlich zu markieren. Manche Schulen wünschen sich aus Sicherheitsgründen bauliche oder pflanzliche Abgrenzungen.

Klassische Spielgeräte, Sandkasten, Schaukeln, Klettergerüste und so weiter sind bei Schulen der ersten fünf Jahrgangsstufen, sofern der Platz ausreicht, willkommen. Inzwischen gibt es aber auch ein großes Angebot an Spielgeräten für Erwachsene, bei deren Bedienung Geschicklichkeit und Muskelaufbau trainiert werden. Sie sind für Einzelne ein sehr guter Ausgleich zum Unterricht und die dabei überwiegend sitzende Tätigkeit. Für Gruppenspiele eignen sich nach wie vor Felder für Ballspiele oder auch Tischtennisanlagen.

Für kleine Pausen sind Flächen innerhalb des Hauses auszuweisen. Sie sind wechselseitig mit jenen Flächen zu nutzen, die in Fluraufweitungen als zusätzliche Raumangebote für Gruppen- und Einzelarbeit dienen. Ein eigener Aufenthaltsraum für Schüler, die vor und nach dem Unterricht in der Schule sind, kann ebenfalls für Pausen genutzt werden. Allerdings sind solche Pausenflächen im Inneren der Gebäude hinsichtlich der akustischen Störungen, die von ihnen ausgehen, problematisch, da eigens dafür geplante Räume in Errichtung und Unterhalt kaum zu finanzieren sind.

Schulhof

Schulhöfe sollen einsehbar sein und eine deutliche Abtrennung zum öffentlichen Raum aufweisen. Gleichzeitig ist eine Nutzung der Außenanlagen durch die Bewohner des Stadtteils außerhalb der Unterrichtszeit wünschenswert. Um beides zu erreichen, sind unterschiedliche Entwurfsansätze denkbar:

Zweiseitige Begrenzung

Die Schule im Scharnhauser Park in Ostfildern [48] definiert die neue Stadtkante des ehemaligen Kasernenareals. Das Schulgebäude und die Sporthalle spannen einen differenziert gestalteten Pausenhof auf, der auf der Nordseite durch eine Mauer begrenzt ist, die der bogenförmigen Stadtbahntrasse folgt.

Dreiseitige Begrenzung

Der Schulhof der Schule am Mummelsoll in Berlin [47] wird begrenzt durch den Haupttrakt mit den Unterrichtsräumen, die Turnhalle mit dem Badebereich und den buntverglasten eingeschossigen Verbindungsgang. Dieser bildet den Filter zur Straße und vermindert die Lärmbelästigung durch die Straße.

Die Primarschule in Monte Carasso [27] ist in einem umgebauten und erweiterten Kloster untergebracht. Der Pausenhof wird an zwei Seiten von den Arkaden begrenzt sowie von der angebauten Kirche. Er öffnet sich zum Dorf hin. Der ehemalige Klosterhof dient nicht nur als Schulhof, sondern steht auch der Öffentlichkeit zur Verfügung.

Allseitige Begrenzung

Die Klassenzimmer der Mittelschule in Losone [21] sind in vier gleichen, nicht miteinander verbundenen Gebäudeteilen untergebracht, die zusammen einen geschlossenen Platz bilden.

Im Zentrum des Salem College in Überlingen [38] befindet sich die Aula. Dieses zentrale Gebäude und die angrenzende „Schlange" aus Klassenzimmern umfassen den Schulhof. Durch die Verlängerung der „Schlange" in Richtung See und die Öffnung der Mensa im Aulagebäude weitet sich der Schulhof in Richtung des Bodensees auf.

Dorfplatz

Das Aulagebäude der Waldorfschule Kristofferskolan in Stockholm [15] bildet mit den Zweier- und Viererpavillons der Unterstufen einen zentralen Platz, der durch die kleinen Häuser und den Arkadengang einem Dorfplatz ähnelt.

Die verschiedenen Gebäude der Waldorfschule Uhlandshöhe in Stuttgart [19] formen einen Schulcampus, der einem Dorf sehr ähnlich ist. Unterschiedlich große Plätze in unterschiedlichen Formen mit Bäumen und Sitzbänken charakterisieren diesen Pausenhof.

[48]

Schulzentrum im Scharn-
hauser Park
Gerhard-Koch-Straße 6
Ostfildern (DE)
Lederer + Ragnarsdóttir + Oei

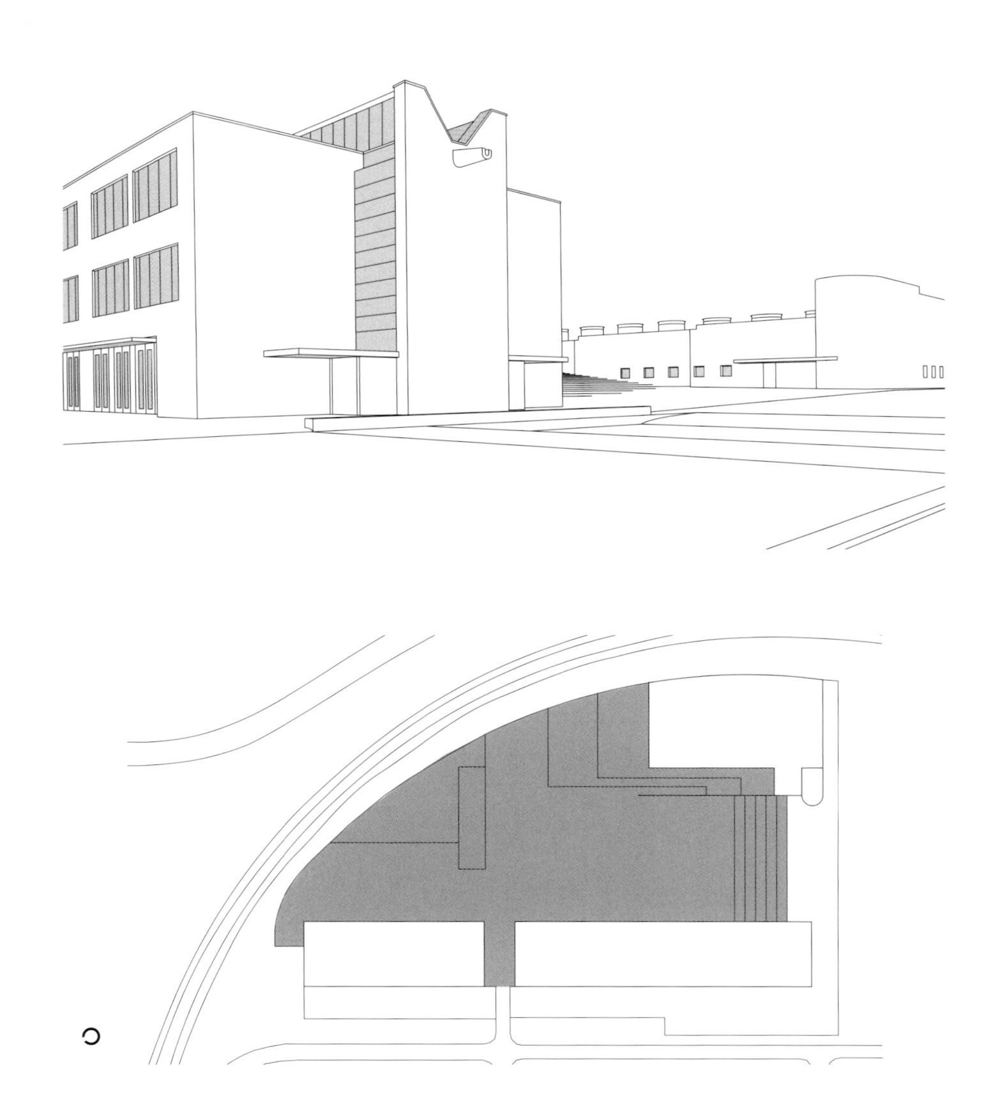

Lageplan M 1:2.500

[47]

Schule am Mummelsoll
Eilenburger Straße 4
Berlin-Hellersdorf (DE)
Grüntuch Ernst Architekten

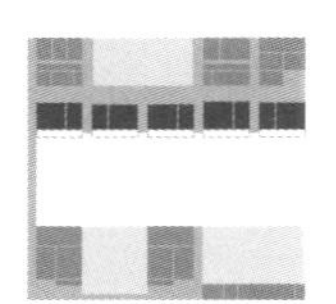

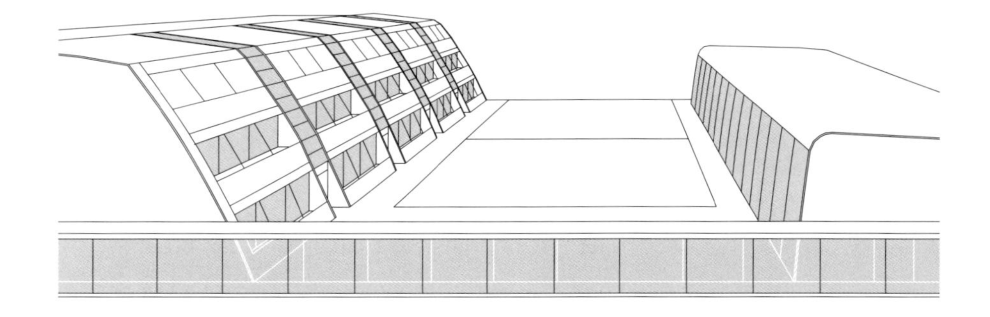

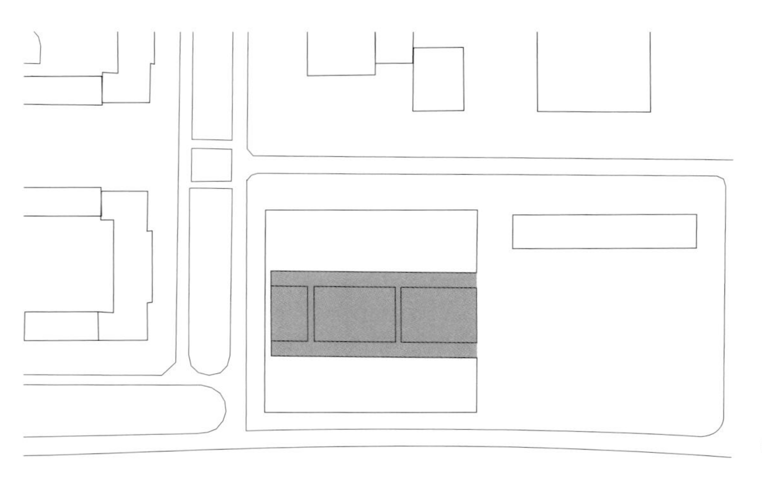

Lageplan M 1:2.500

[27]

Scuola elementare
El Cunvént 4
Monte Carasso (CH)
Luigi Snozzi

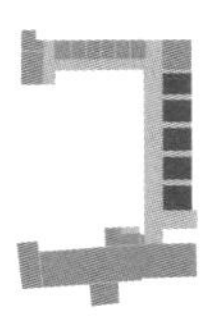

Lageplan M 1:2.500

[21]

Scuola Media Cantonale
Via Saleggi 3
Losone (CH)
Aurelio Galfetti,
Livio Vacchini

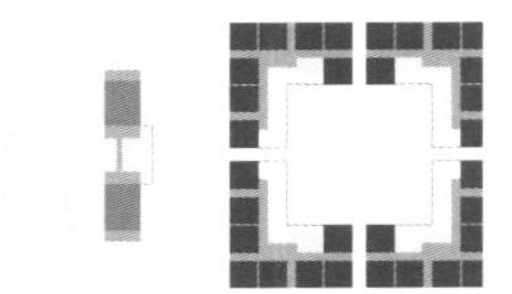

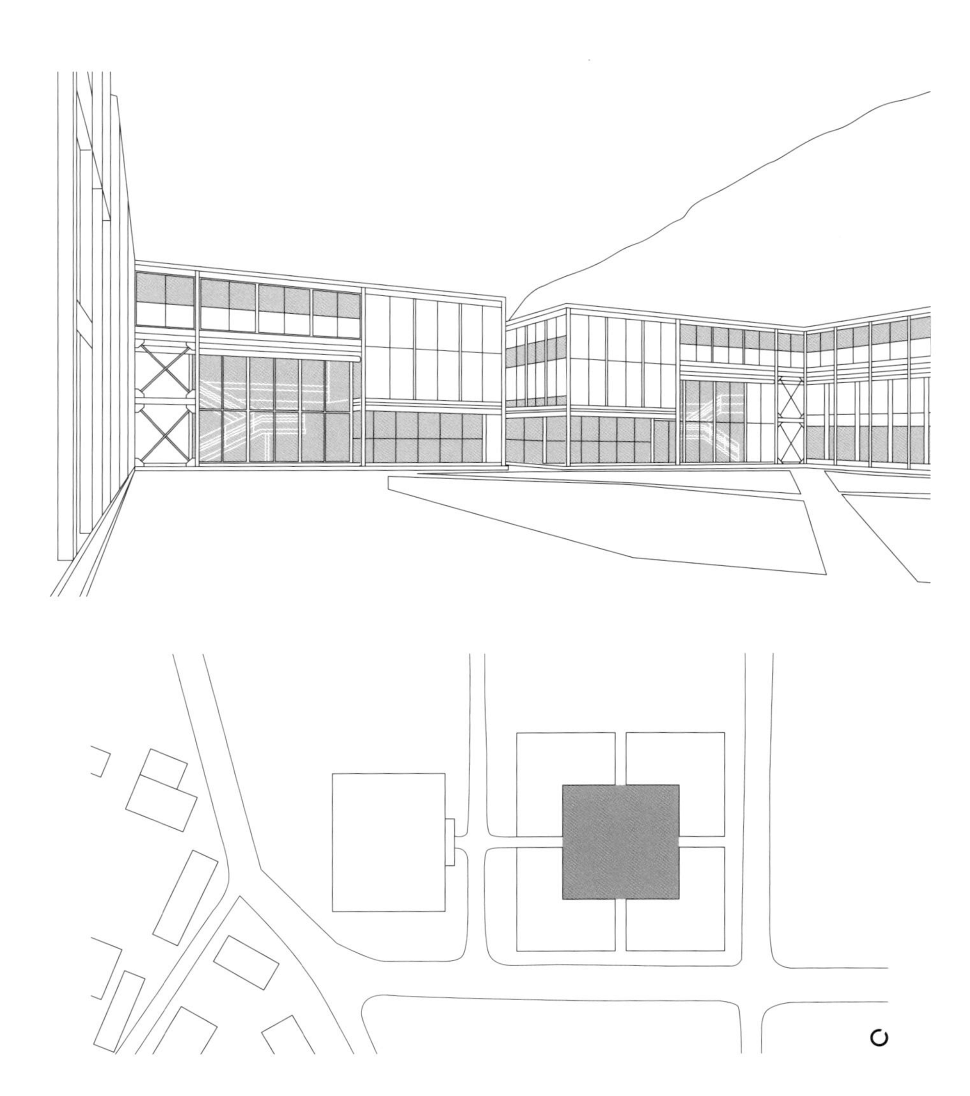

Lageplan M 1:2500

[38]

Salem International College
Kurt-Hahn-Straße 1
Überlingen (DE)
Lederer + Ragnarsdóttir + Oei

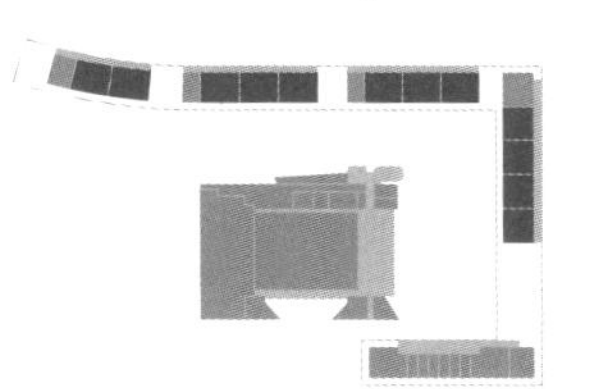

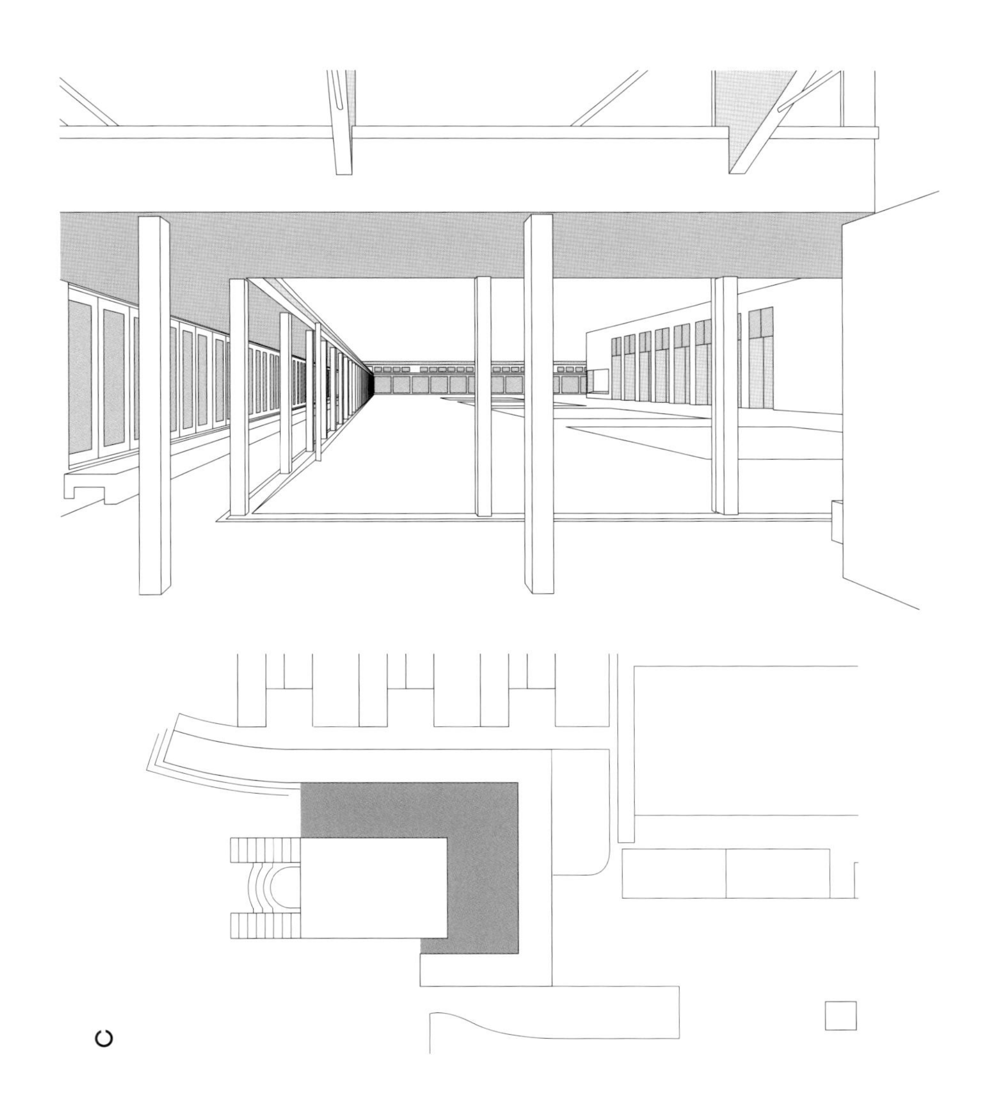

Lageplan M 1:2.500

[15]

Kristofferskolan
Marklandsbacken 11
Stockholm (SE)
Erik Asmussen

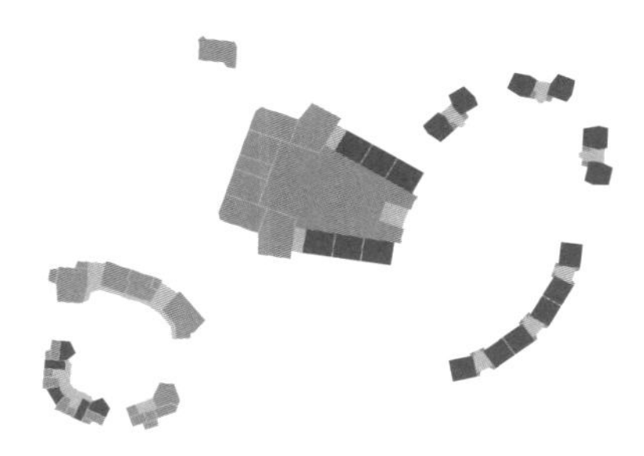

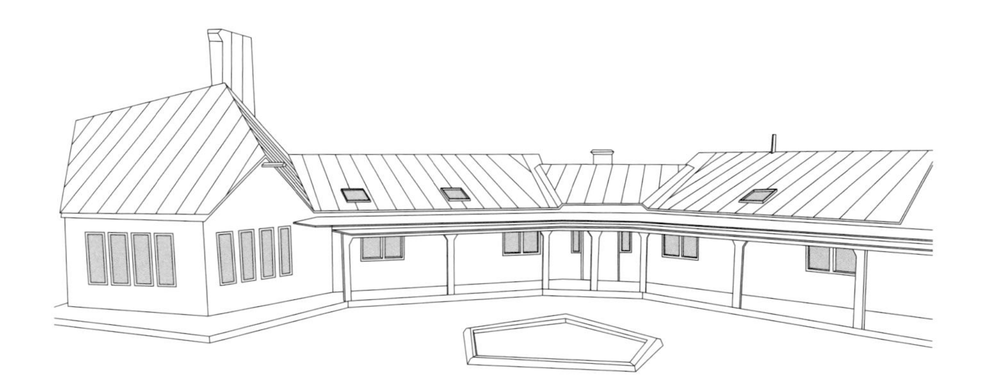

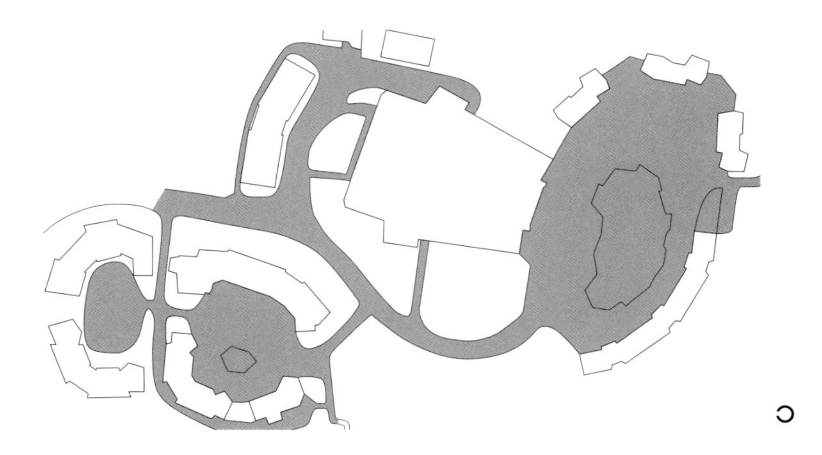

Lageplan M 1:2500

[19]

Waldorfschule Uhlands-
höhe
Haußmannstraße 44
Stuttgart (DE)
Rolf Gutbrod, Wolfgang
Henning

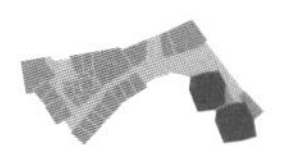

Lageplan M 1:2.500

Pausenflächen auf dem Dach

Beengte Grundstücksverhältnisse zwingen den Architekten, Funktionen zu stapeln. Da die Freiflächen für Schulen sehr groß sein sollten, werden in solchen Fällen die Dachflächen genutzt.

Der Sockel der Kantonsschule Freudenberg in Zürich [**11**] beherbergt die Sporthallen sowie die naturwissenschaftlichen Räume der beiden Schulen. Die großzügige Freitreppe, ausladende Brüstungen, Sitzbänke um die Oberlichter und überdachte Bereiche gestalten die Dachfläche zu einem angenehmen Schulhof.

Der Schulhof des Marie-Curie-Gymnasiums in Dallgow-Döberitz [**61**] befindet sich auf dem Dach des eingeschossigen Sockels, der die Fachräume, die Verwaltungsräume, die Turnhalle, die Cafeteria und die Aula umfasst. Die Pausenplattform ist durch große Freitreppen mit dem Garten und dem Innenhof verbunden. Gepflasterte Flächen, Sitzbänke und Oberlichtaufbauten, die als Pausenmöbel nutzbar sind, gliedern den Pausenbereich. Die beiden L-förmigen Klassentrakte umklammern die Plattform, erlauben aber auch Blicke in die umgebende Wohnsiedlung und Landschaft.

Die Pausenflächen des Gymnasiums Christianeum in Hamburg [**18**] befinden sich auf dem Deck im 1. Obergeschoss. Das Deck teilt die Schule horizontal. Unterhalb befinden sich die Gemeinschaftsräume und oberhalb die Klassenzimmer und der Lehrerbereich. Der Schulhof entwickelt sich um die Sporthalle und die Aula, die durch ihre doppelte Geschosshöhe das Deck durchbrechen. Das Konstruktionssystem bildet auf dem Deck eine Art Pergola, in die Überdachungen und Schirmwände eingebaut werden können.

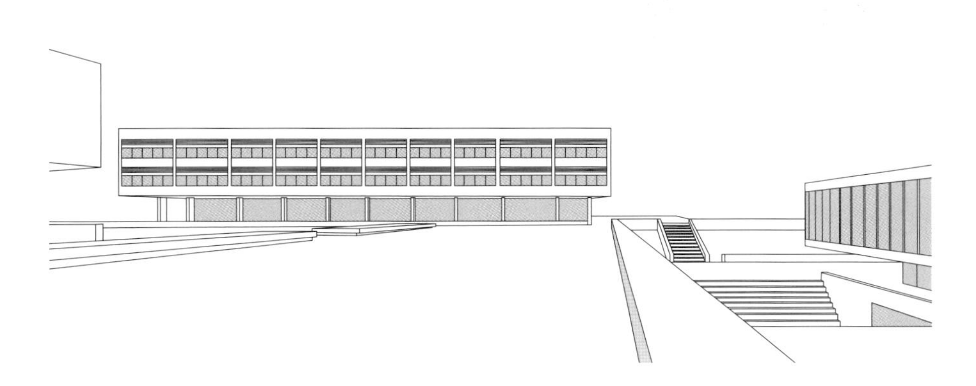

[11]

Kantonsschule Freudenberg
Gutenbergstraße 15
Zürich-Enge (CH)
Jacques Schader

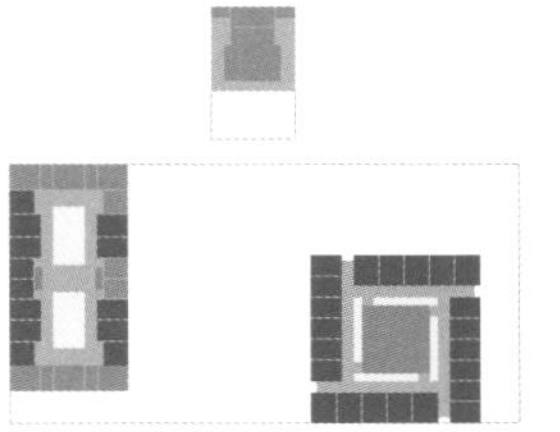

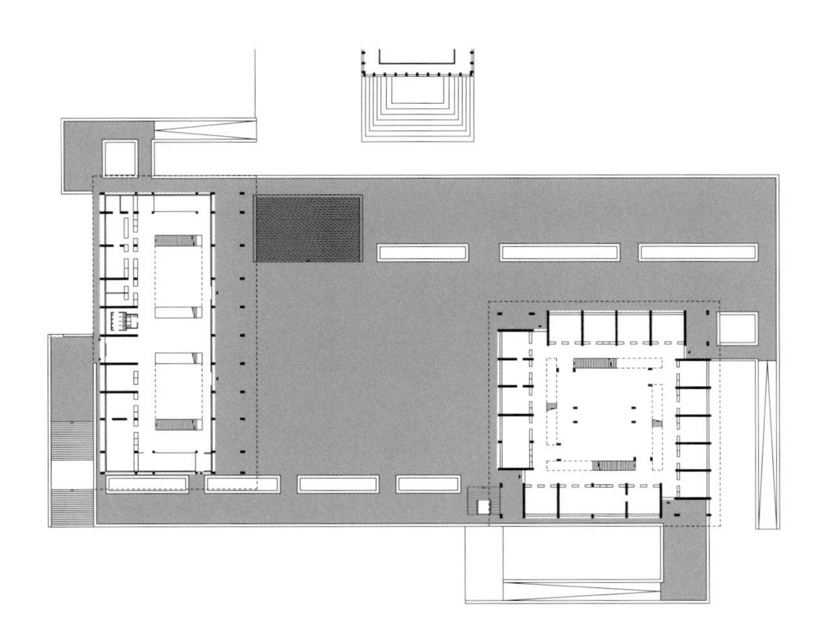

Grundriss M 1:1.500

[61]

Marie-Curie-Gymnasium
Marie-Curie Straße 1
Dallgow-Döberitz (DE)
Grüntuch Ernst Architekten

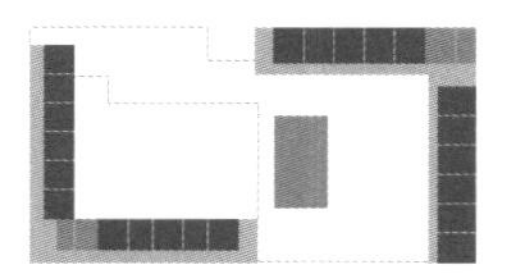

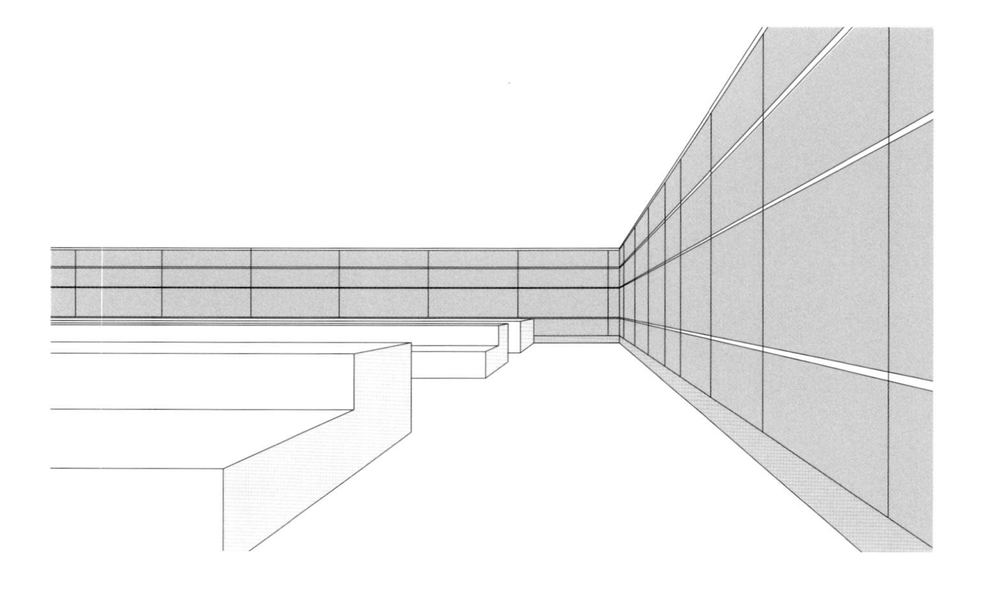

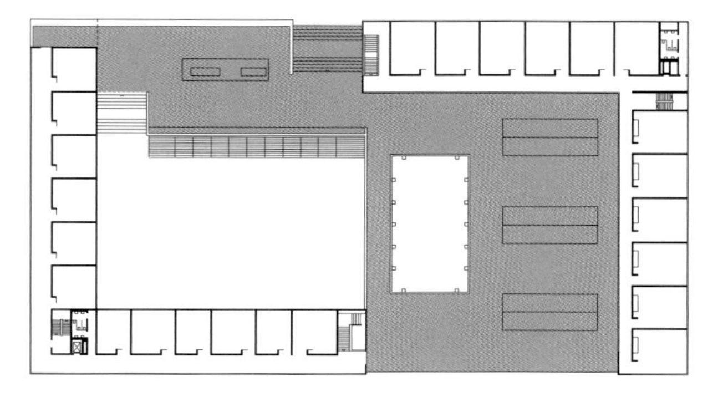

Grundriss M 1:1.500

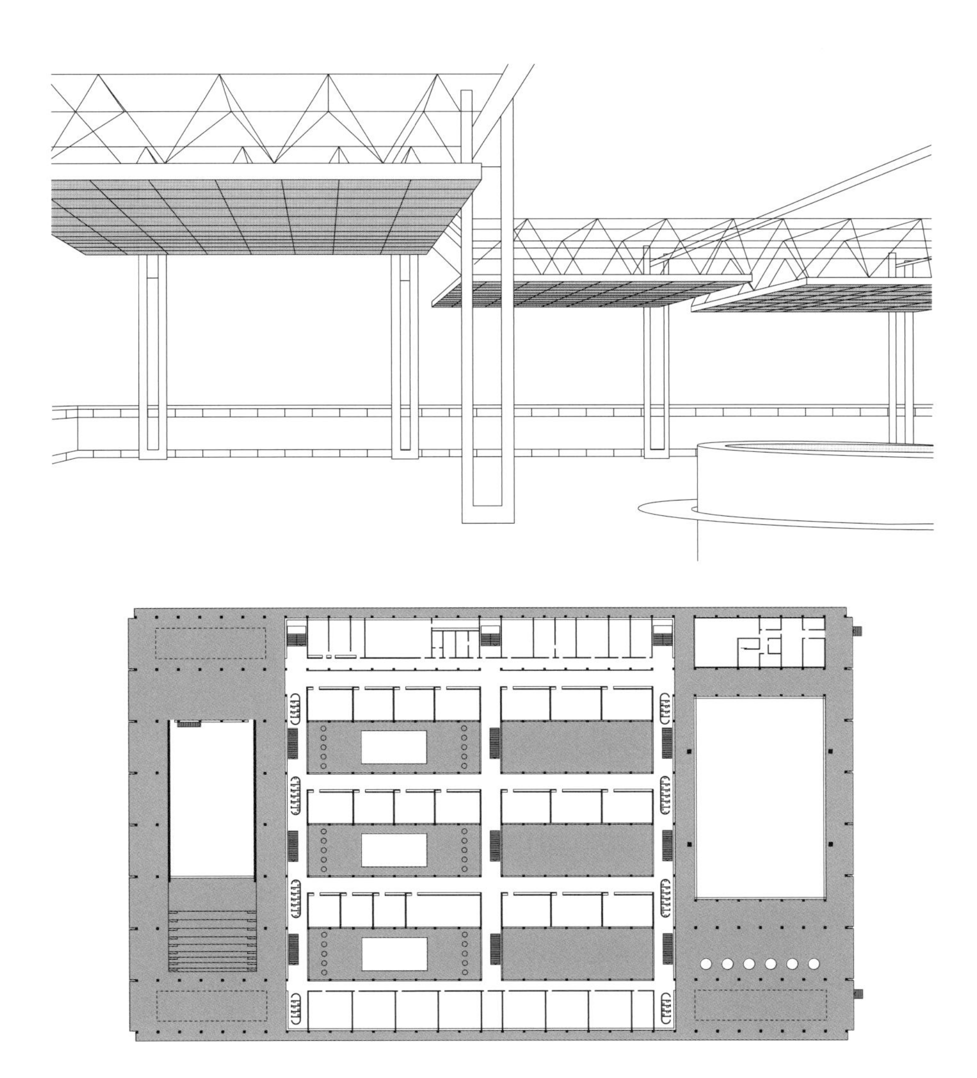

[18]

Gymnasium Christianeum
Otto-Ernst-Straße 34
Hamburg (DE)
Arne Jacobsen

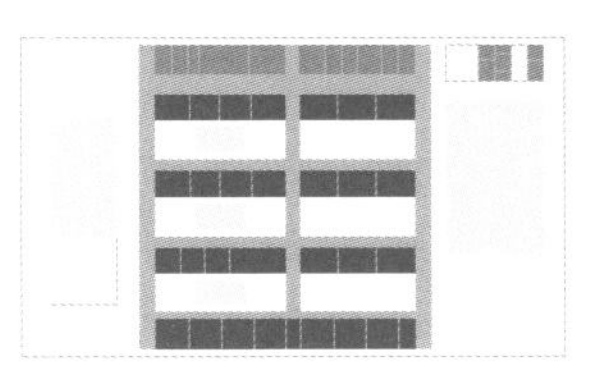

Grundriss M 1:1.500

Überdachter Pausenbereich

Um auch bei schlechtem Wetter den Schülern den Aufenthalt im Freien zu ermöglichen, sind überdachte Pausenbereiche erforderlich. Nach der Allgemeinen Schulbauempfehlung (ASE) sind diese mit 0,3 m^2 pro Schüler auszuweisen.

Die zweigeschossigen Klassentrakte der Sekundarschule Letzi in Zürich [06] sind mit dem Gebäude der Fachräume und der Turnhalle durch Laubengänge verbunden. Diese bilden mit den kleinen Pausenhöfen in den beiden offenen südlichen Ecken die überdachten Bereiche des Pausenhofs.

Durch die Verlängerung der Tragwerkskonstruktion der Minami-Yamashiro Grundschule in Kyoto [57] entstehen im Süden der überdachte Eingangsbereich und im Norden ein überdachter Pausenbereich. Ansonsten stehen den Schülern eine überdachte Terrasse und Balkone innerhalb des Gebäudes zur Verfügung.

Die einzelnen Baukörper der Primarschule in Riva San Vitale [17] bilden im Erdgeschoss eine gedeckte Pausenhalle. Diese stellt die Verbindung her zwischen dem nördlichen Schulhof, der südlichen grünen Pausenfläche und der Pausenfläche zwischen dem Schulgebäude und der Sporthalle. Von dieser Passage aus werden die Klassenzimmer über offene Treppenhäuser erschlossen. Den Klassenzimmern sind Terrassen zugeordnet, die eine Ausweitung des Unterrichts ins Freie ermöglichen, aber auch in kurzen Pausen als Aufenthaltsflächen für die jeweilige Klasse genutzt werden.

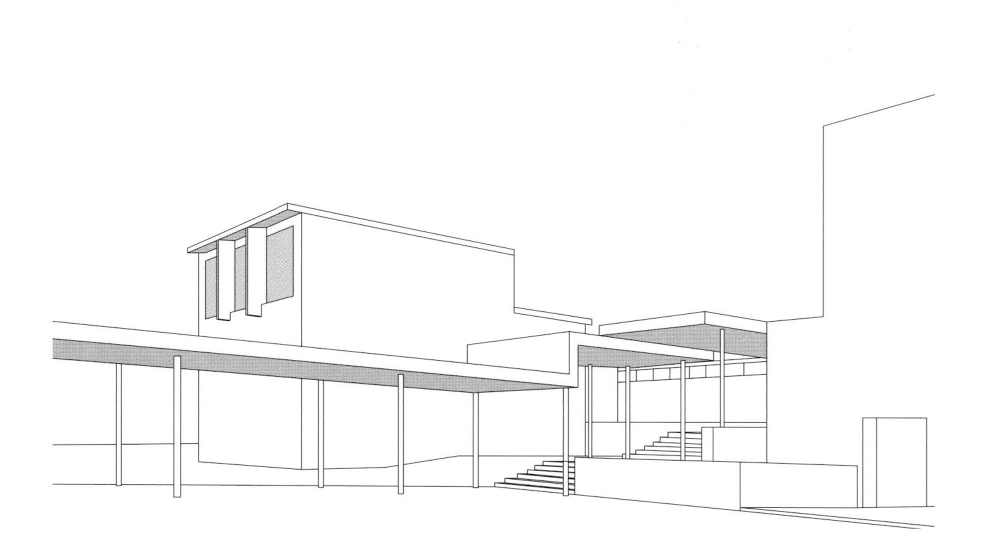

[06]

Sekundarschule Letzi
Espenhofweg 60
Zürich (CH)
Ernst Gisel

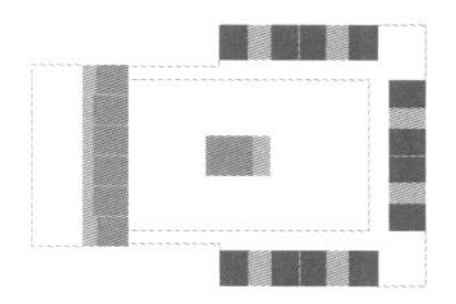

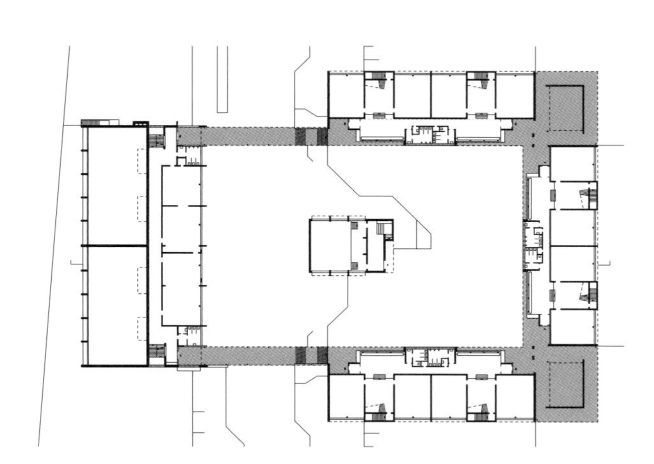

Grundriss M 1:1.500

[57]

Minami-Yamashiro Primary School
Minami Yamashiro
Kyoto (JP)
Richard Rogers Partnership

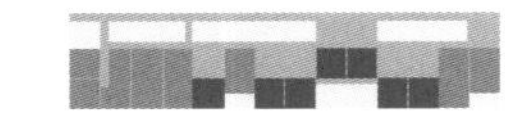

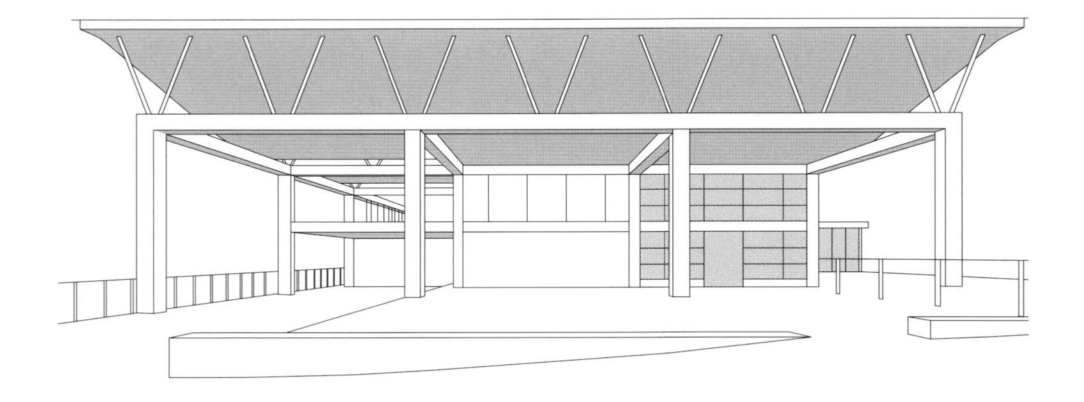

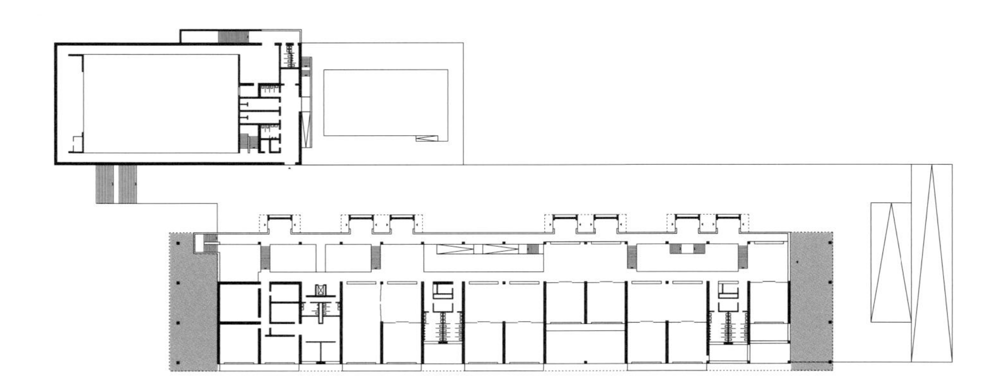

Grundriss M 1:1.500

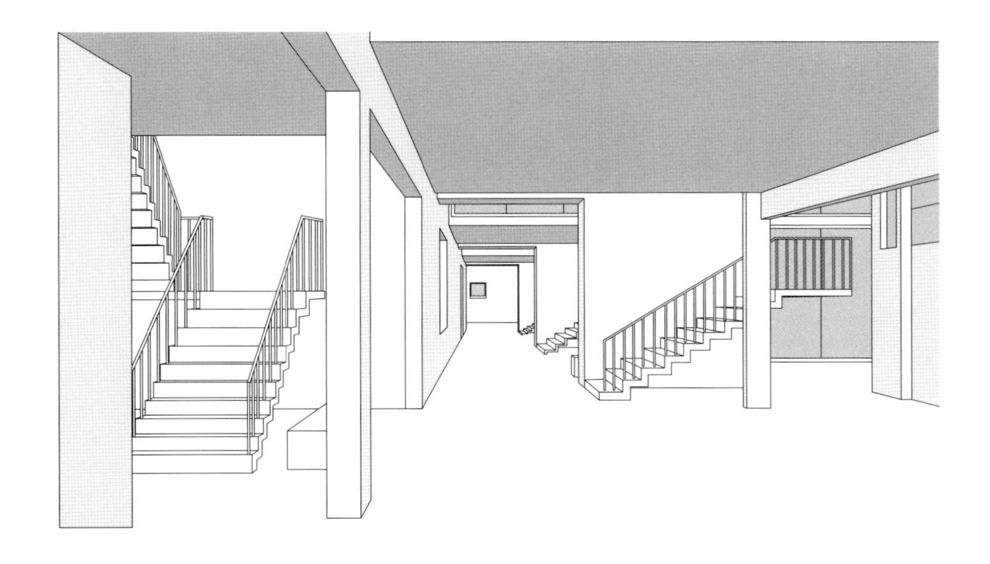

[17]

Scuola elementare
Riva San Vitale
Via Monsignor Sesti 1
Riva San Vitale (CH)
Aurelio Galfetti, Flora
Ruchat-Roncati, Ivo Trümpy

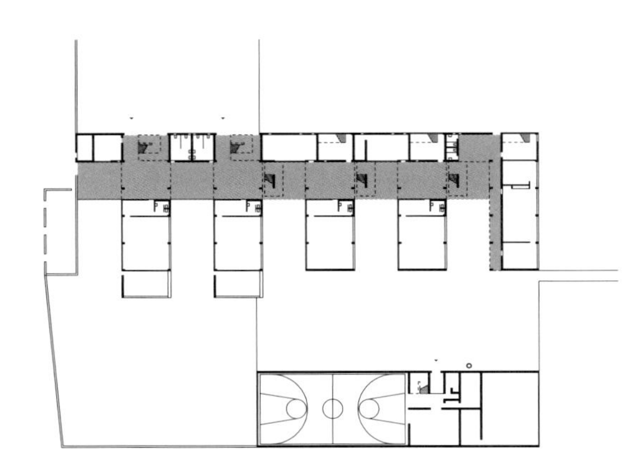

Grundriss M 1:1.500

Differenzierte Hofflächen

Ein guter Schulhof zeichnet sich dadurch aus, dass er den Schülern zahlreiche Angebote für Bewegung, Spiel, Versammlung, Aufführung, Ausstellung sowie Rückzugsmöglichkeiten zur Verfügung stellt. Der Schulhof ist Teil der Lern- und Lehrlandschaft. Je nach Schulart und Schulkonzept ist eine öffentliche Nutzung des Schulhofs oder Schulgartens mitzuberücksichtigen. Die außerschulischen Anforderungen dürfen die Nutzung des Geländes als Lernort jedoch nicht einschränken.

Die vier Pavillongruppen der Vogelsangschule in Stuttgart [12] bilden mit dem Hauptbau, der die Fachräume und die Verwaltung beherbergt, einen Schulhof, der dem Geländeverlauf entsprechend terrassiert ist. Die zahlreichen Freitreppen regen zur vielfältigen Benutzung an. In den Pausen werden sie als Sitzmöglichkeit genutzt und bei Veranstaltungen als Ränge.

Die Turnhalle und das Hauptgebäude der Mittelschule in Morbio Inferiore [23] liegen im spitzen Winkel zueinander und bilden einen geschützten Platz, der als Rang für Veranstaltungen sowie als Pausenfläche genutzt wird. Im Erdgeschoss bewirken die außenliegenden Pausenbereiche eine überdachte Erschließung der einzelnen Unterrichtseinheiten und stellen eine Verbindung zu den vor und hinter dem Gebäude liegenden Grünzonen her. Durch die unterschiedlichen Eingangssituationen und wechselnden Raumhöhen entsteht eine Fülle räumlicher Beziehungen.

Die Montessorischulel [25] und die Willemsparkschule in Amsterdam besitzen einen gemeinsamen Schulhof. Die jeweiligen Kindergartenfreibereiche sind durch halbhohe Mauern, die die Sandspielplätze eingrenzen, und durch Hecken von der eigentlichen Schulhoffläche getrennt. Den Schuleingängen sind großzügige Freitreppen vorgelagert, die für die Kinder zusätzliche Sitzflächen bieten. Nischen, Vorsprünge und Auskragungen sind so gestaltet, dass sie als Spielnischen, Sitzbänke und Bewegungsflächen genutzt werden können.

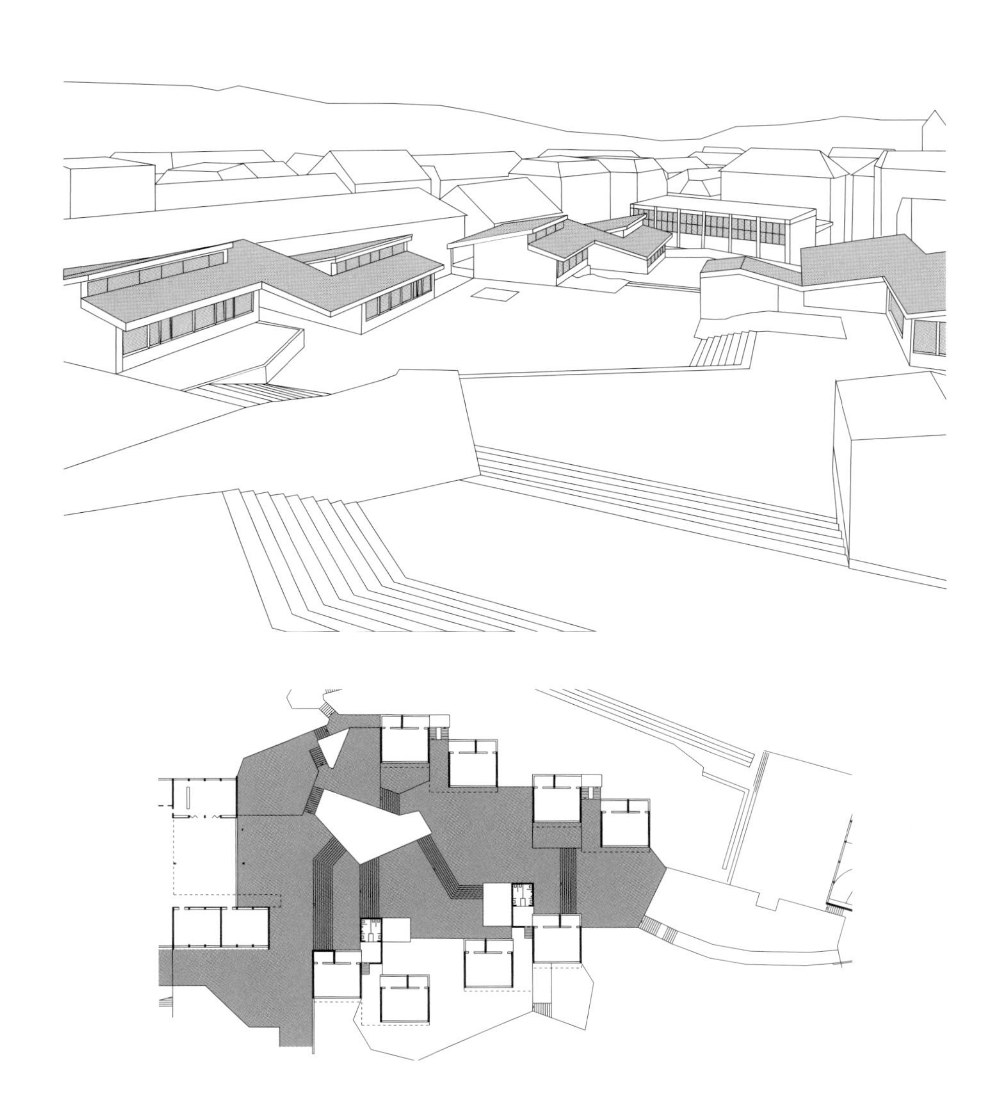

[12]

Vogelsangschule
Paulusstraße 30
Stuttgart (DE)
Behnisch & Partner

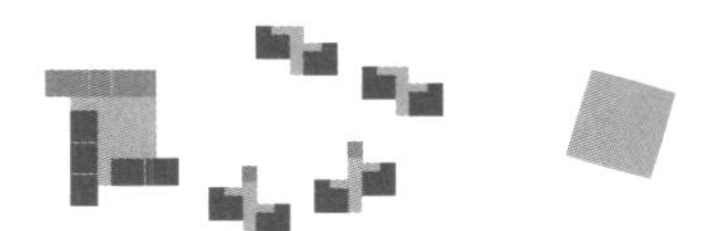

Grundriss M 1:1.500

[23]

Scuola Media Cantonale
Via Stefano Franscini 30
Morbio Inferiore (CH)
Mario Botta

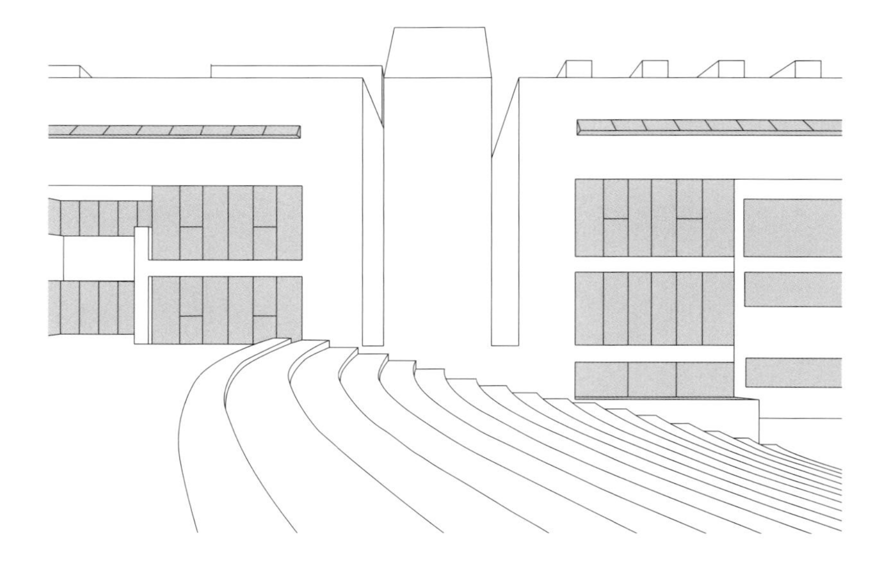

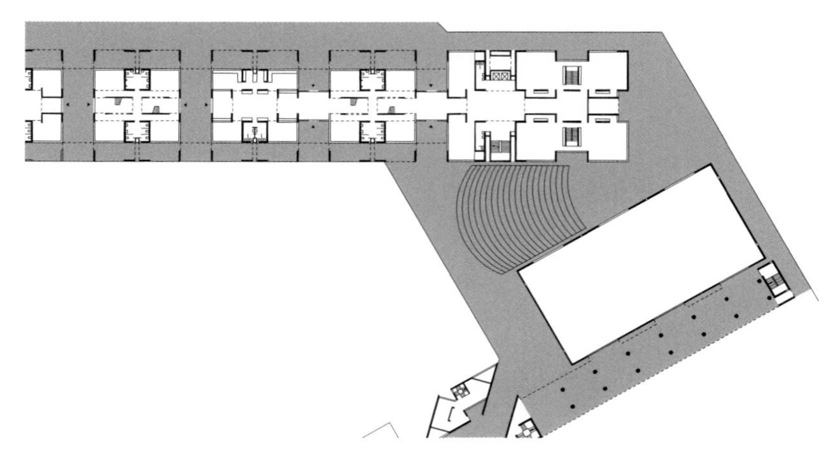

Ausschnitt M 1:1.500

[25]

Scholen Apollolaan
Montessorischool
Willem Witsenstraat 14
Amsterdam (NL)
Herman Hertzberger

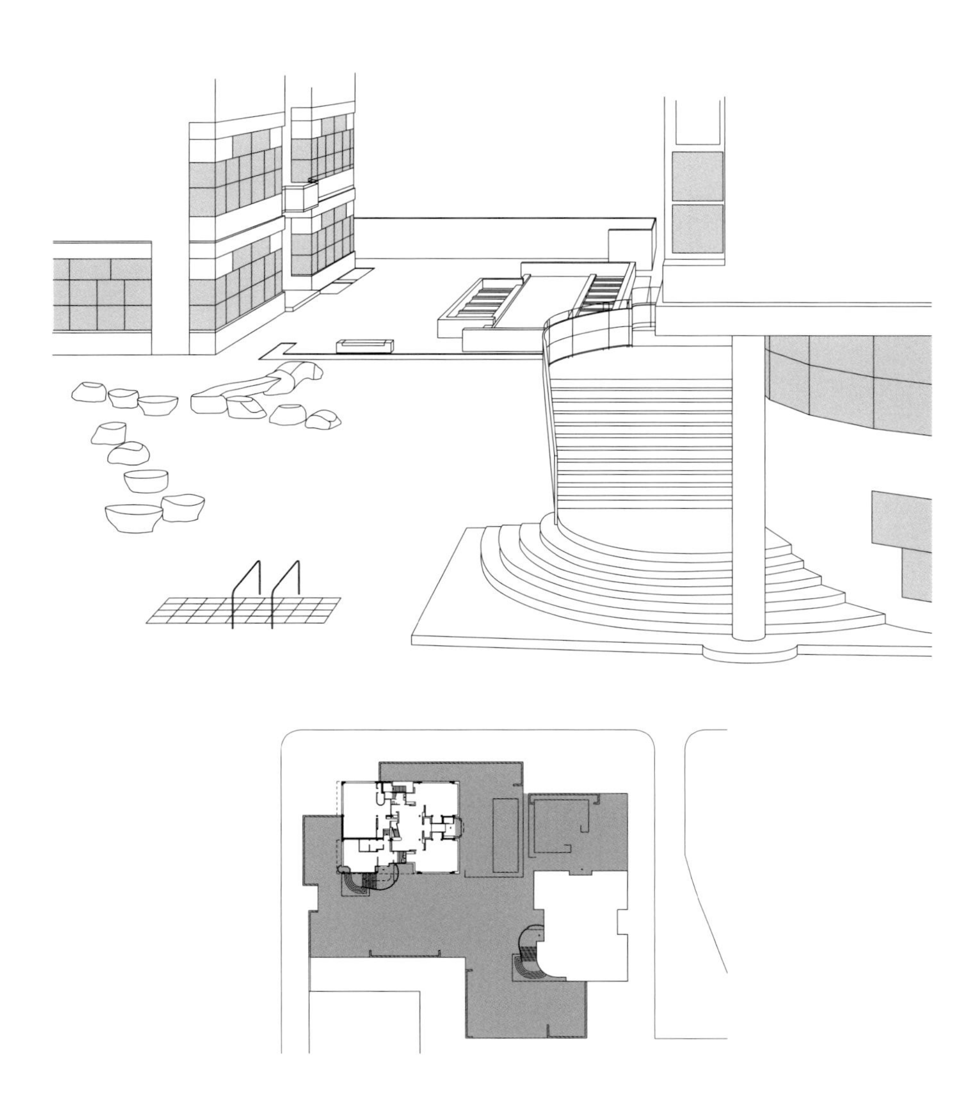

Grundriss M 1:1.500

Pausenbereich innen

Die Rolle der Flure und Hallen in den Schulen hat sich in den letzten Jahren gewandelt. Die Erschließungsbereiche werden immer mehr auch als Teil der Lern- und Lehrlandschaft verstanden. Sie werden großzügiger dimensioniert, so dass sie als innere Pausenflächen zur Verfügung stehen, oder sie werden facettenreicher gestaltet, damit sie auch als Arbeitsplatz, Ausstellungsraum et cetera genutzt werden können.

Das Erdgeschoss der Kantonsschule Freudenberg (ehemals Handelsschule) in Zürich [11] öffnet sich mit einer vollverglasten Eingangshalle zu den begehbaren Dachflächen der Naturwissenschaften und der Turnhalle, die den eigentlichen Schulhof darstellen. Die Trennwände zu den Verwaltungsräumen und zum Lehrerzimmer sind nur bis Türhöhe hochgeführt, um die Transparenz der Erdgeschosshalle zu bewahren. Von der Eingangs- und Pausenhalle aus werden über vier Treppenläufe die Unterrichtsräume in den Obergeschossen erschlossen.

Die Treppenhalle des Primarschulhauses in Fläsch [35] ist großzügig dimensioniert, so dass sie auf jedem Geschoss den Schülern der beiden Klassenzimmer als innere Pausenfläche dient.

Die Pausenhalle des Geschwister-Scholl-Gymnasiums in Lünen [14] verbindet die Fachräume, die Aula und die Turnhalle und erschließt die beiden Gebäudeflügel mit den Klassenzimmern. Die Aula ist als eine Erweiterung der Pausenhalle gedacht und kann nach Bedarf von ihr abgetrennt werden. Eine Gliederung der 100 m langen Pausenhalle erfolgt über einen Niveausprung, unterschiedliche Lichtsituationen, eine Wandscheibe, Pflanzenbecken und in den Raum hineinragende Treppenläufe. Ausweitungen wie die Aula, die Schülerbibliothek und die Schülermitverwaltung verkürzen optisch die Hallenlänge und schaffen eine gute Orientierungsmöglichkeit.

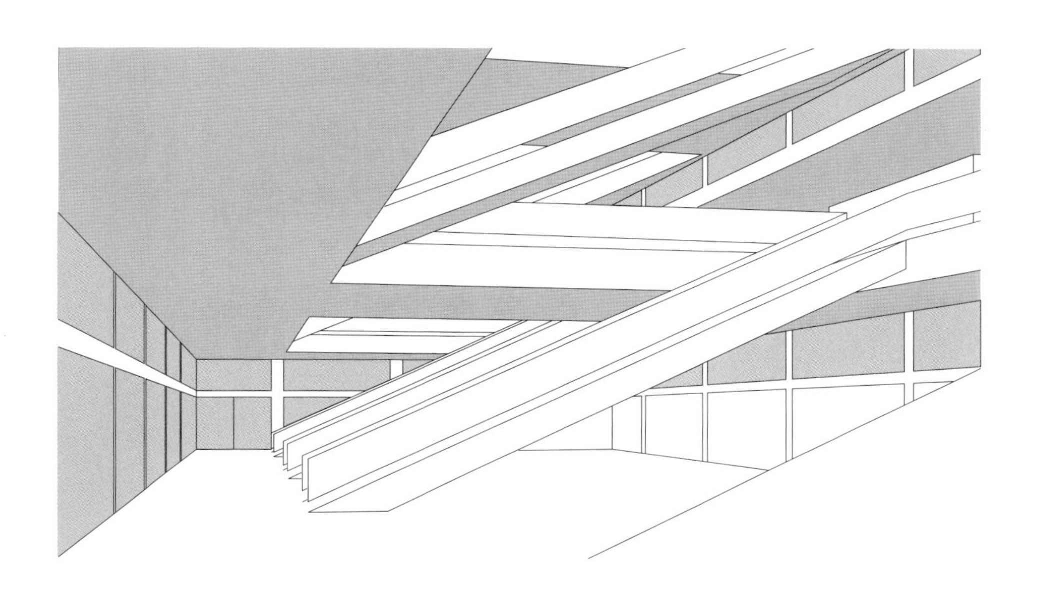

[11]

Kantonsschule Freudenberg
Gutenbergstraße 15
Zürich-Enge (CH)
Jacques Schader

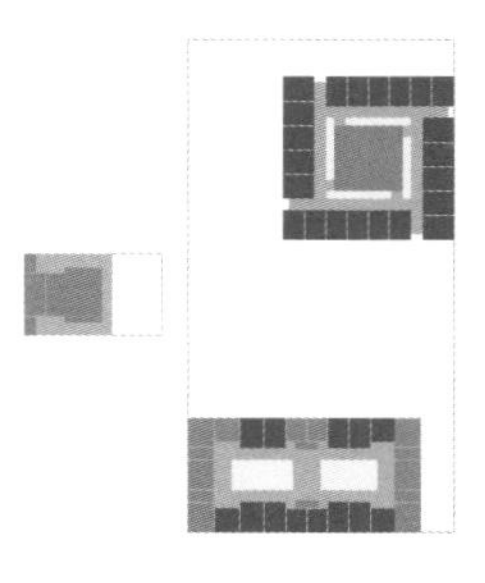

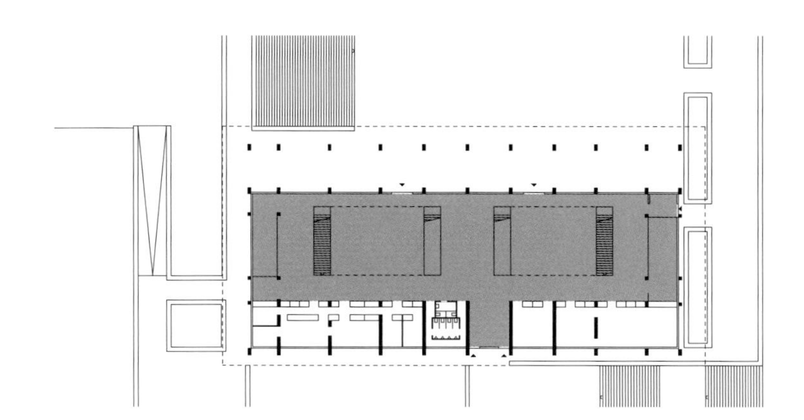

Grundriss M 1:1.000

[35]

Schulhaus Fläsch
Patschär
Fläsch (CH)
Pablo Horváth

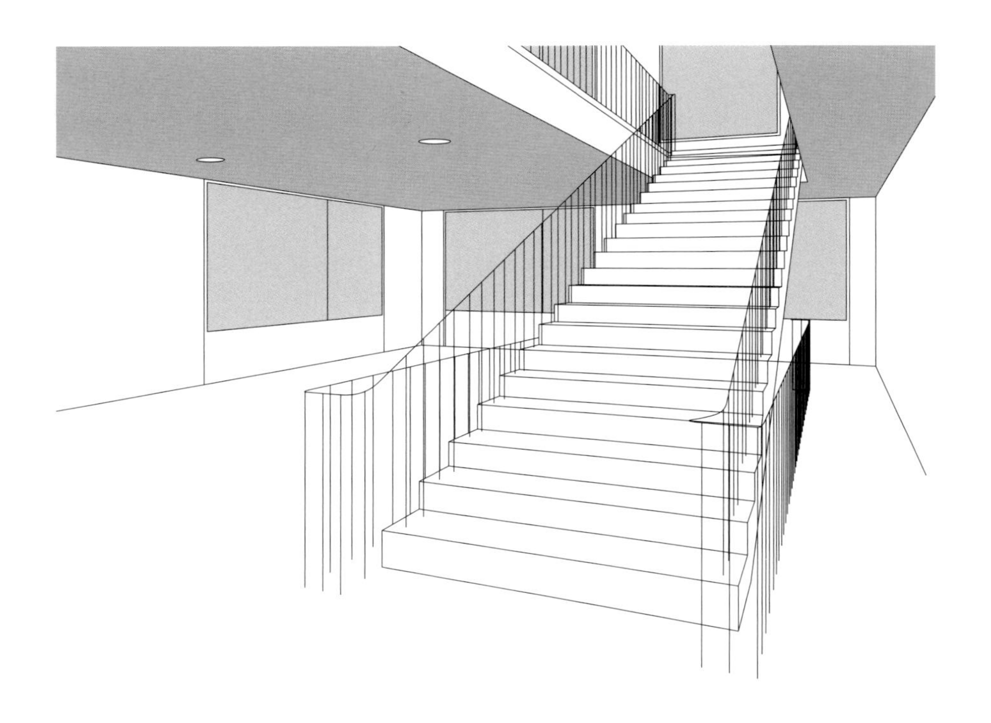

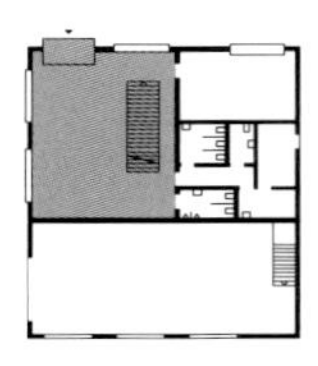

Grundriss M 1:1.000

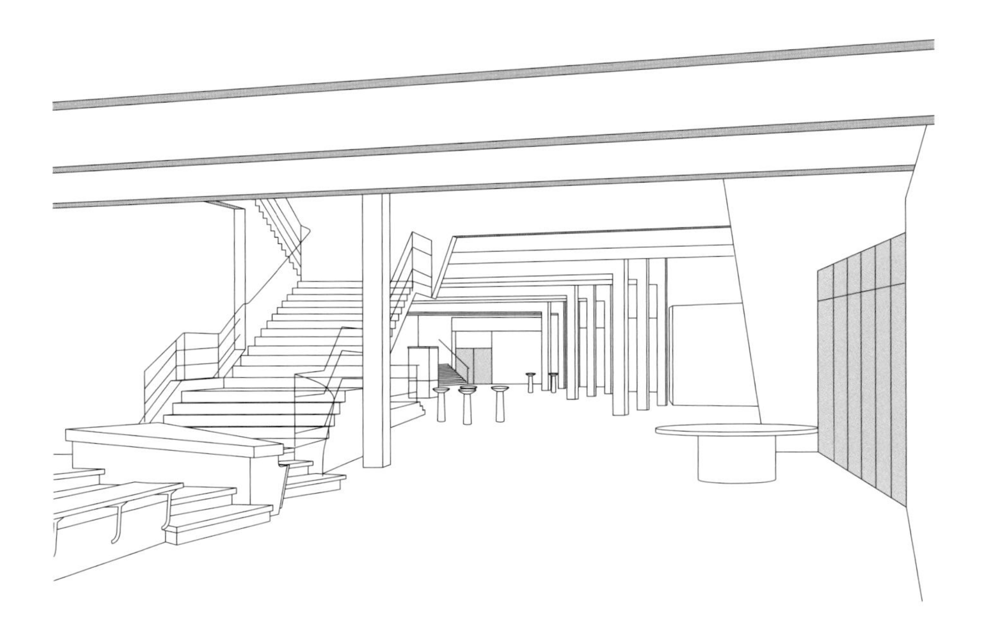

[14]

Geschwister-Scholl-Gymnasium
Holtgrevenstraße 2-6
Lünen (DE)
Hans Scharoun

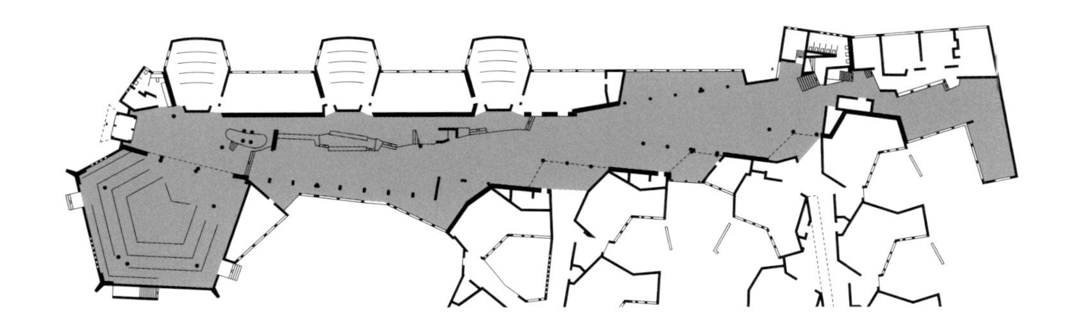

Grundriss M 1:1.000

Projekte

Projektverzeichnis

[01] Volksschule in Celle
Sägemühlenstraße 9, Celle (DE)
Otto Haesler

[02] Openluchtschool
Cliostraat 40, Amsterdam (NL)
Johannes Duiker

[03] Crow Island School
1112 Willow Road, Winnetka (US)
Eliel & Eero Saarinen

[04] Primarschule Wasgenring
Welschmattstraße 30, Basel (CH)
Fritz Haller

[05] Hunstanton Secondary Modern School
Downs Road, Hunstanton (GB)
Alison & Peter Smithson

[06] Sekundarschule Letzi
Espenhofweg 60, Zürich (CH)
Ernst Gisel

[07] Munkegårdsskolen
Vangedevej 178, Dyssegaard (DK)
Arne Jacobsen

[08] Lagere Scholen Nagele
Ring 1, Nagele (NL)
Aldo van Eyck

[09] Riverview High School
1 Ram Way, Sarasota (US)
Paul Rudolph

[10] Sarasota High School
1000 South School Avenue, Sarasota (US)
Paul Rudolph

[11] Kantonsschule Freudenberg
Gutenbergstraße 15, Zürich (CH)
Jacques Schader

[12] Vogelsangschule
Paulusstraße 30, Stuttgart (DE)
Behnisch & Partner

[13] Gymnasium Andreanum
Hagentorwall 17, Hildesheim (DE)
Dieter Oesterlen

[14] Geschwister-Scholl-Gymnasium
Holtgrevenstraße 2-6, Lünen (DE)
Hans Scharoun

[15] Kristofferskolan
Marklandsbacken 11, Stockholm (SE)
Erik Asmussen

[16] Mittelpunktschule In den Berglen
Stockwiesen 1, Berglen-Oppelsbohm (DE)
Behnisch & Partner

[17] Scuola elementare Riva San Vitale
Via Monsignor Sesti 1, Riva San Vitale (CH)
Galfetti, Ruchat-Roncati, Trümpy

[18] Gymnasium Christianeum
Otto-Ernst-Straße 34, Hamburg (DE)
Arne Jacobsen

[19] Waldorfschule Uhlandshöhe
Haußmannstraße 44, Stuttgart (DE)
Rolf Gutbrod, Wolfgang Henning

[20] Laborschule Bielefeld
Universitätsstraße 21, Bielefeld (DE)
Ludwig Leo, Planungskollektiv Nr. 1

[21] Scuola Media Cantonale
Via Saleggi 3, Losone (CH)
Aurelio Galfetti, Livio Vacchini

[22] Scuola elementare Salvatore Orrù
Via Pasubio 10, Fagnano Olona (IT)
Aldo Rossi

[23] Scuola Media Cantonale
Via Stefano Franscini 30, Morbio Inferiore (CH)
Mario Botta

[24] Scuola elementare ai Saleggi
Via delle Scuole, Locarno (CH)
Livio Vacchini

Projekte

[25] Scholen Apollolaan, Montessorischool
Willem Witsenstraat 14, Amsterdam (NL)
Herman Hertzberger

[26] Basisschool Polygoon
Hollywoodlaan 109, Almere (NL)
Herman Hertzberger

[27] Scuola elementare
El Cunvént 4, Monte Carasso (CH)
Luigi Snozzi

[28] Musikgymnasium Schloss Belvedere
Schloß Belvedere, Weimar (DE)
Thomas van den Valentyn, Mohammad Oreyzi

[29] Erweiterung Schulanlage Vella
Sutvitg 28a, Vella (CH)
Bearth & Deplazes Architekten

[30] Erweiterung Schulanlage Brühl
Friedhofweg, Gebenstorf (CH)
Burkard Meyer Architekten

[31] Kepler-Gymnasium
Johanna-Kohlund-Straße 5, Freiburg (DE)
Ernst Spycher

[32] Volksschule Breitenlee
Schukowitzgasse 89, Wien (AT)
Helmut Wimmer

[33] Öko-Hauptschule Mäder
Neue Landstraße 29, Mäder (AT)
Baumschlager Eberle

[34] Erweiterung Oberstufenschulhaus Willisau
Schlossfeldstraße 1, Willisau (CH)
Max Bosshard & Christoph Luchsinger

[35] Schulhaus Fläsch
Patschär, Fläsch (CH)
Pablo Horváth

[36] Lauder Chabad Schule
Rabbiner Schneerson Platz 1, Wien (AT)
Adolf Krischanitz

[37] Schulhaus Paspels
Schulstraße, Paspels (CH)
Valerio Olgiati

[38] Salem International College
Kurt-Hahn-Straße 1, Überlingen (DE)
Lederer + Ragnarsdóttir + Oei

[39] Volta Schulhaus
Wasserstraße 40, Basel (CH)
Miller & Maranta

[40] Sonderpädagogisches Förderzentrum
Schottenau 10a, Eichstätt (DE)
Diezinger & Kramer

[41] Kindercluster Voorn
Akkrumerraklaan 31, Utrecht (NL)
Frencken Scholl Architecten

[42] Oberstufenschulhaus Compogna
Compognastraße, Thusis (CH)
Jüngling & Hagmann

[43] Primarschule Riedmatt
Riedmatt 41, Zug (CH)
Nägele Twerenbold Architekten

[44] Gymnasium Markt Indersdorf
Arnbacher Straße 40, Markt Indersdorf (DE)
Allmann Sattler Wappner Architekten

[45] Hellerup Skole
Dessaus Boulevard 10, Kopenhagen (DK)
Arkitema

[46] Internationale Schule Zürich
Steinacherstraße 140, Wädenswil (CH)
Galli & Rudolf Architekten

[47] Schule am Mummelsoll
Eilenburger Straße 4, Berlin (DE)
Grüntuch Ernst Architekten

[48] Schulzentrum im Scharnhauser Park
Gerhard-Koch-Straße 6, Ostfildern (DE)
Lederer + Ragnarsdóttir + Oei

[49] Oberstufenzentrum Thurzelg
Thurzelgstraße, Oberbüren (CH)
Staufer & Hasler Architekten

[50] Erweiterung Schulanlage Mattenhof
Dübendorfstraße 300, Zürich (CH)
B.E.R.G. Architekten

[51] Gymnasium Friedrich II.
Auf dem Schäfersfeld, Lorch (DE)
Behnisch & Partner

[52] Primarschulhaus Linden
Lindenstraße 21, Niederhasli (CH)
Bünzli & Courvoisier

[53] Erweiterung Kantonsschule Zug
Lüssiweg 24, Zug (CH)
Enzmann + Fischer ArchitektInnen

[54] Gesamtschule In der Höh
In der Höh 9, Volketswil (CH)
Gafner & Horisberger Architekten

[55] Erweiterung Schule Scherr
Stapferstraße 54, Zürich (CH)
Patrick Gmür Architekten

[56] Erweiterung Gustav-von-Schmoller-Schule
Frankfurter Straße 63, Heilbronn (DE)
Lederer + Ragnarsdóttir + Oei

[57] Minami-Yamashiro Primary School
Minami Yamashiro, Kyoto (JP)
Richard Rogers Partnership

[58] Gesamtschule Flims
Via Punt Crap 2, Flims (CH)
Philipp Wieting, Martin Blättler

[59] Schulanlage Im Birch
Margrit-Rainer-Straße 5, Zürich (CH)
Peter Märkli

[60] Evangelische Gesamtschule Gelsenkirchen
Laarstraße 41, Gelsenkirchen (DE)
plus+ bauplanung GmbH

[61] Marie-Curie-Gymnasium
Marie-Curie-Straße 1, Dallgow-Döberitz (DE)
Grüntuch Ernst Architekten

[62] Grundschule Theresienhöhe
Pfeuferstraße 1, München (DE)
Rudolf Hierl

[63] Schulhaus Mitte
Weissenrainstraße 9, Uetikon am See (CH)
huggen berger fries Architekten

[64] Schule Weid
Weidstraße 20, Pfäffikon (CH)
Meletta Strebel Architekten

[65] Schulhaus Baumgarten
Schulgasse, Buochs (CH)
pool Architekten

[66] Erweiterung Schulzentrum Schreienesch
Vogelsangstraße 23, Friedrichshafen (DE)
Lederer + Ragnarsdóttir + Oei

[67] Schulzentrum Turmatt
Bluemattstraße 1, Stans (CH)
Masswerk

[68] Schulanlage Leutschenbach
Andreasstraße, Zürich (CH)
Christian Kerez

[69] Oberstufenschulhaus Albisriederplatz
Badenerstraße 383, Zürich (CH)
studer simeon bettler

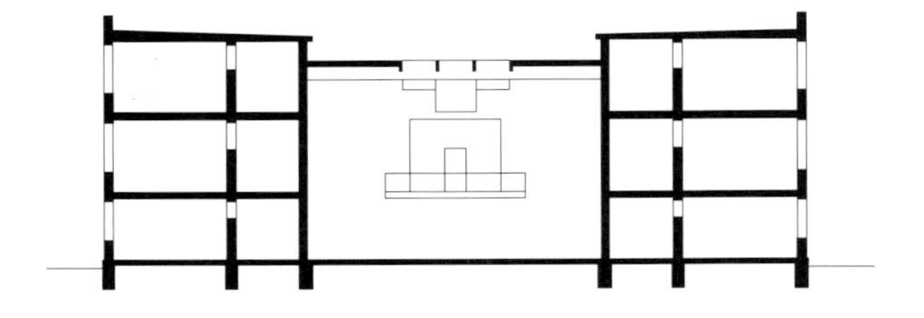

[01]

Volksschule in Celle
heute: Altstädter Schule
Sägemühlenstraße 9
Celle (DE)
Otto Haesler

Fertigstellung
1928

Schultyp
Grund- und Hauptschule

Alter der Schüler
6-14 Jahre

Schülerzahl
165 Schüler

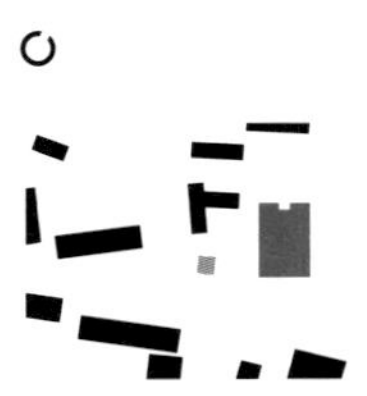

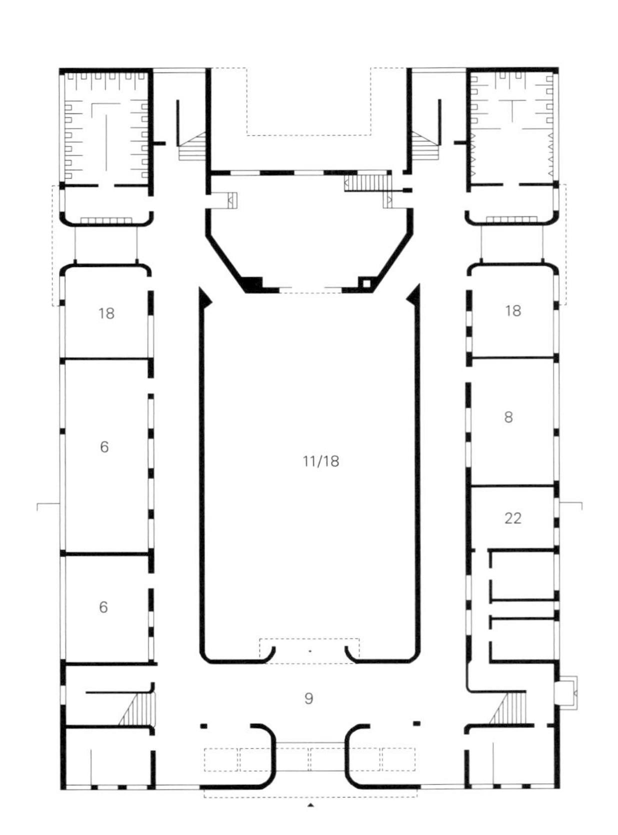

Lageplan M 1:10 000
Schnitt M 1:500
Grundriss EG M 1:500

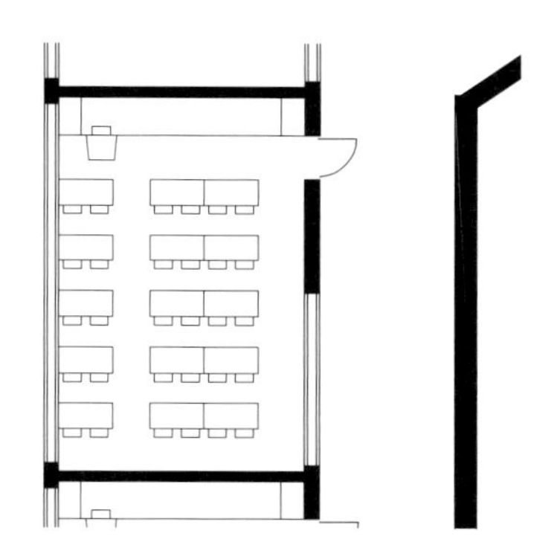

relevante Themen
Toiletten

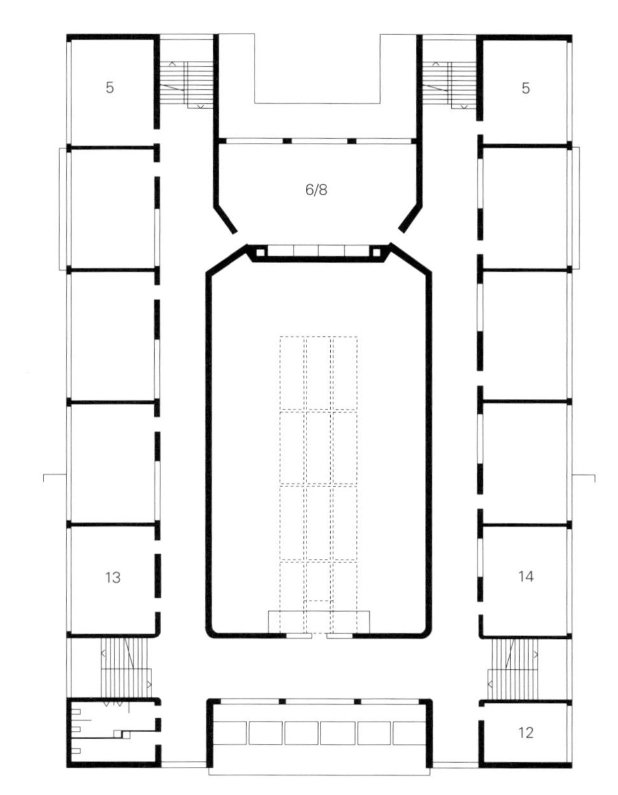

Klassenzimmer M 1:250
Grundriss 1. OG M 1:500

[02]

Openluchtschool
Cliostraat 40
Amsterdam (NL)
Johannes Duiker

Fertigstellung
1930

Schultyp
Primarschule

Alter der Schüler
5-12 Jahre

Schülerzahl
220

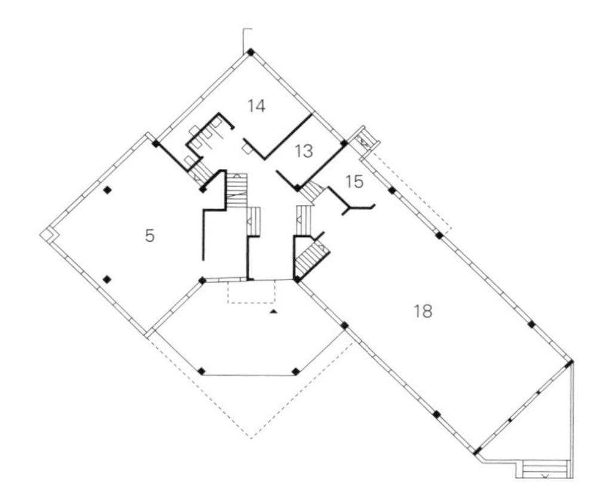

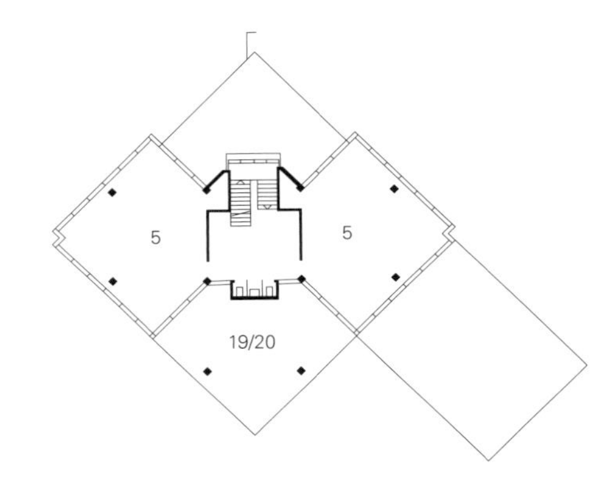

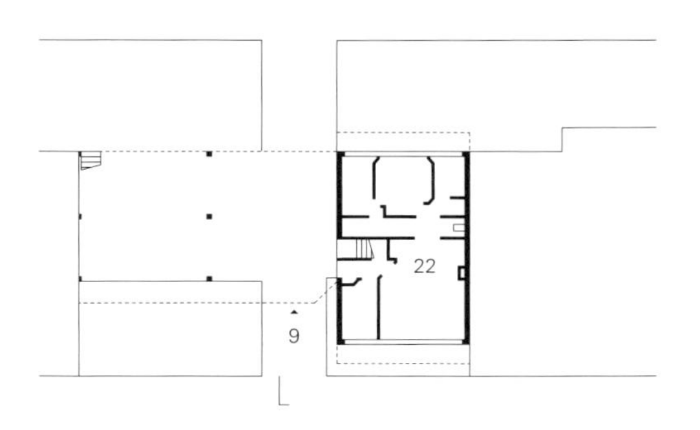

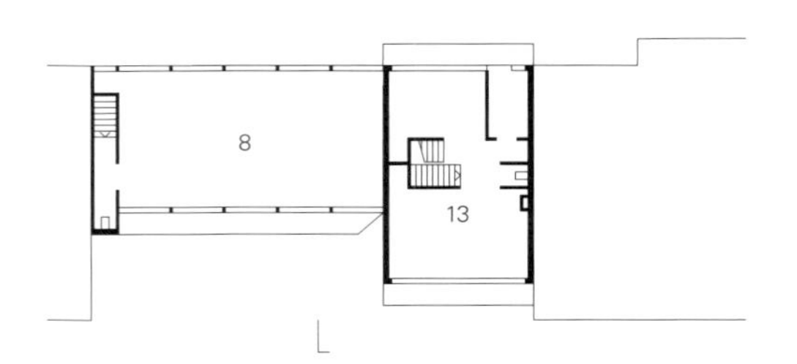

Lageplan M 1:10 000
Grundrisse EG, 1. OG
M 1:500

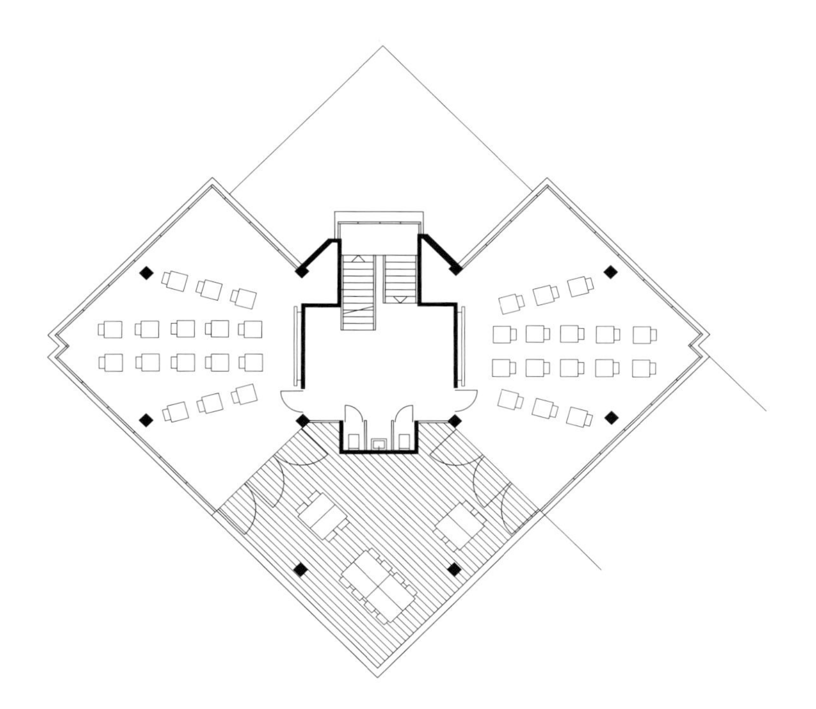

relevante Themen
Klassenzimmer

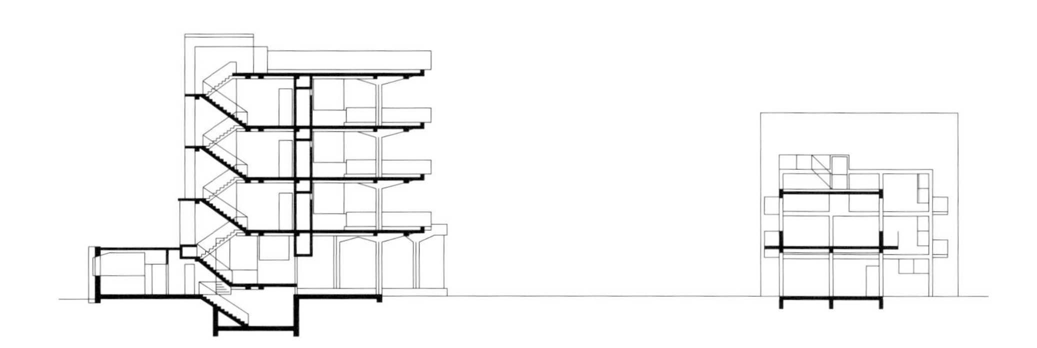

Klassenzimmer M 1:250
Schnitt M 1:500

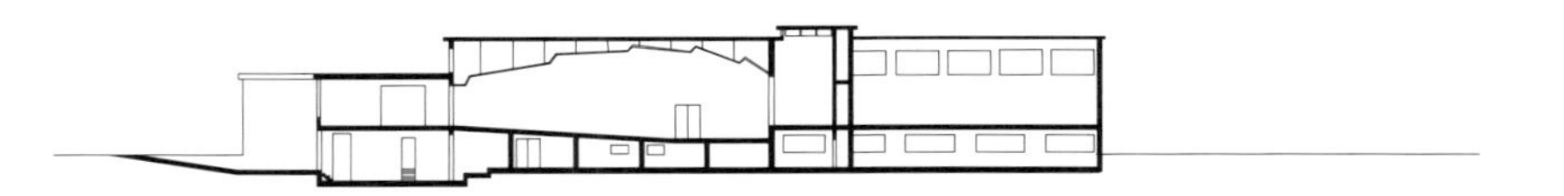

[03]

Crow Island School
1112 Willow Road
Winnetka, Illinois (US)
Eliel & Eero Saarinen

Fertigstellung
1940

Schultyp
Primarschule mit Kindergarten

Alter der Schüler
7-13 Jahre

Schülerzahl
300

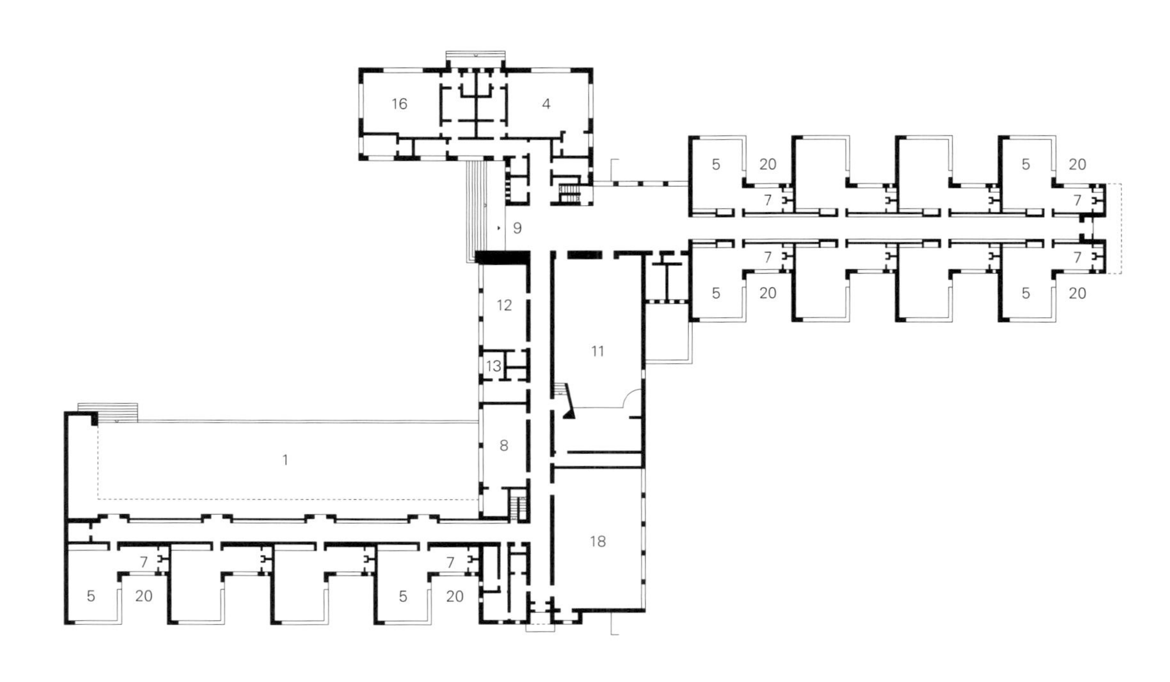

Lageplan M 1:10 000
Schnitt M 1:1000
Grundriss EG M 1:1000

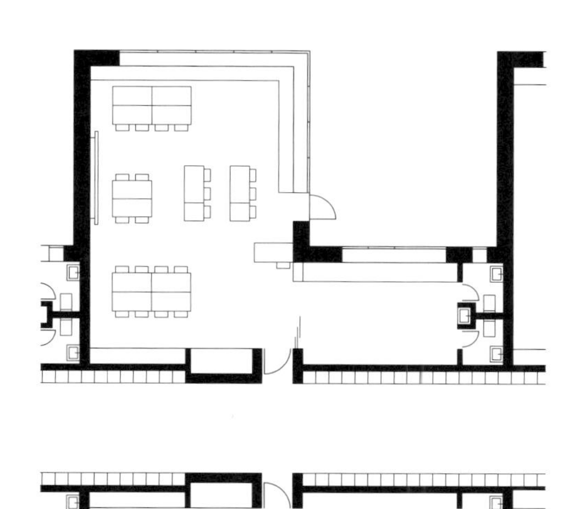

relevante Themen
Klassenzimmer
Toiletten

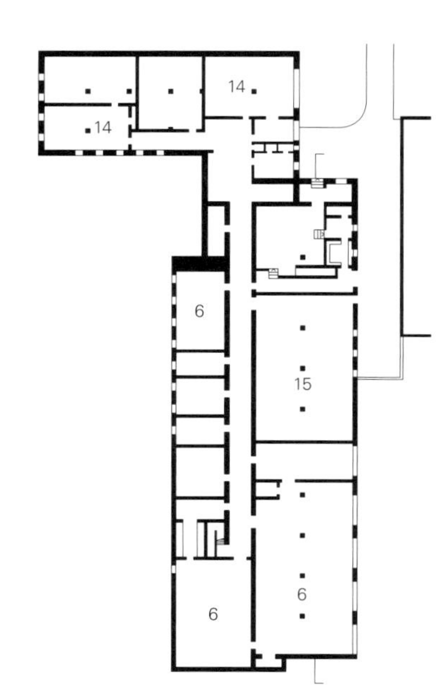

Klassenzimmer M 1:250
Grundriss UG M 1:1000

[04]

Primarschule Wasgenring
Welschmattstraße 30
Basel (CH)
Fritz Haller

Fertigstellung
1954

Schultyp
Primarschule mit Kindergarten

Alter der Schüler
7-12 Jahre

Schülerzahl
600

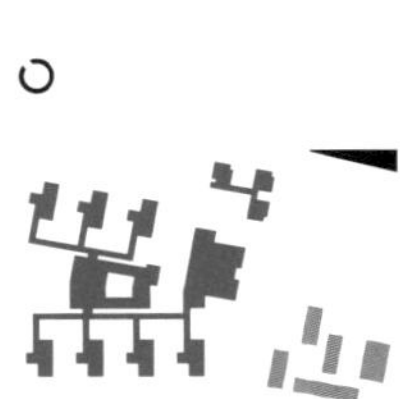

Lageplan M 1:10 000
Grundriss EG M 1:1200

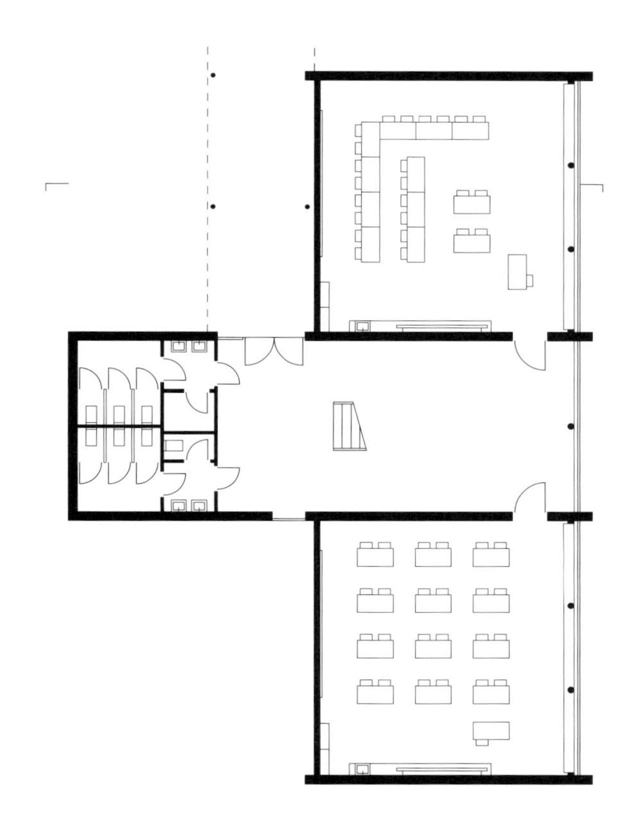

relevante Themen
Flur
Toiletten

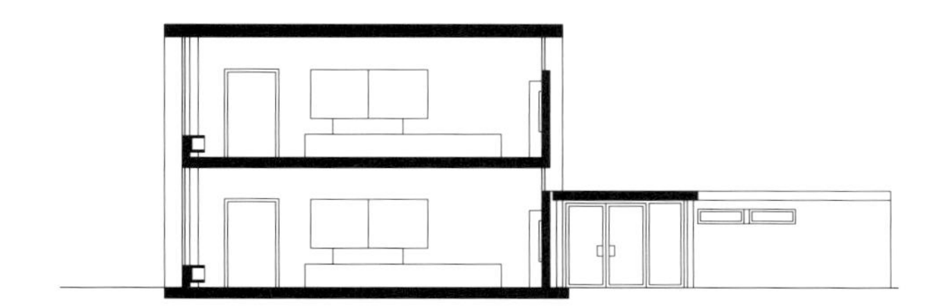

Klassenzimmer M 1:250

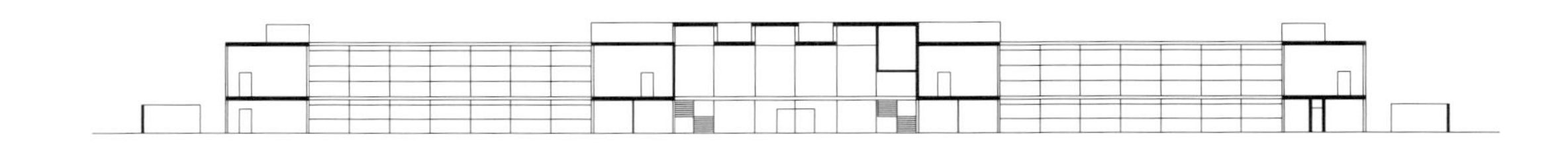

[05]

Hunstanton Secondary Modern School (heute Smithdon High School)
Downs Road
Hunstanton (GB)
Alison & Peter Smithson

Fertigstellung
1954

Schultyp
Gesamtschule

Alter der Schüler
11-18 Jahre

Schülerzahl
439 (heute 1150)

Lageplan M 1:10 000
Schnitt M 1:800
Grundriss EG M 1:800

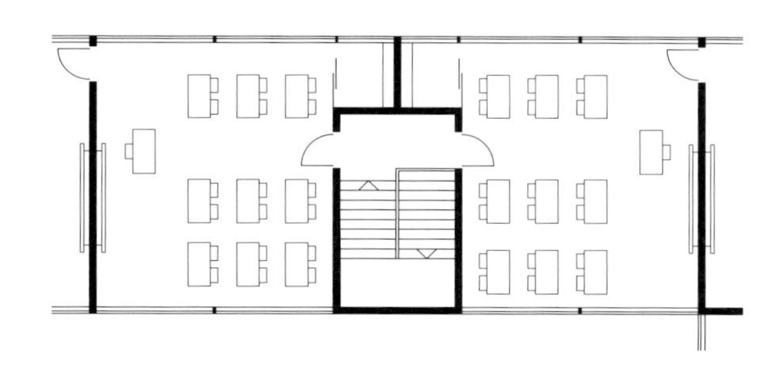

relevante Themen
Flur

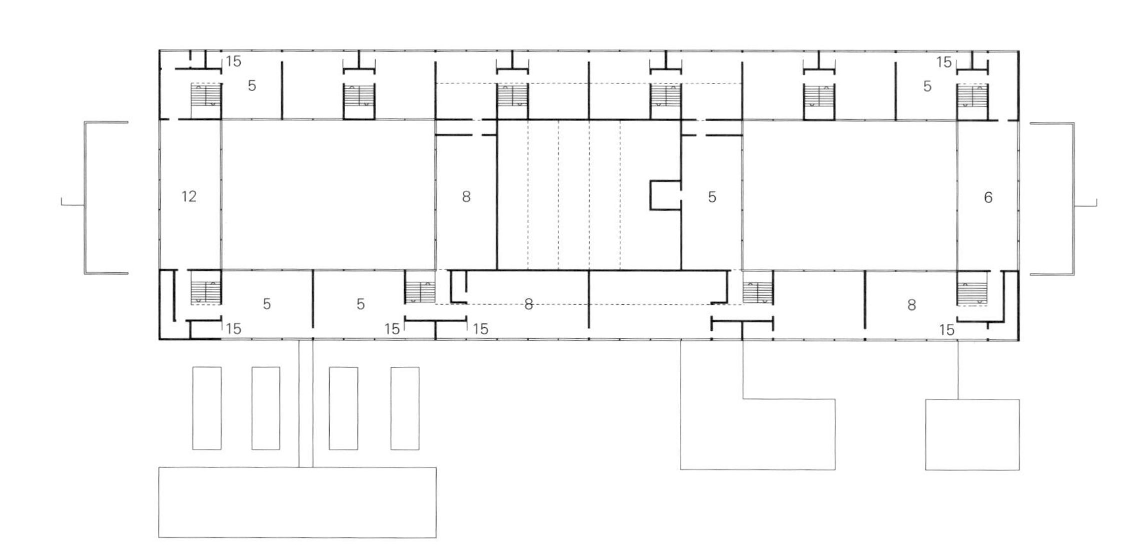

Klassenzimmer M 1:250
Grundriss OG M 1:800

[06]

Sekundarschule Letzi
Espenhofweg 60
Zürich (CH)
Ernst Gisel

Fertigstellung
1956

Schultyp
Sekundarschule

Alter der Schüler
13-15 Jahre

Schülerzahl
260

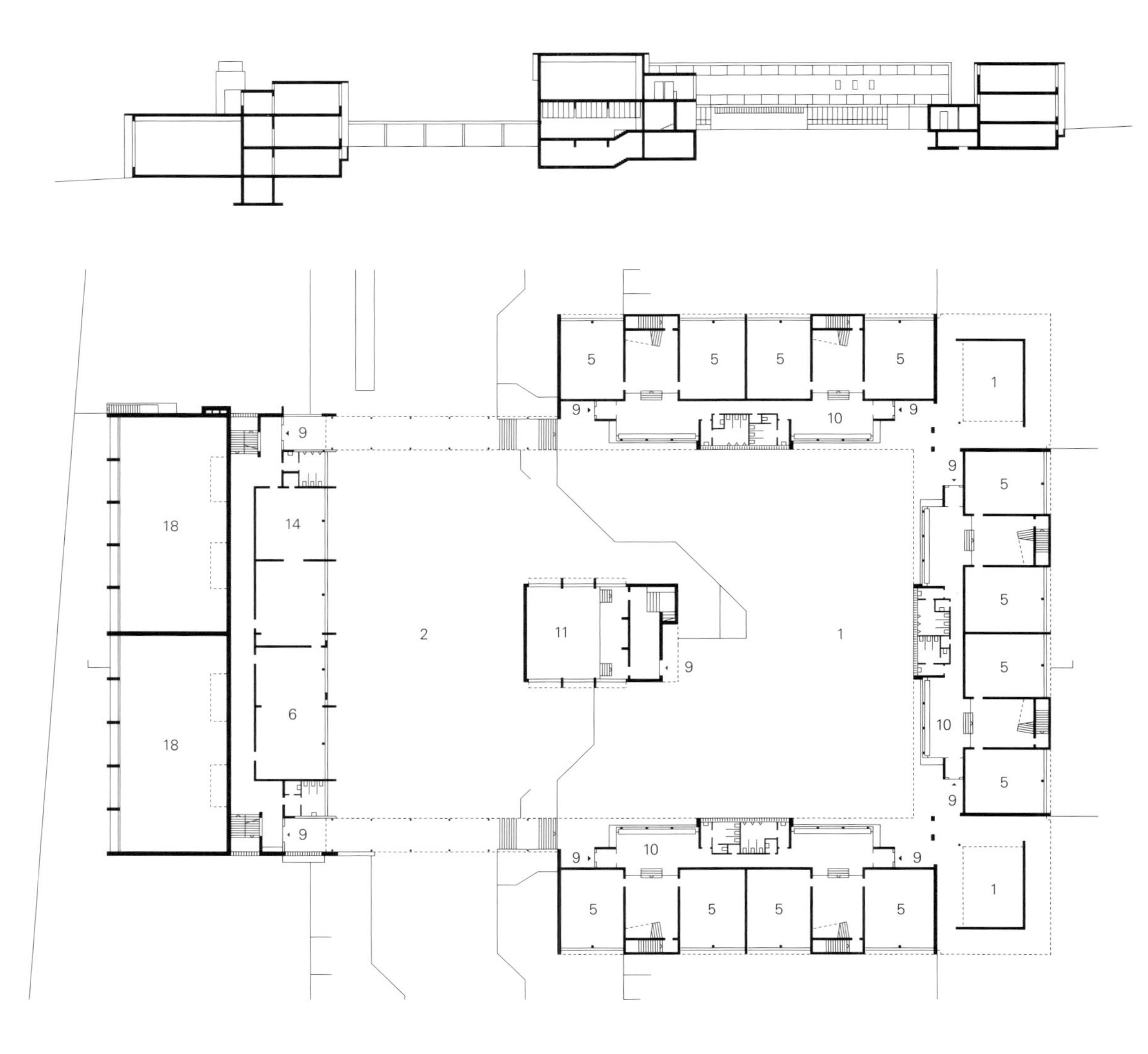

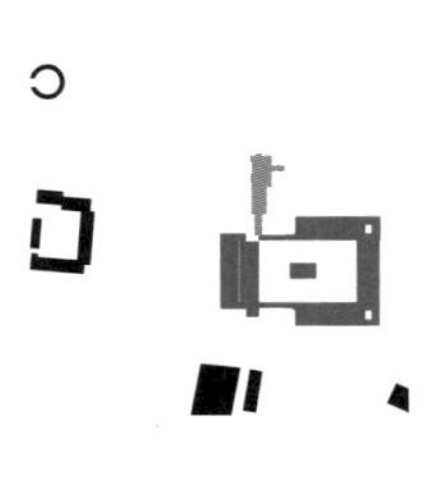

Lageplan M 1:10 000
Schnitt M 1:800
Grundriss EG M 1:800

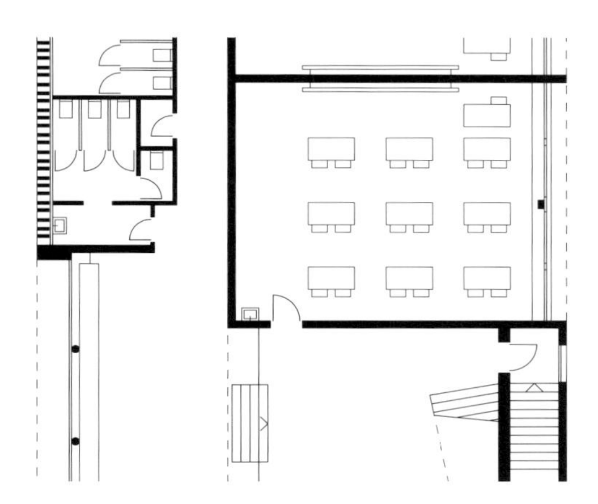

relevante Themen
Aula
Fachräume
Pausenbereich

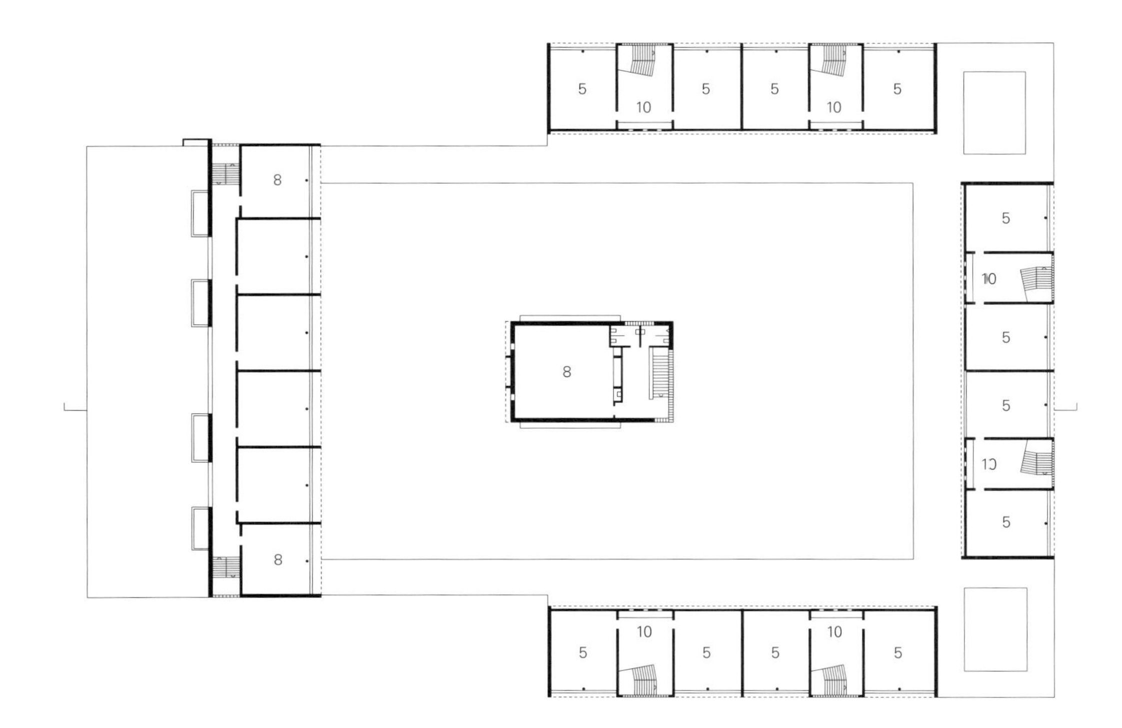

Klassenzimmer M 1:250
Grundriss OG M 1:800

[07]

Munkegårdsskolen
Vangedevej 178
Dyssegaard (DK)
Arne Jacobsen

Fertigstellung
1956

Schultyp
Primar- und Sekundarschule

Alter der Schüler
7-16 Jahre

Schülerzahl
800

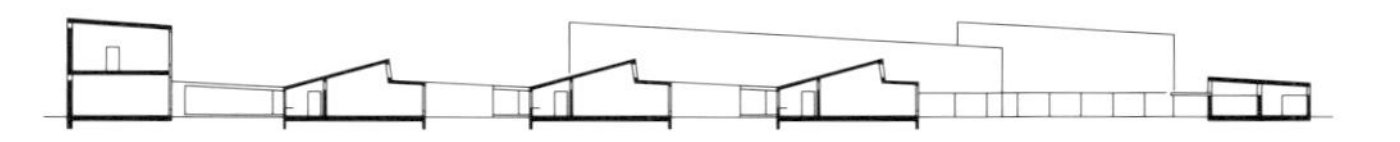

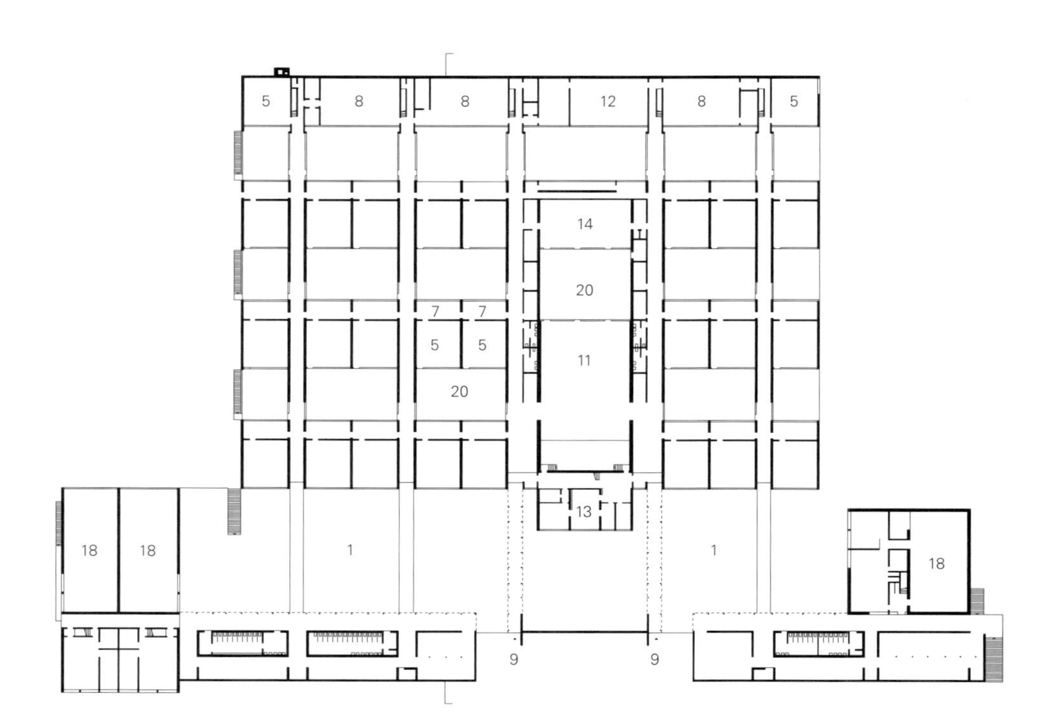

Lageplan M 1:10 000
Schnitt M 1:1200
Grundriss EG M 1:1200

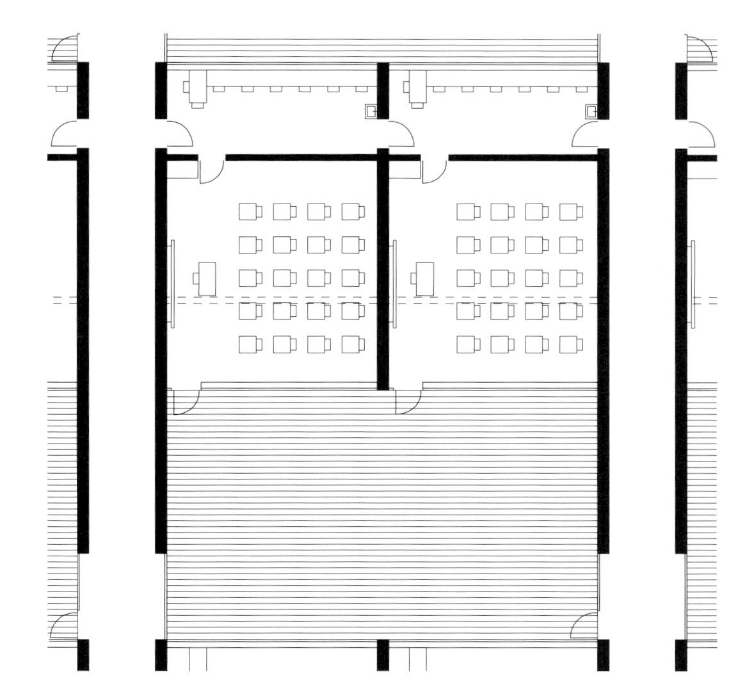

relevante Themen
Flur
Aula
Abstellorte

Klassenzimmer M 1:250

[08]

Lagere Scholen Nagele
Ring 1
Nagele (NL)
Aldo van Eyck

Fertigstellung
1956

Schultyp
Primarschule

Alter der Schüler
5-12 Jahre

Schülerzahl
120

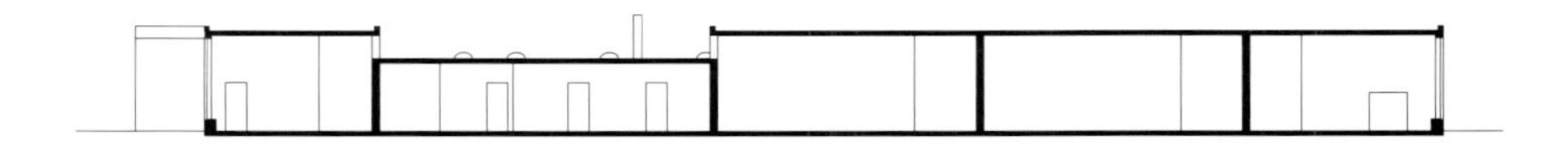

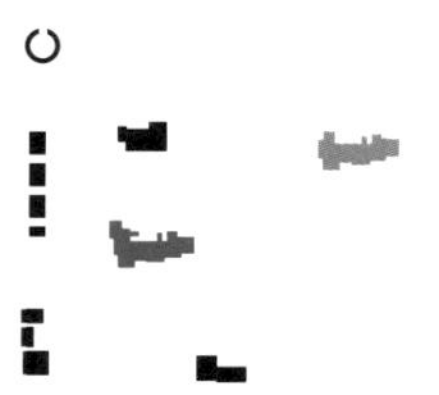

Lageplan M 1:10 000
Grundriss EG M 1:500
Schnitt M 1:500

relevante Themen
Abstellorte
Toiletten

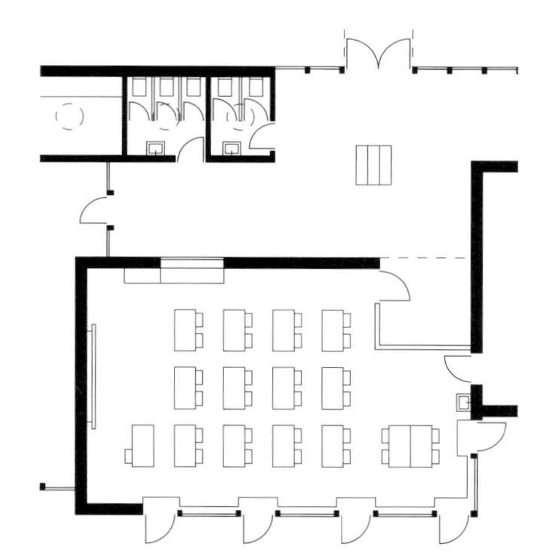

Klassenzimmer M 1:250

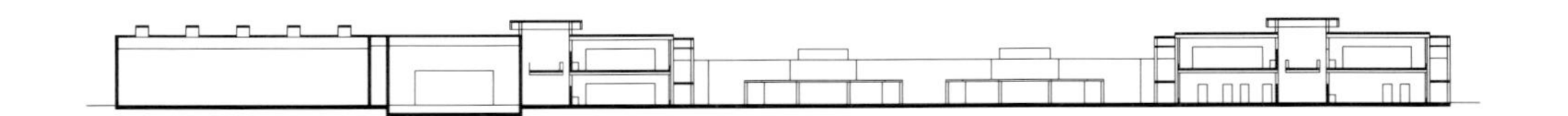

[09]

Riverview High School
1 Ram Way
Sarasota, Florida (US)
Paul Rudolph

Fertigstellung
1958

Schultyp
Senior High School

Alter der Schüler
15-17 Jahre

Schülerzahl
2590

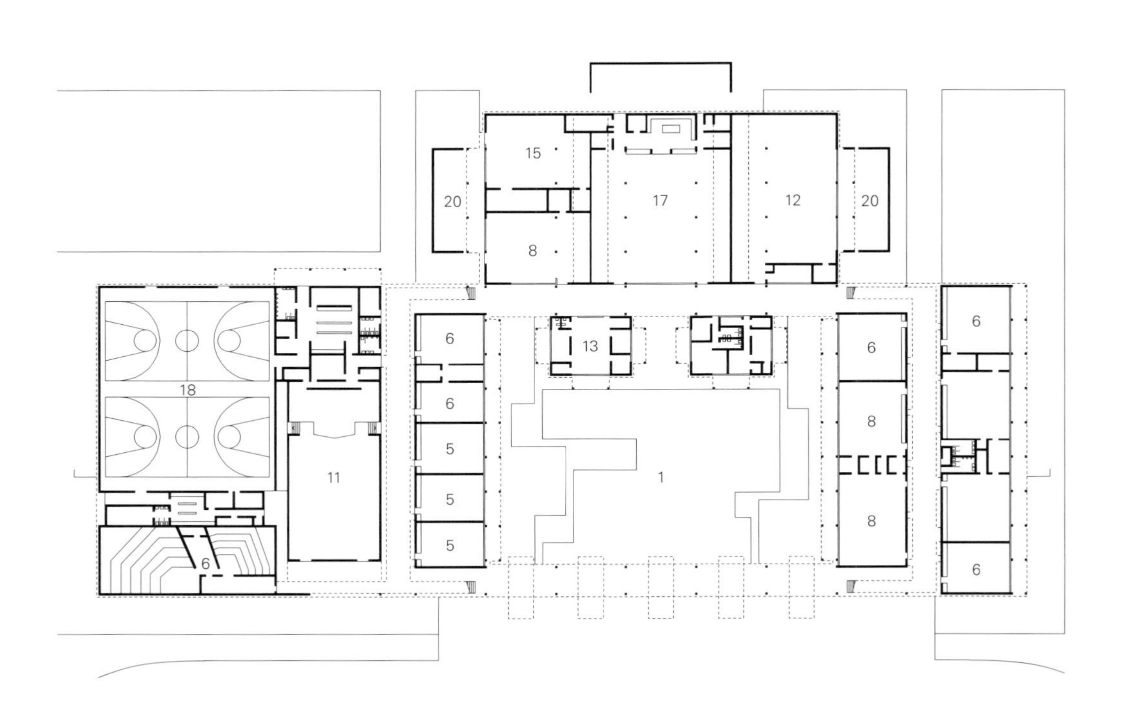

Lageplan M 1:10 000
Schnitt M 1:1200
Grundriss EG M 1:1.200

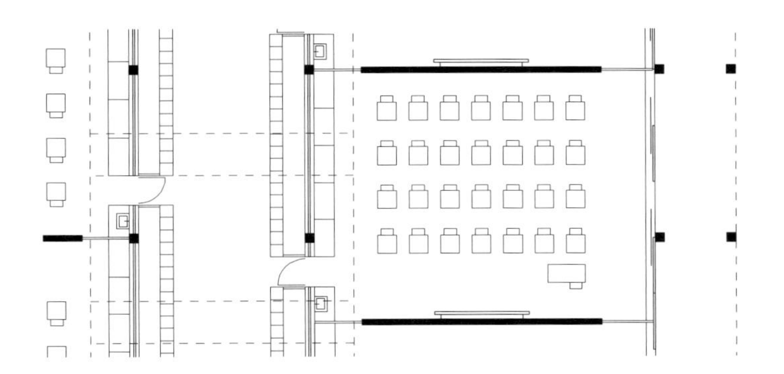

relevante Themen
Eingang

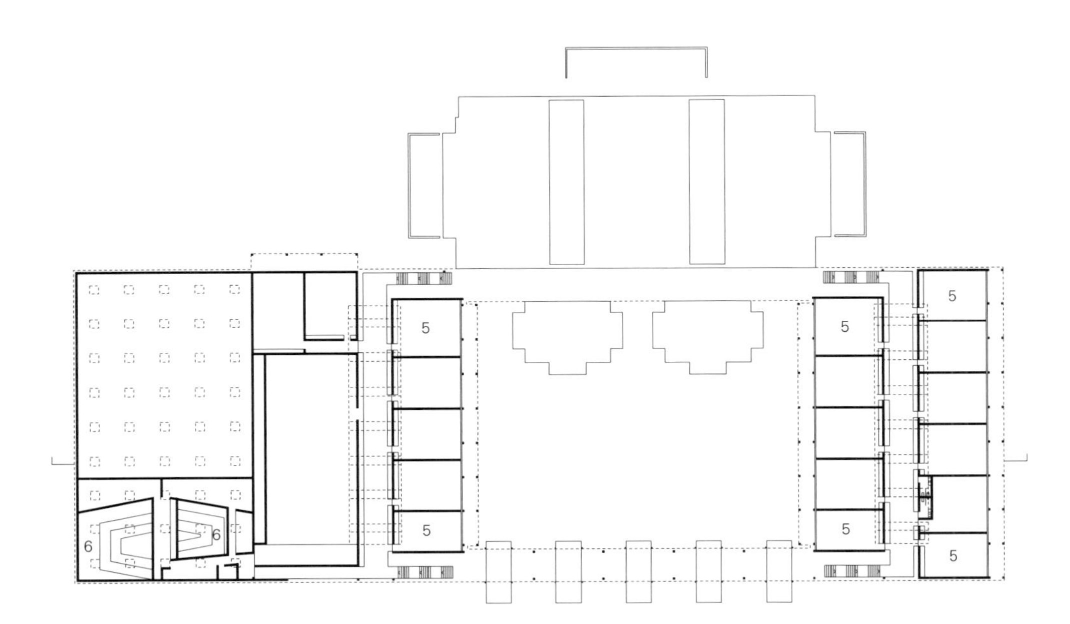

Klassenzimmer M 1:250
Grundriss OG M 1:1.200

[10]

Sarasota High School
1000 South School Avenue
Sarasota, Florida (US)
Paul Rudolph

Fertigstellung
1960

Schultyp
Senior High School

Alter der Schüler
14-17 Jahre

Schülerzahl
ca. 1000

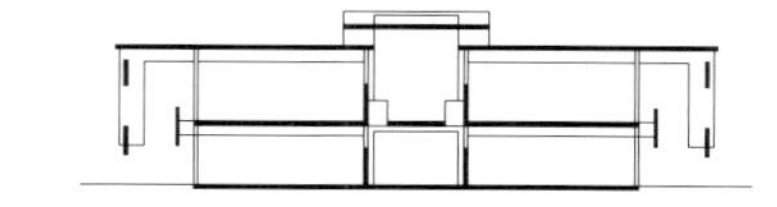

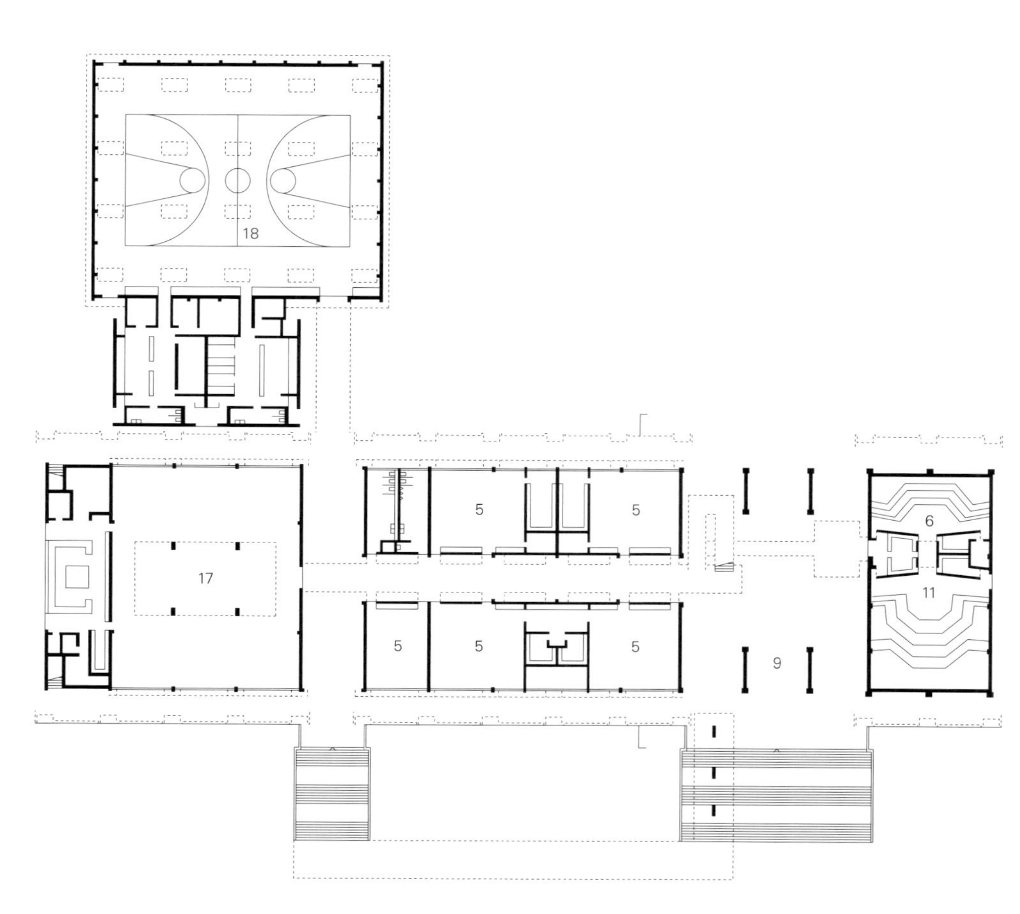

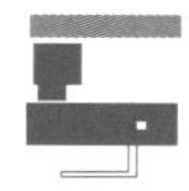

Lageplan M 1:10 000
Schnitt M 1:800
Grundriss EG M 1:800

Sarasota High School

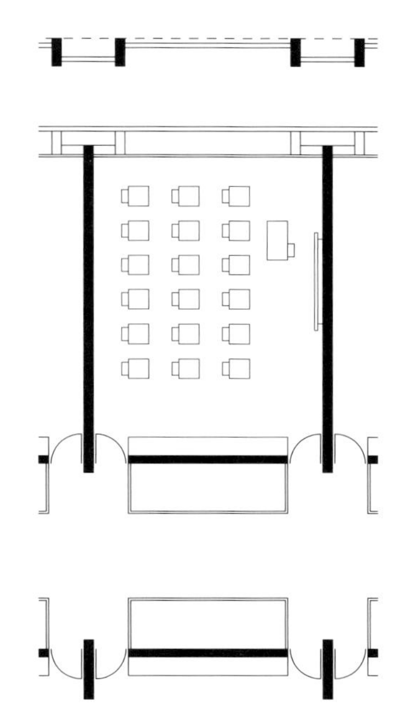

relevante Themen
Eingang
Flur
Klassenzimmer

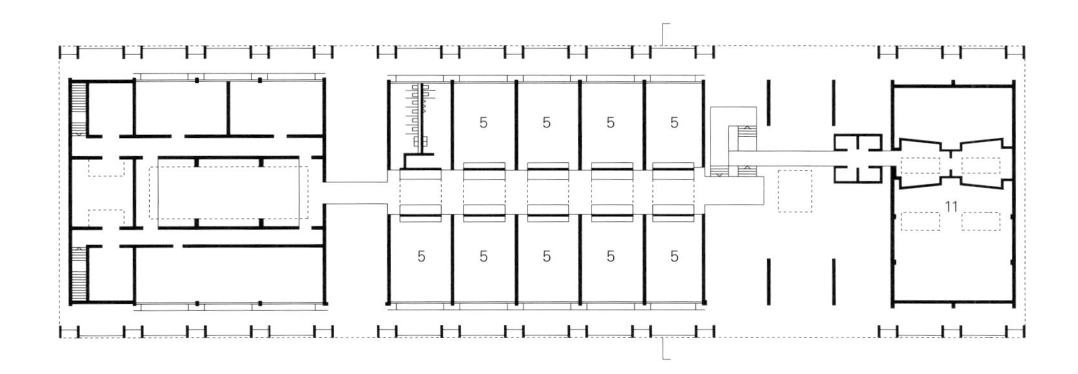

Klassenzimmer M 1:250
Grundriss OG M 1:800

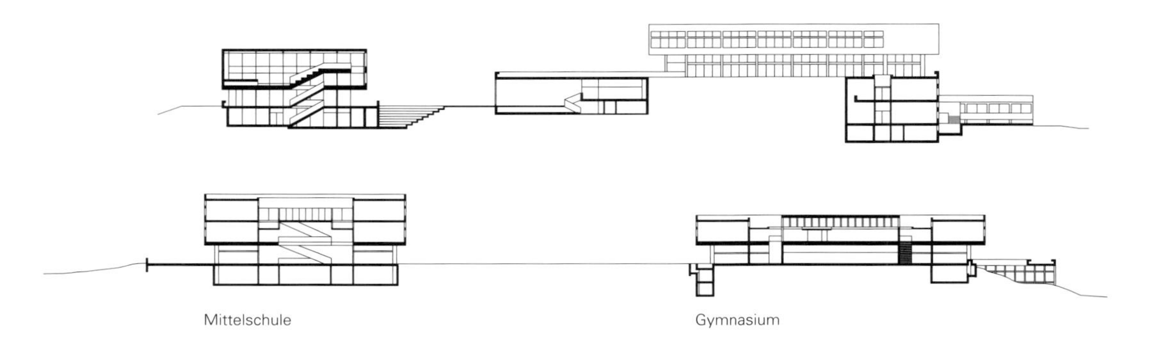

[11]

Kantonsschule Freudenberg
Gutenbergstraße 15
Zürich-Enge (CH)
Jacques Schader

Fertigstellung
1960

Schultyp
Gymnasium und Mittelschule

Alter der Schüler
13-15, 16-18 Jahre

Schülerzahl
600, 1000

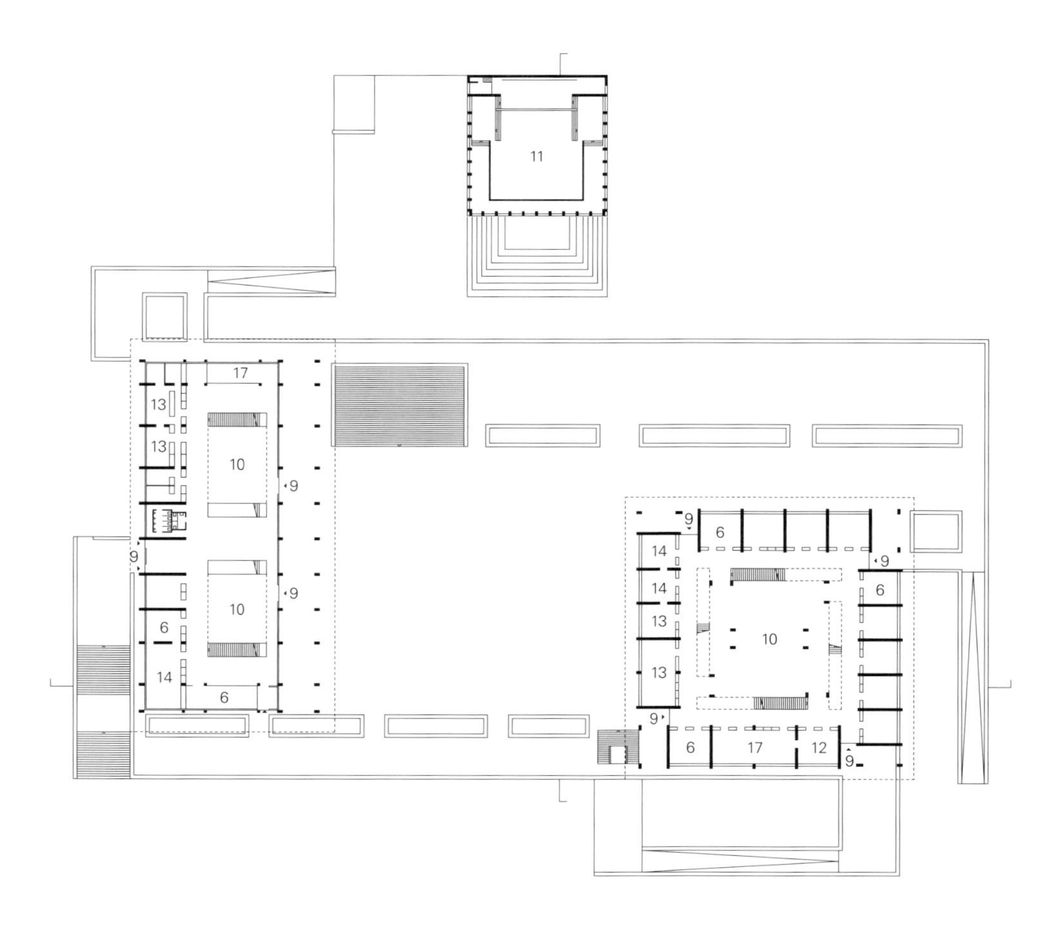

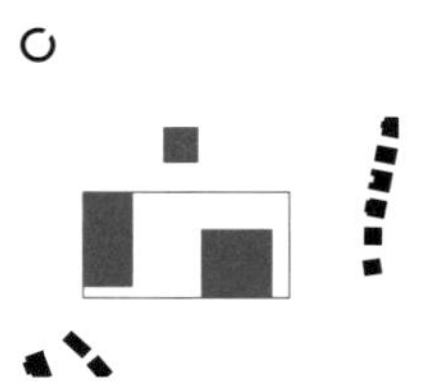

Lageplan M 1:10 000
Schnitte M 1:1200
Grundriss EG M 1:1200

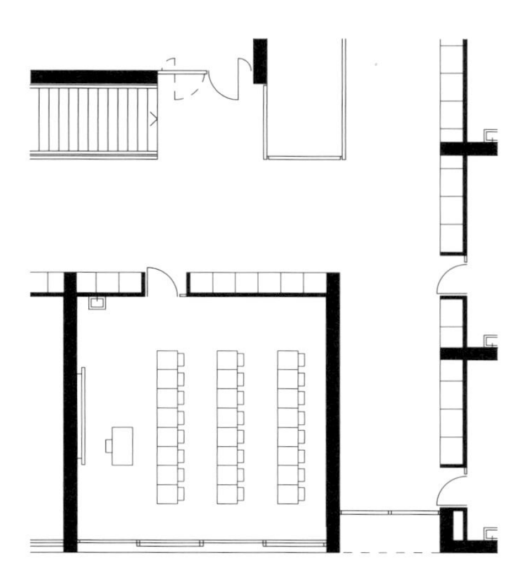

relevante Themen
Treppe
Aula
Klassenzimmer
Fachräume
Pausenbereich

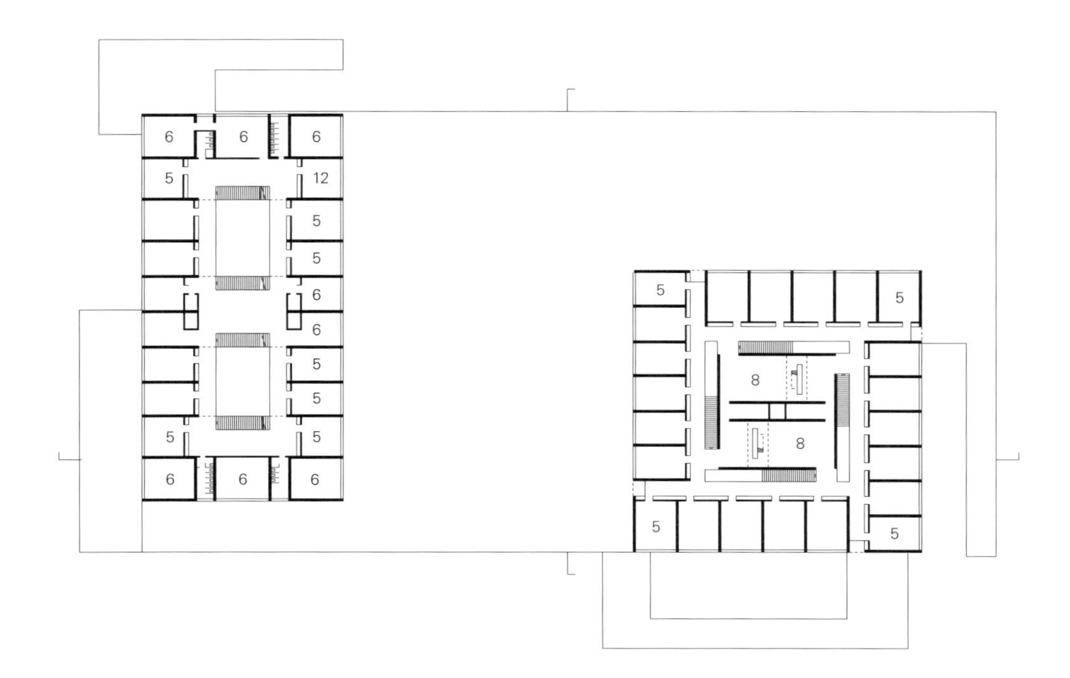

Klassenzimmer M 1:250
Grundriss 1.OG M 1:1200

[12]

Vogelsangschule
Paulusstraße 30
Stuttgart (DE)
Behnisch & Partner

Fertigstellung
1961

Schultyp
Grundschule

Alter der Schüler
6-9 Jahre

Schülerzahl
430

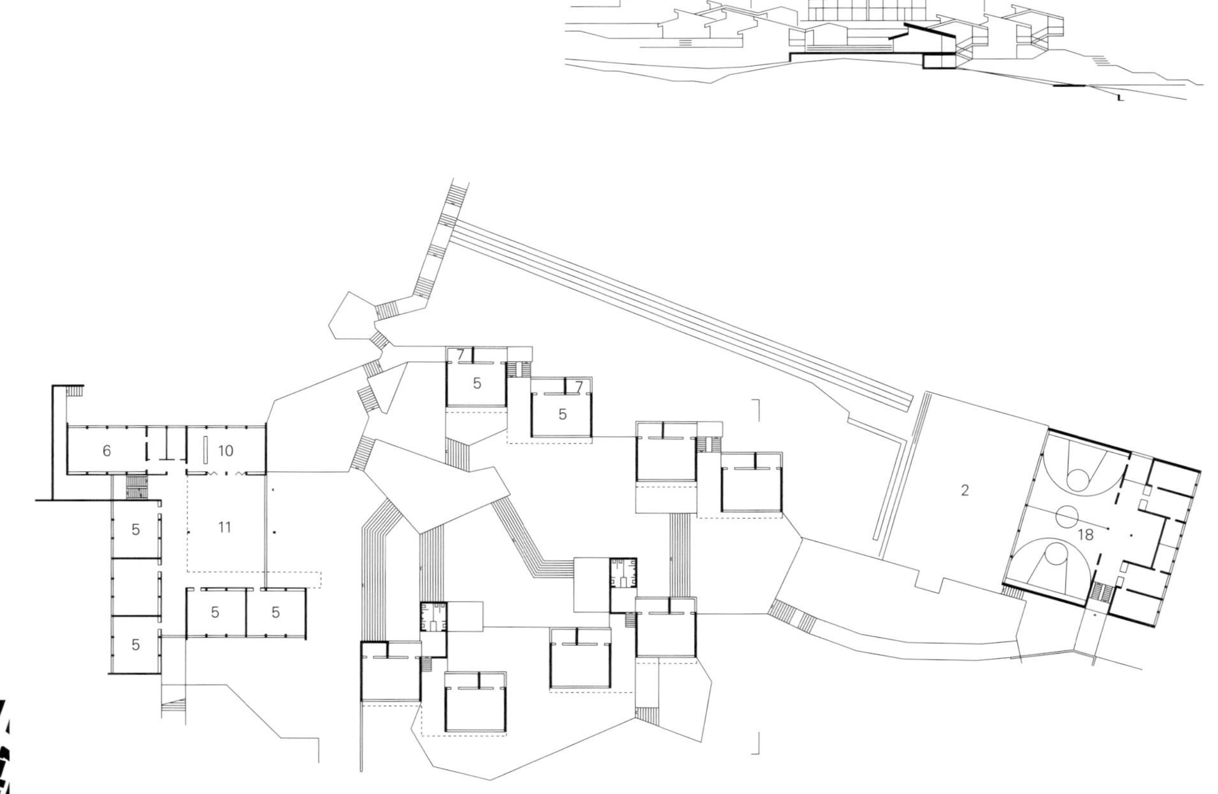

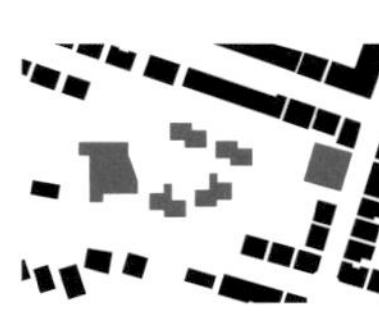

Lageplan M 1:10 000
Schnitt M 1:1200
Grundriss EG M 1:1200

relevante Themen
Klassenzimmer
Pausenbereich

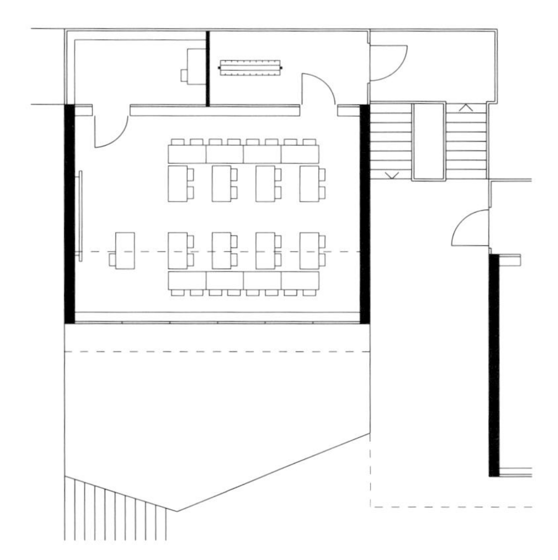

Klassenzimmer M 1:250

[13]

Gymnasium Andreanum
Hagentorwall 17
Hildesheim (DE)
Dieter Oesterlen

Fertigstellung
1962

Schultyp
Gymnasium

Alter der Schüler
10-18 Jahre

Schülerzahl
670

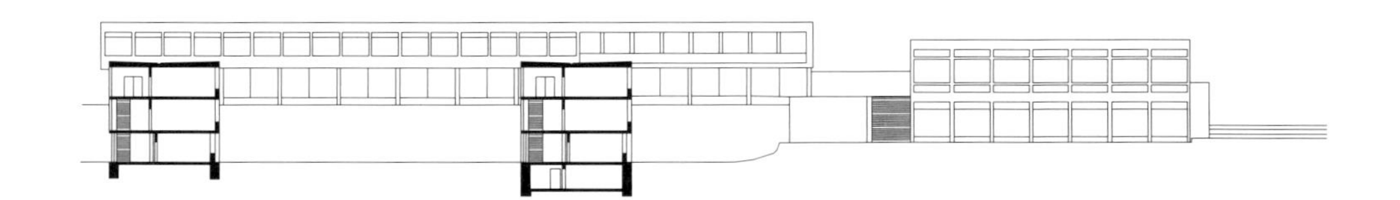

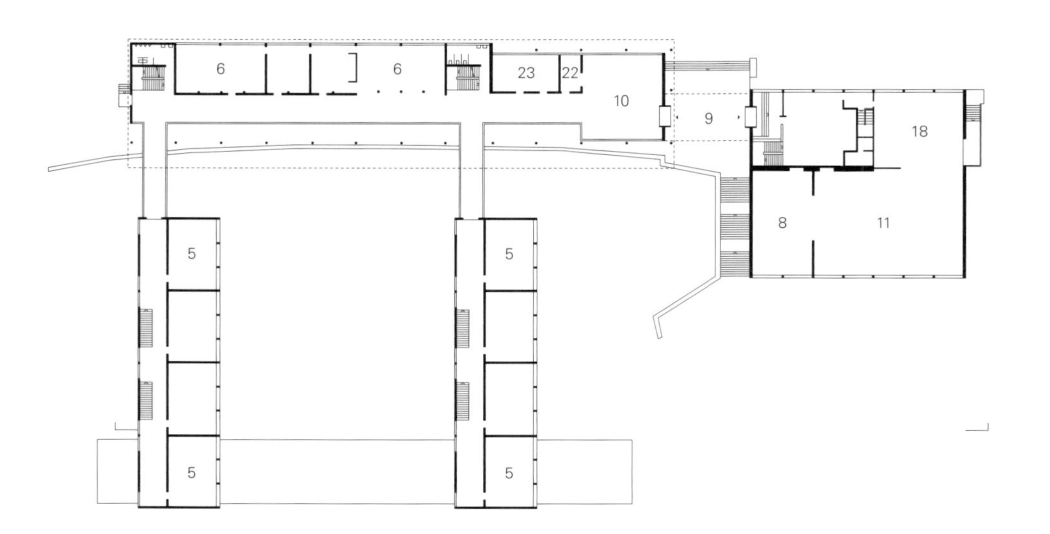

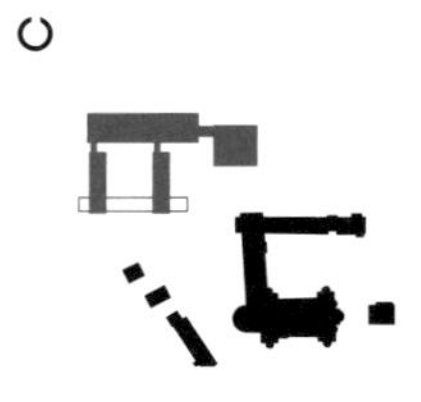

Lageplan M 1:10 000
Schnitt M 1:1000
Grundriss EG M 1:1000

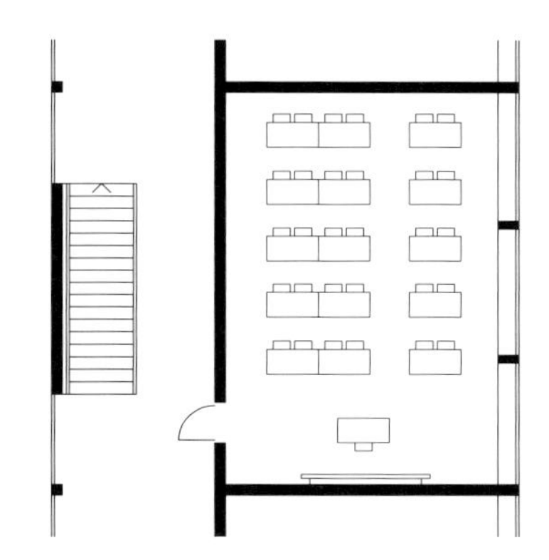

relevante Themen
Treppe
Fachräume
Toiletten

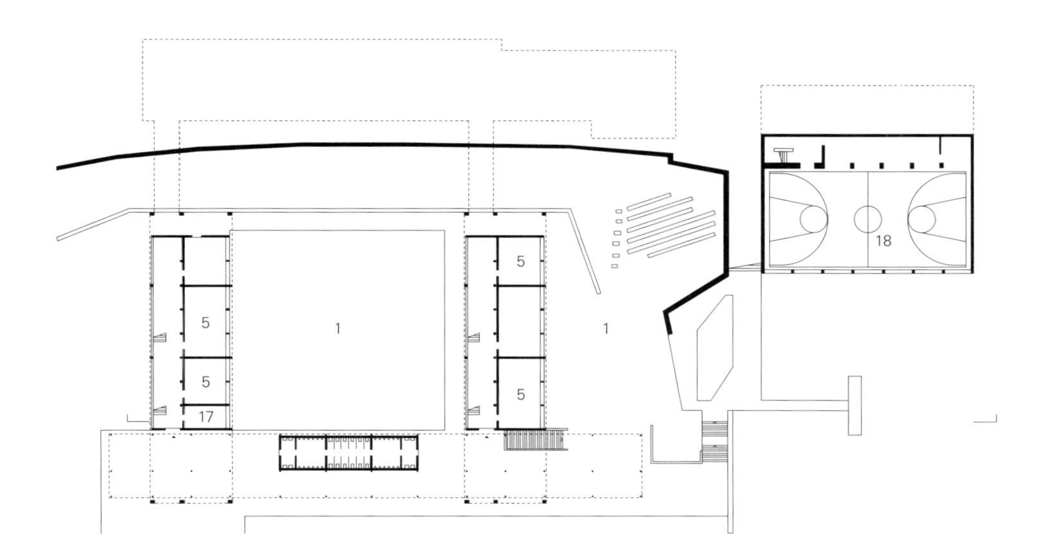

Klassenzimmer M 1:250
Grundriss 1. UG M 1:1000

[14]

Geschwister-Scholl-Gymnasium
Holtgrevenstraße 2-6
Lünen (DE)
Hans Scharoun

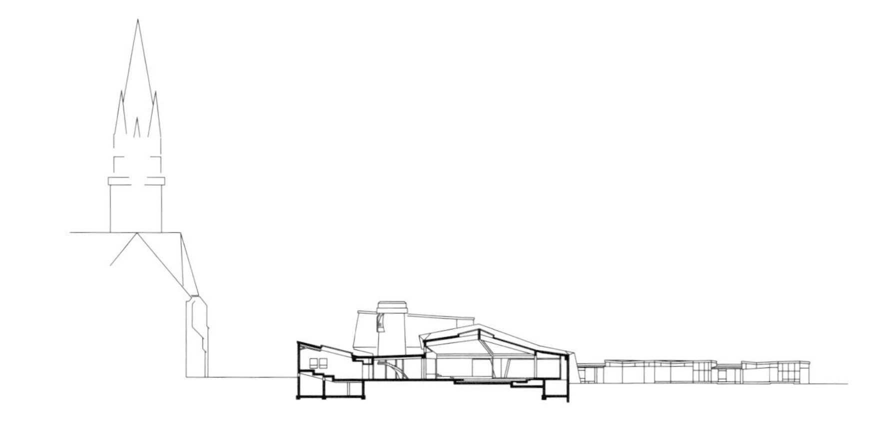

Fertigstellung
1962

Schultyp
Mädchengymnasium (heute Gesamtschule)

Alter der Schüler
10-18 Jahre

Schülerzahl
1.000

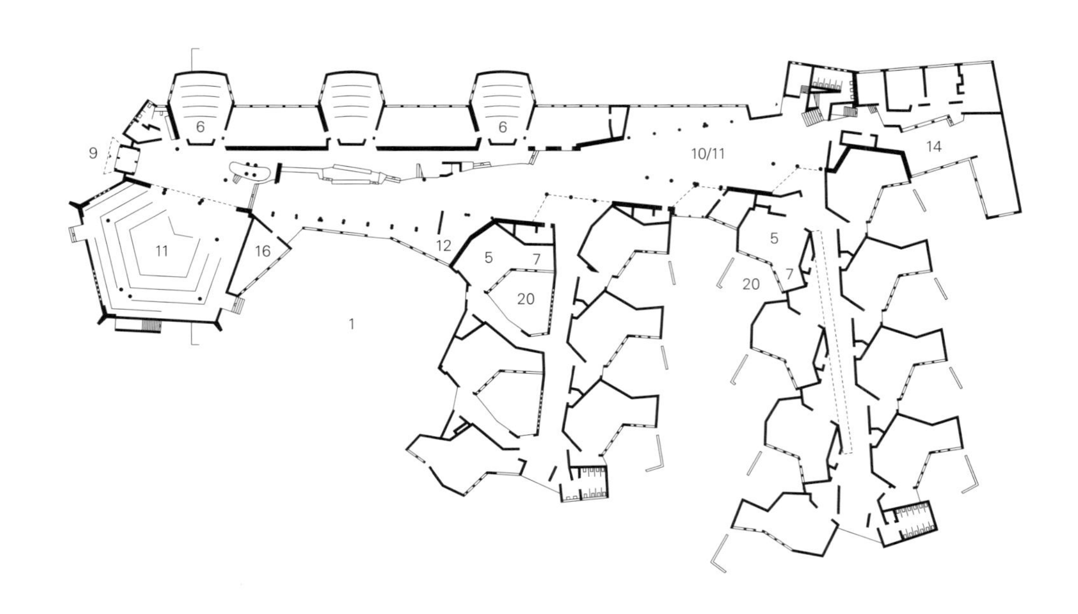

Lageplan M 1:10 000
Schnitt M 1:1.000
Grundriss EG M 1:1.000

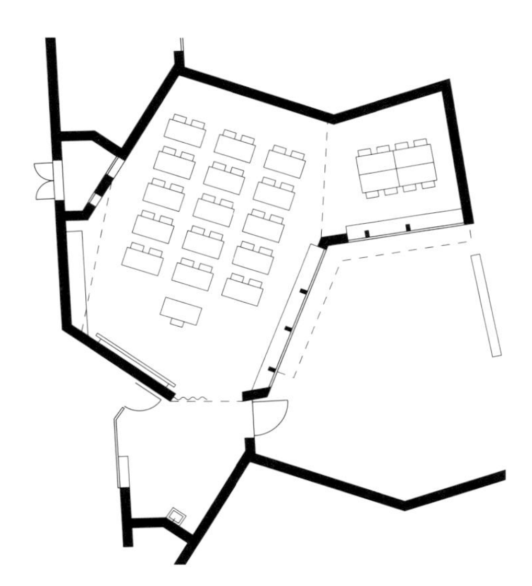

relevante Themen
Aula
Klassenzimmer
Fachräume
Pausenbereich

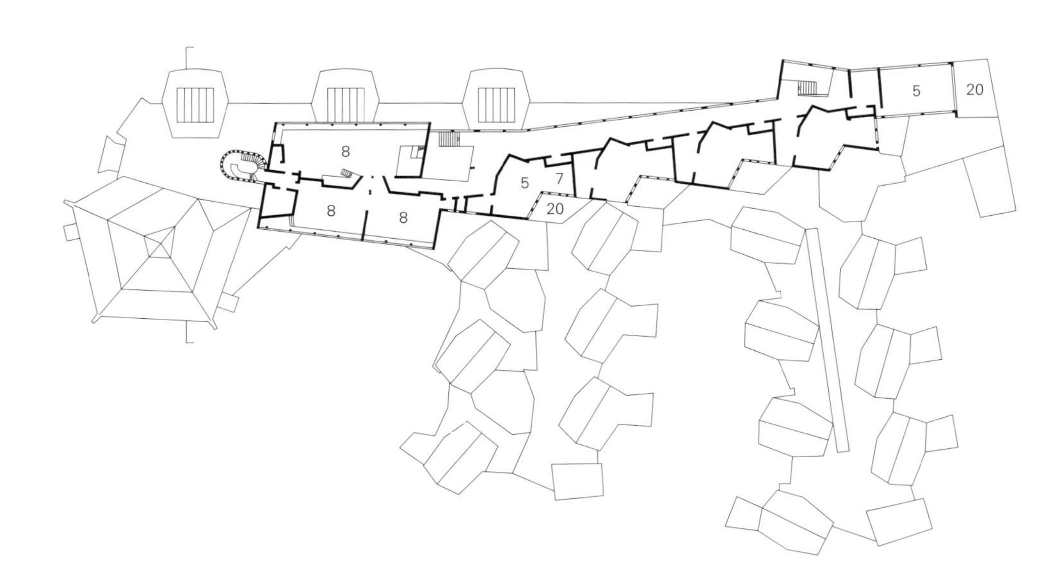

Klassenzimmer M 1:250
Grundriss OG M 1:1000

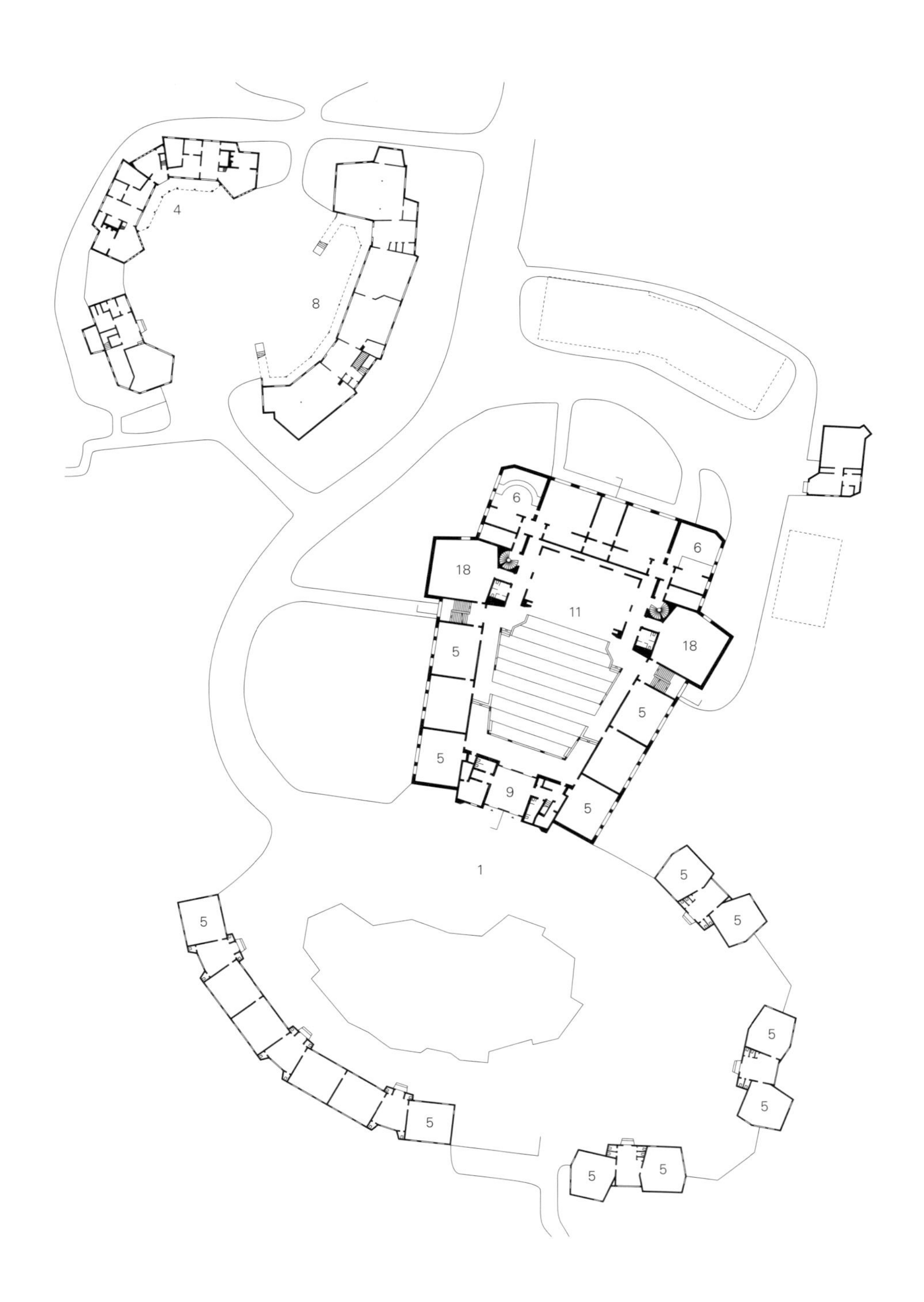

[15]

Kristofferskolan
Marklandsbacken 11
Stockholm (SE)
Erik Asmussen

Fertigstellung
1967

Schultyp
Waldorfschule

Alter der Schüler
6-14 Jahre

Schülerzahl
700

Lageplan M 1:10 000
Grundriss EG M 1:1200

relevante Themen
Klassenzimmer
Pausenbereich

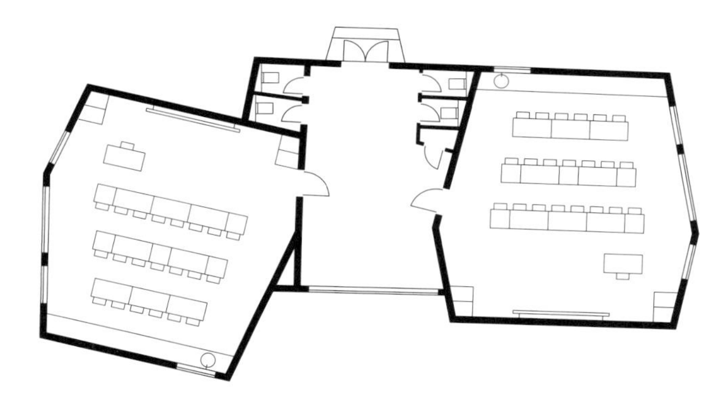

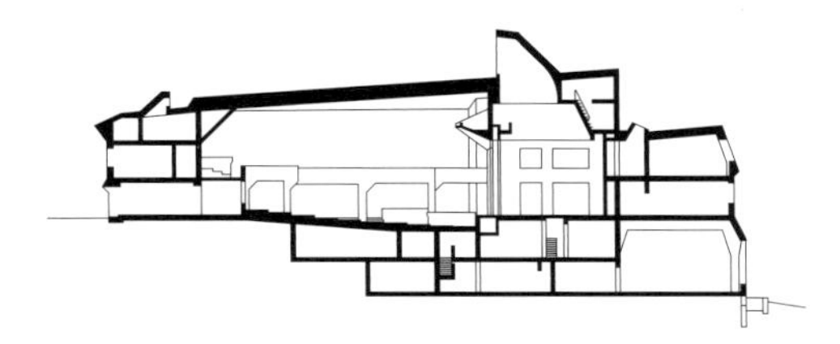

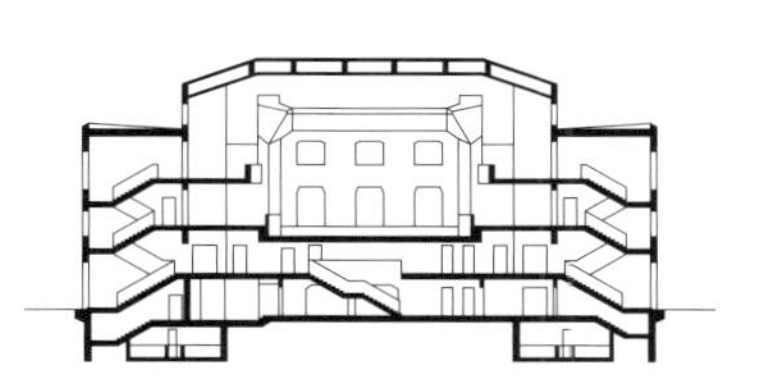

Klassenzimmer M 1:250
Schnitte M 1:1200

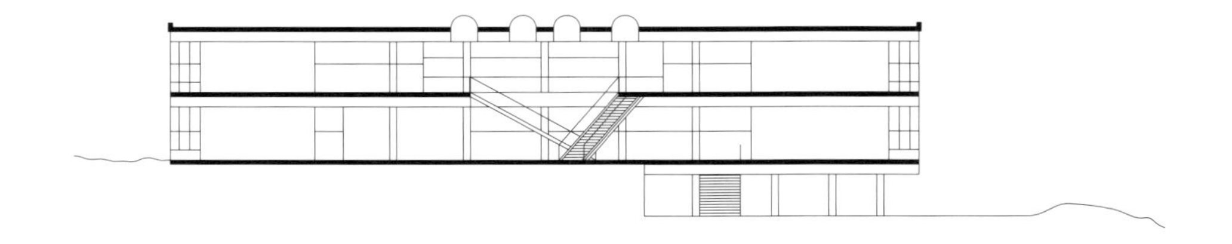

[16]

Mittelpunktschule In den Berglen
Stockwiesen 1
Berglen (DE)
Behnisch & Partner

Fertigstellung
1969

Schultyp
Grund- und Hauptschule mit Werkrealschule

Alter der Schüler
6-15 Jahre

Schülerzahl
260

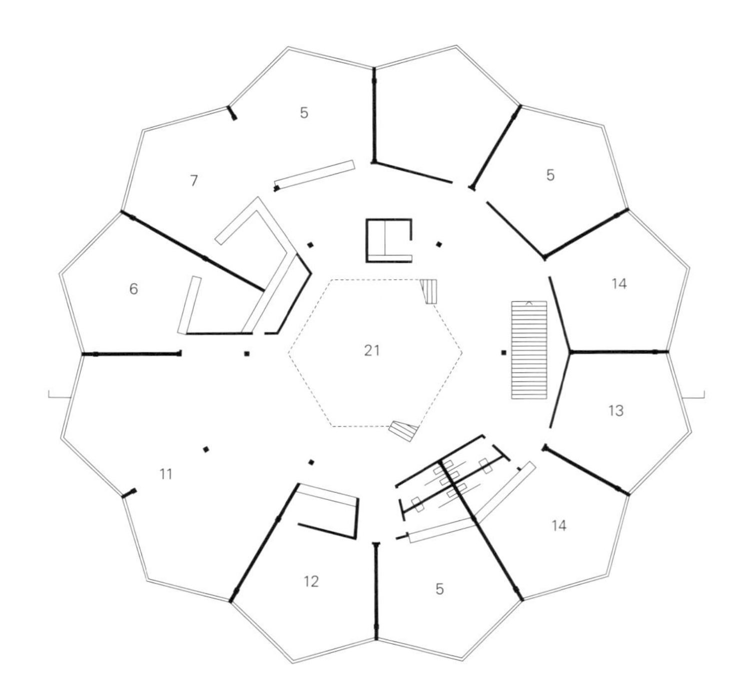

Lageplan M 1:10 000
Schnitt M 1:500
Grundriss EG M 1:500

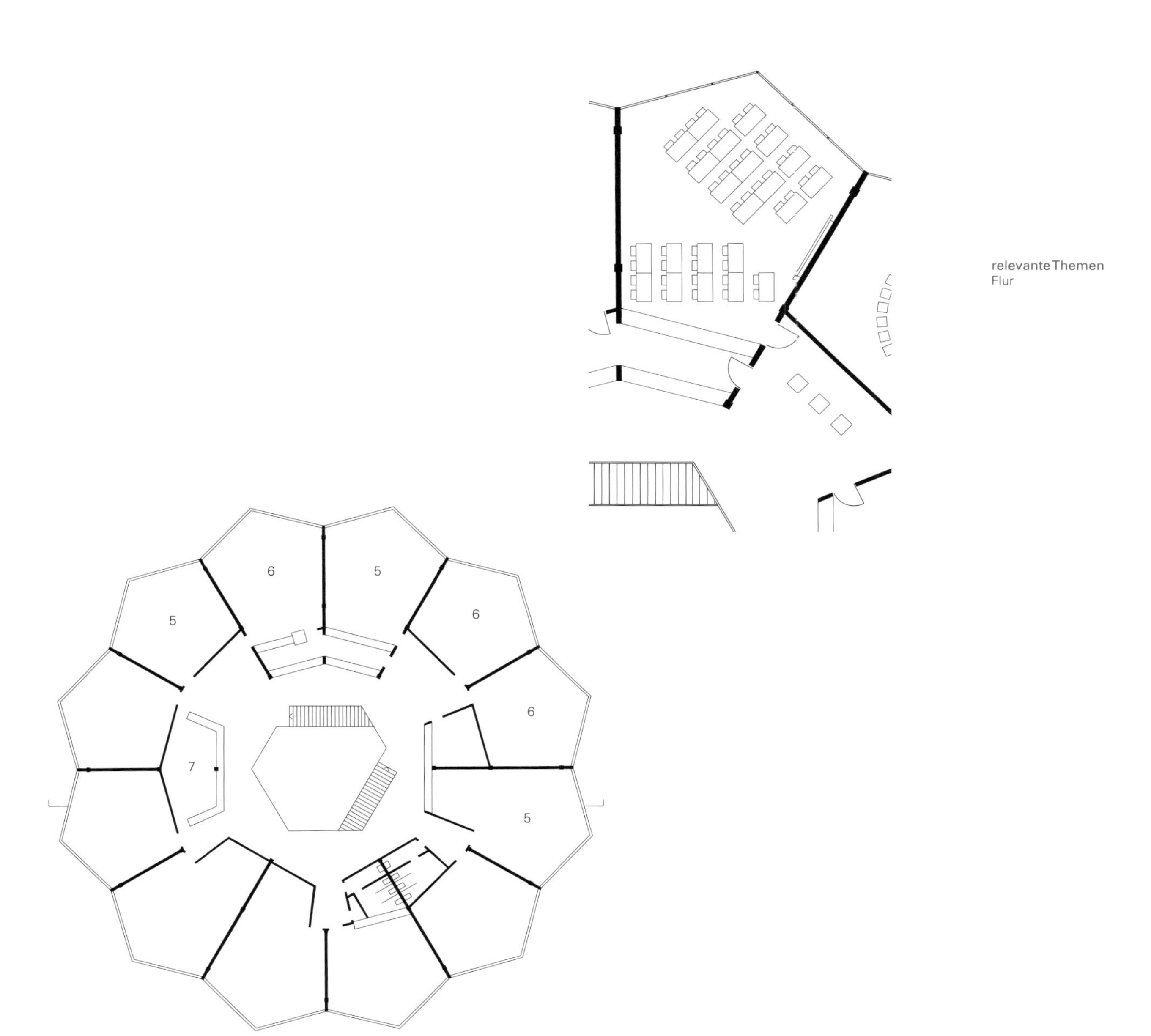

relevante Themen
Flur

Klassenzimmer M 1:250
Grundriss OG M 1:500

[17]

Scuola elementare
Riva San Vitale
Via Monsignor Sesti 1
Riva San Vitale (CH)
Aurelio Galfetti, Flora
Ruchat-Roncati, Ivo Trümpy

Fertigstellung
1964 und 1972

Schultyp
Primarschule

Alter der Schüler
7-12 Jahre

Schülerzahl
ca. 280

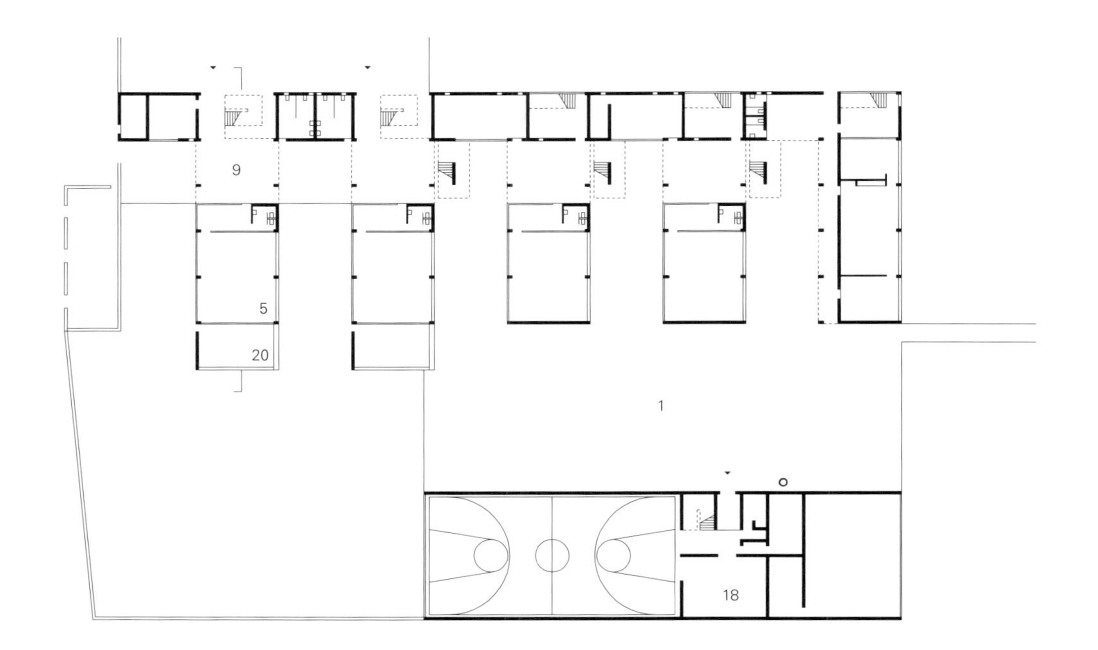

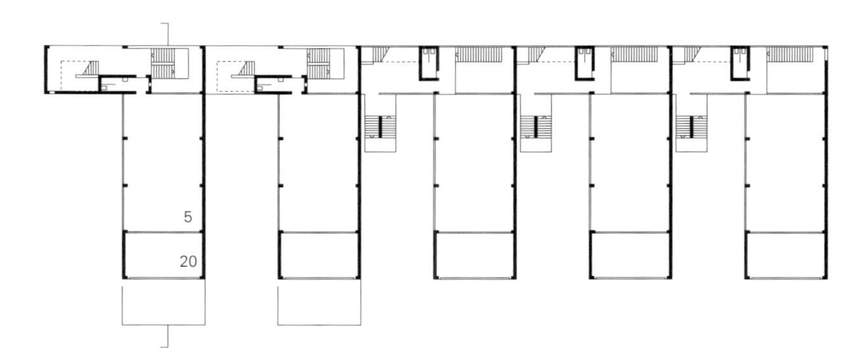

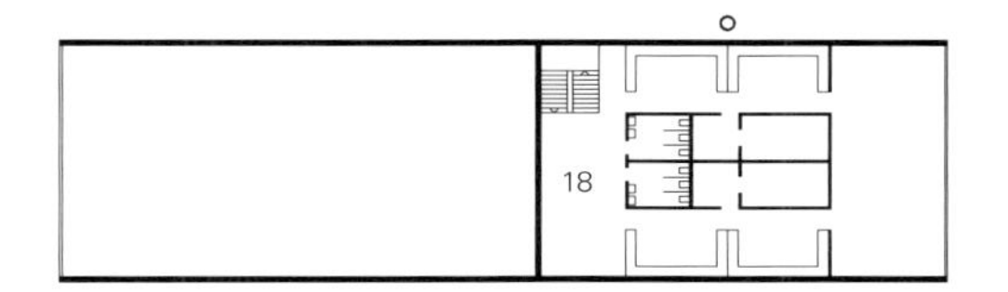

Lageplan M 1:10 000
Grundriss EG, 1. OG
M 1:800

relevante Themen
Abstellorte
Pausenbereich

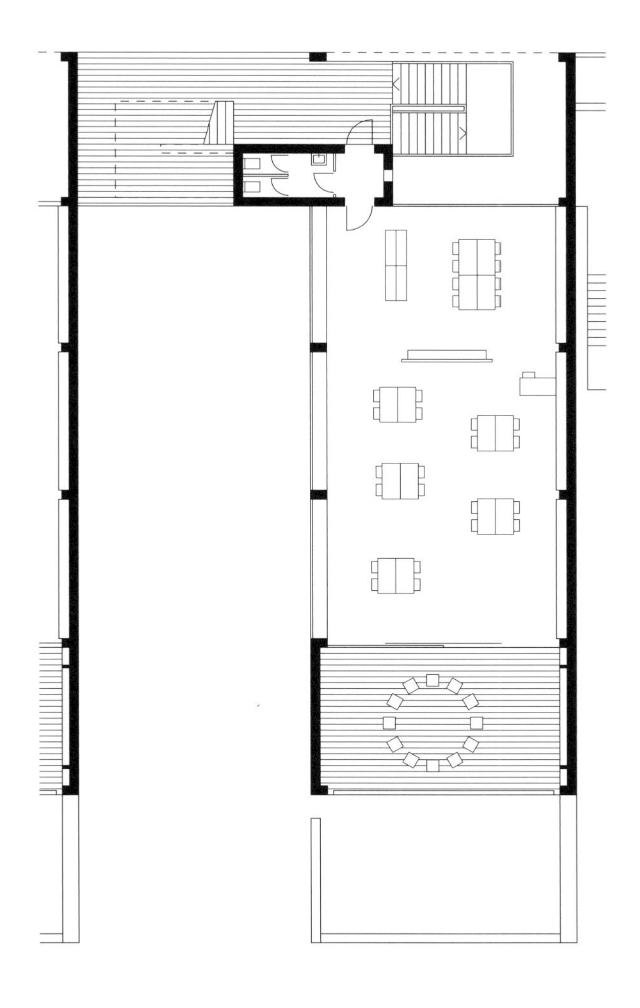

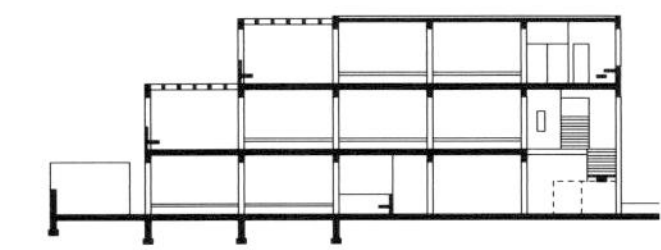

Klassenzimmer M 1:250
Schnitt M 1:800

[18]

Gymnasium Christianeum
Otto-Ernst-Straße 34
Hamburg (DE)
Arne Jacobsen

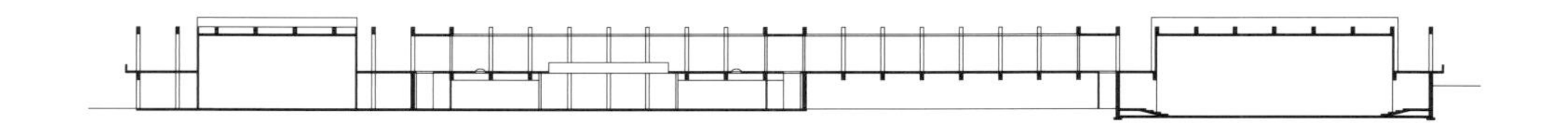

Fertigstellung
1972

Schultyp
Gymnasium

Alter der Schüler
10-18 Jahre

Schülerzahl
1 000

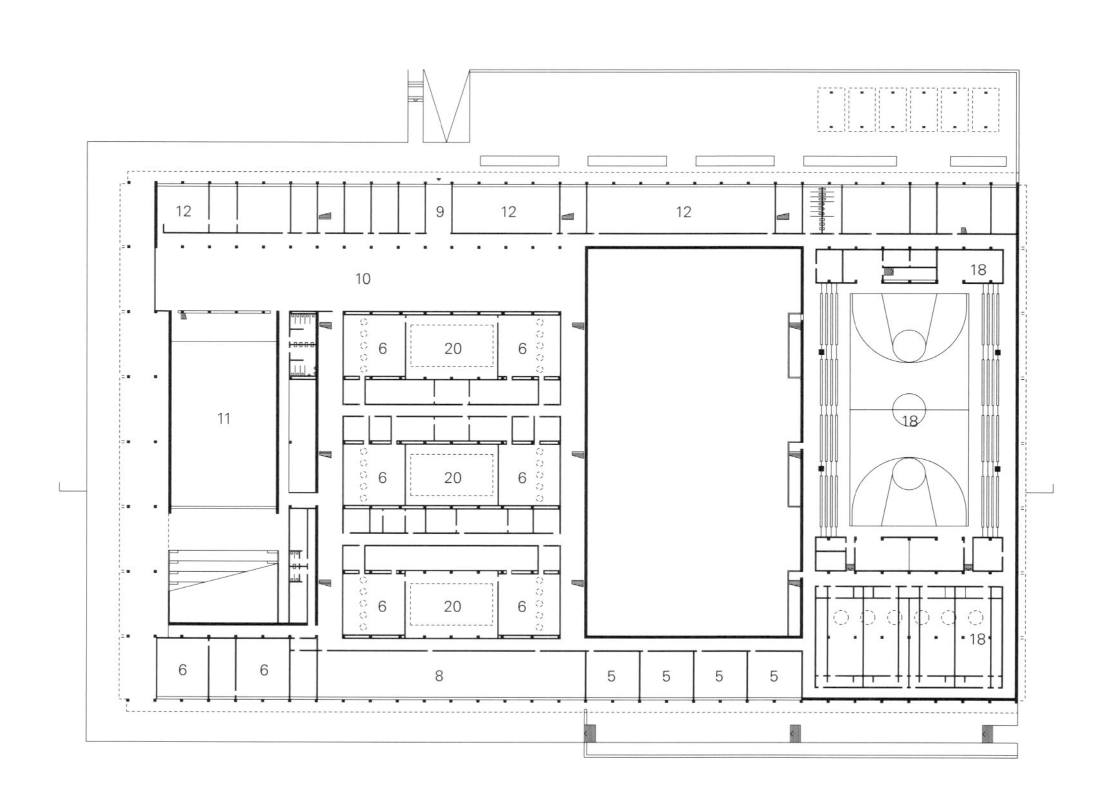

Lageplan M 1:10 000
Schnitt M 1:1200
Grundriss EG M 1:1200

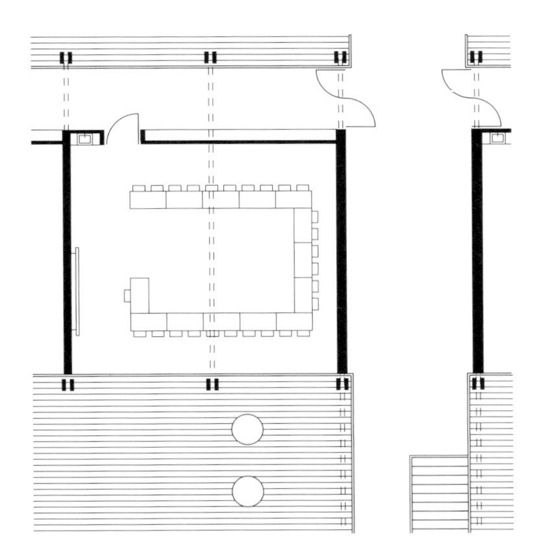

relevante Themen
Aula
Pausenbereich

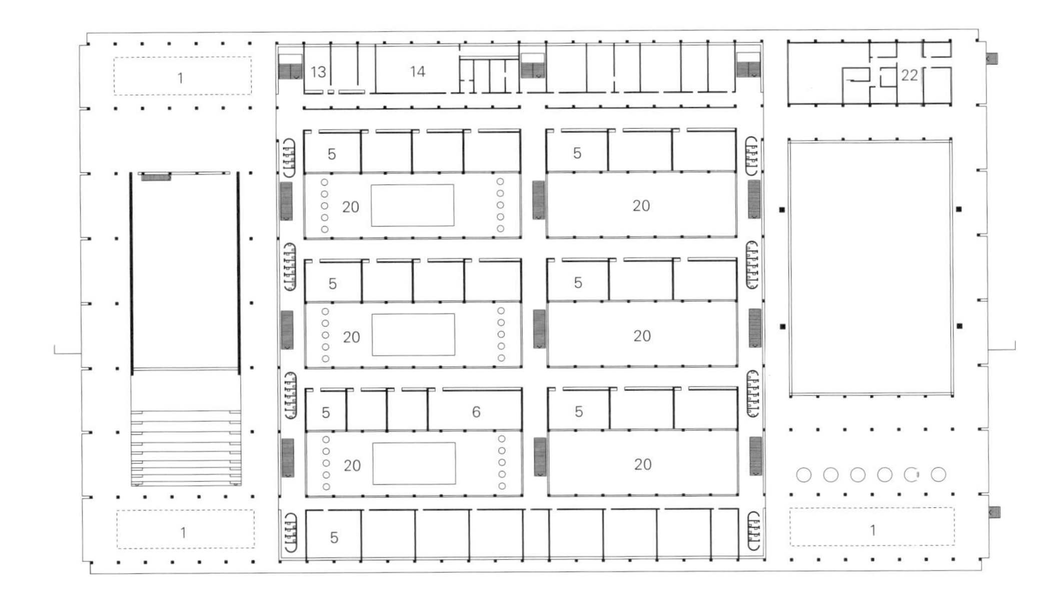

Klassenzimmer M 1:250
Grundriss OG M 1:1200

[19]

Waldorfschule Uhlandshöhe
Haußmannstraße 44
Stuttgart (DE)
Rolf Gutbrod,
Wolfgang Henning

Fertigstellung
1967 (Lehrerseminar)
1973 (Unterstufe)

Schultyp
Waldorfschule (Lehrerseminar und Unterstufe)

Alter der Schüler
6-18 Jahre

Schülerzahl
(gesamt) 940

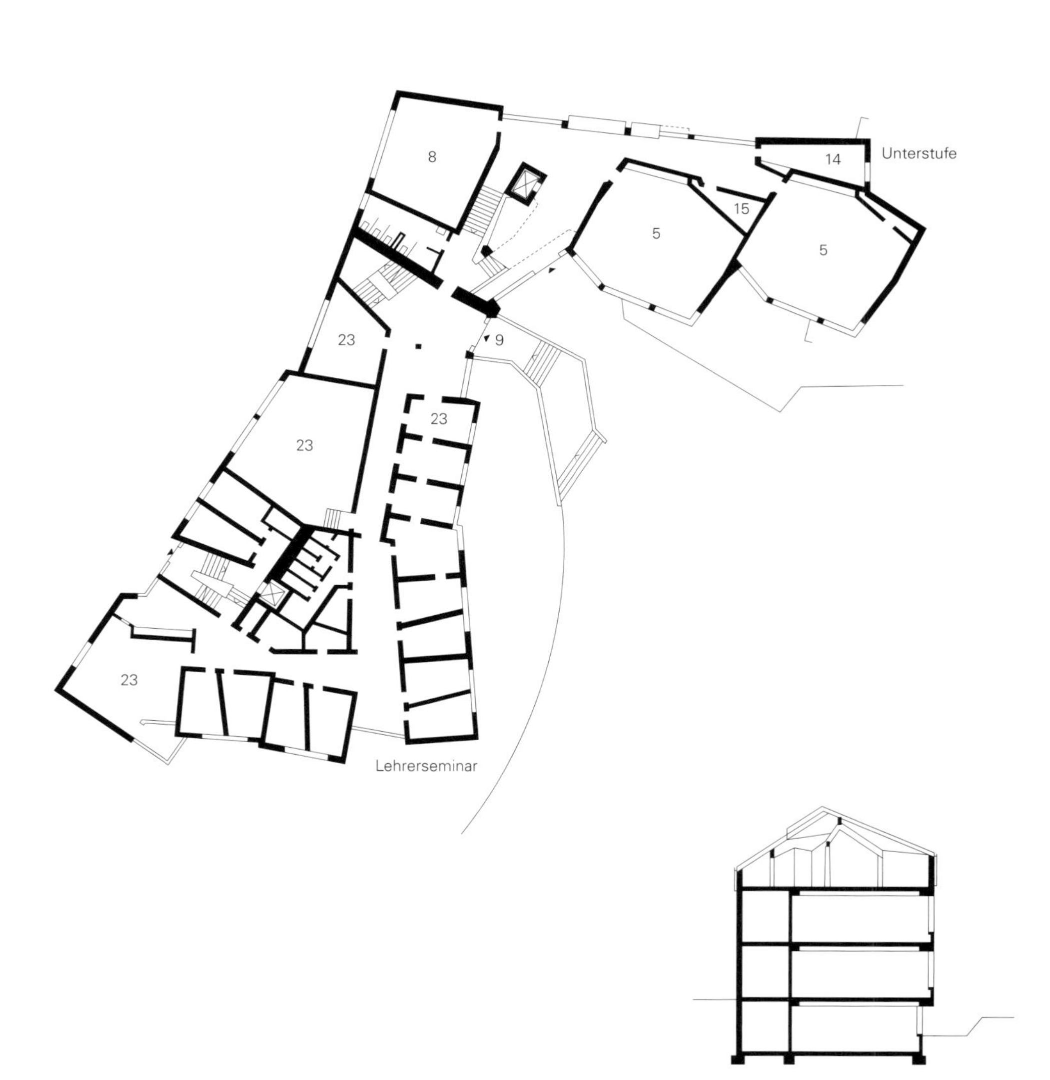

Lageplan M 1:10 000
Grundriss EG M 1:500
Schnitt M 1:500

relevante Themen
Pausenbereich

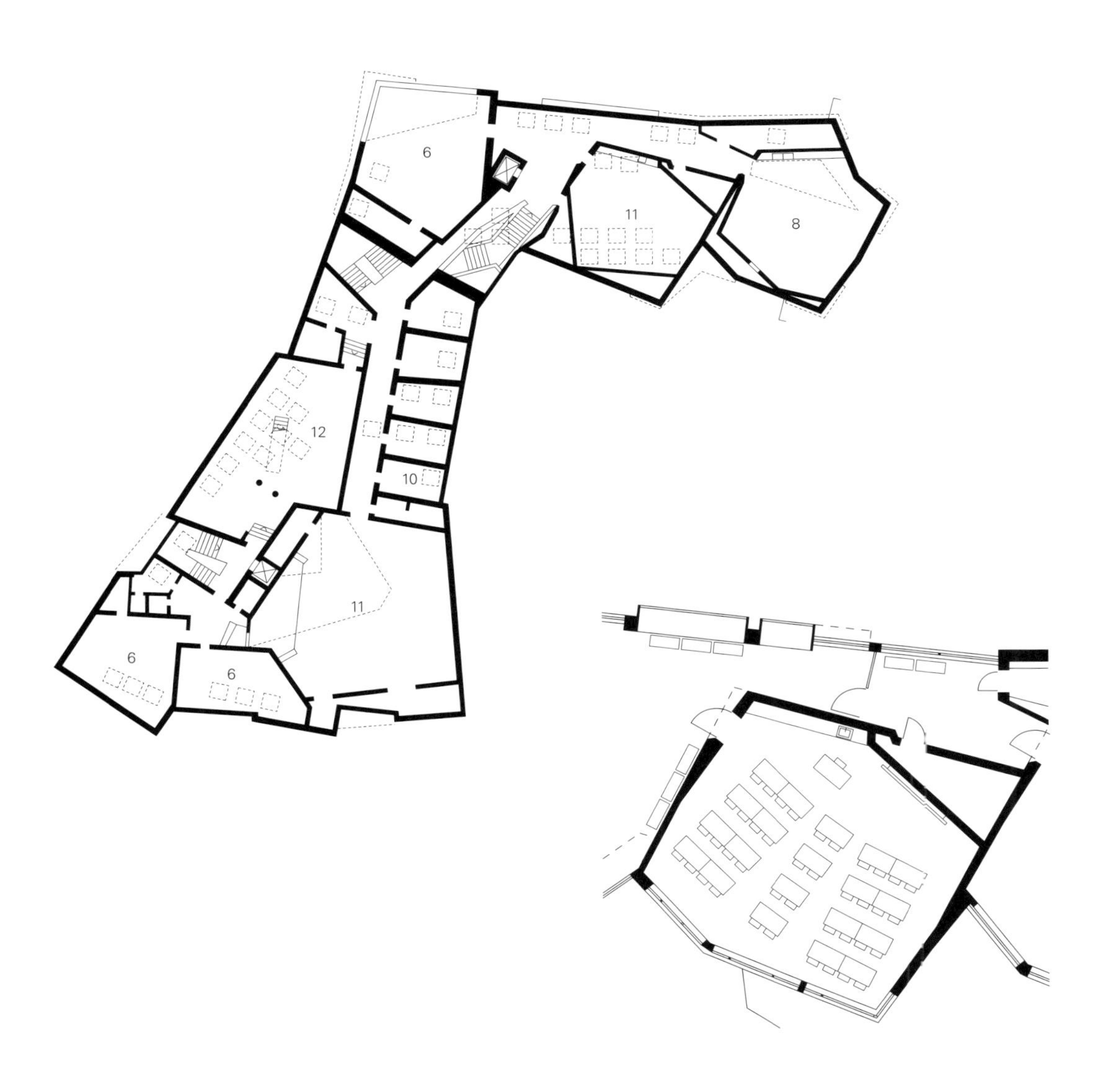

Grundriss 2. OG M 1:500
Klassenzimmer M 1:250

[20]

Laborschule Bielefeld
Universitätsstraße 21
Bielefeld (DE)
Ludwig Leo, Planungs-
kollektiv Nr. 1

Fertigstellung
1974

Schultyp
Gesamtschule

Alter der Schüler
5-19 Jahre

Schülerzahl
660

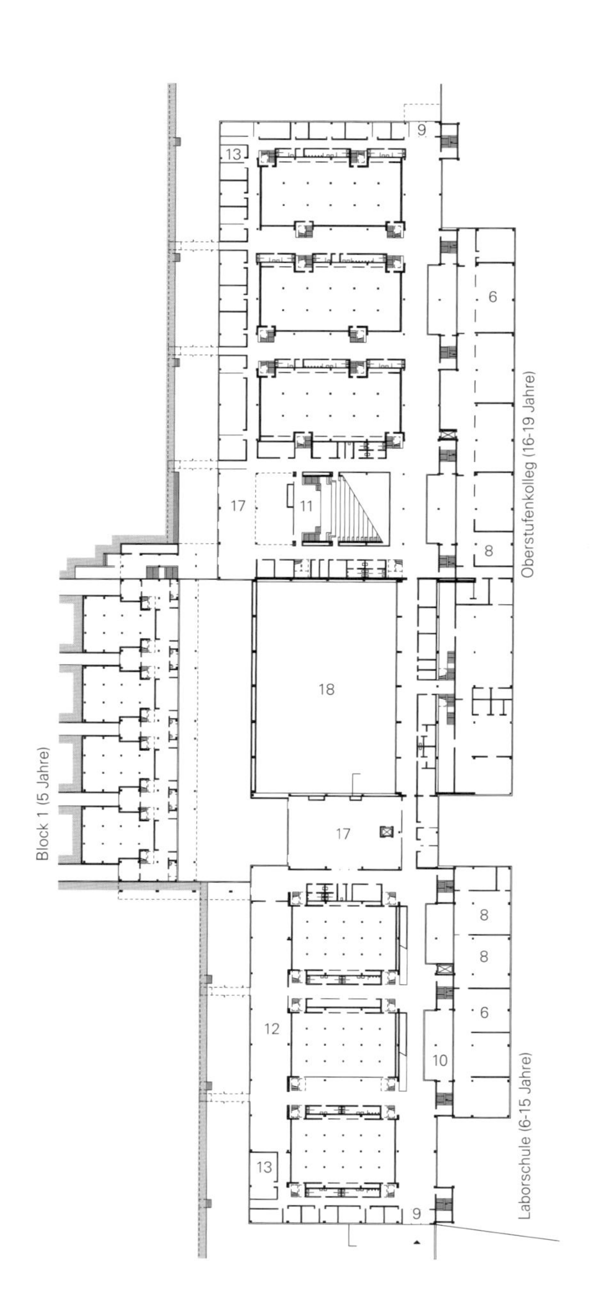

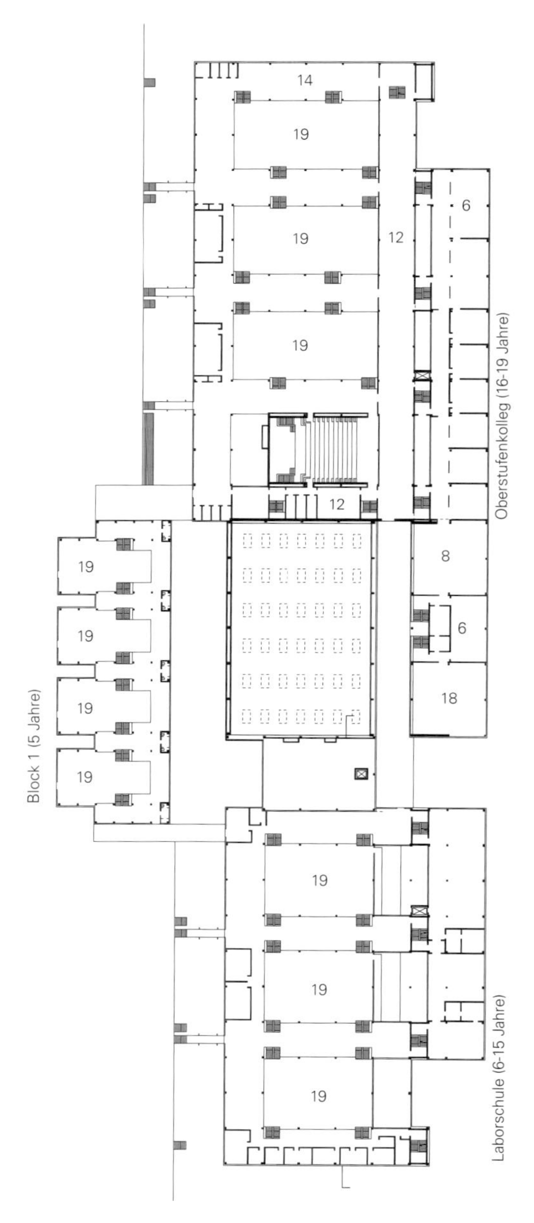

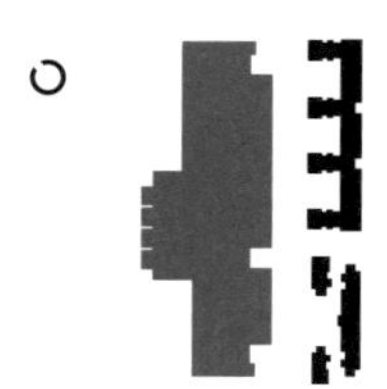

Lageplan M 1:10 000
Grundriss EG, OG M 1:1500

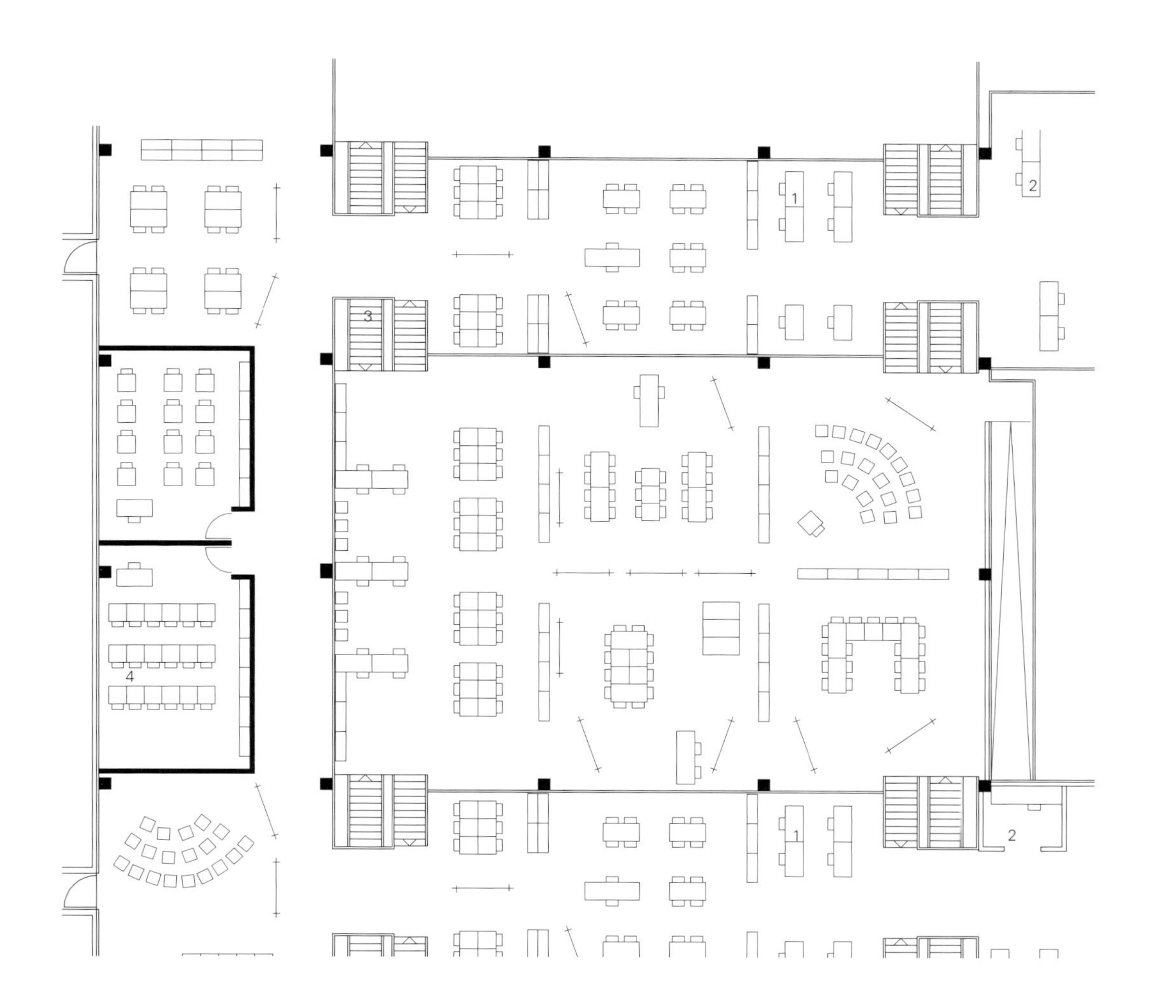

relevante Themen
Klassenzimmer
Lehrerbereich

1 Stillarbeit
2 Lehrerarbeitsplätze
3 Stammfläche
4 Sprachlabor

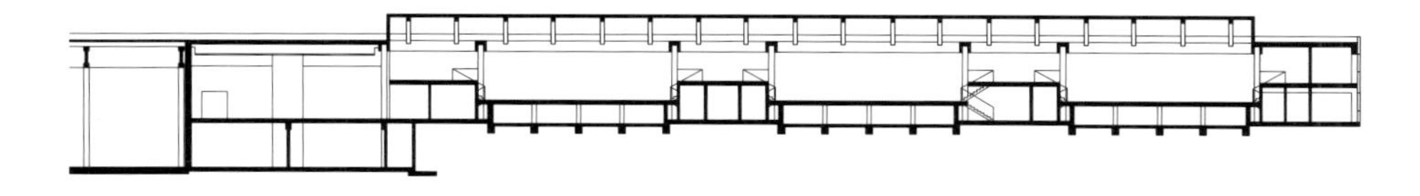

Klassenzimmer M 1:250
Schnitt M 1:800

[21]

Scuola Media Cantonale
Via Saleggi 3
Losone (CH)
Aurelio Galfetti,
Livio Vacchini

Fertigstellung
1975

Schultyp
Mittelschule

Alter der Schüler
11-16 Jahre

Schülerzahl
800

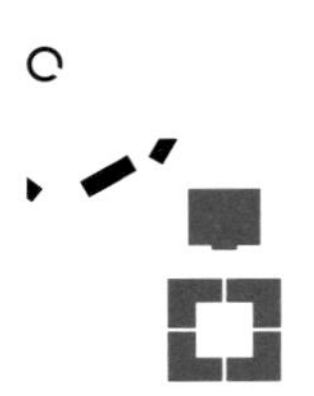

Lageplan M 1:10 000
Schnitt M 1:1000
Grundriss EG M 1:1000

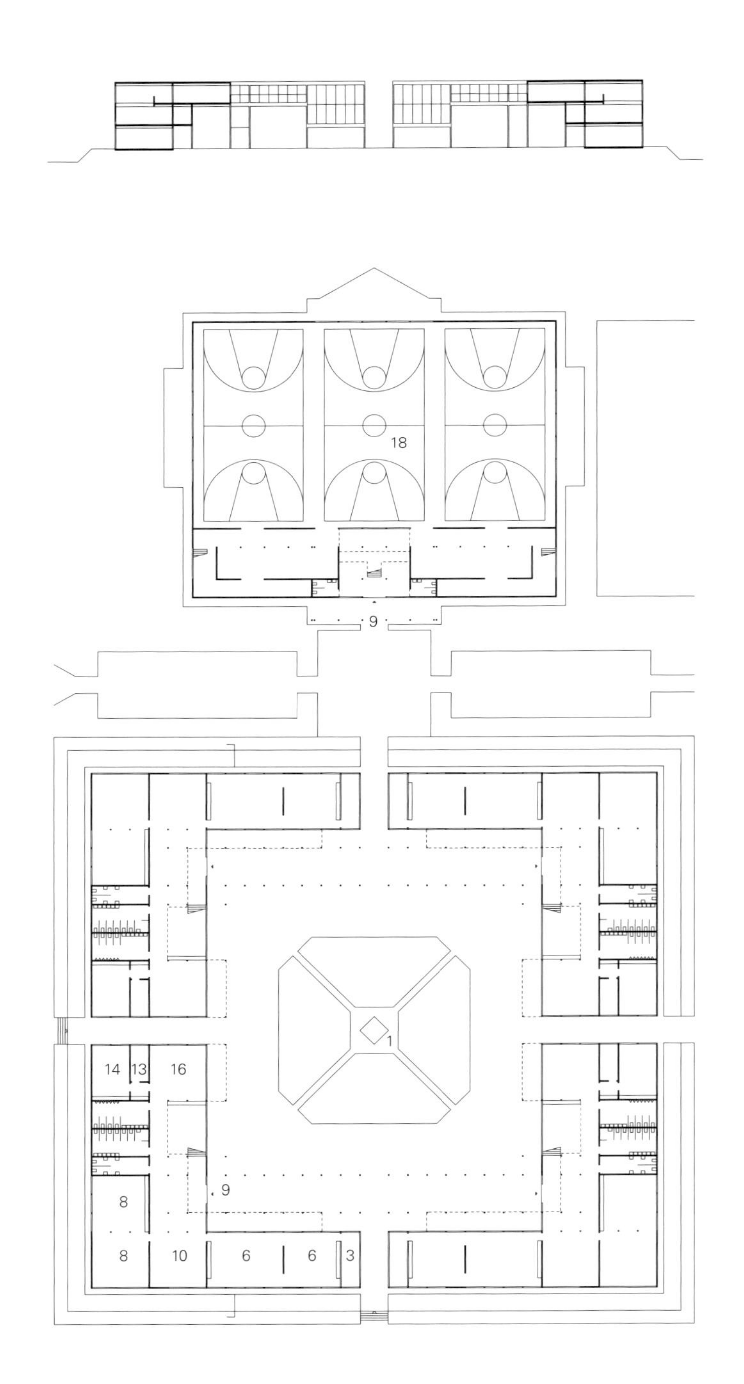

relevante Themen
Eingang
Fachräume
Pausenbereich

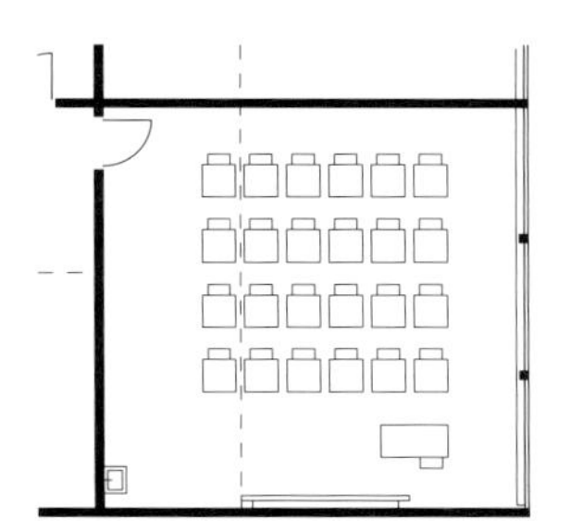

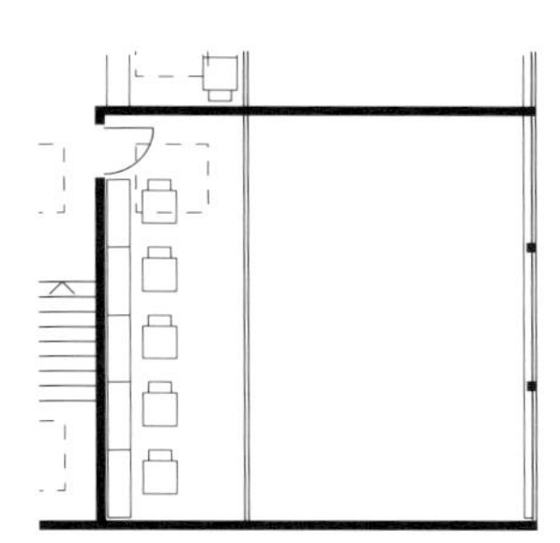

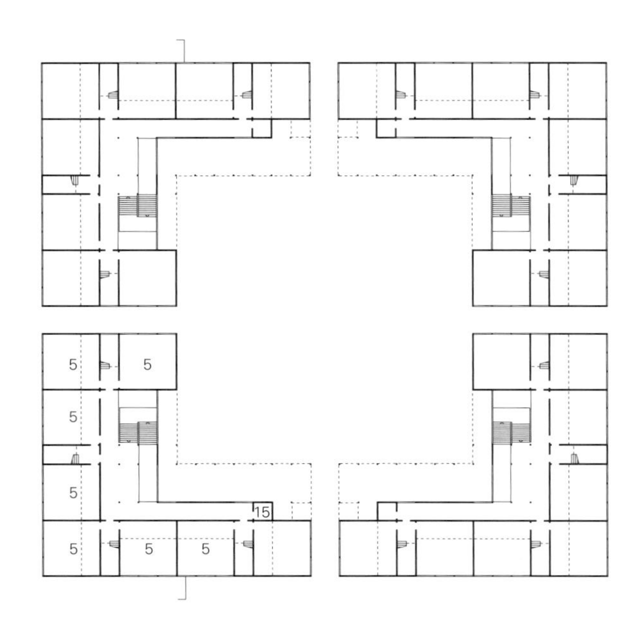

Klassenzimmer M 1:250
Grundriss 1. OG M 1:1000

[22]

Scuola Elementare
Salvatore Orrù
Via Pasubio 10
Fagnano Olona (IT)
Aldo Rossi

Fertigstellung
1976

Schultyp
Grundschule

Alter der Schüler
6-10 Jahre

Schülerzahl
500

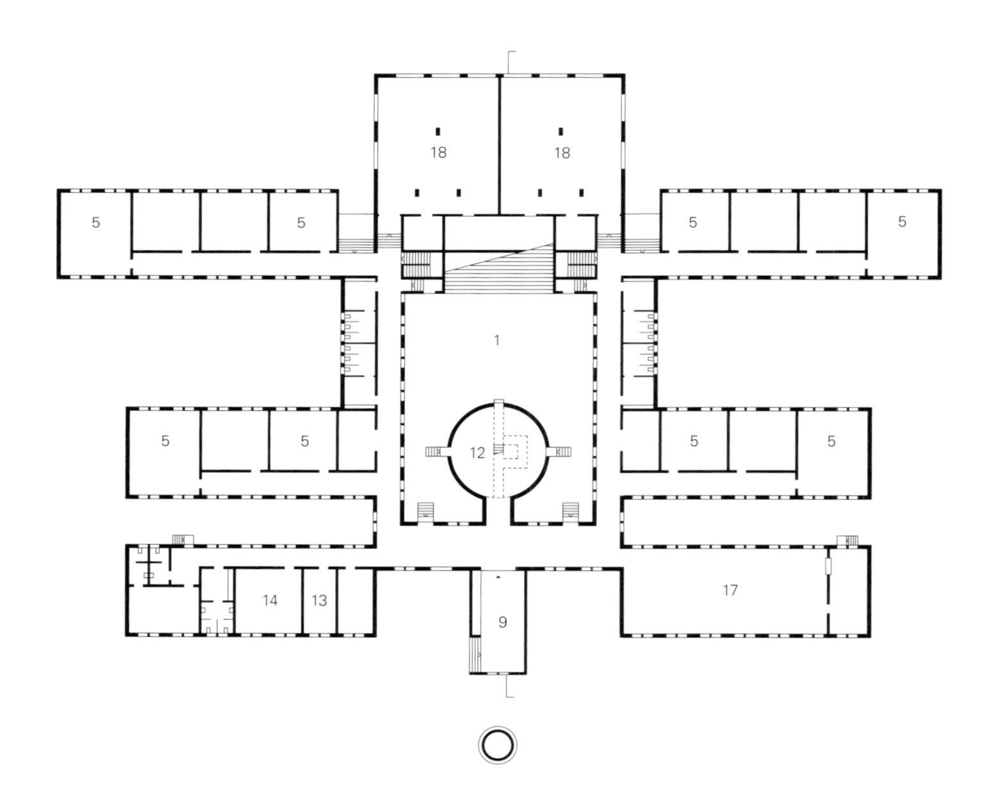

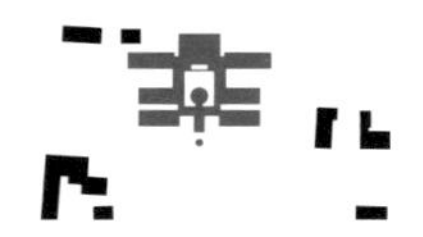

Lageplan M 1:10 000
Grundriss EG M 1:800

relevante Themen
Bibliothek

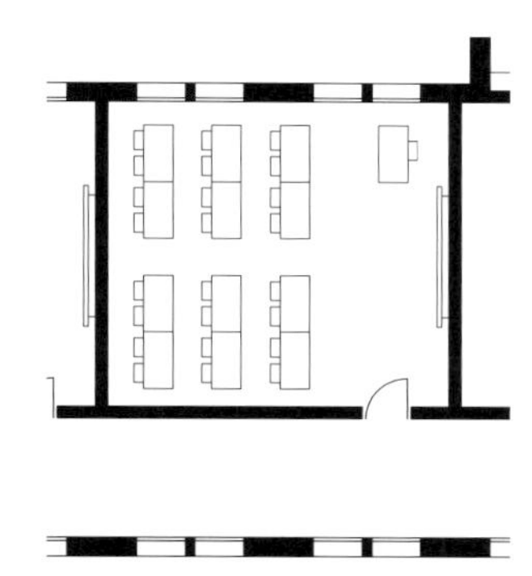

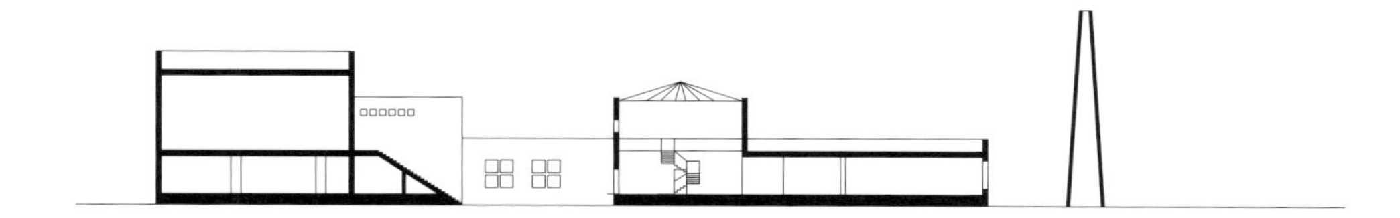

Klassenzimmer M 1:250
Schnitt M 1:800

[23]

Scuola Media Cantonale
Via Stefano Franscini 30
Morbio Inferiore (CH)
Mario Botta

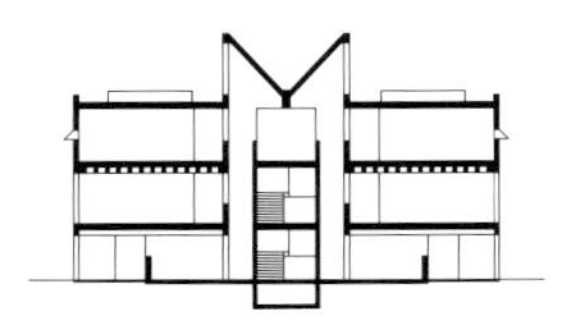

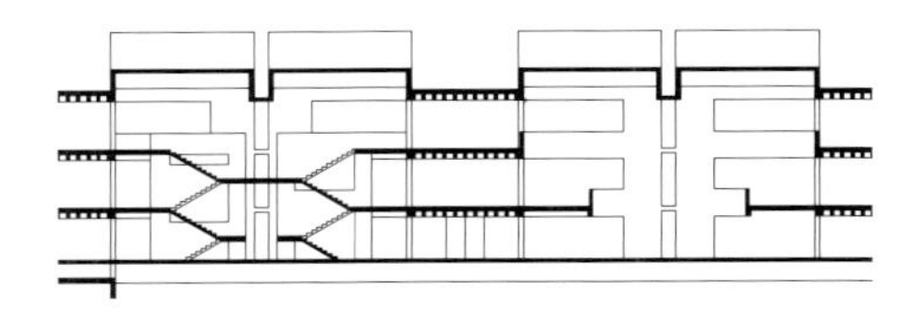

Fertigstellung
1974 (Sporthalle 1977)

Schultyp
Mittelschule

Alter der Schüler
12-15 Jahre

Schülerzahl
540

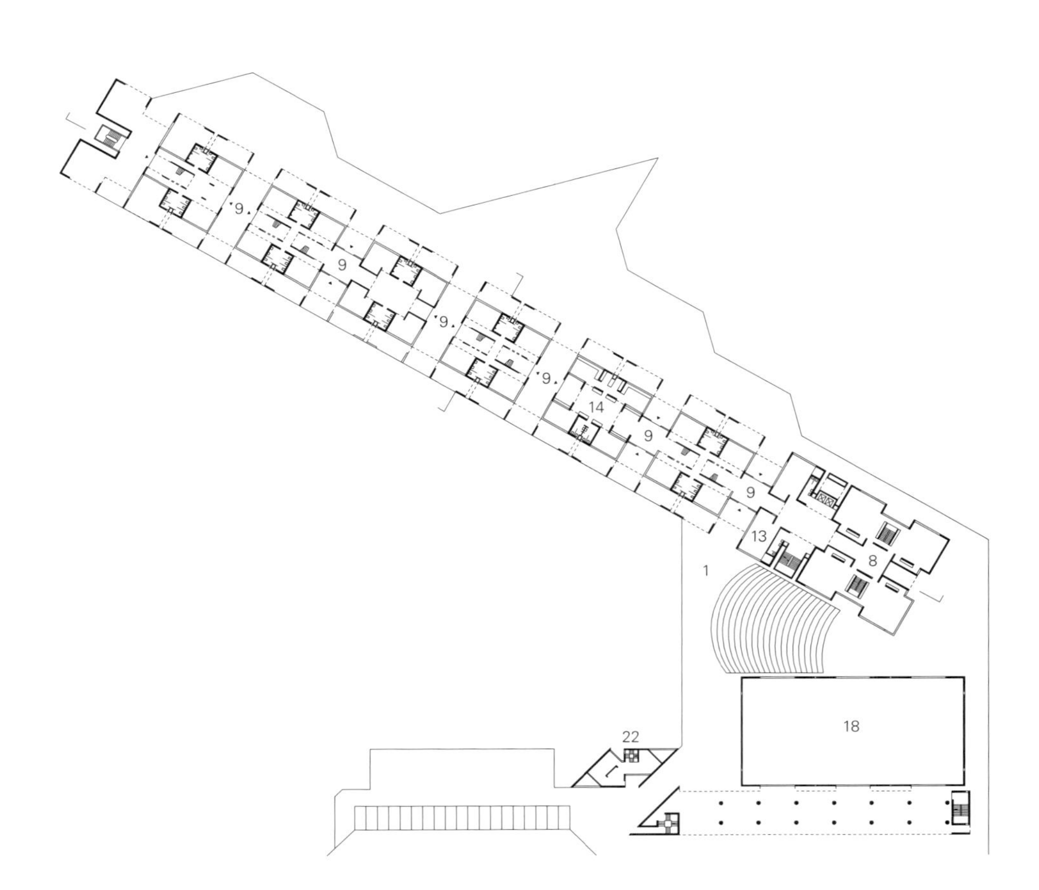

Lageplan M 1:10 000
Schnitte M 1:800
Grundriss EG M 1:1500

Scuola Media Cantonale

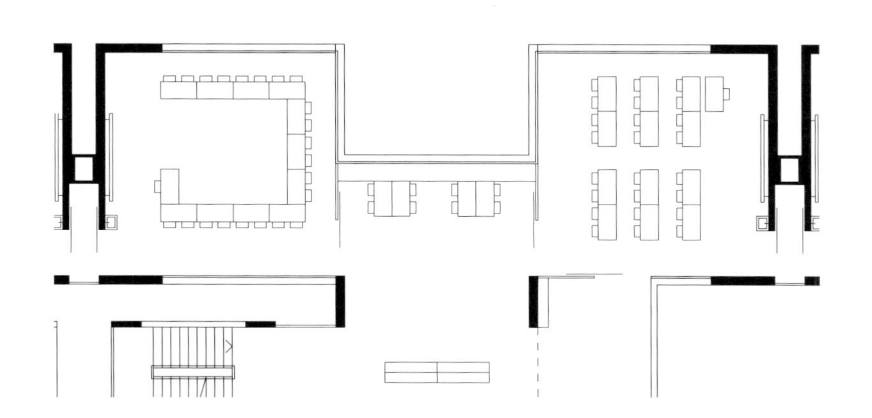

relevante Themen
Eingang
Treppe
Fachräume
Pausenbereich

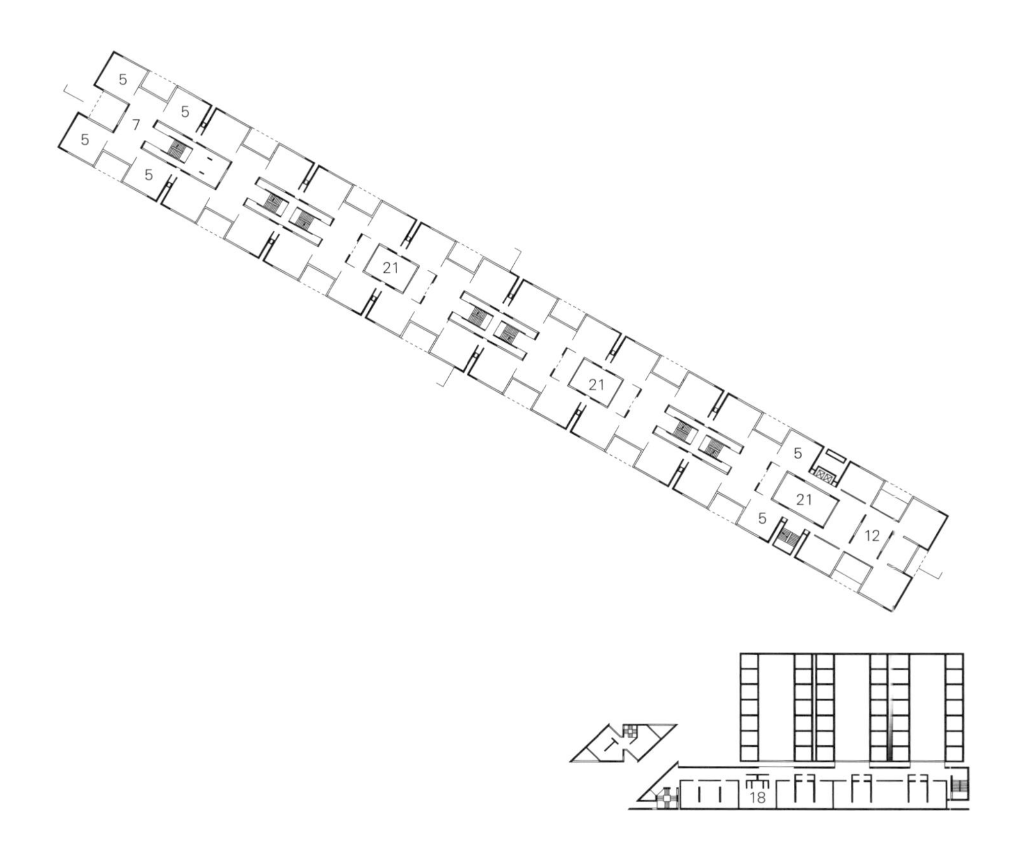

Klassenzimmer M 1:250
Grundriss 1. OG M 1:1500

[24]

Scuola elementare ai Saleggi
Via delle Scuole
Locarno (CH)
Livio Vacchini

Fertigstellung
1978

Schultyp
Primarschule

Alter der Schüler
6-11 Jahre

Schülerzahl
460

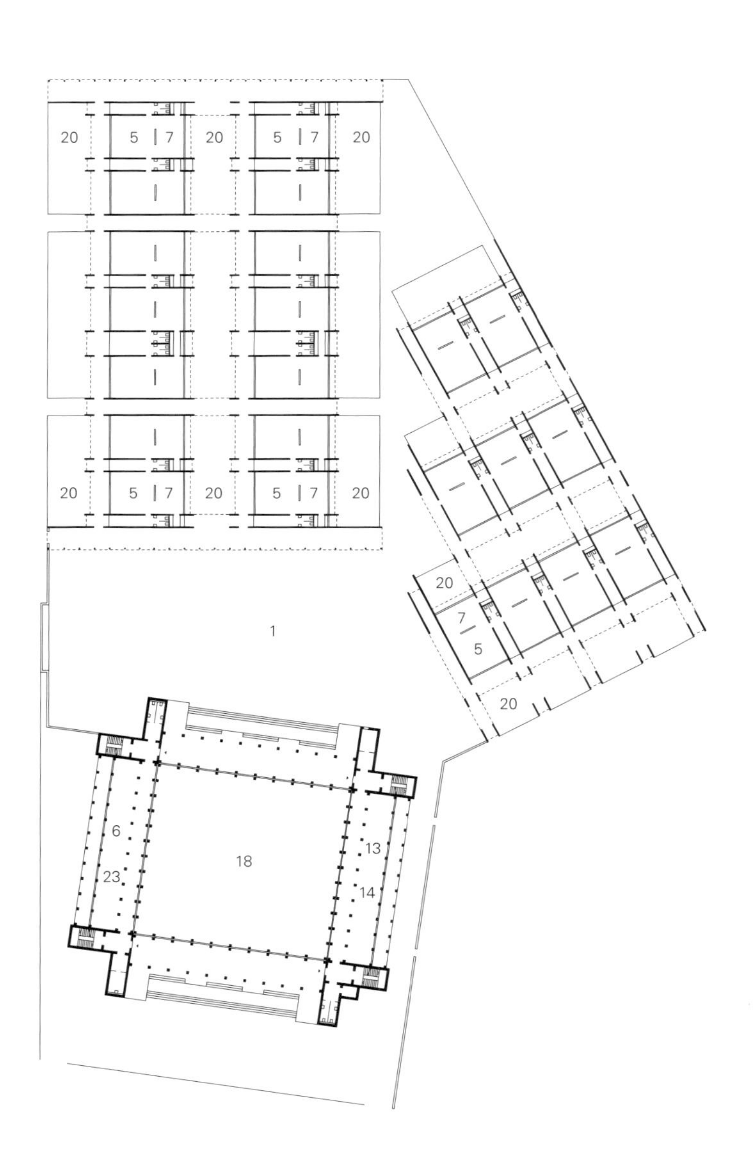

Lageplan M 1:10 000
Grundriss M 1:1200

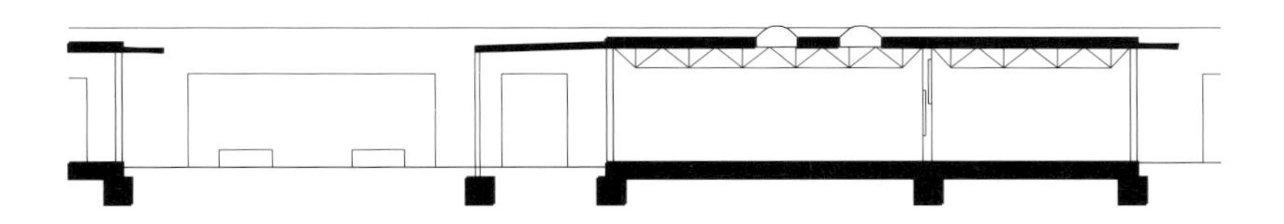

relevante Themen
Flur
Klassenzimmer

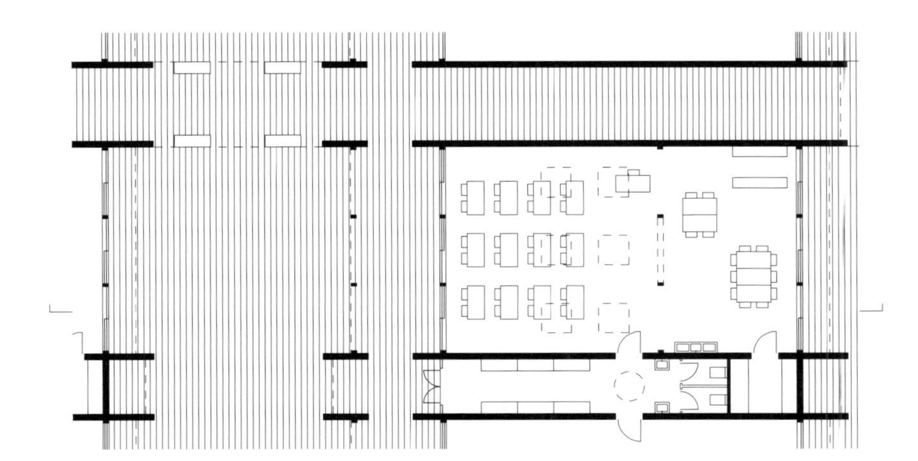

Klassenzimmer M 1:250

[25]

Scholen Apollolaan
Montessorischool
Willem Witsenstraat 14
Amsterdam (NL)
Herman Hertzberger

Fertigstellung
1983

Schultyp
Primarschule (ursprünglich mit Kindergarten)

Alter der Schüler
5-12 Jahre

Schülerzahl
ca. 240

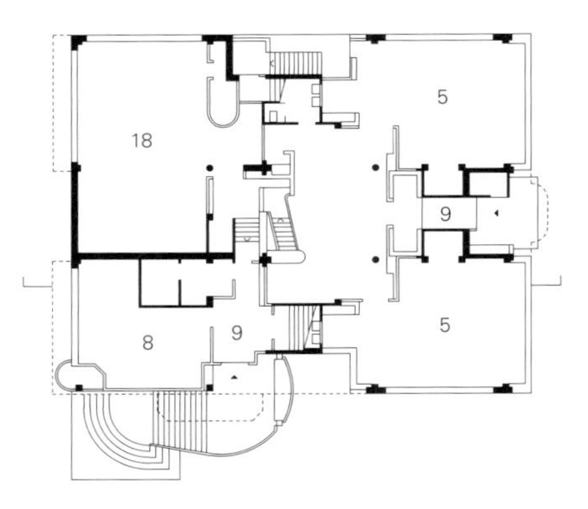

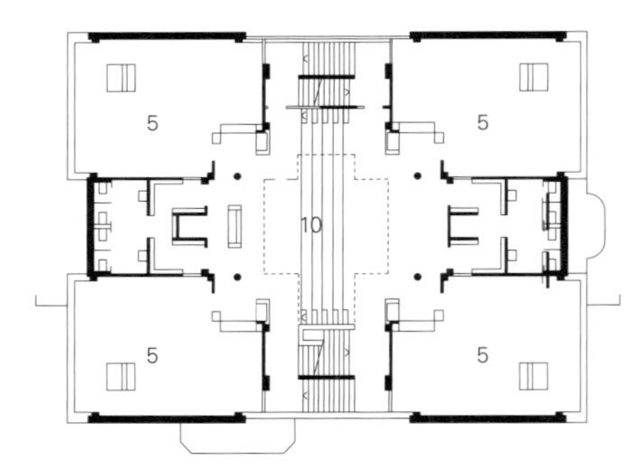

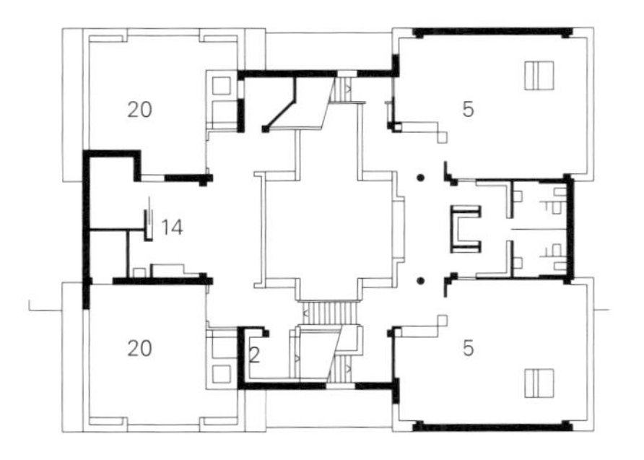

Lageplan M 1:10 000
Grundriss EG, 1. OG, 2. OG
M 1:500

relevante Themen
Treppe
Flur
Abstellorte
Pausenbereich

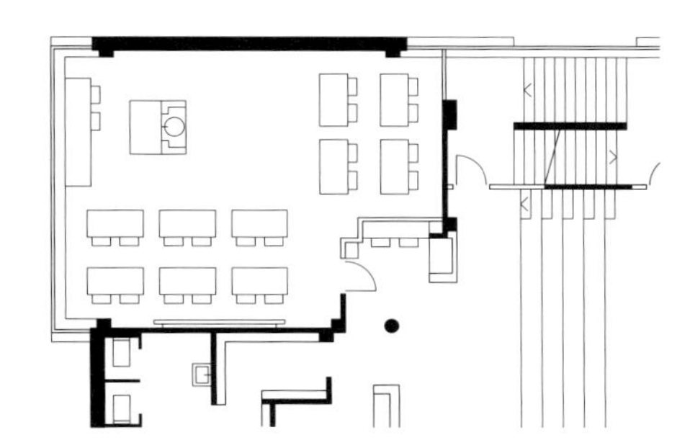

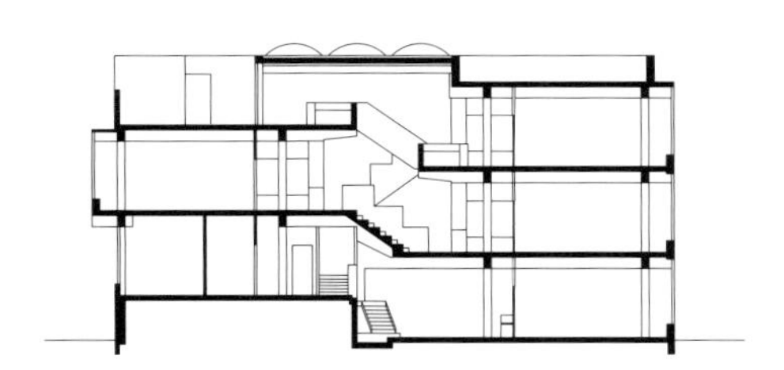

Klassenzimmer M 1:250
Schnitt M 1:500

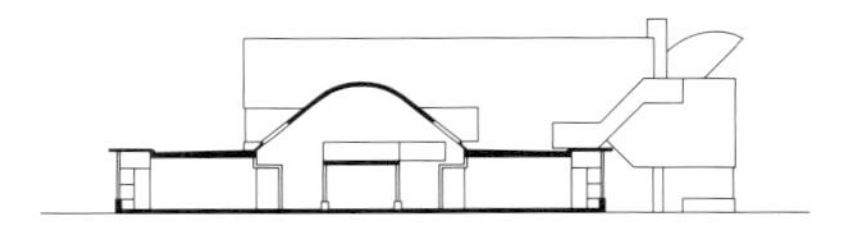

[26]

Basisschool Polygoon
Hollywoodlaan 109
Almere (NL)
Herman Hertzberger

Fertigstellung
1992

Schultyp
Primarschule

Alter der Schüler
5-12 Jahre

Schülerzahl
320

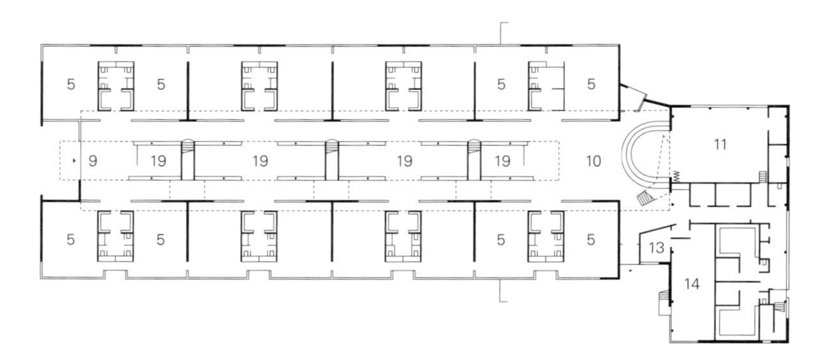

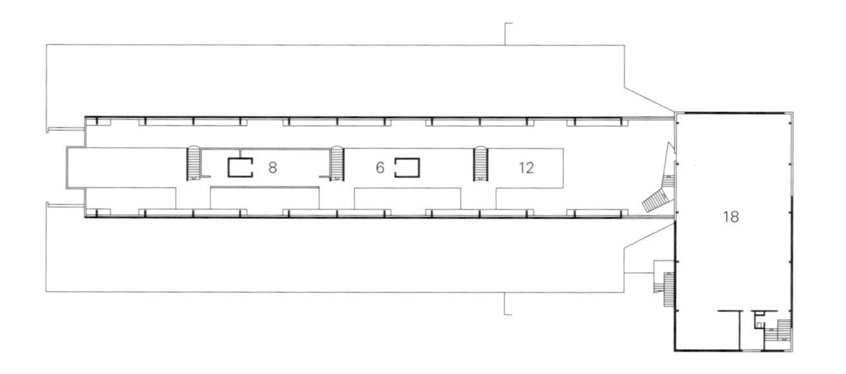

Lageplan M 1:10 000
Schnitt M 1:800
Grundriss EG, OG
M 1:800

relevante Themen
Flur
Abstellorte

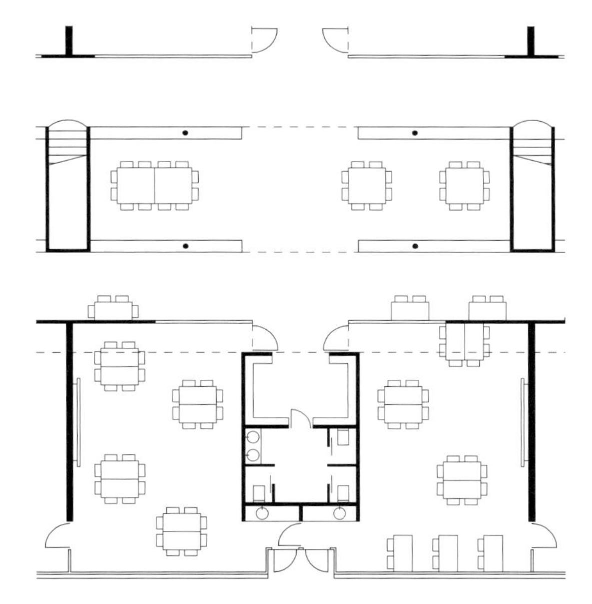

Klassenzimmer M 1:250

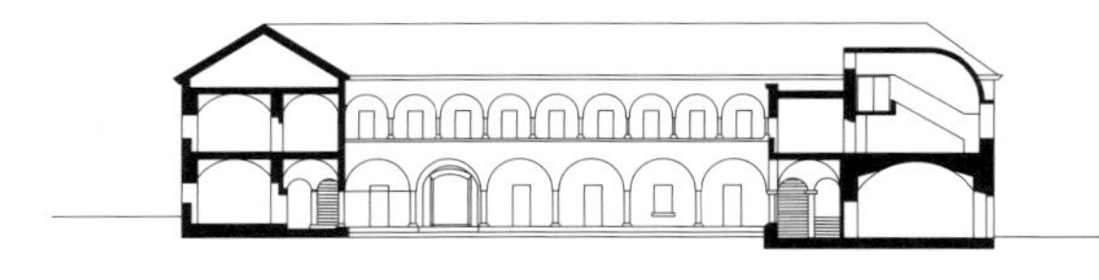

[27]

Scuola elementare
El Cunvént 4
Monte Carasso (CH)
Luigi Snozzi

Fertigstellung
1993

Schultyp
Primarschule

Alter der Schüler
7-12 Jahre

Schülerzahl
100

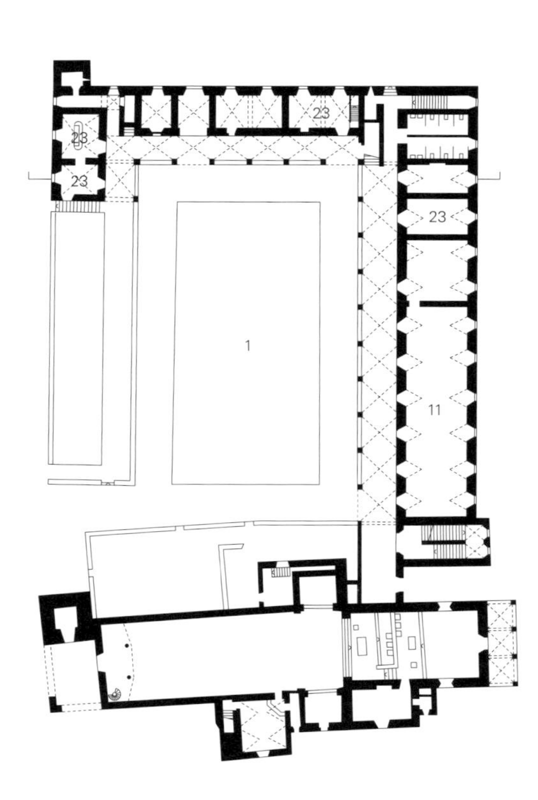

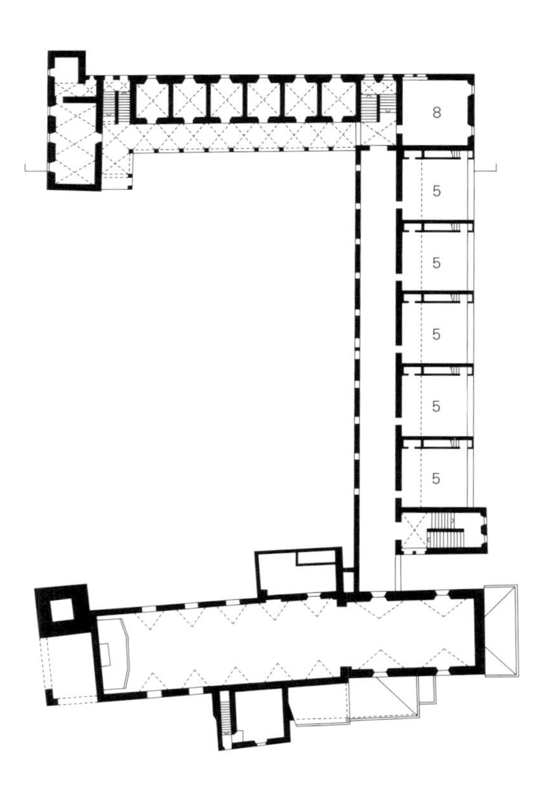

Lageplan M 1:10 000
Grundriss EG, 1. OG
M 1:800
Schnitt M 1:800

relevante Themen
Klassenzimmer
Pausenbereich

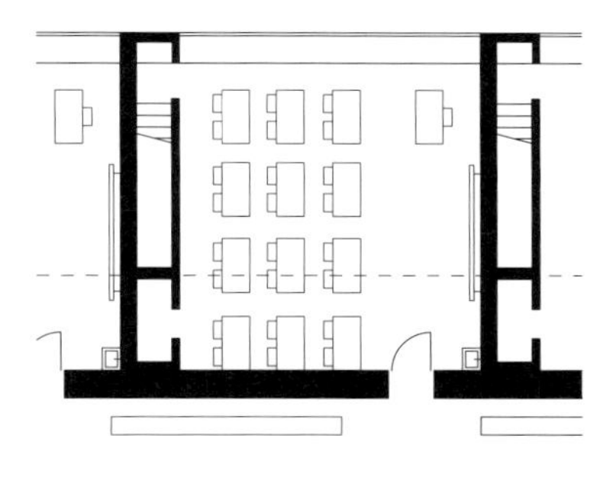

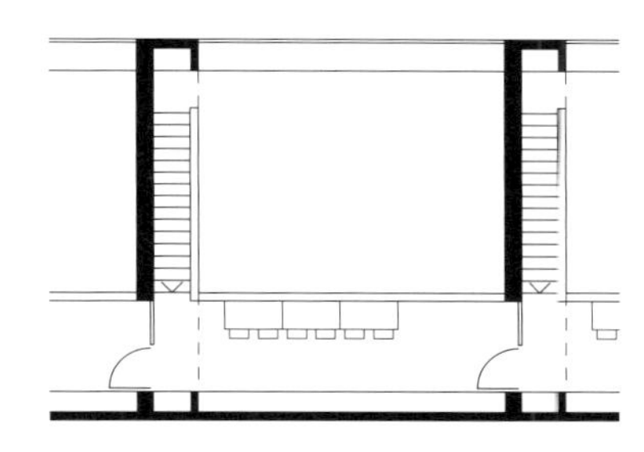

Klassenzimmer M 1:250

[28]

Musikgymnasium Schloss Belvedere
Schloss Belvedere
Weimar (DE)
Thomas van den Valentyn, Mohammad Oreyzi

Fertigstellung
1996

Schultyp
Staatliches Spezialgymnasium

Alter der Schüler
10-18 Jahre

Schülerzahl
120

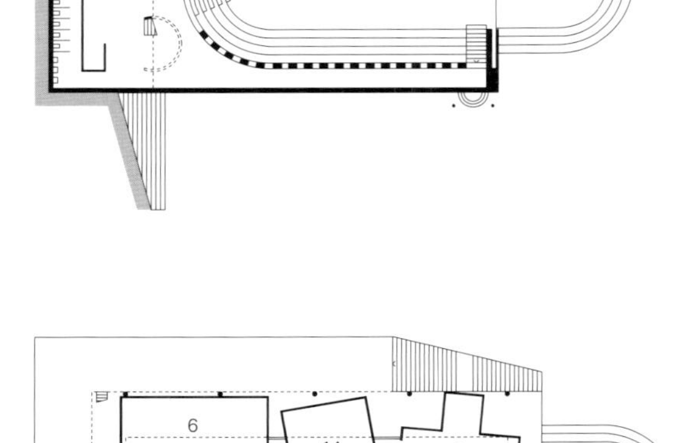

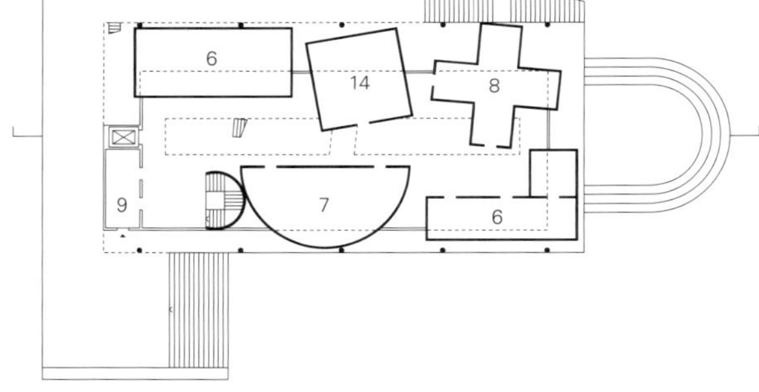

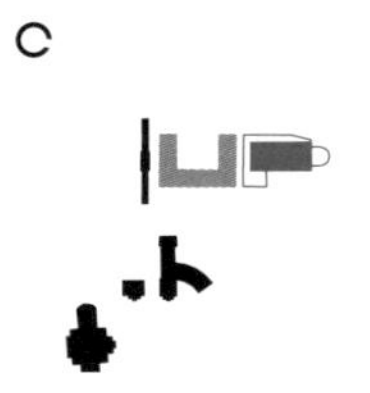

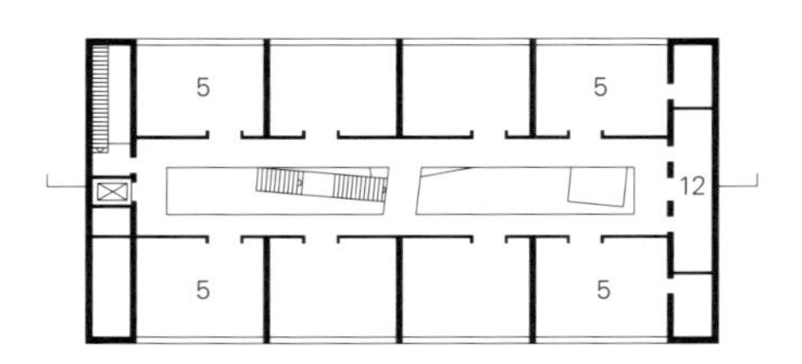

Lageplan M 1:10 000
Grundriss UG, EG, OG
M 1:800

relevante Themen
Aula

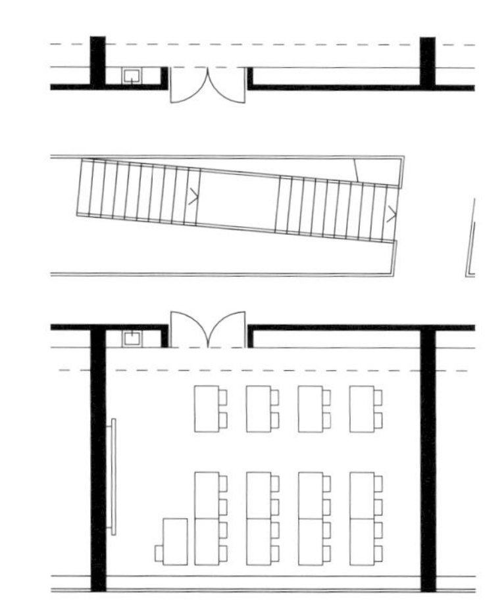

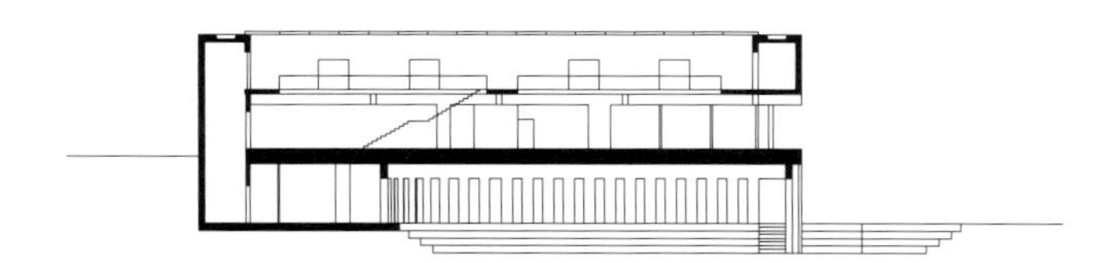

Klassenzimmer M 1:250
Schnitt M 1:800

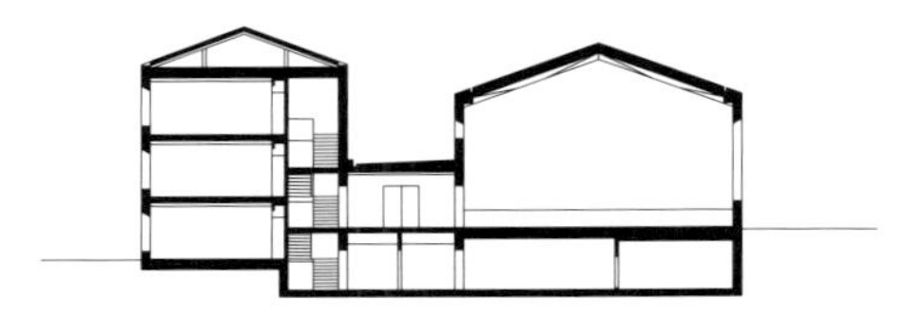

[29]

Erweiterung Schulanlage Vella
Sutvitg 28a
Vella (CH)
Bearth & Deplazes Architekten

Fertigstellung
1997

Schultyp
(Primar- und) Sekundarschule

Alter der Schüler
(7-12) 13-15 Jahre

Schülerzahl
(47) 84

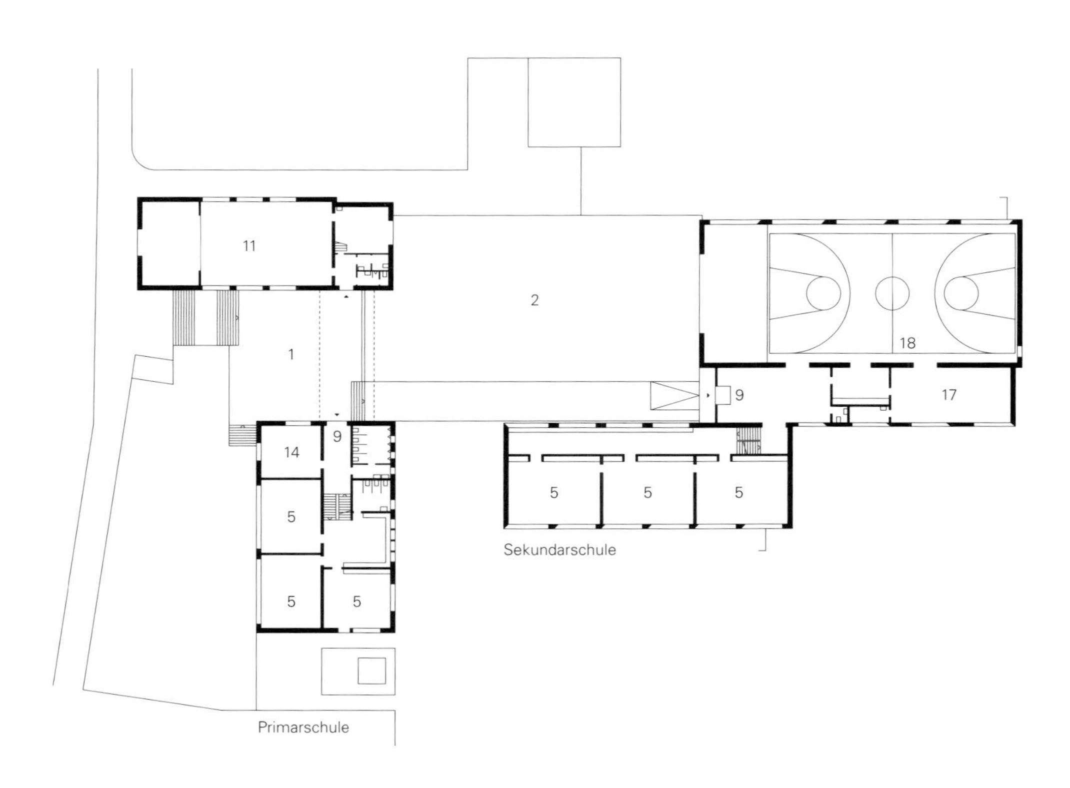

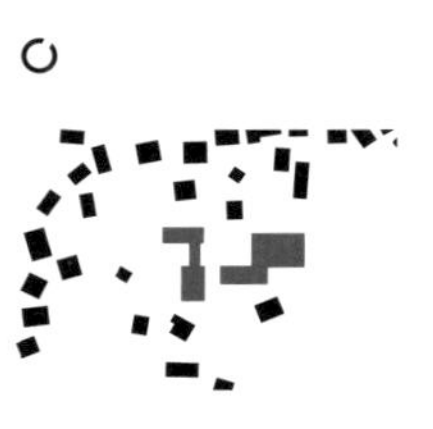

Lageplan M 1:10 000
Schnitt M 1:800
Grundriss EG M 1:800

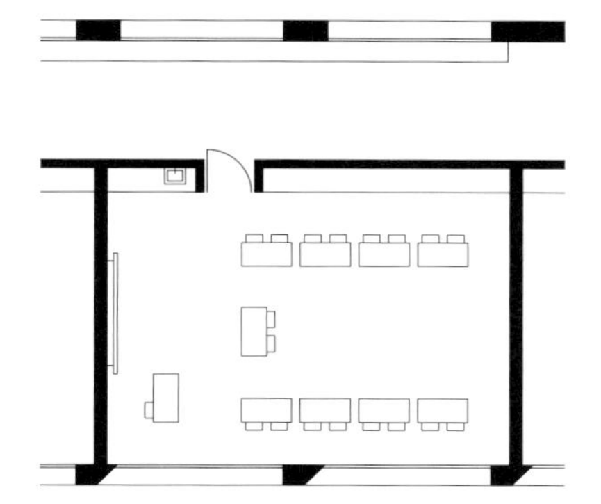

relevante Themen
Aula
Abstellorte

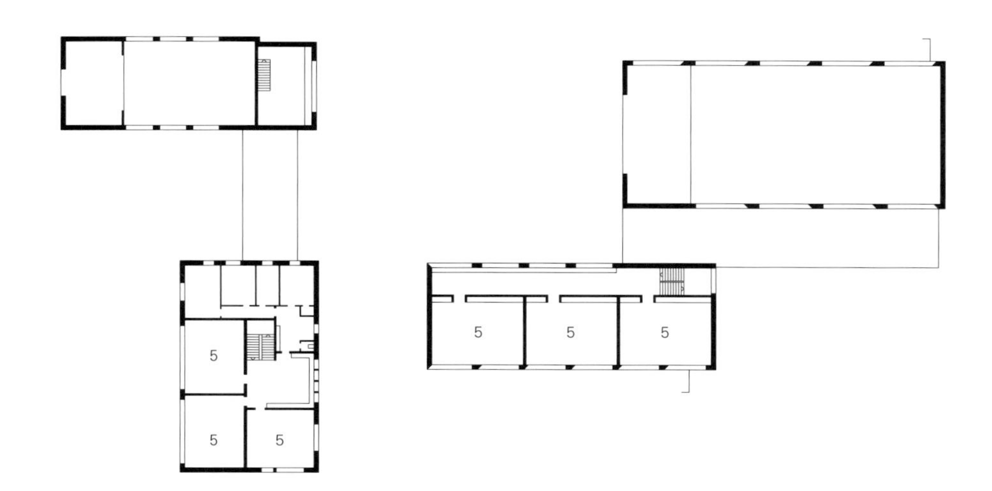

Klassenzimmer M 1:250
Grundriss 1. OG M 1:800

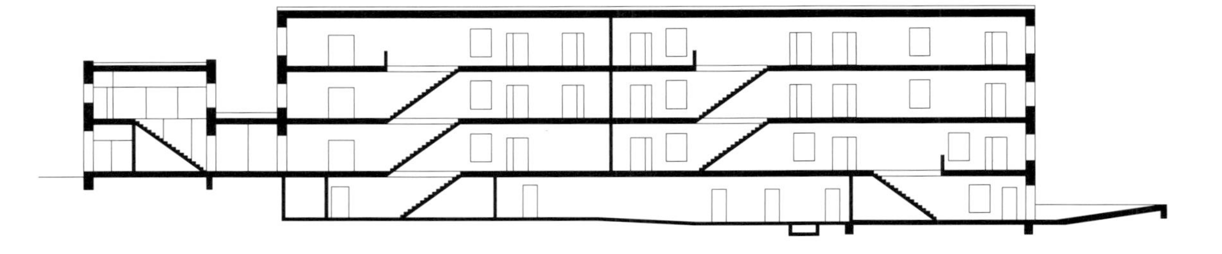

[30]

Erweiterung
Schulanlage Brühl
Friedhofweg
Gebenstorf (CH)
Burkard Meyer Architekten

Fertigstellung
1997

Schultyp
Realschule und
Sekundarschule

Alter der Schüler
13-15 Jahre

Schülerzahl
ca. 100

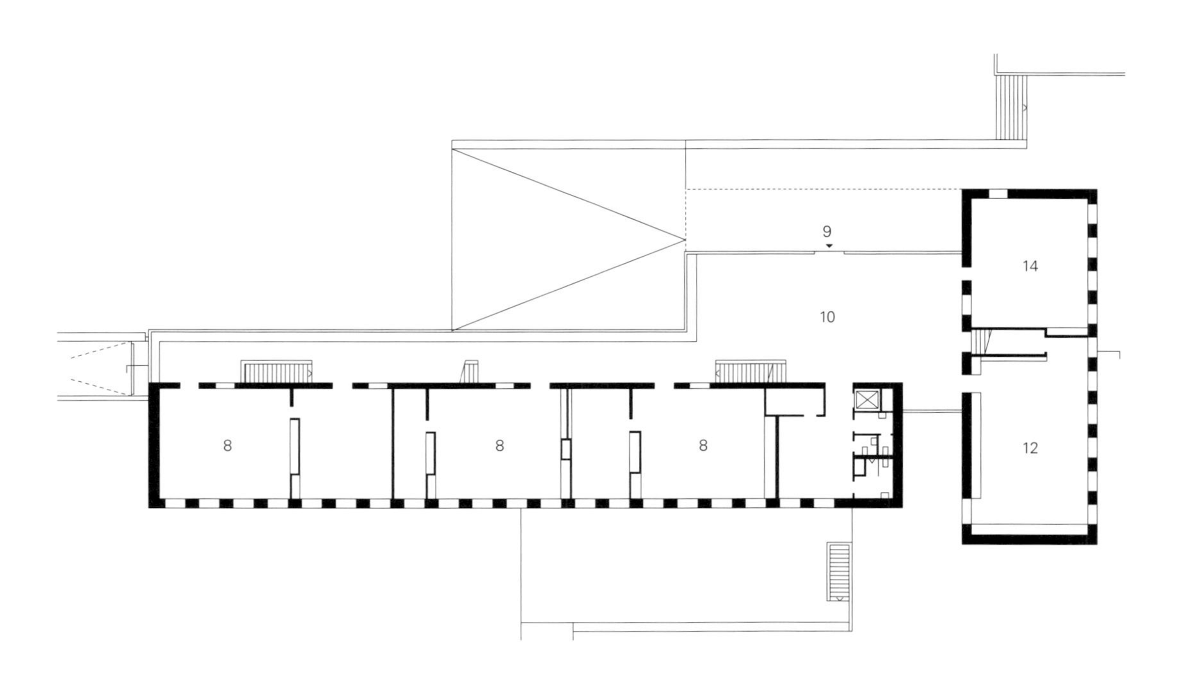

Lageplan M 1:10 000
Schnitt M 1:500
Grundriss EG M 1:500

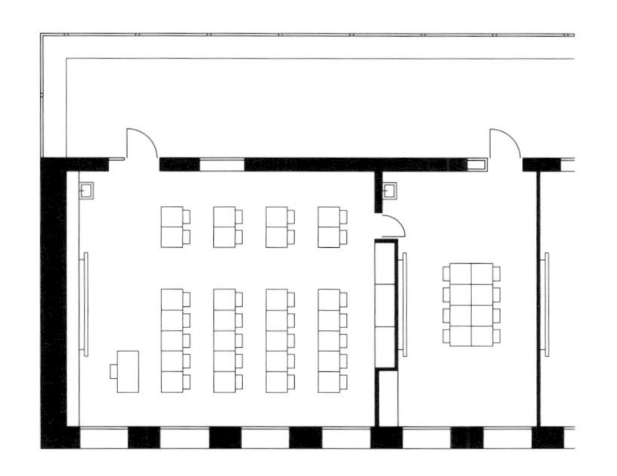

relevante Themen
Flur

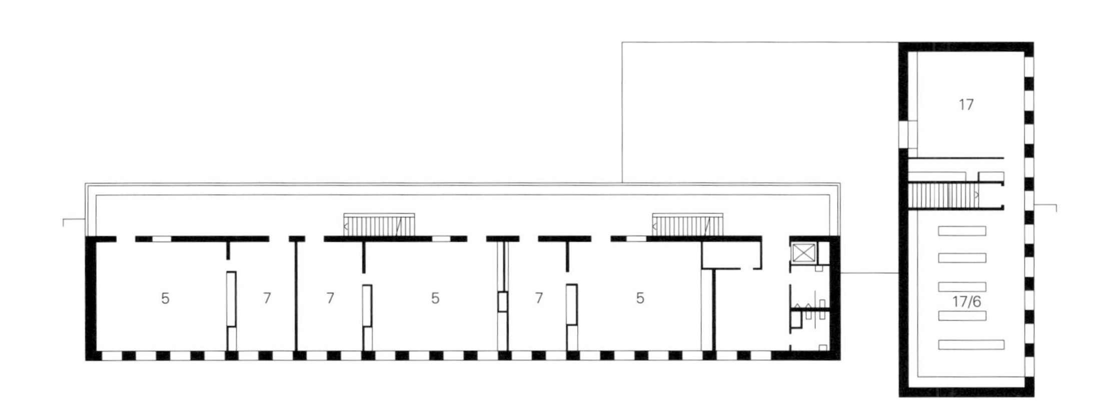

Klassenzimmer M 1:250
Grunsdriss 1. OG M 1:500

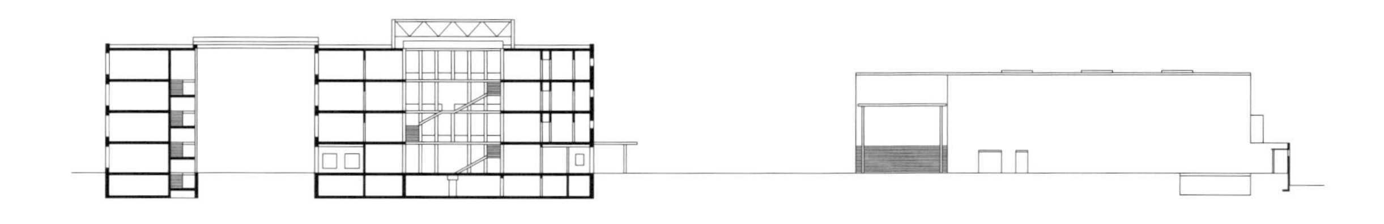

[31]

Kepler-Gymnasium
Johanna-Kohlund-Straße 5
Freiburg (DE)
Ernst Spycher

Fertigstellung
1997

Schultyp
Gymnasium

Alter der Schüler
10-18 Jahre

Schülerzahl
870

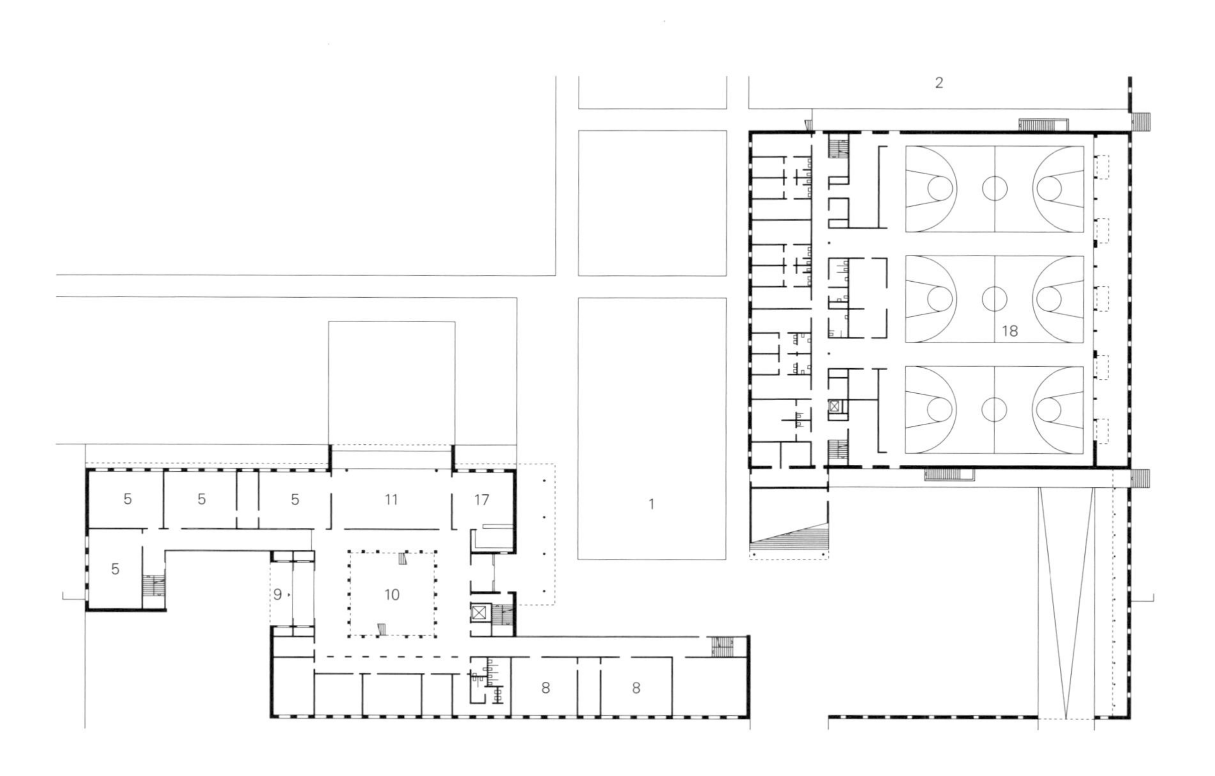

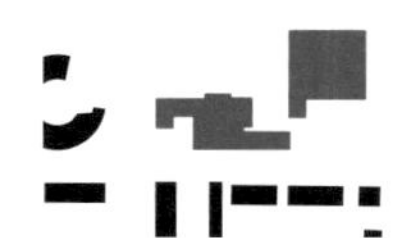

Lageplan M 1:10 000
Schnitt M 1:1000
Grundriss EG M 1:1000

relevante Themen
Treppe

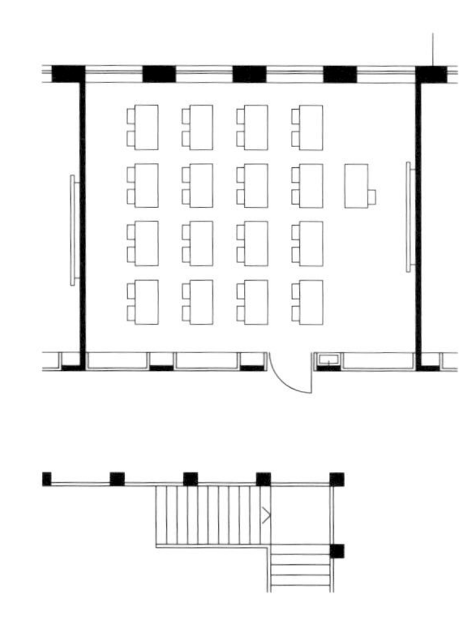

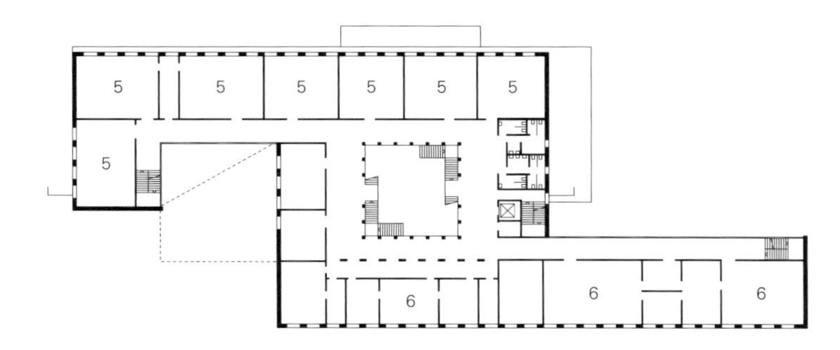

Klassenzimmer M 1:250
Grundriss 1. OG M 1:1000

[32]

Volksschule Breitenlee
Schukowitzgasse 89
Wien (AT)
Helmut Wimmer

Fertigstellung
1997

Schultyp
Volksschule

Alter der Schüler
6-9 Jahre

Schülerzahl
220

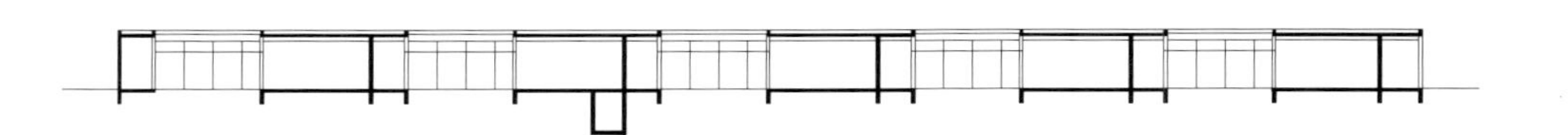

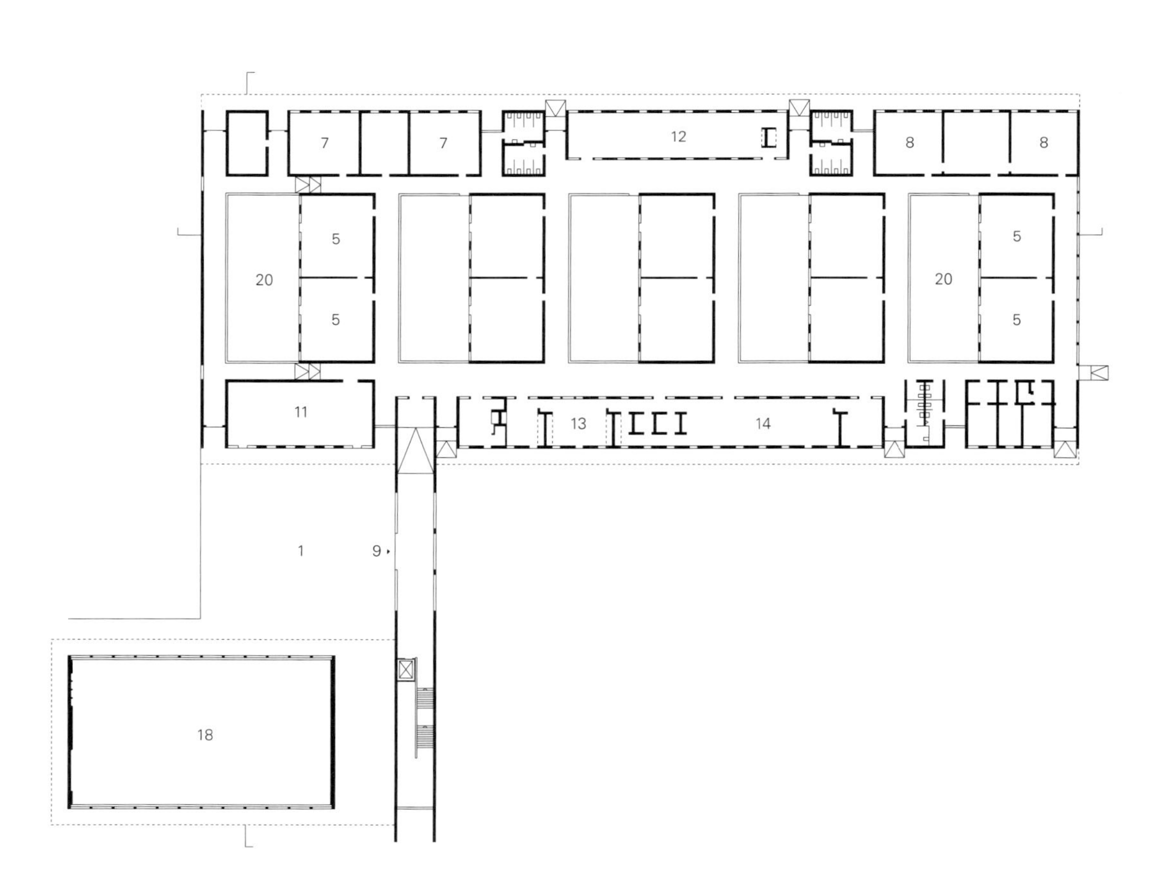

C

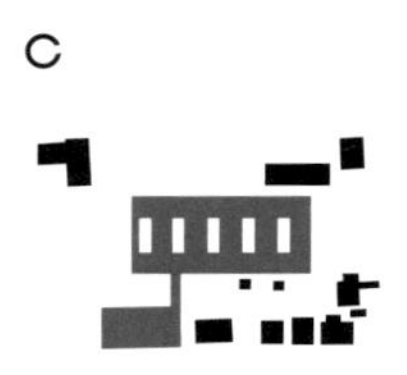

Lageplan M 1:10 000
Schnitt M 1:800
Grundriss EG M 1:800

Volksschule Breitenlee

relevante Themen
Klassenzimmer

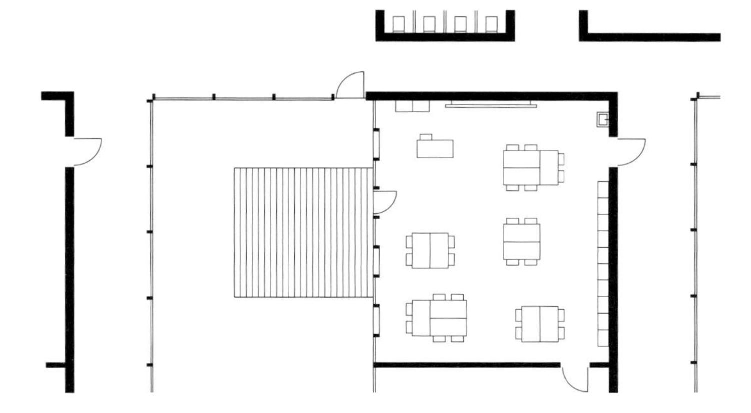

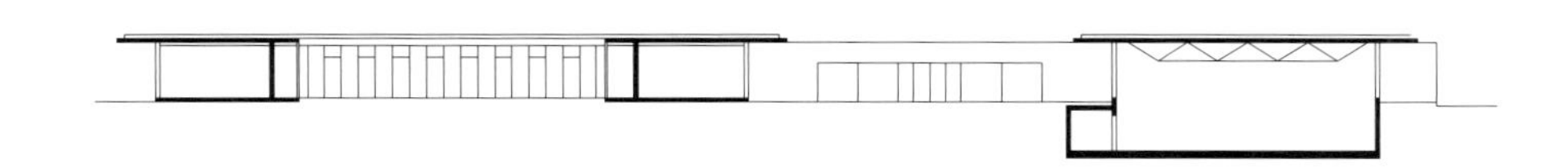

Klassenzimmer M 1:250
Schnitt M 1:800

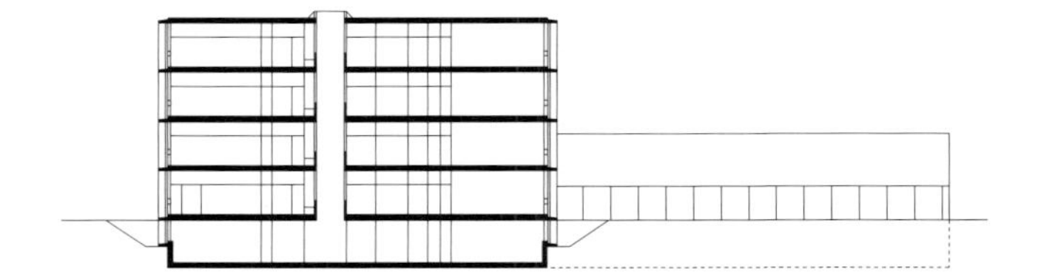

[33]

Öko-Hauptschule Mäder
Neue Landstraße 29
Mäder (AT)
Baumschlager Eberle

Fertigstellung
1998

Schultyp
Hauptschule

Alter der Schüler
11-15 Jahre

Schülerzahl
204

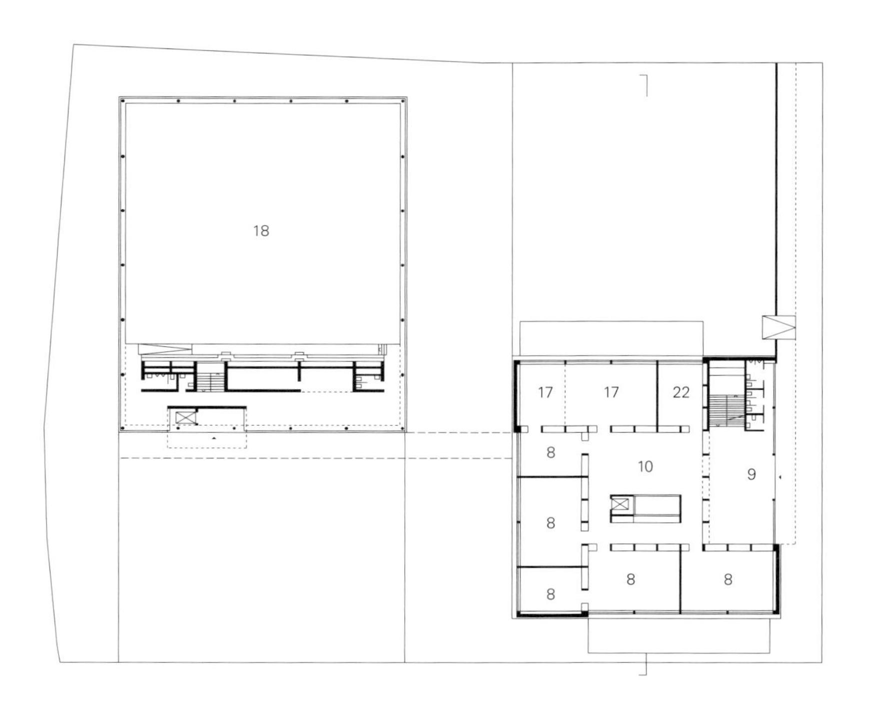

Lageplan M 1:10 000
Schnitt M 1:800
Grundriss EG M 1:800

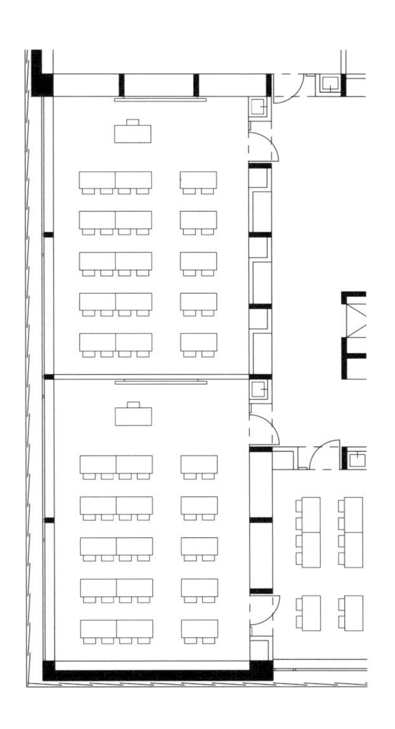

relevante Themen
Flur
Klassenzimmer
Abstellorte

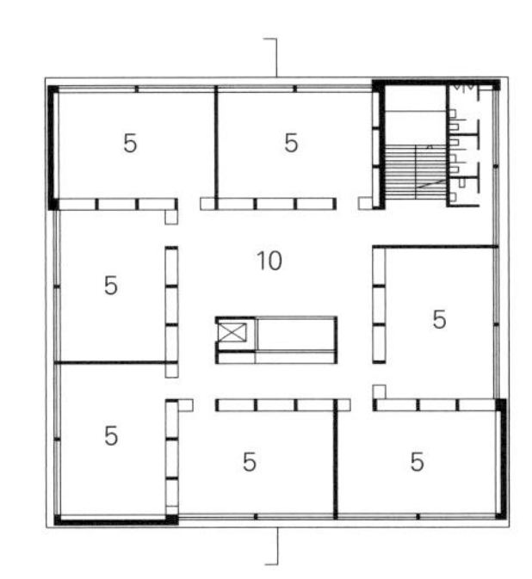

Klassenzimmer M 1:250
Grundriss 1.-3. OG
M 1:800

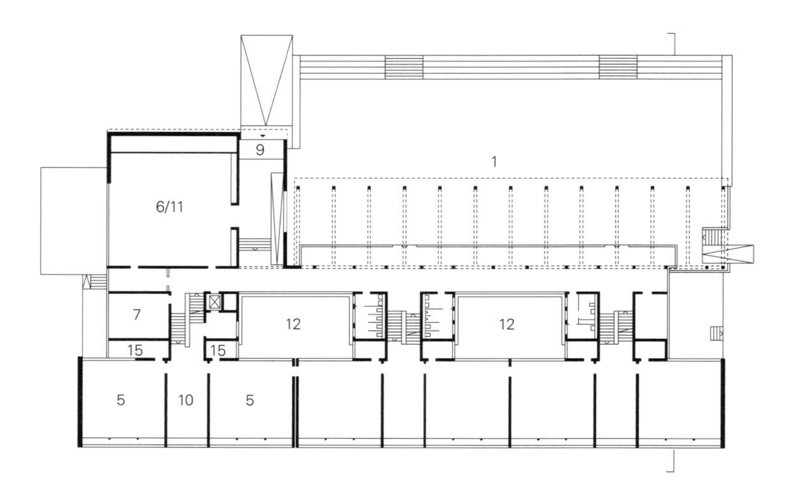

[34]

Erweiterung Oberstufen-
schulhaus Willisau
Schlossfeldstraße 1
Willisau (CH)
Max Bosshard &
Christoph Luchsinger

Fertigstellung
1998

Schultyp
Sekundarschule

Alter der Schüler
13-15 Jahre

Schülerzahl
320

Lageplan M 1:10 000
Grundriss EG, OG M 1:800

relevante Themen
Bibliothek

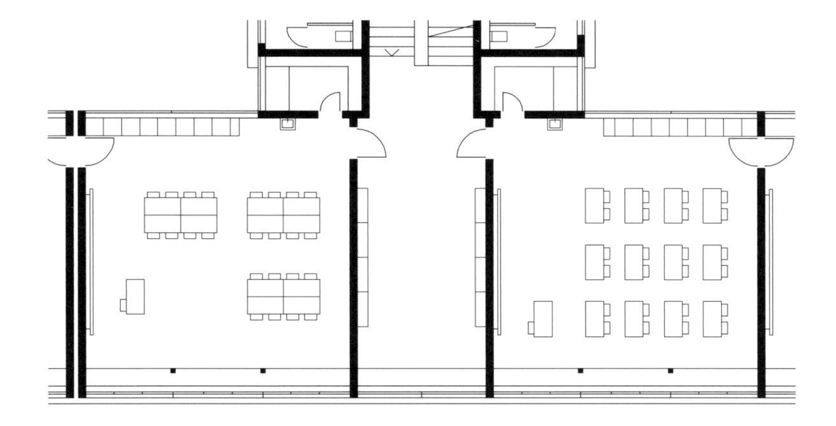

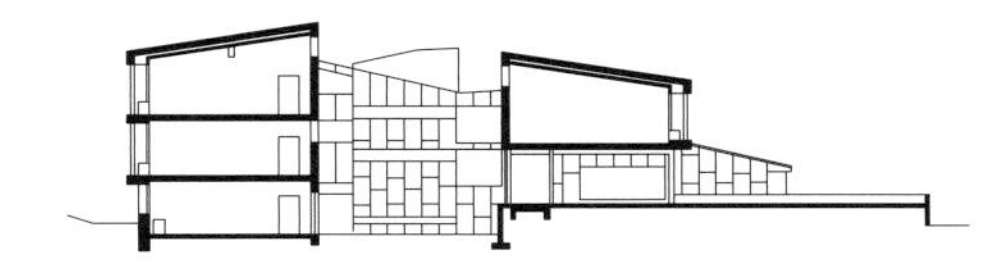

Klassenzimmer M 1:250
Schnitt M 1:800

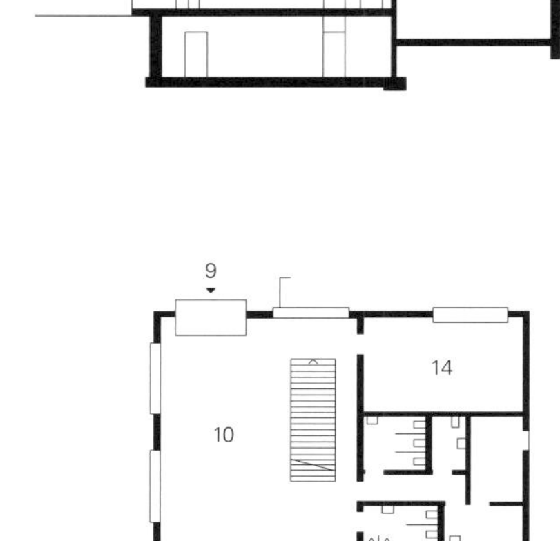

[35]

Schulhaus Fläsch
Patschär
Fläsch (CH)
Pablo Horváth

Fertigstellung
1999

Schultyp
Primarschule

Alter der Schüler
7-12 Jahre

Schülerzahl
120

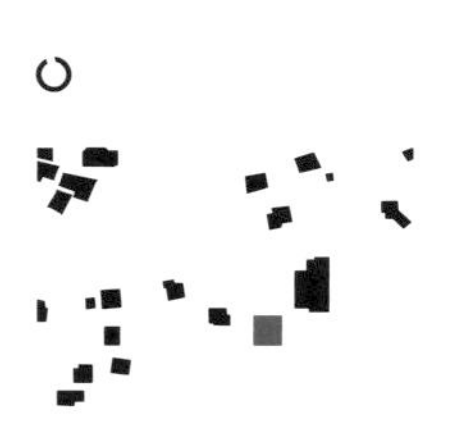

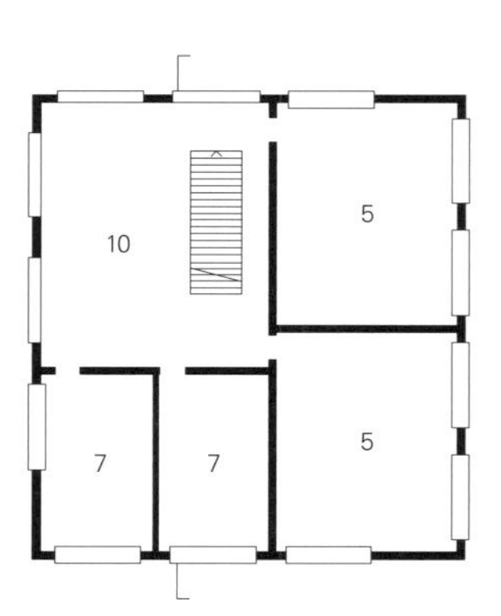

Lageplan M 1:10 000
Grundriss EG, 1.-3. OG
M 1:500
Schnitt M 1:500

Schulhaus Fläsch

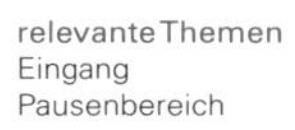
relevante Themen
Eingang
Pausenbereich

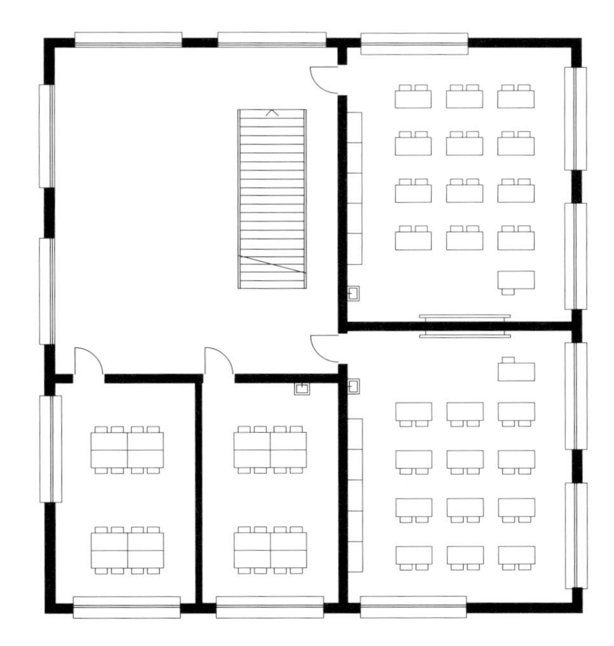

Klassenzimmer M 1:250

[36]

Lauder Chabad Schule
Rabbiner Schneerson
Platz 1
Wien (AT)
Adolf Krischanitz

Fertigstellung
1999

Schultyp
Kindergarten, Volksschule, Mittelschule und Real-gymnasium

Alter der Schüler
3-17 Jahre

Schülerzahl
400

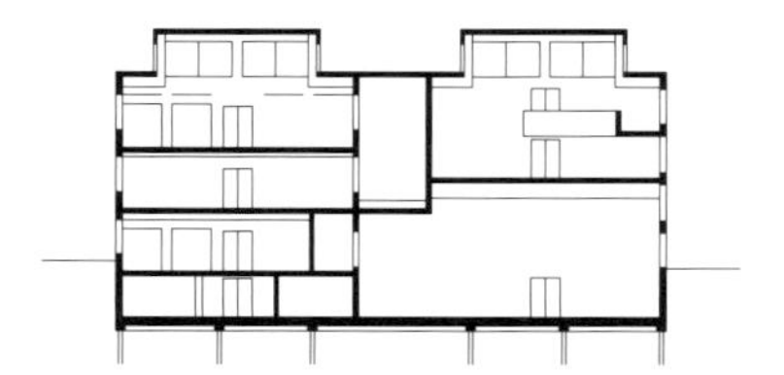

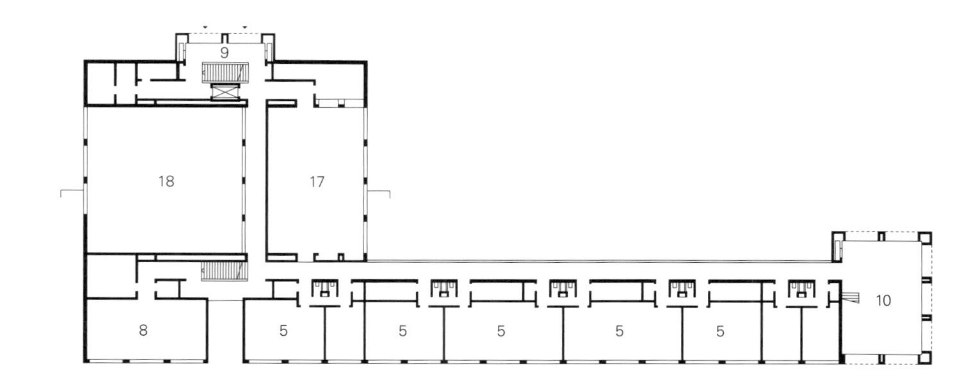

Lageplan M 1:10 000
Schnitt M 1:800
Grundriss EG M 1:800

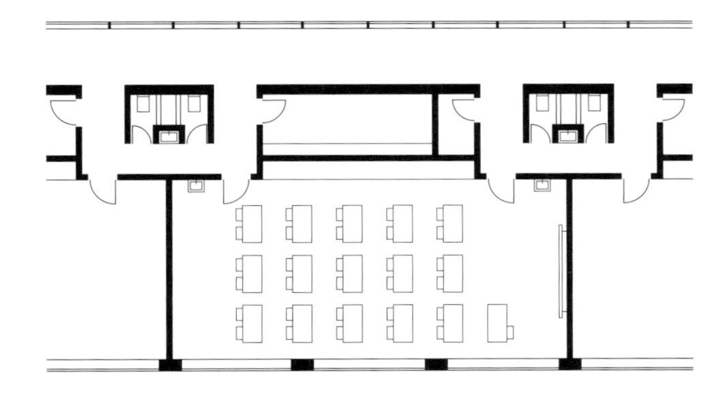

relevante Themen
Abstellorte
Toiletten

Klassenzimmer M 1:250

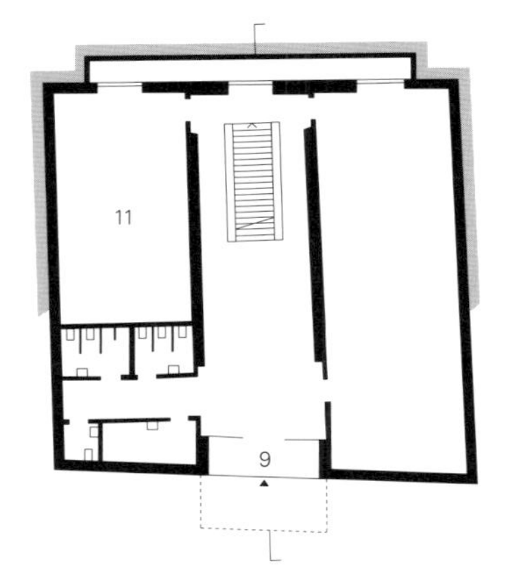

[37]

Schulhaus Paspels
Schulstraße
Paspels (CH)
Valerio Olgiati

Fertigstellung
1999

Schultyp
Sekundarschule

Alter der Schüler
13-15 Jahre

Schülerzahl
120

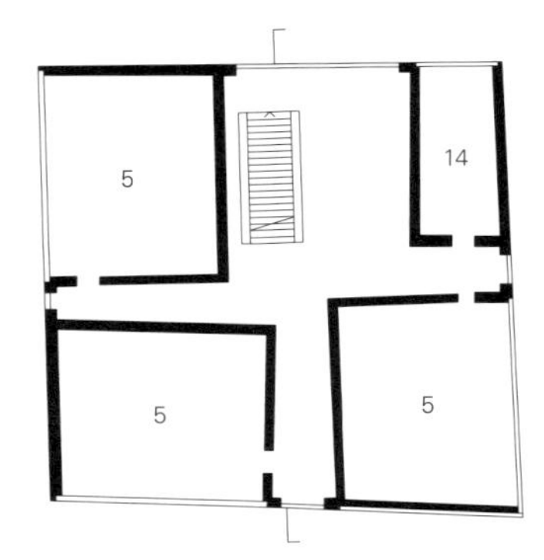

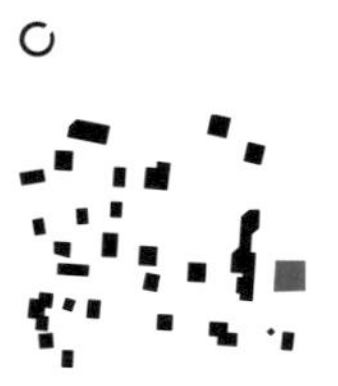

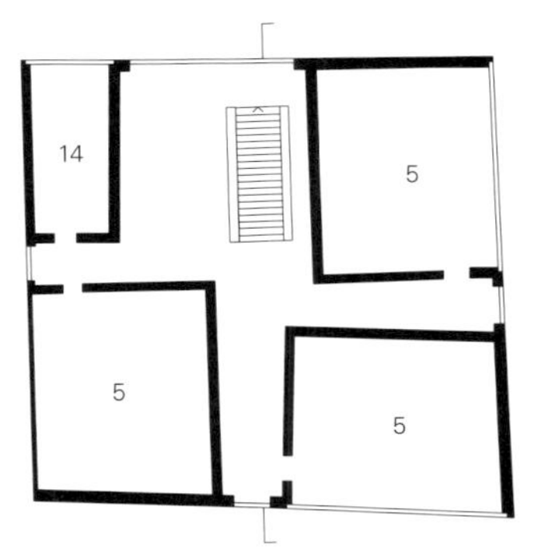

Lageplan M 1:10 000
Grundriss EG, 1. OG, 2. OG
M 1:500

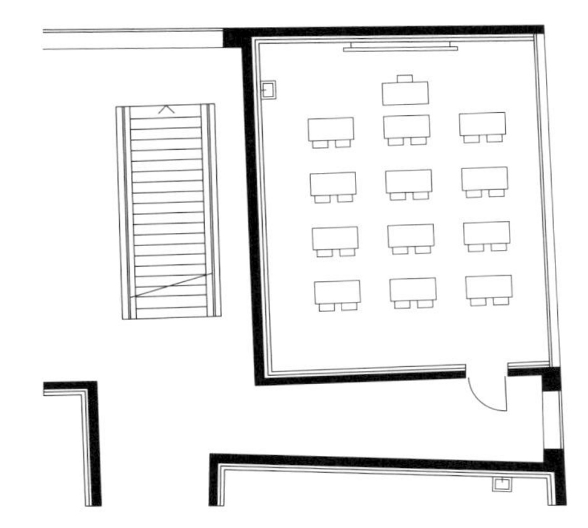

relevante Themen
Lehrerbereich

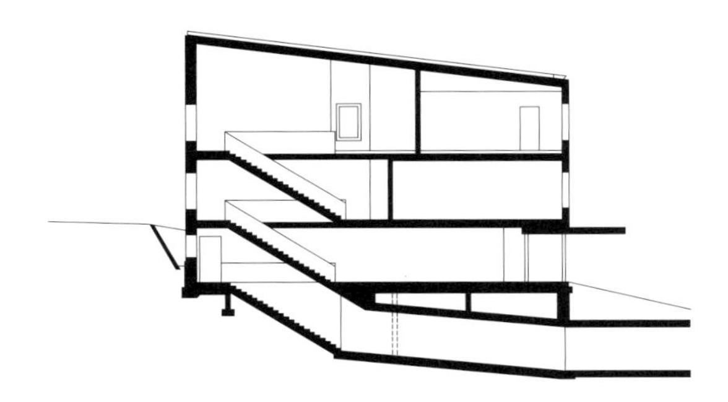

Klassenzimmer M 1:250
Schnitt M 1:500

[38]

Salem International College
Kurt-Hahn-Straße 1
Überlingen (DE)
Lederer+Ragnarsdóttir+Oei

Fertigstellung
2000

Schultyp
Internat

Alter der Schüler
16-18 Jahre

Schülerzahl
340

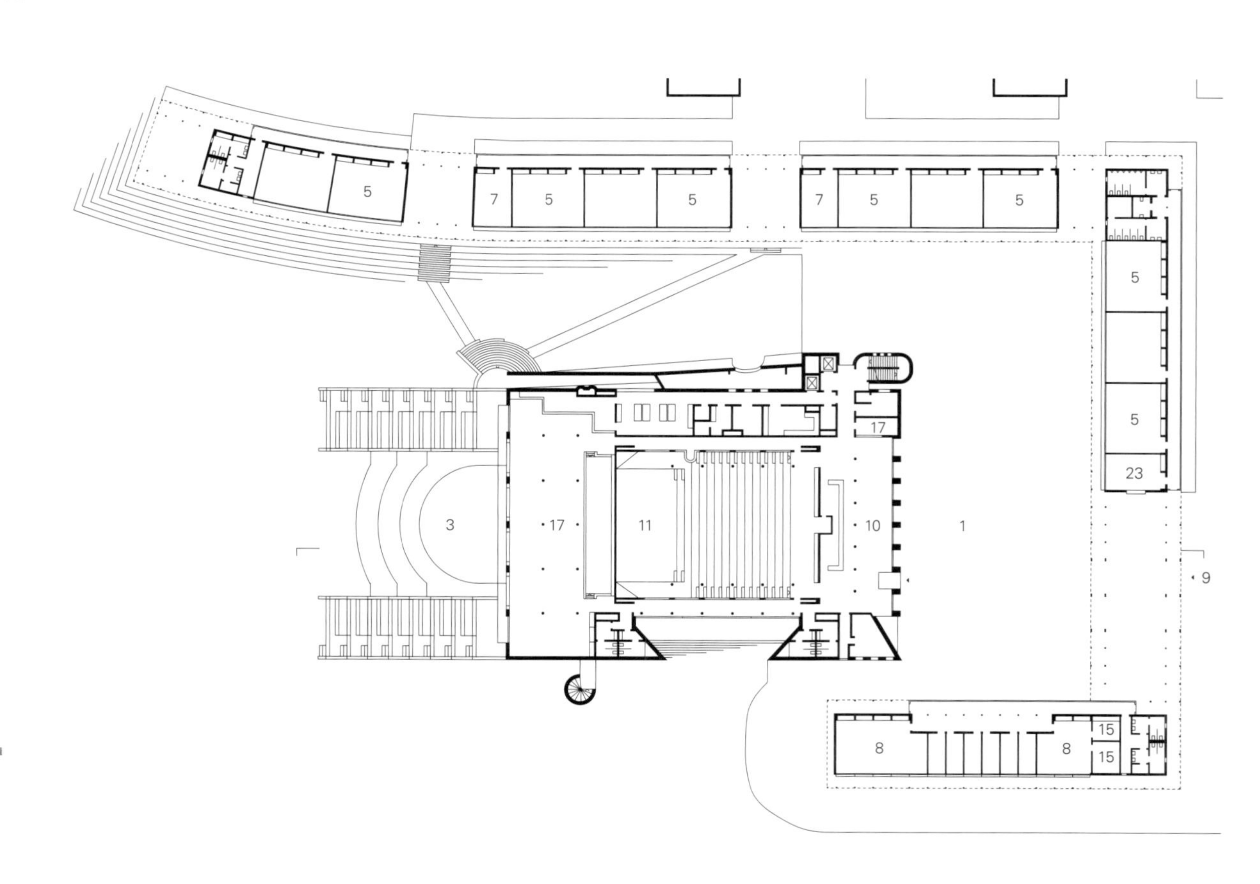

Lageplan M 1:10 000
Schnitt M 1:1000
Grundriss EG M 1:1000

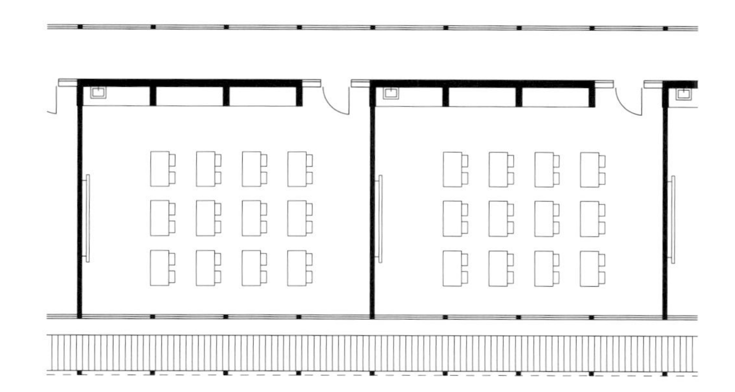

relevante Themen
Aula
Bibliothek
Pausenbereich

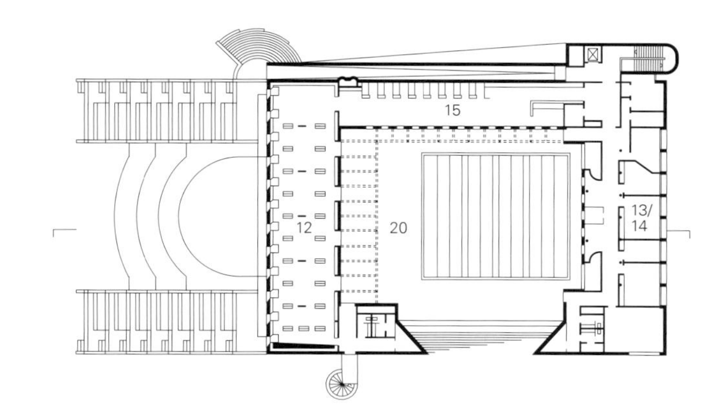

Klassenzimmer M 1:250
Grundriss OG M 1:1000

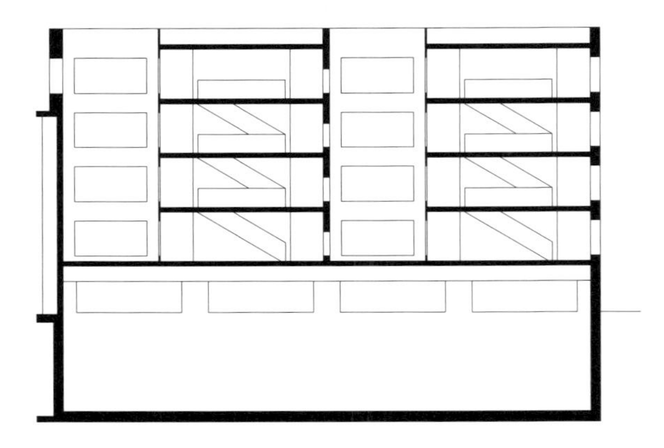

[39]

Volta Schulhaus
Wasserstraße 40
Basel (CH)
Miller & Maranta

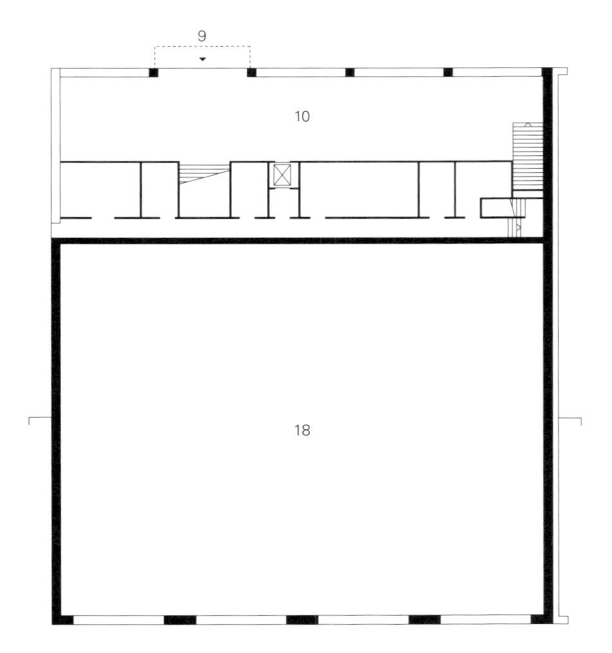

Fertigstellung
2000

Schultyp
Primarschule

Alter der Schüler
7-11 Jahre

Schülerzahl
240

C

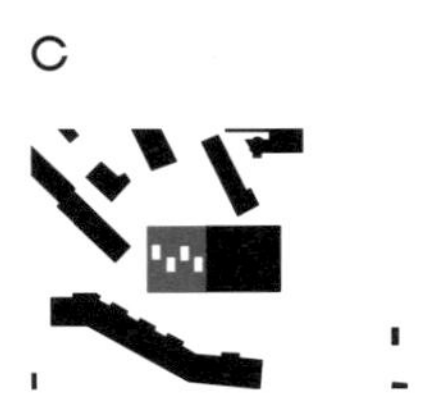

Lageplan M 1:10 000
Schnitt M 1:500
Grundriss EG M 1:500

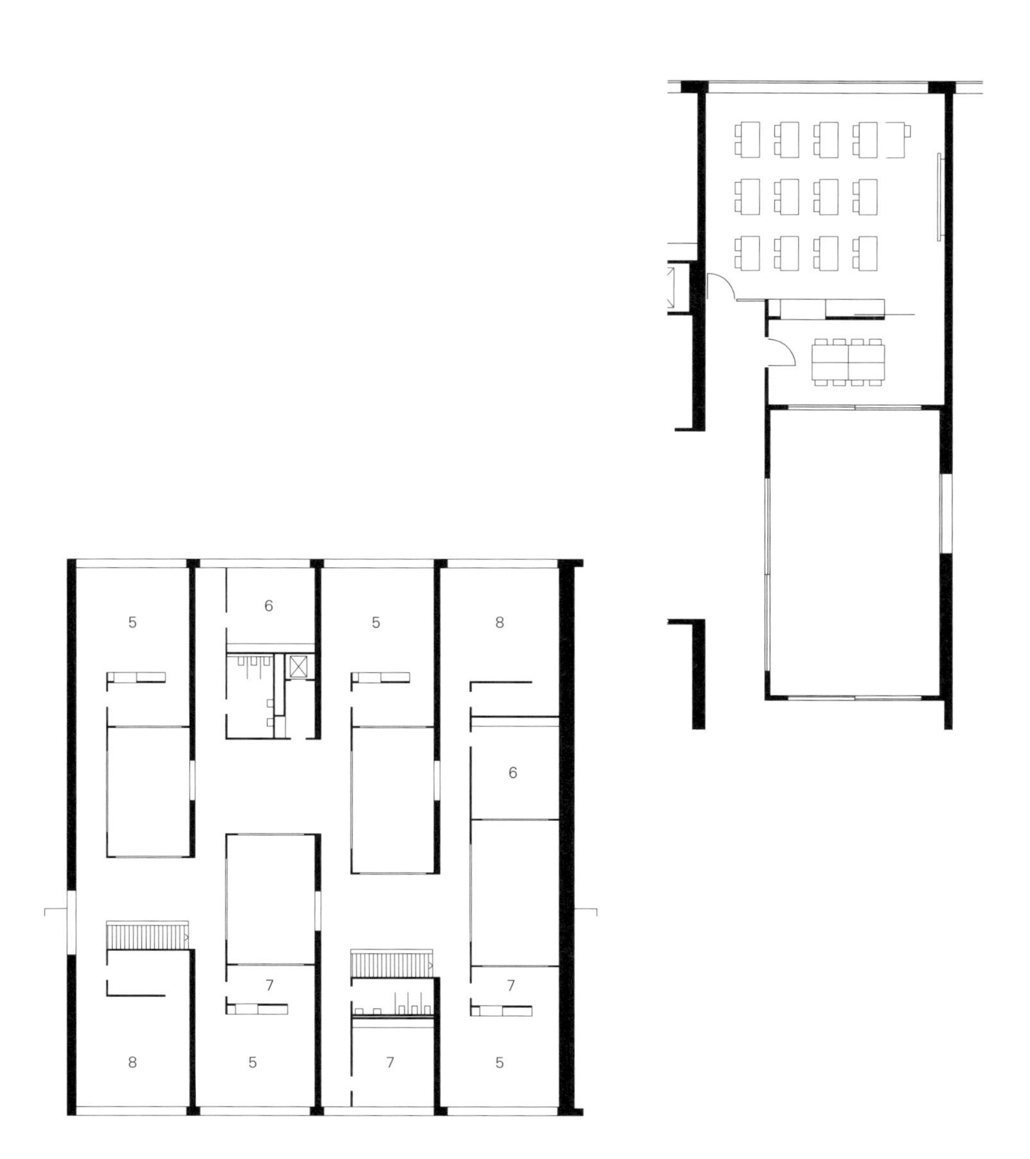

relevante Themen
Klassenzimmer
Abstellorte

Klassenzimmer M 1:250
Grundriss 4. OG M 1:500

[40]

Sonderpädagogisches
Förderzentrum
Schottenau 10a
Eichstätt (DE)
Diezinger & Kramer

Fertigstellung
2001

Schultyp
Vor-, Grund- und Haupt-
schule

Alter der Schüler
4-14 Jahre

Schülerzahl
145

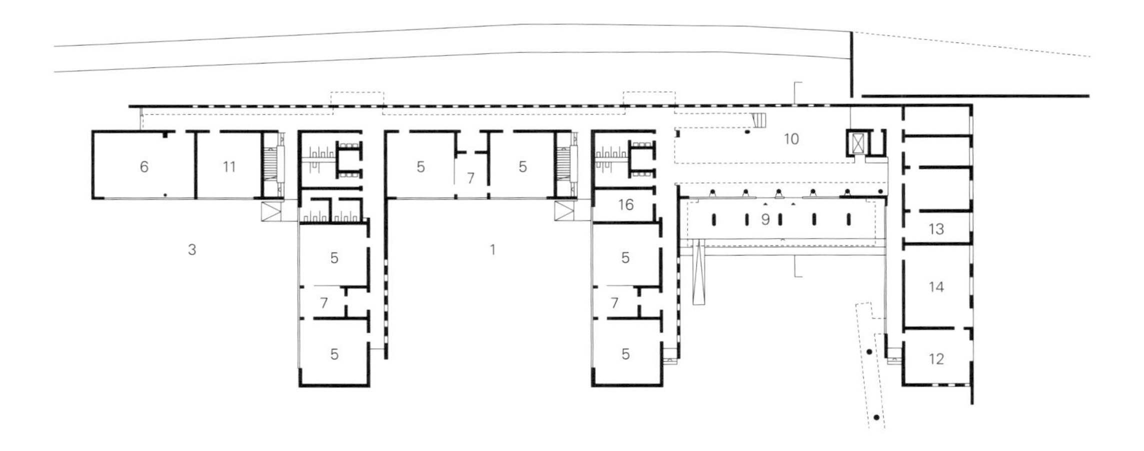

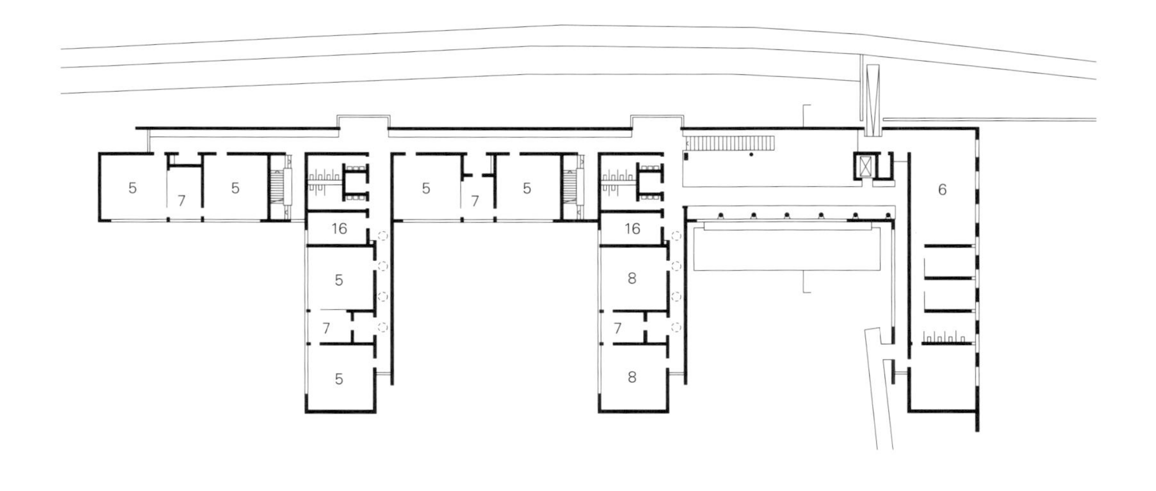

Lageplan M 1:10 000
Grundriss EG, 1. OG
M 1:800

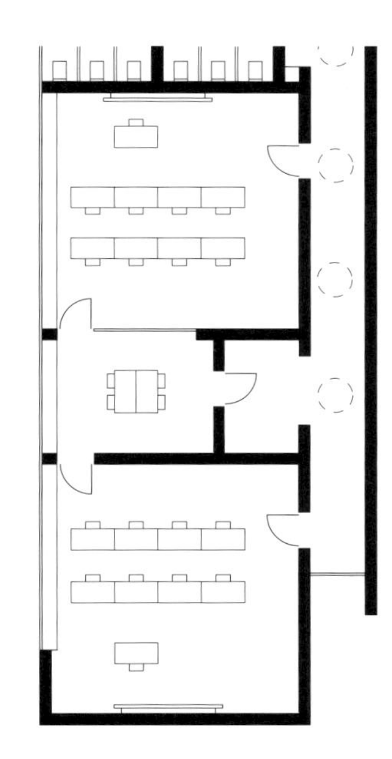

relevante Themen
Eingang
Treppe
Klassenzimmer
Toiletten

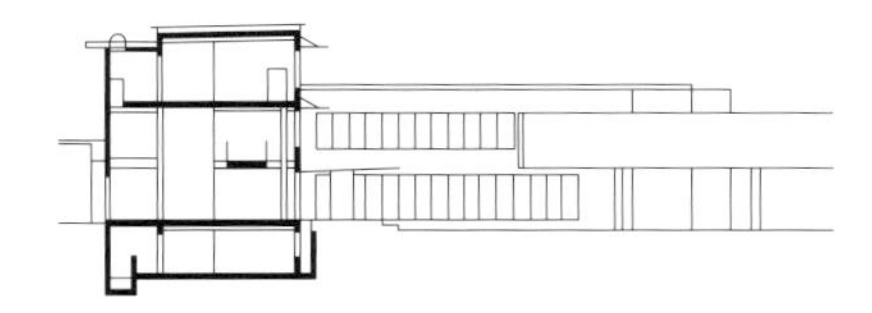

Klassenzimmer M 1:250
Schnitt M 1:800

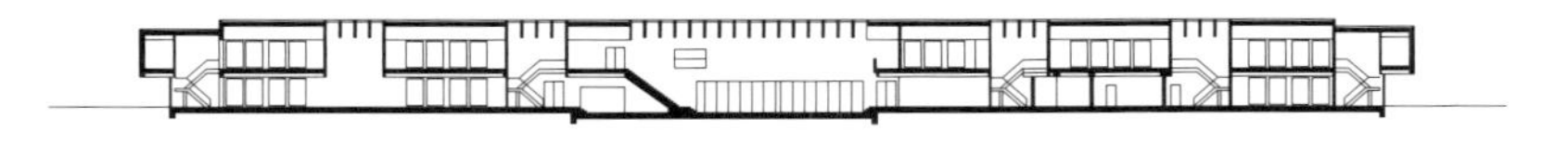

[41]

Kindercluster Voorn
Akkrumerraklaan 31
Utrecht (NL)
Frencken Scholl Architecten

Fertigstellung
2001

Schultyp
Primarschule, Kindergarten und Hort

Alter der Schüler
0-12 Jahre

Schülerzahl
900

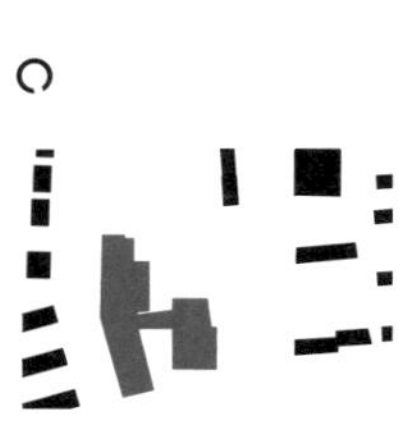

Lageplan M 1:10 000
Schnitt M 1:1000
Grundriss EG M 1:1000

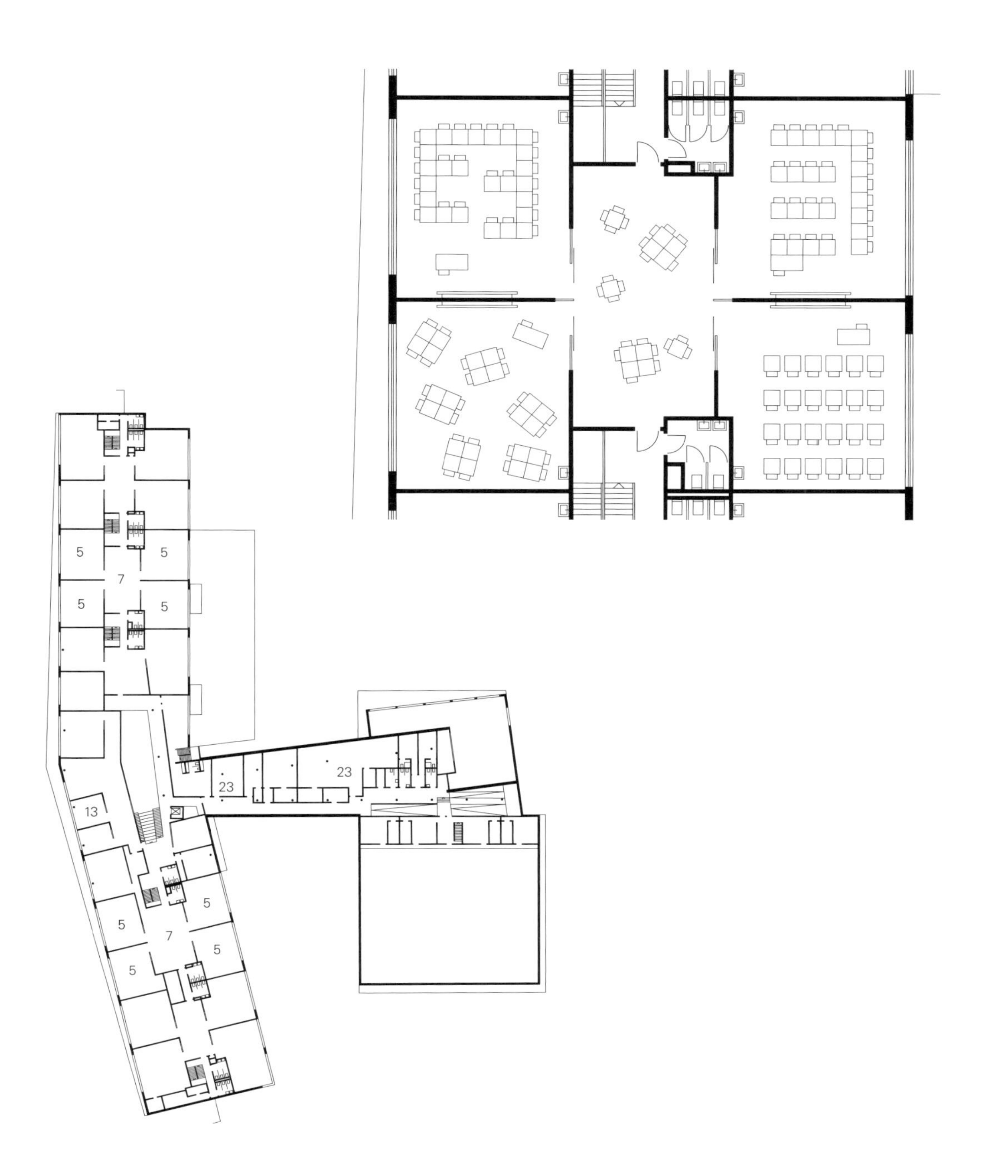

relevante Themen
Klassenzimmer

Klassenzimmer M 1:250
Grundriss OG M 1:1000

[42]

Oberstufenschulhaus
Compogna
Compognastraße
Thusis (CH)
Jüngling & Hagmann

Fertigstellung
2001

Schultyp
Sekundarschule

Alter der Schüler
13-15 Jahre

Schülerzahl
240

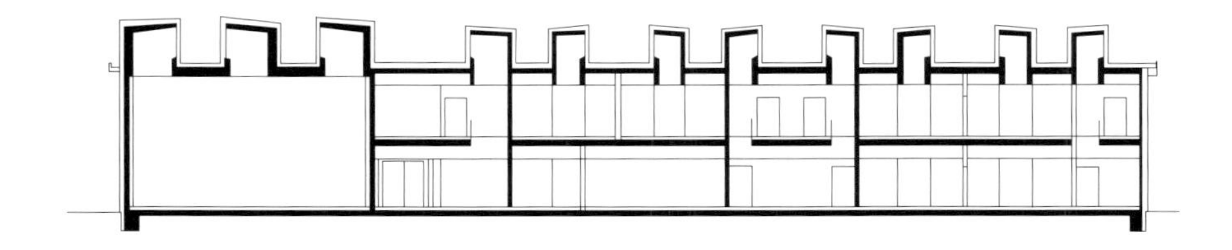

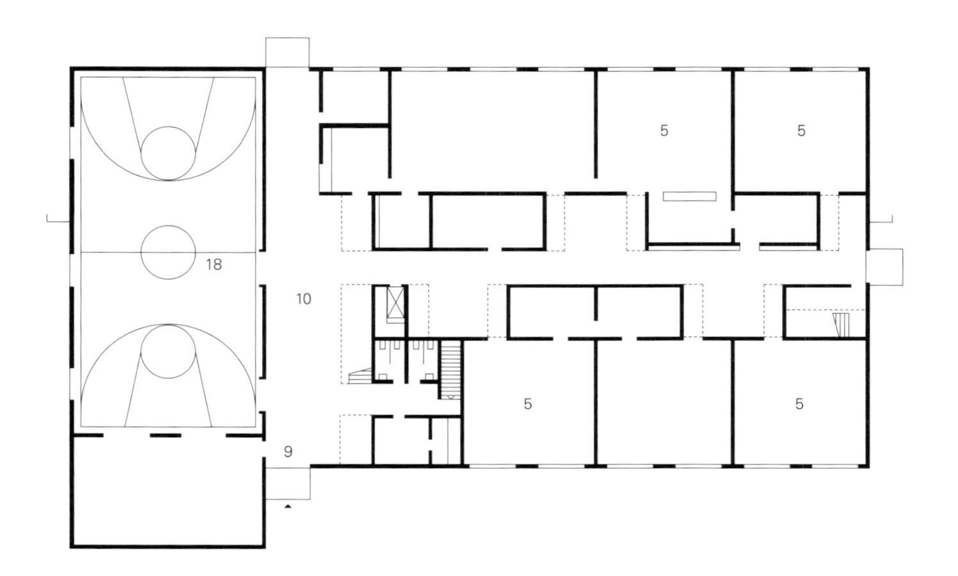

Lageplan M 1:10 000
Schnitt M 1:500
Grundriss EG M 1:500

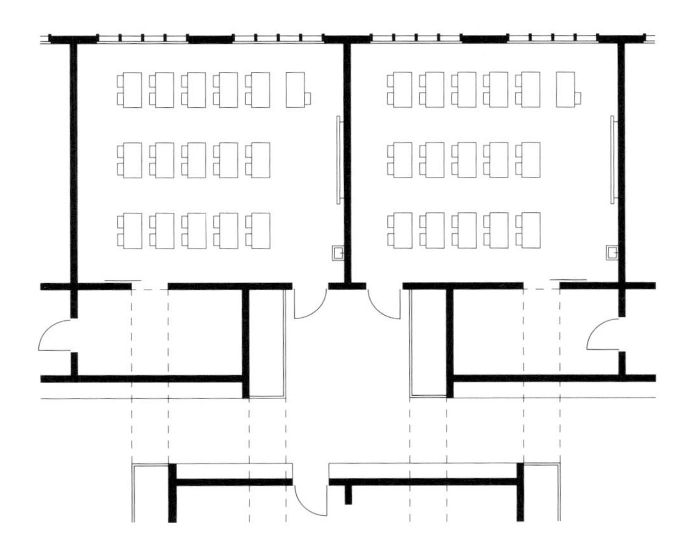

relevante Themen
Treppe

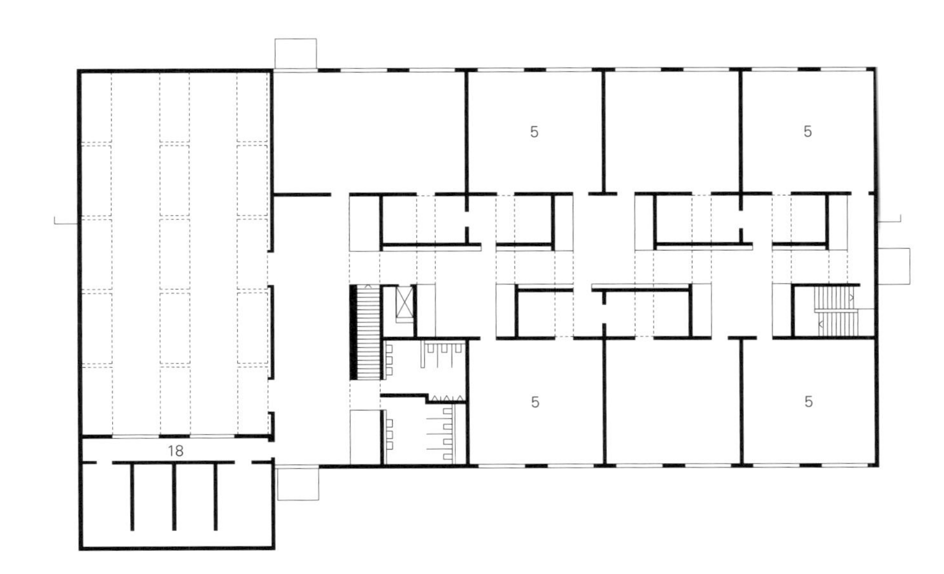

Klassenzimmer M 1:250
Grundriss OG M 1:500

[43]

Primarschule Riedmatt
Riedmatt 41
Zug (CH)
Nägele Twerenbold
Architekten

Fertigstellung
2001

Schultyp
Primarschule

Alter der Schüler
7-12 Jahre

Schülerzahl
139

Lageplan M 1:10 000
Schnitt M 1:800
Grundriss EG, 1. OG
M 1:800

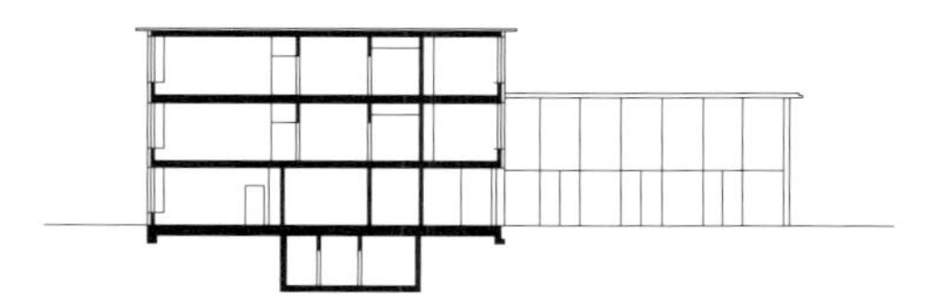

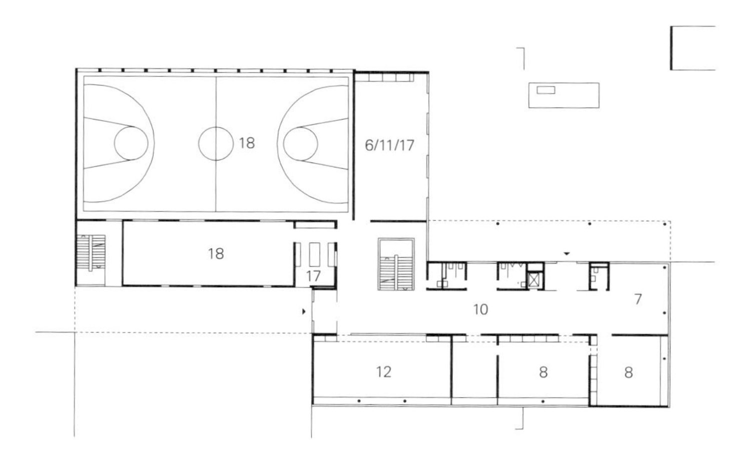

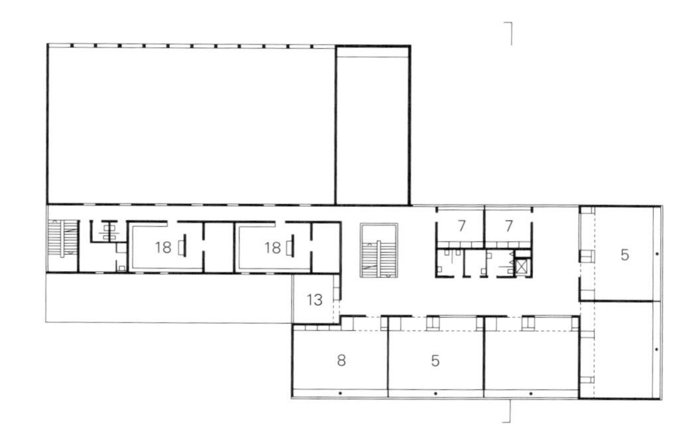

relevante Themen
Klassenzimmer
Lehrerbereich
Abstellorte

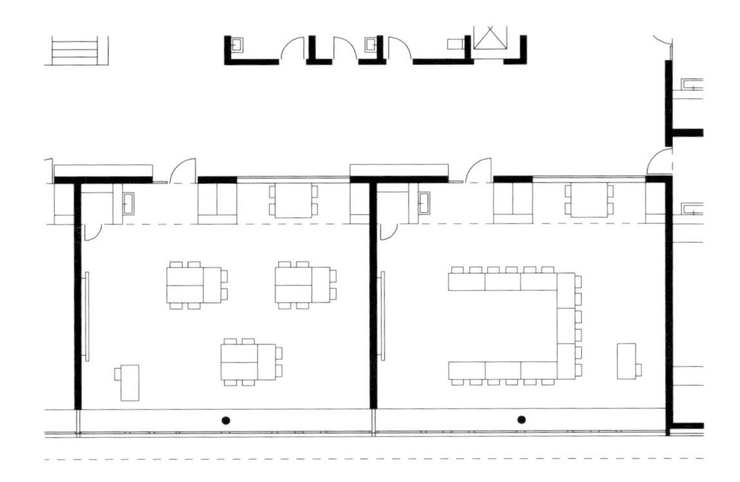

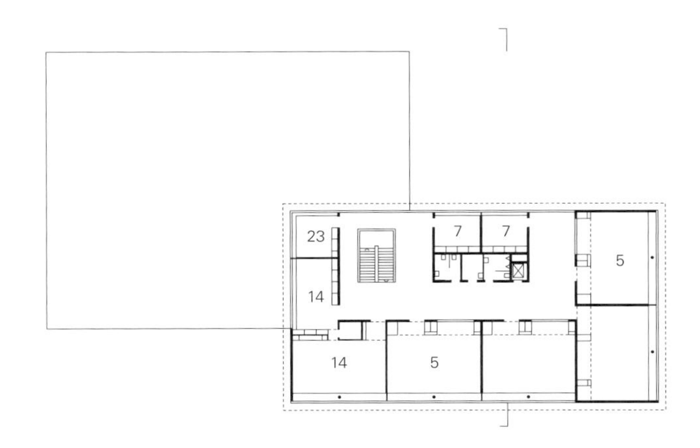

Klassenzimmer M 1:250
Grundriss 2. OG M 1:800

[44]

Gymnasium Markt Indersdorf
Arnbacher Straße 40
Markt Indersdorf (DE)
Allmann Sattler Wappner
Architekten

Fertigstellung
2002

Schultyp
Gymnasium

Alter der Schüler
10-18 Jahre

Schülerzahl
1 200

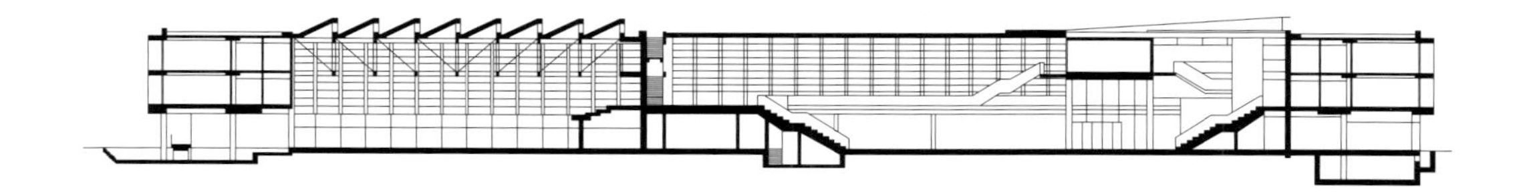

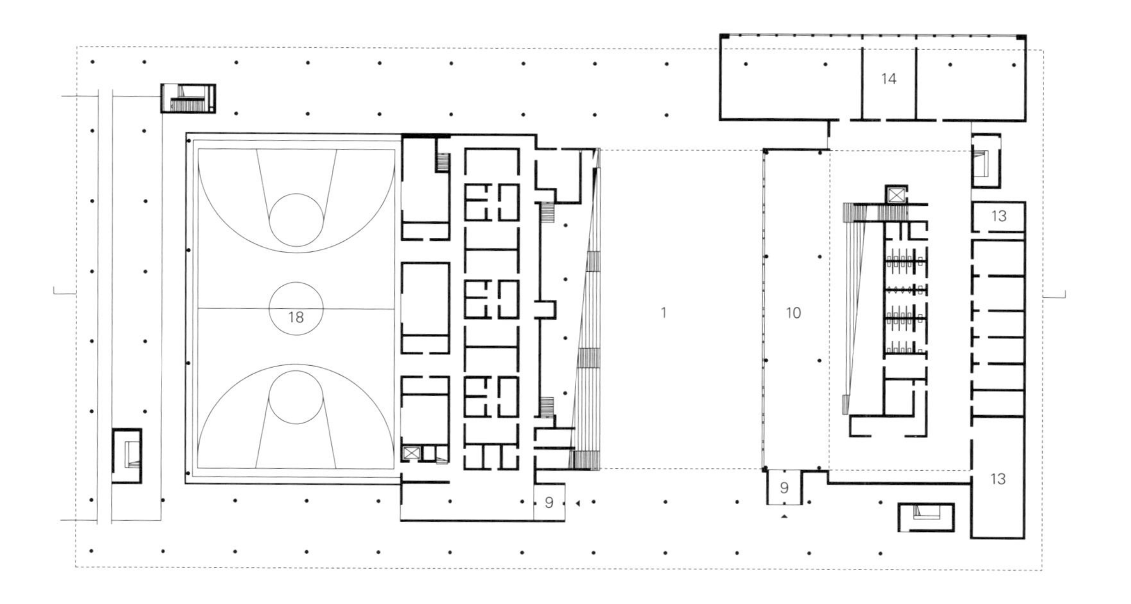

Lageplan M 1:10 000
Schnitt M 1:1000
Grundriss EG M 1:1000

Gymnasium Markt Indersdorf

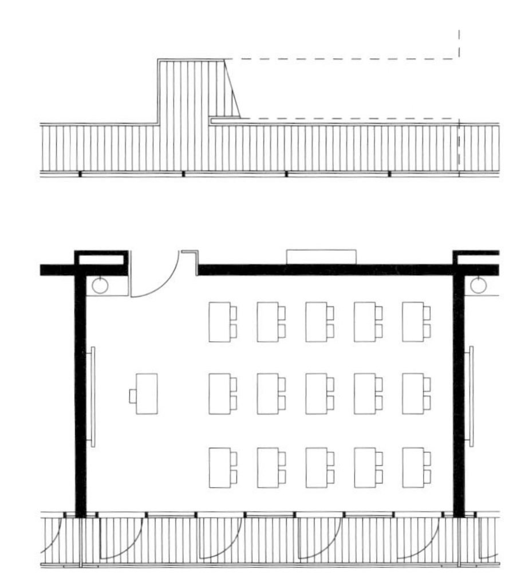

relevante Themen
Eingang
Treppe
Klassenzimmer
Toiletten

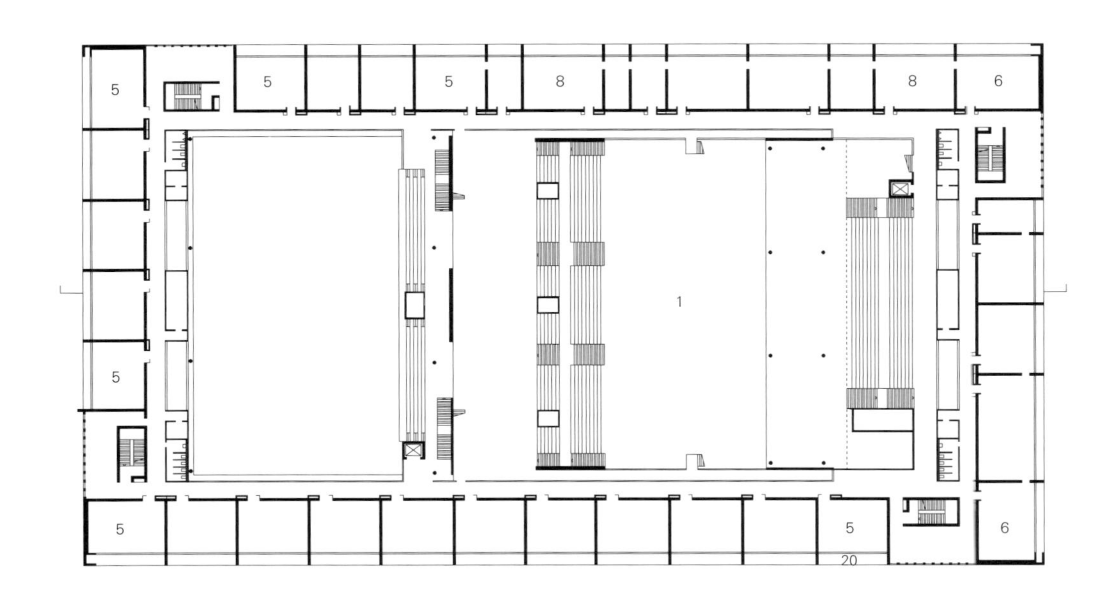

Klassenzimmer M 1:250
Grundriss 1. OG M 1:1000

[45]

Hellerup Skole
Dessaus Boulevard 10
Kopenhagen-Hellerup (DK)
Arkitema

Fertigstellung
2002

Schultyp
Gesamtschule

Alter der Schüler
6-16 Jahre

Schülerzahl
600

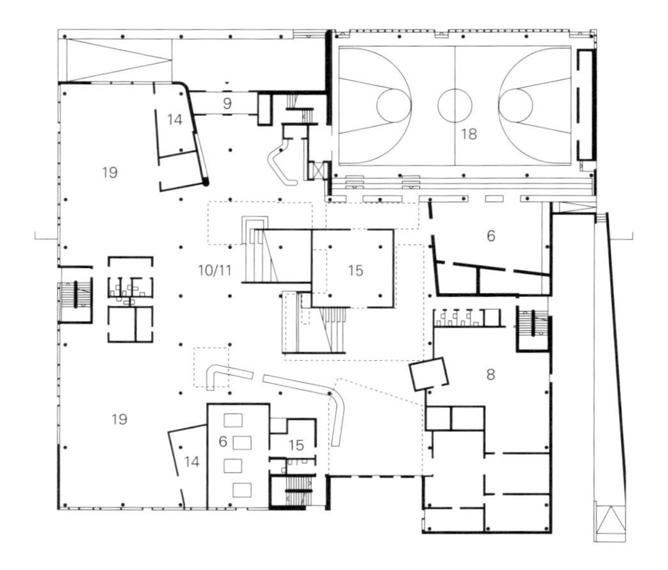

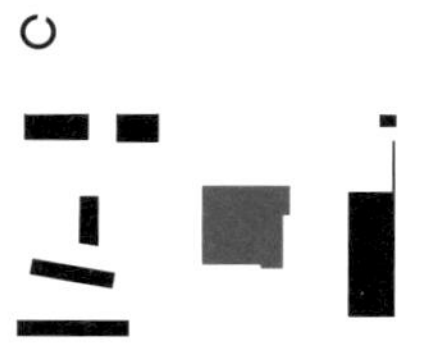

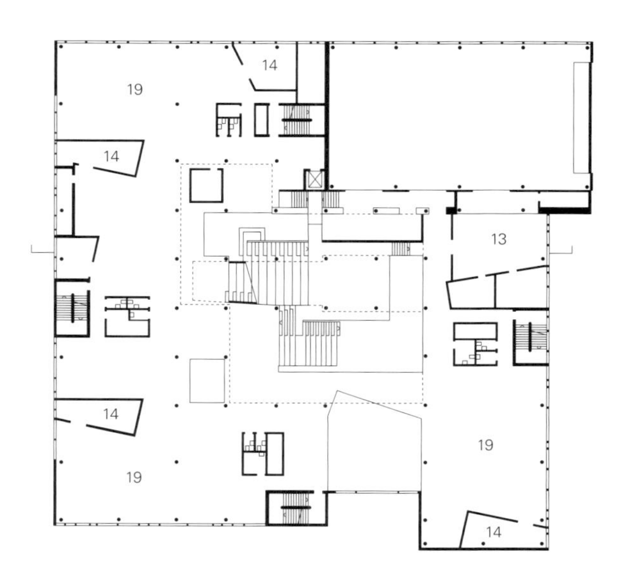

Lageplan M 1:10 000
Grundriss EG, 1. OG
M 1:800

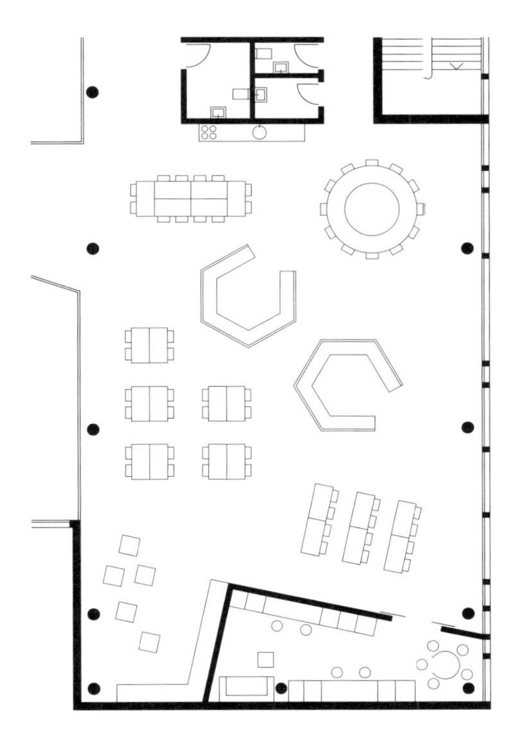

relevante Themen
Treppe
Aula
Klassenzimmer
Lehrerbereich
Toiletten

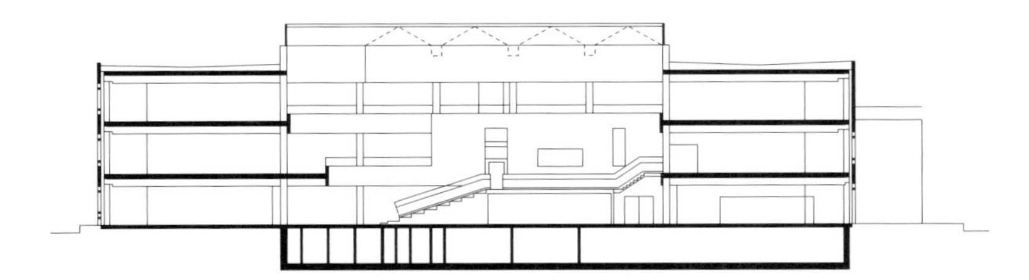

Klassenzimmer M 1:250
Schnitt M 1:800

[46]

Internationale Schule
Zürich
Steinacherstraße 140
Wädenswil (CH)
Galli & Rudolf Architekten

Fertigstellung
2002

Schultyp
Primarschule und Kindergarten

Alter der Schüler
5-11 Jahre

Schülerzahl
450

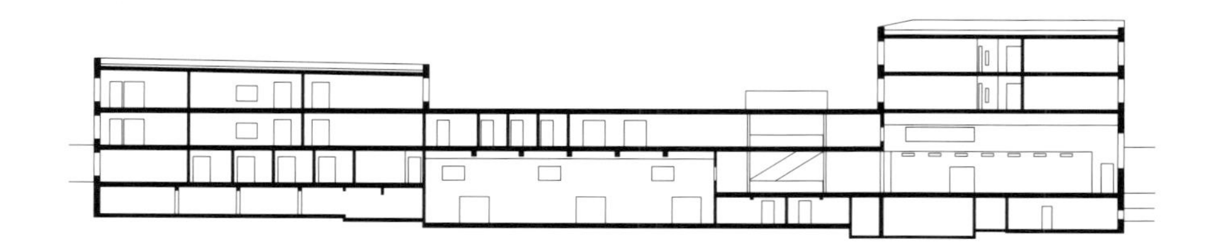

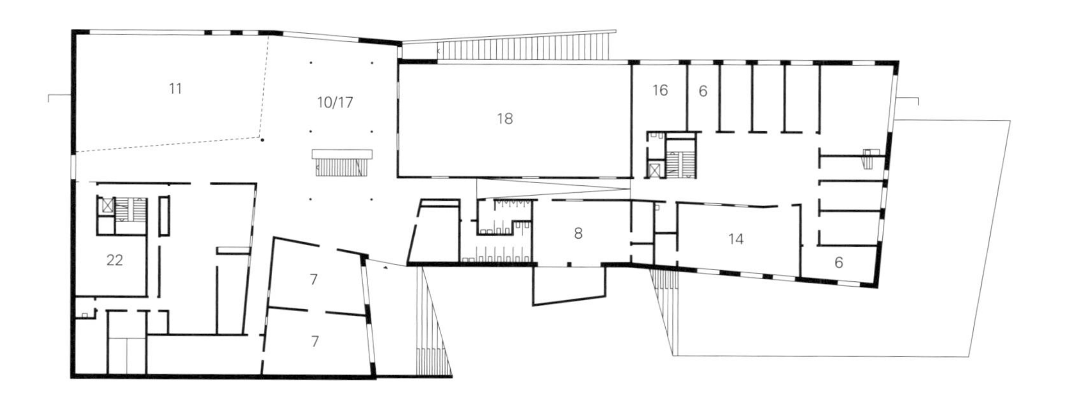

Lageplan M 1:10 000
Schnitt M 1:800
Grundriss UG M 1:800

relevante Themen
Aula

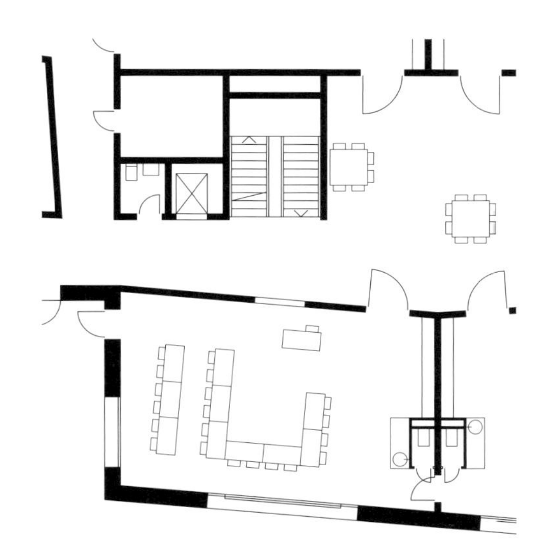

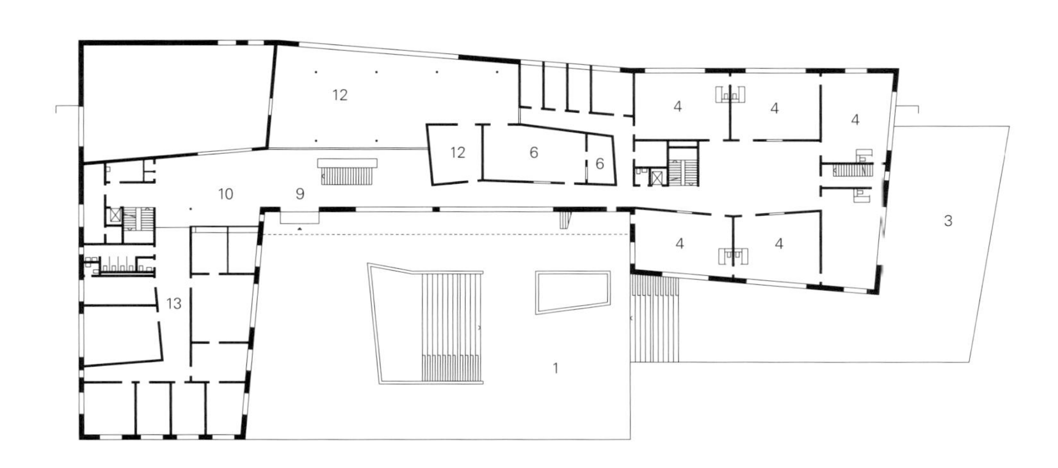

Klassenzimmer M 1:250
Grundriss EG M 1:800

[47]

Schule am Mummelsoll
Eilenburger Straße 4
Berlin-Hellersdorf (DE)
Grüntuch Ernst Architekten

Fertigstellung
2002

Schultyp
Förderschule

Alter der Schüler
6-18 Jahre

Schülerzahl
120

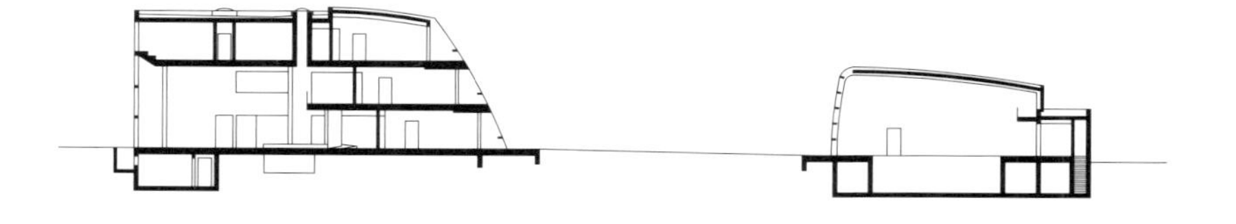

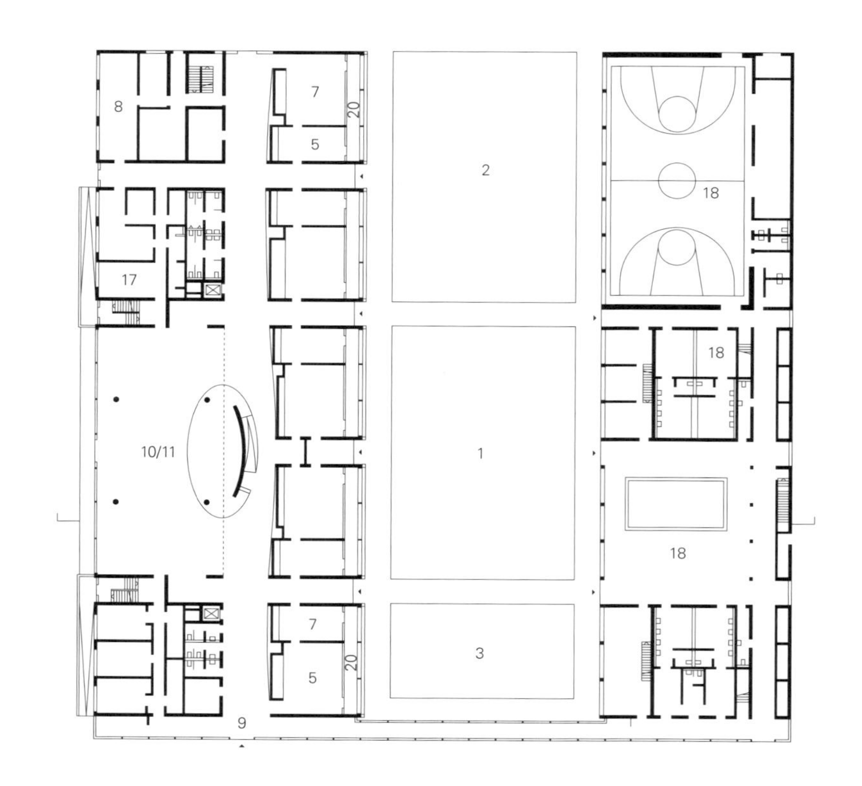

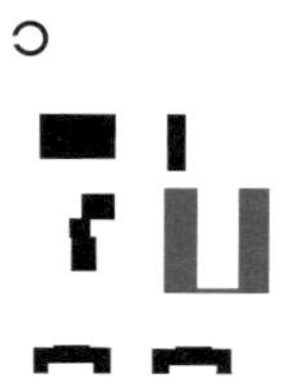

Lageplan M 1:10 000
Schnitt M 1:800
Grundriss EG M 1:800

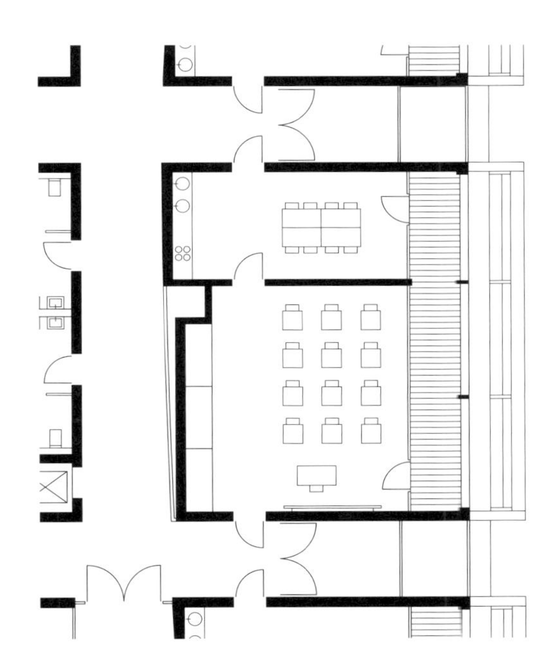

relevante Themen
Aula
Klassenzimmer
Pausenbereich

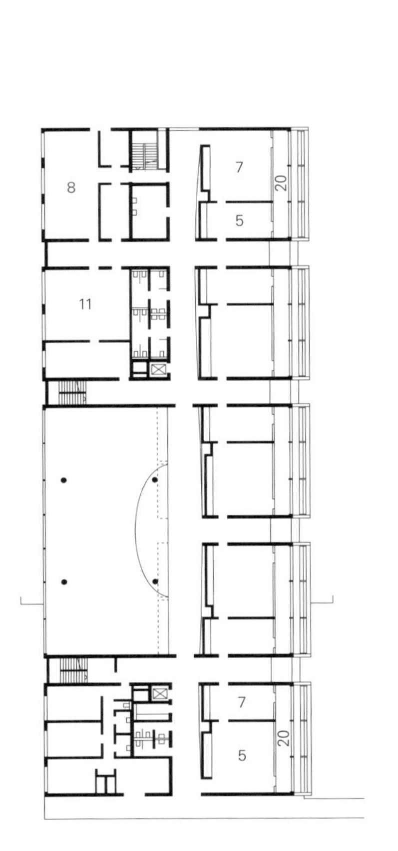

Klassenzimmer M 1:250
Grundriss 1. OG M 1:800

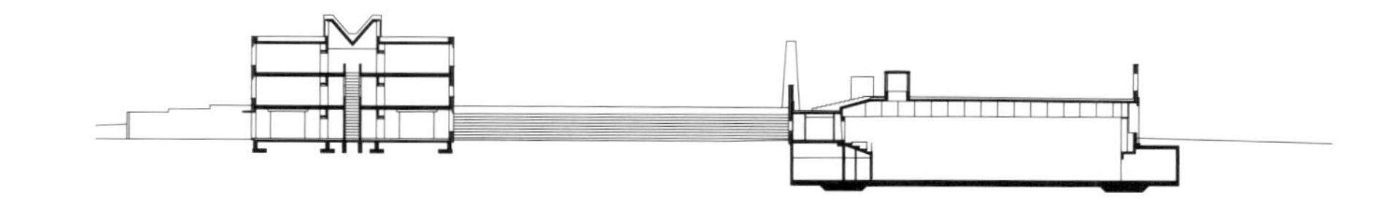

[48]

Schulzentrum im Scharnhauser Park
Gerhard-Koch-Straße 6
Ostfildern (DE)
Lederer+Ragnarsdóttir+Oei

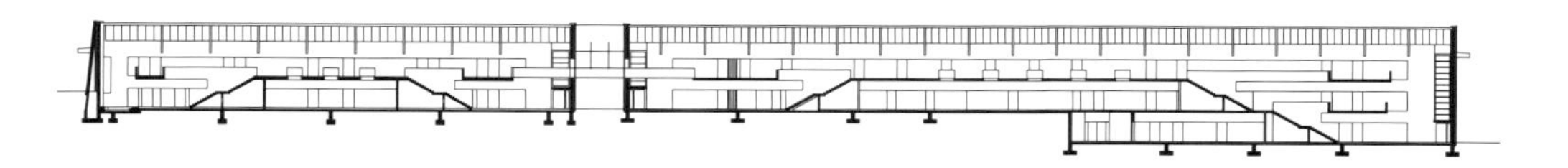

Fertigstellung
1999 Hauptschule
2002 Grundschule

Schultyp
Grund- und Hauptschule
mit Werkrealschule

Alter der Schüler
6-15 Jahre

Schülerzahl
500

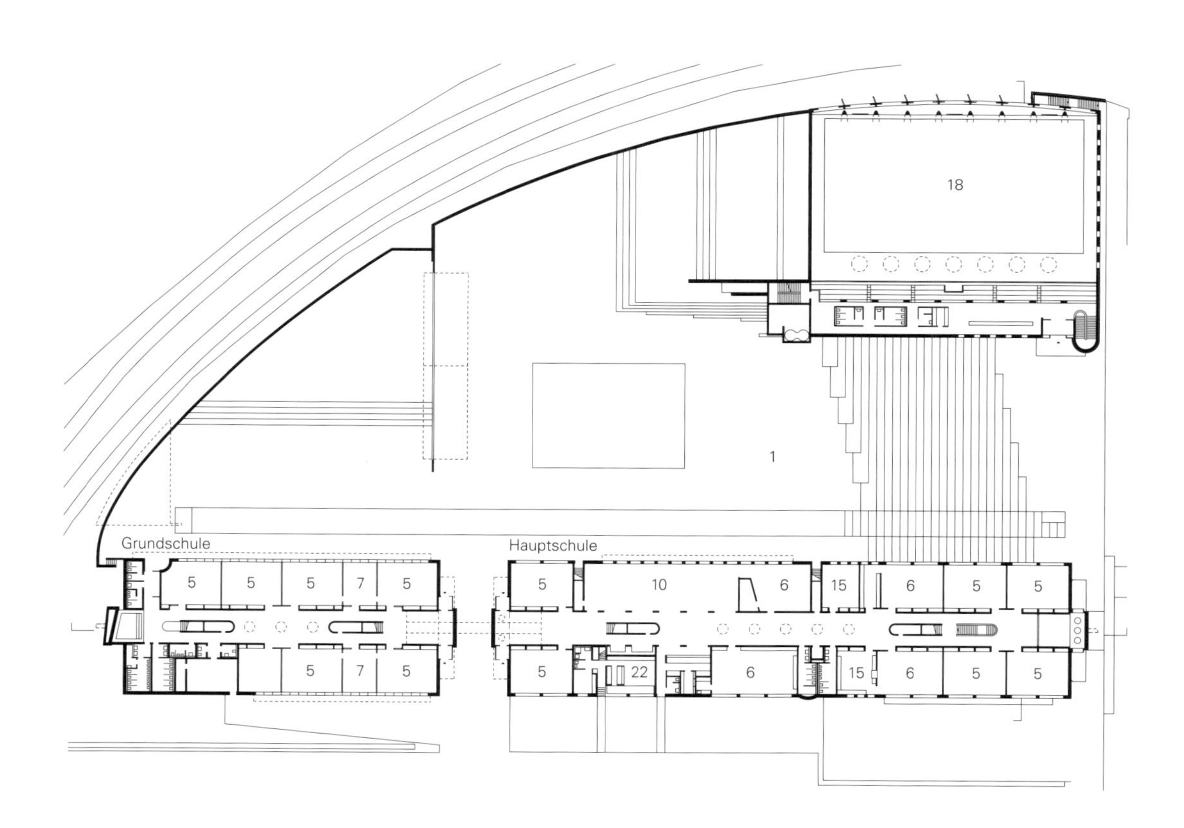

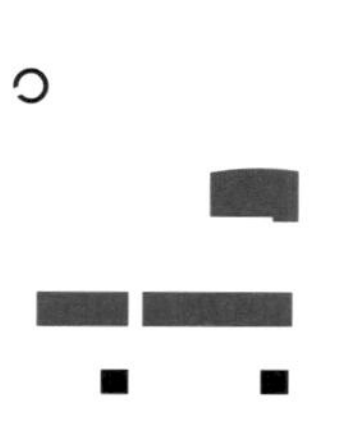

Lageplan M 1:10 000
Schnitte M 1:1200
Grundriss EG M 1:1200

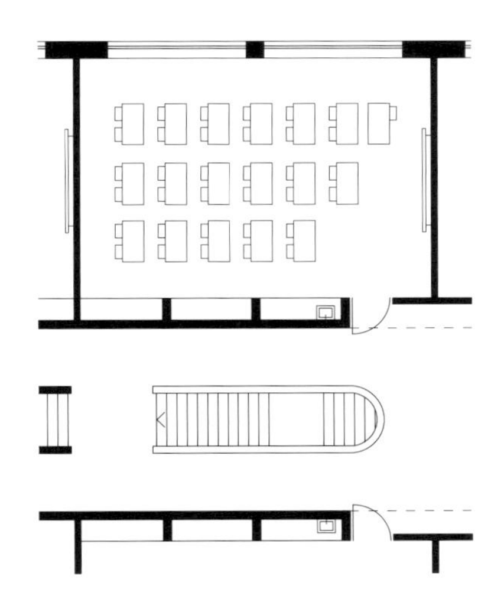

relevante Themen
Eingang
Treppe
Klassenzimmer
Pausenbereich

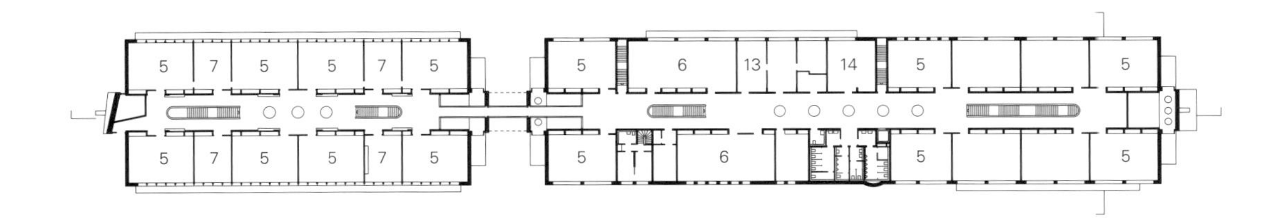

Klassenzimmer M 1:250
Grundriss OG M 1:1200

[49]

Oberstufenzentrum
Thurzelg
Thurzelgstraße
Oberbüren (CH)
Staufer & Hasler
Architekten

Fertigstellung
2002

Schultyp
Sekundarschule

Alter der Schüler
13-16 Jahre

Schülerzahl
221

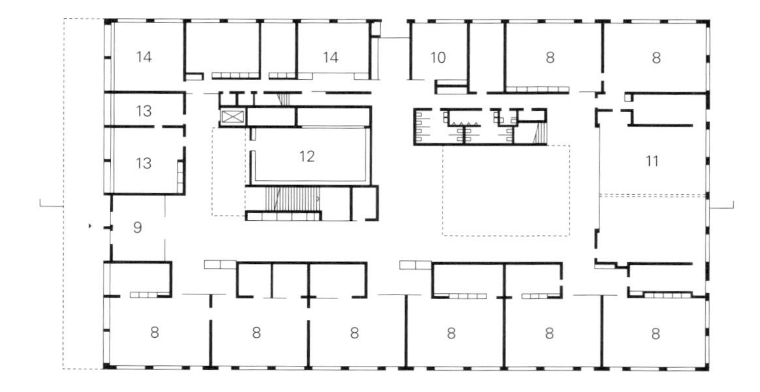

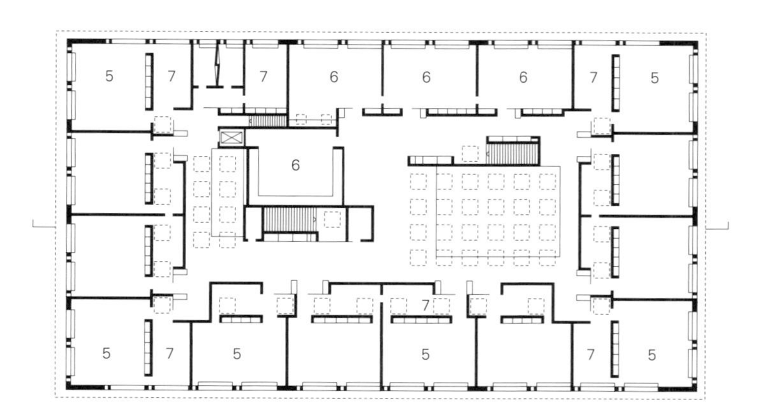

Lageplan M 1:10 000
Grundriss EG, OG
M 1:800

relevante Themen
Fachräume

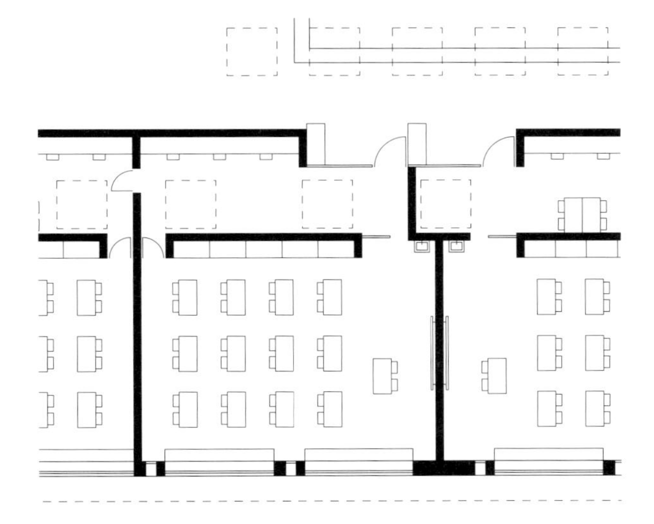

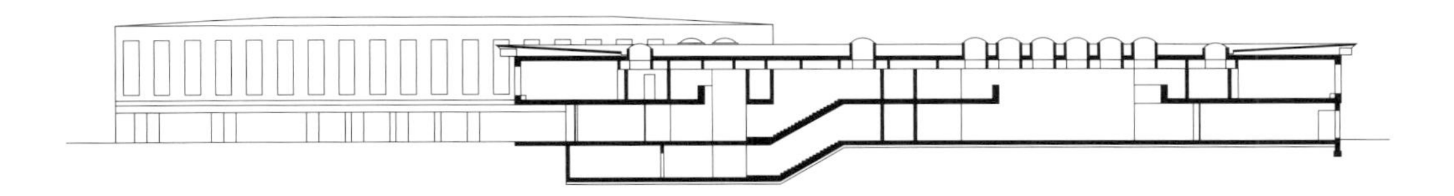

Klassenzimmer M 1:250
Schnitt M 1:800

[50]

Erweiterung Schulanlage
Mattenhof
Dübendorfstraße 300
Zürich (CH)
B.E.R.G. Architekten

Fertigstellung
2003

Schultyp
Primarschule und
Kindergarten

Alter der Schüler
5-12 Jahre

Schülerzahl
100 (Gesamtanlage 240)

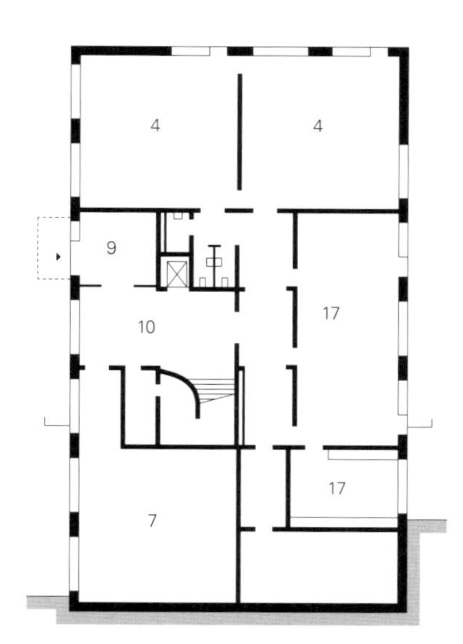

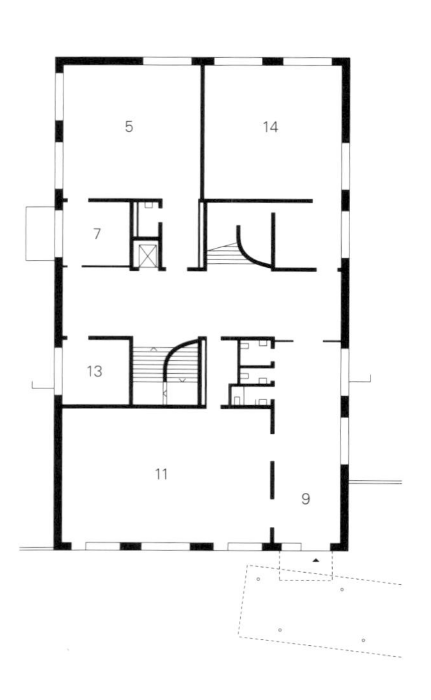

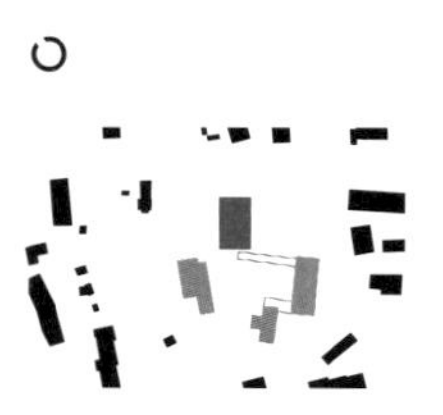

Lageplan M 1:10 000
Schnitt M 1:500
Grundriss UG, EG M 1:500

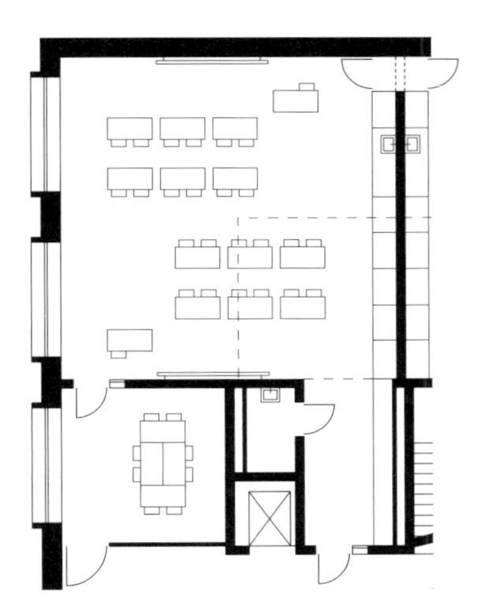

relevante Themen
Klassenzimmer
Lehrerbereich
Abstellorte

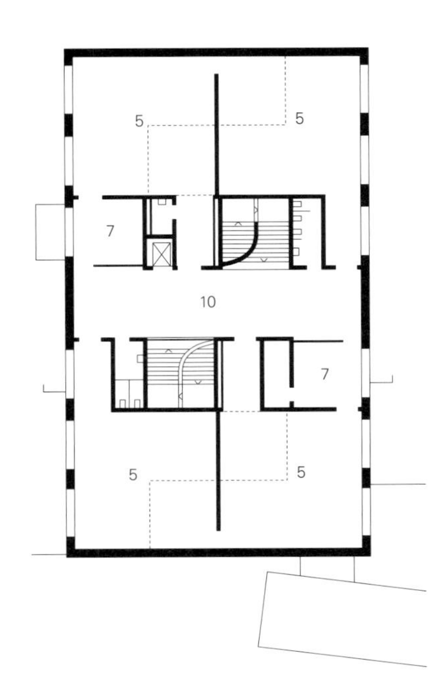

Klassenzimmer M 1:250
Grundriss OG M 1:500

[51]

Gymnasium Friedrich II.
Auf dem Schäfersfeld
Lorch (DE)
Behnisch & Partner

Fertigstellung
2003

Schultyp
Gymnasium

Alter der Schüler
10-18 Jahre

Schülerzahl
690

Lageplan M 1:10 000
Schnitt M 1:1000
Grundriss EG, UG
M 1:1.000

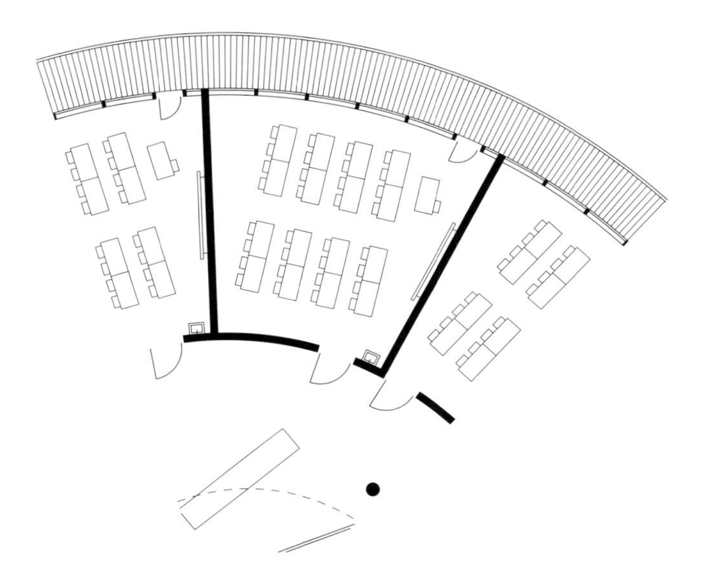

relevante Themen
Treppe

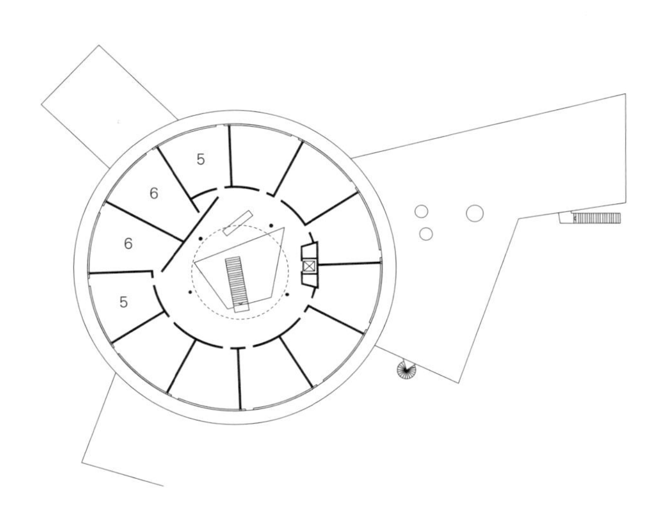

Klassenzimmer M 1:250
Grundriss OG M 1:1000

[52]

Primarschulhaus Linden
Lindenstraße 21
Niederhasli (CH)
Bünzli & Courvoisier

Fertigstellung
2003

Schultyp
Primarschule

Alter der Schüler
7-12 Jahre

Schülerzahl
120

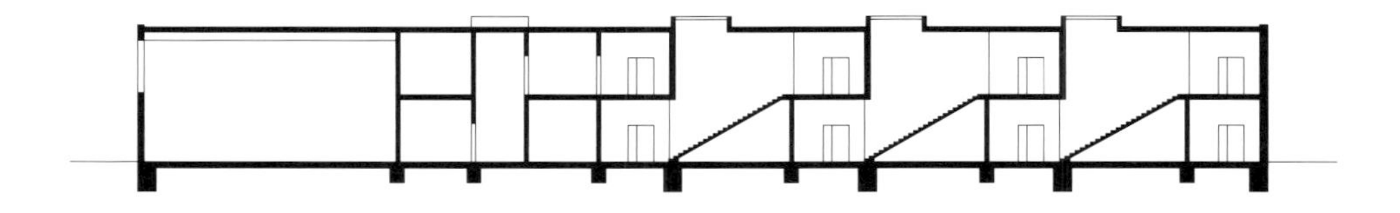

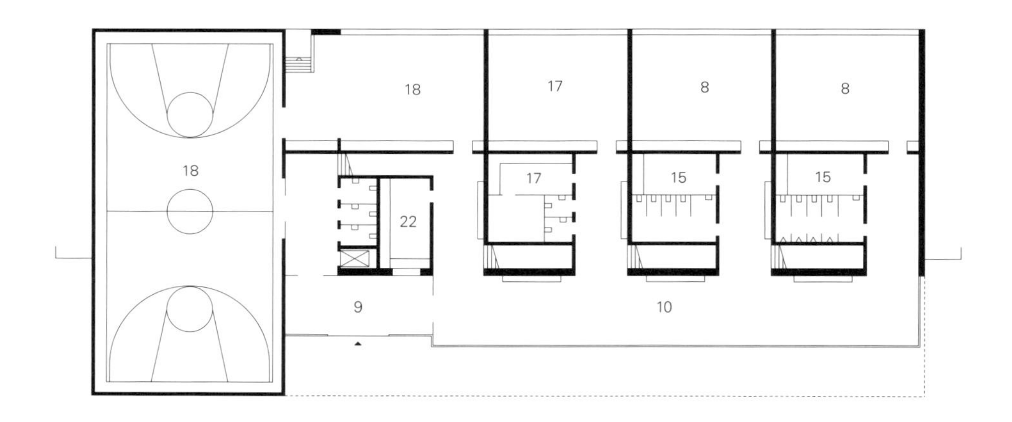

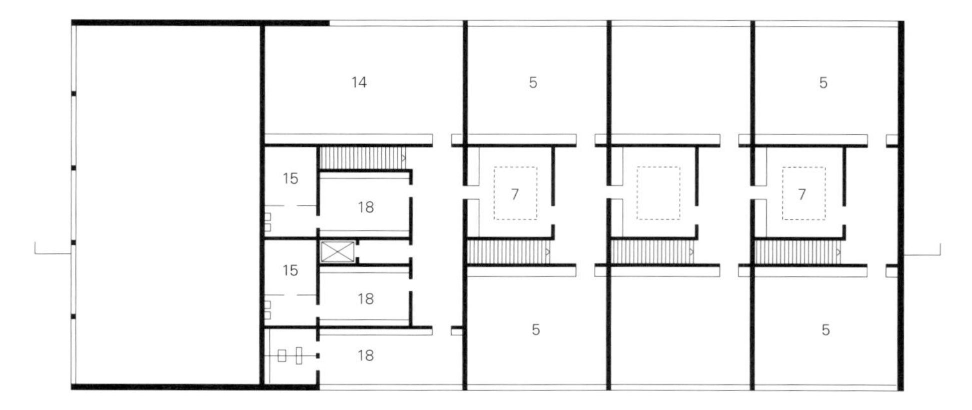

Lageplan M 1:10 000
Schnitt M 1:500
Grundriss EG, OG
M 1:500

relevante Themen
Eingang
Treppe
Klassenzimmer

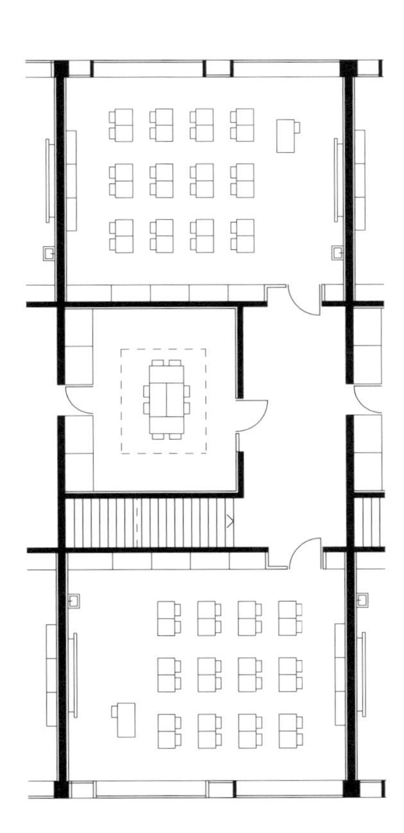

Klassenzimmer M 1:250

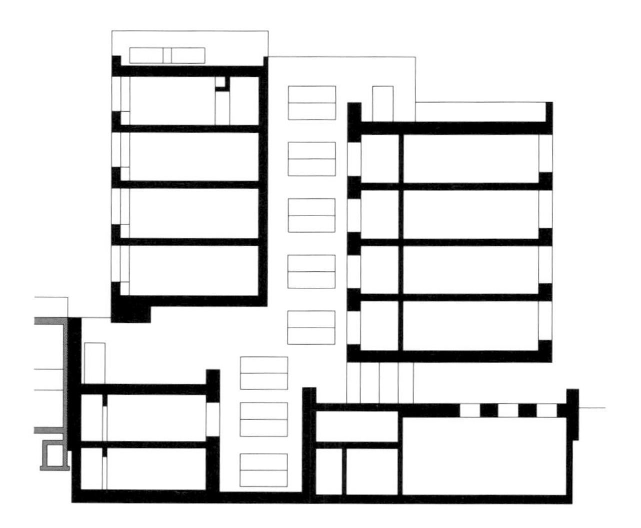

[53]

Erweiterung
Kantonsschule Zug
Lüssiweg 24
Zug (CH)
Enzmann + Fischer
Architekt/innen

Fertigstellung
2003

Schultyp
Gymnasium und Wirtschaftsmittelschule

Alter der Schüler
13-18 Jahre

Schülerzahl
1 400 (inkl. Erweiterung)

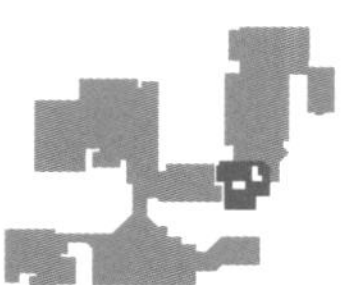

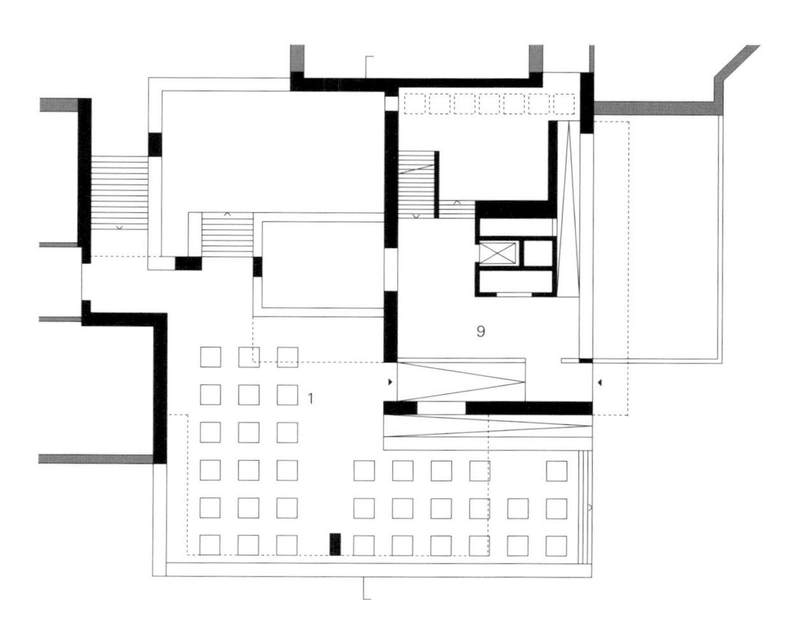

Lageplan M 1:10 000
Schnitt M 1:500
Grundriss EG M 1:500

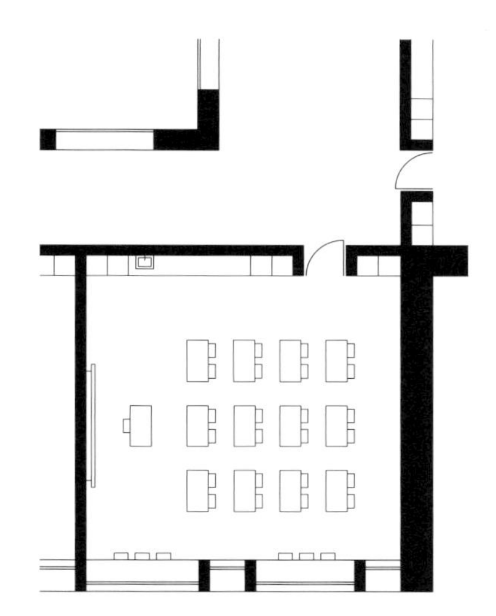

relevante Themen
Klassenzimmer

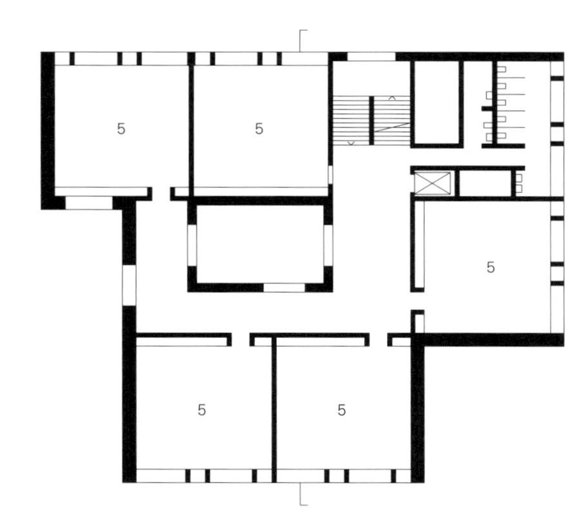

Klassenzimmer M 1:250
Grundriss 2. OG M 1:500

[54]

Gesamtschule In der Höh
In der Höh 9
Volketswil (CH)
Gafner & Horisberger
Architekten

Fertigstellung
2003

Schultyp
Gesamtschule

Alter der Schüler
5-15 Jahre

Schülerzahl
160

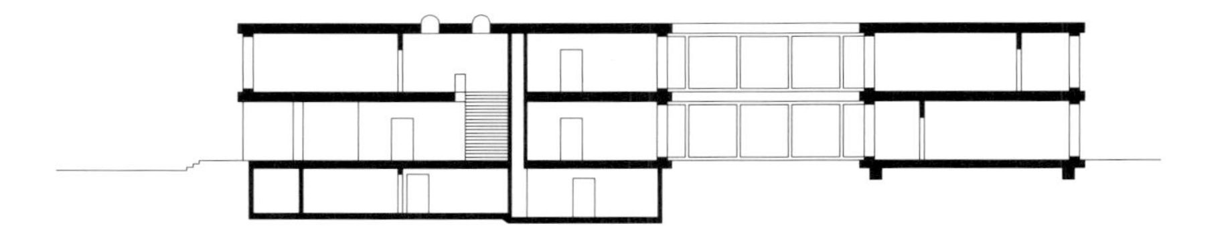

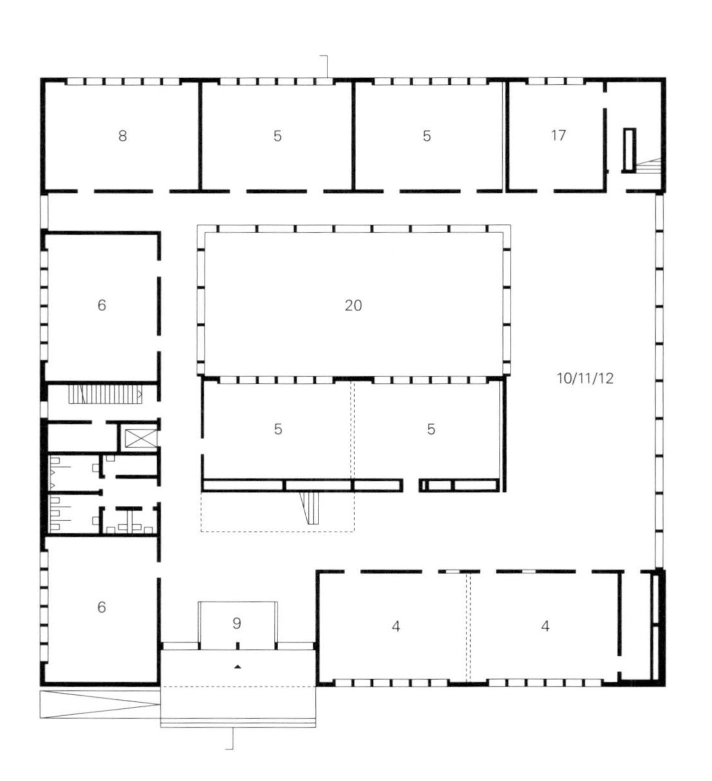

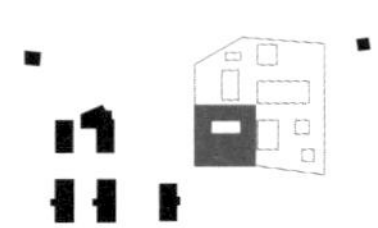

Lageplan M 1:10 000
Schnitt M 1:500
Grundriss EG M 1:500

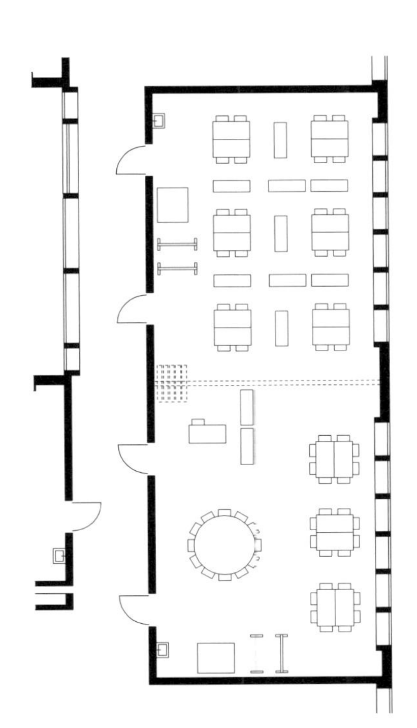

relevante Themen
Eingang
Flur
Klassenzimmer

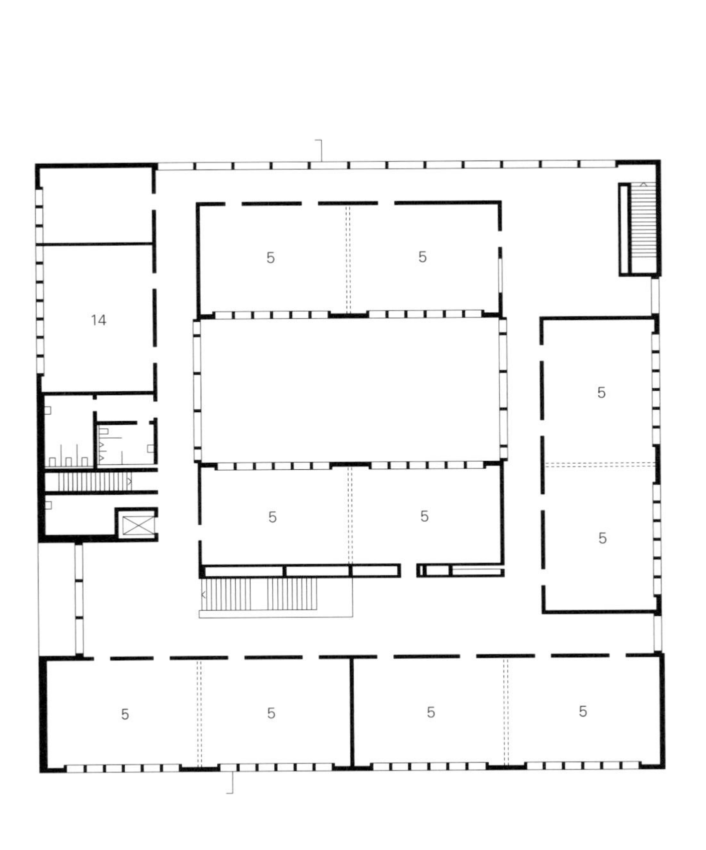

Klassenzimmer M 1:250
Grundriss OG M 1:500

[55]

Erweiterung Schule Scherr
Stapferstraße 54
Zürich (CH)
Patrick Gmür Architekten

Fertigstellung
2003

Schultyp
Primarschule

Alter der Schüler
7-12 Jahre

Schülerzahl
240 (120 Neubau)

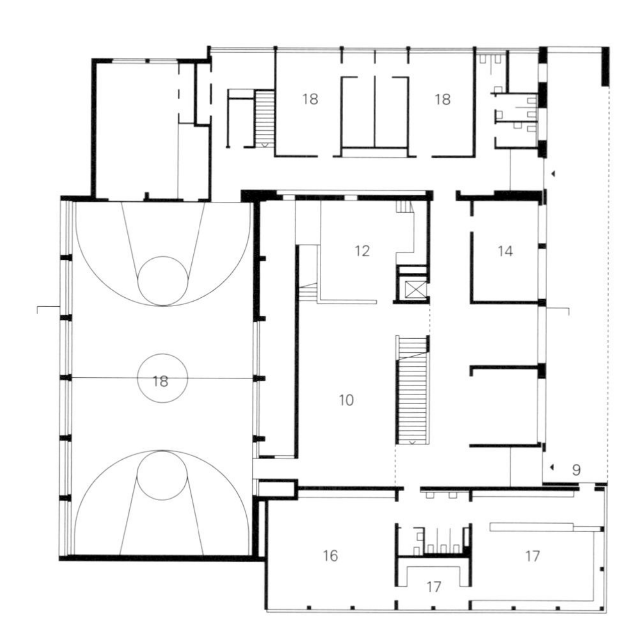

Lageplan M 1:10 000
Schnitt M 1:500
Grundriss EG M 1:500

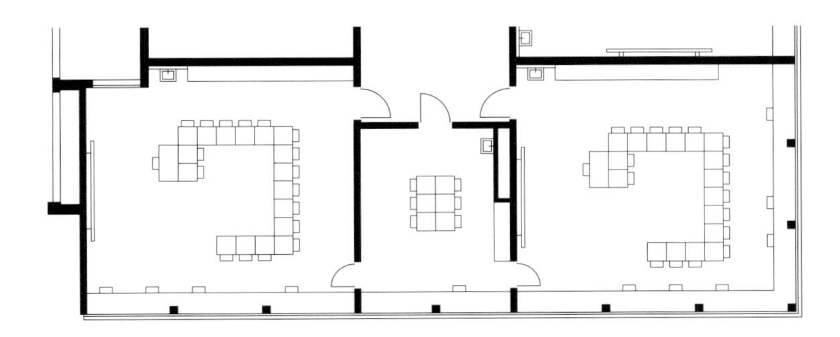

relevante Themen
Klassenzimmer

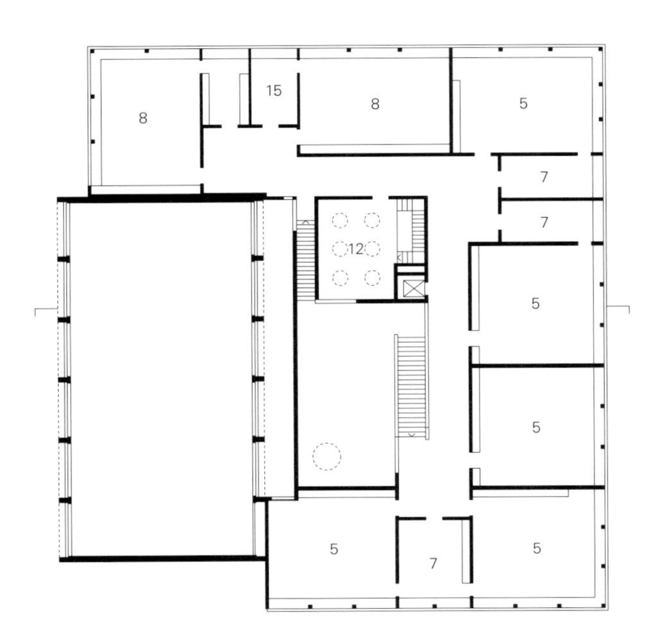

Klassenzimmer M 1:250
Grundriss OG M 1:500

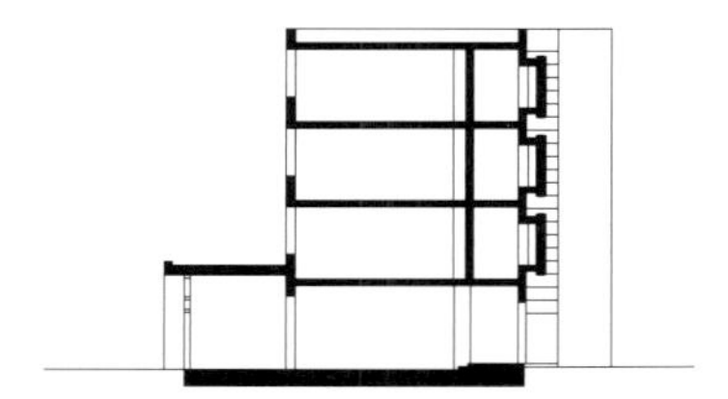

[56]

Erweiterung Gustav-von-Schmoller-Schule
Frankfurter Straße 63
Heilbronn (DE)
Lederer+Ragnarsdóttir+Oei

Fertigstellung
2003

Schultyp
Berufsschule

Alter der Schüler
14-17 Jahre

Schülerzahl
360 (Erweiterung)

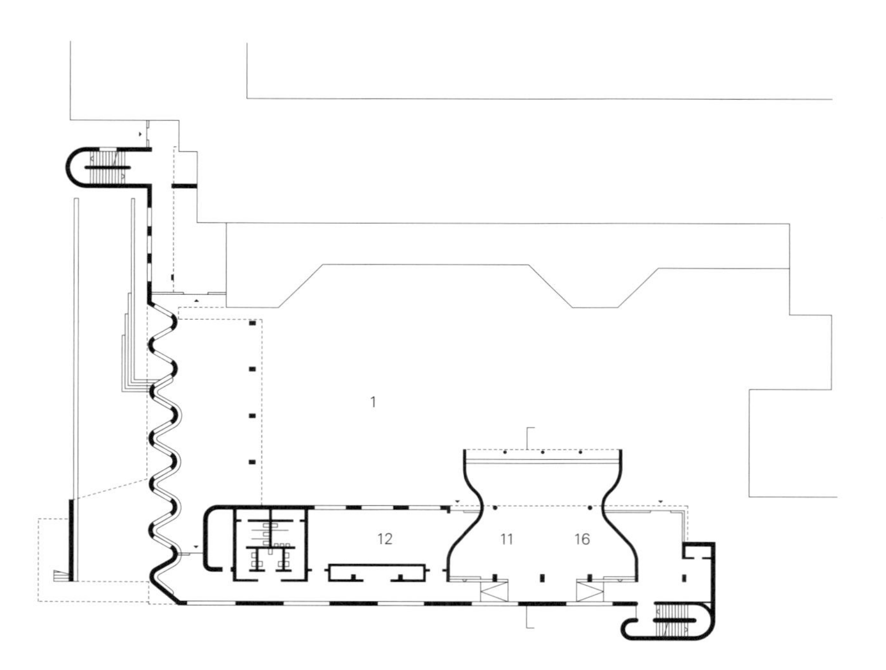

C

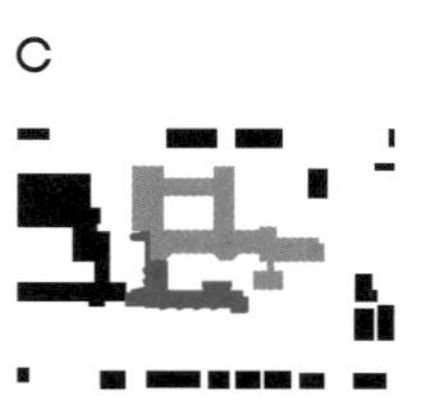

Lageplan M 1:10 000
Schnitt M 1:800
Grundriss EG M 1:800

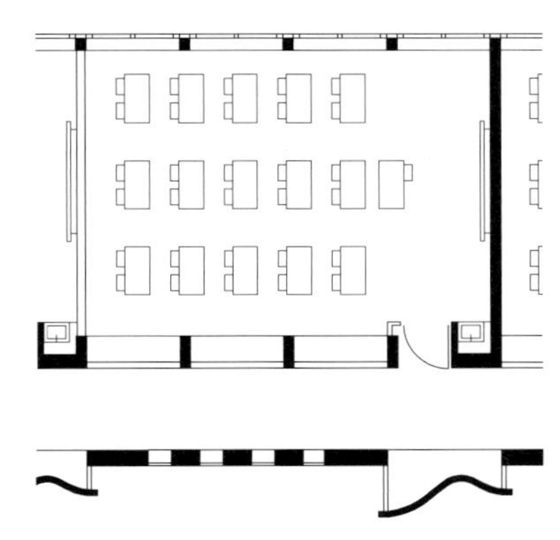

relevante Themen
Flur
Abstellorte

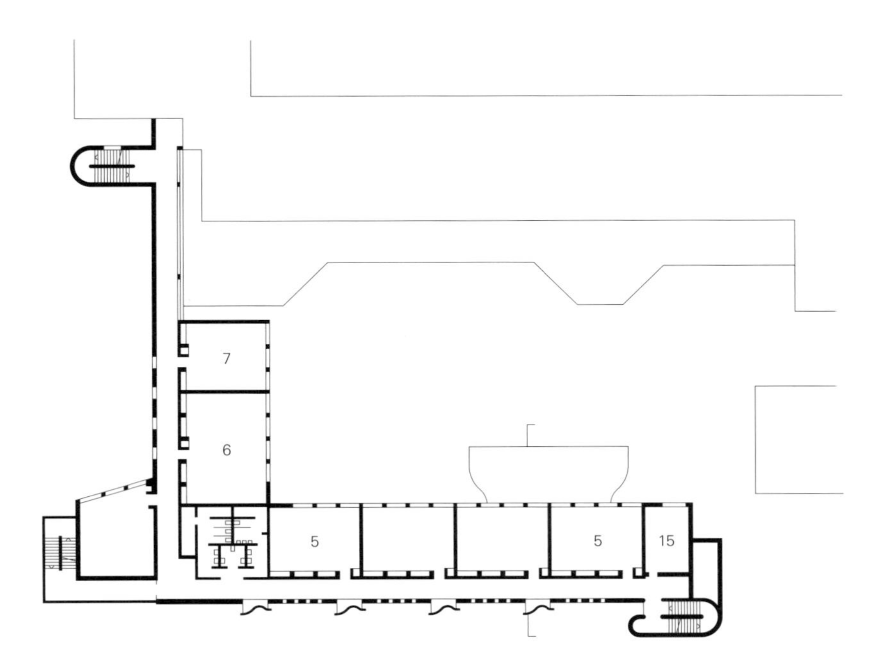

Klassenzimmer M 1:250
Grundriss 1. OG M 1:800

[57]

Minami Yamashiro Primary School
Minami Yamashiro
Kyoto (JP)
Richard Rogers Partnership

Fertigstellung
2003

Schultyp
Grundschule

Alter der Schüler
6-12 Jahre

Schülerzahl
400

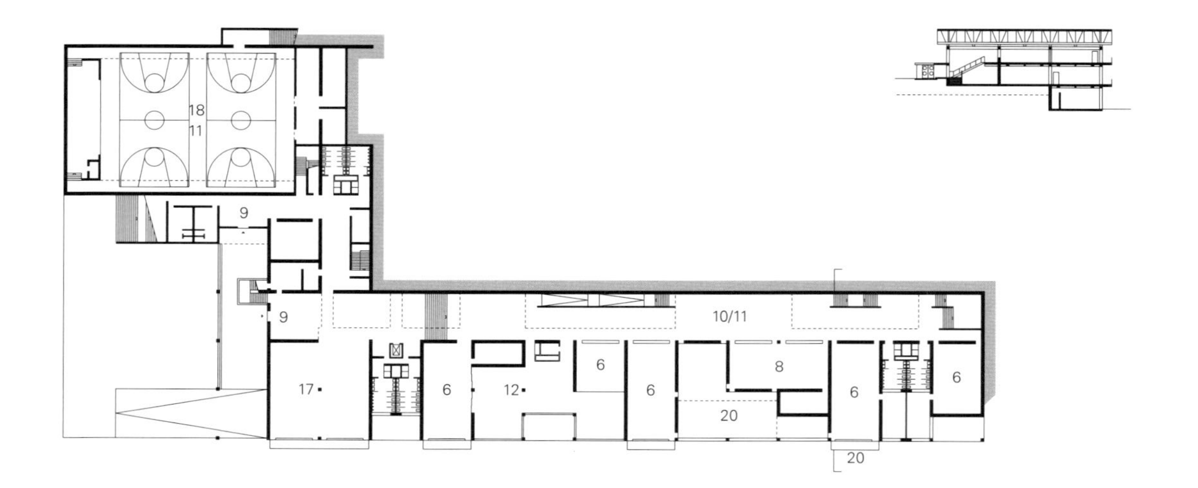

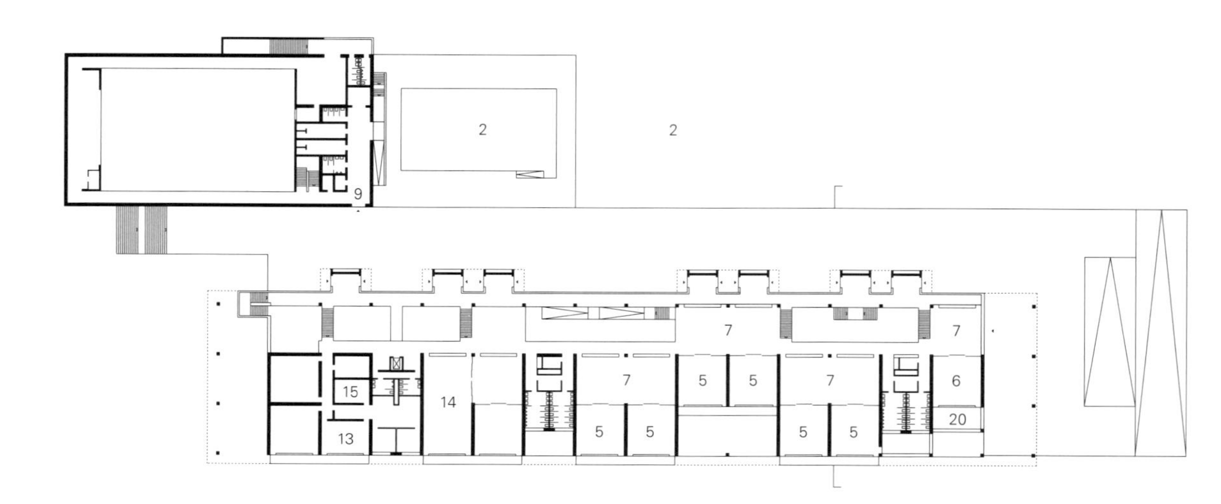

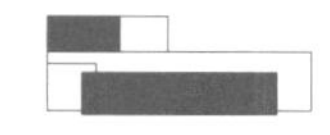

Lageplan M 1:10 000
Schnitt M 1:1200
Grundriss EG, OG
M 1:1.200

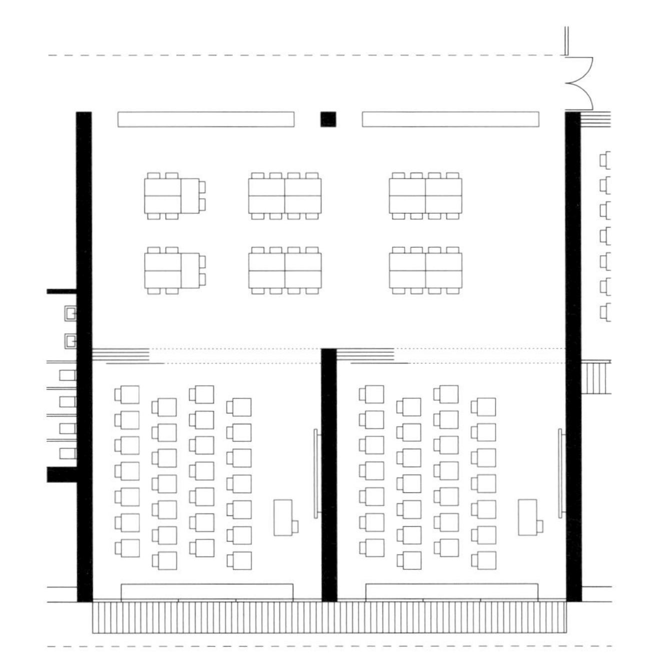

relevante Themen
Eingang
Klassenzimmer
Pausenbereich

Klassenzimmer M 1:250

[58]

Gesamtschule Flims
Via Punt Crap 2
Flims (CH)
Philipp Wieting, Martin Blättler

Fertigstellung
2003

Schultyp
Gesamtschule

Alter der Schüler
7-15 Jahre

Schülerzahl
260

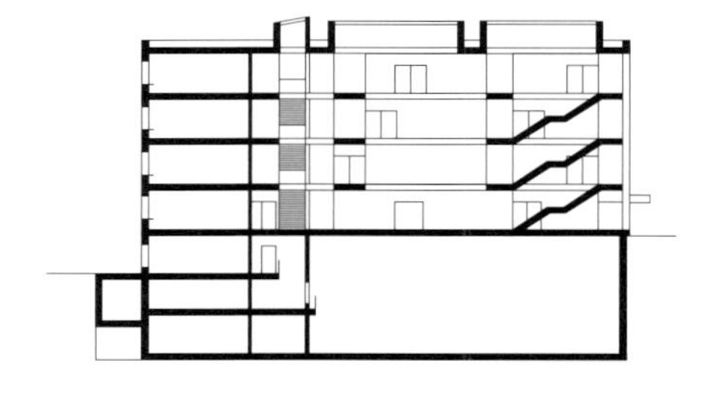

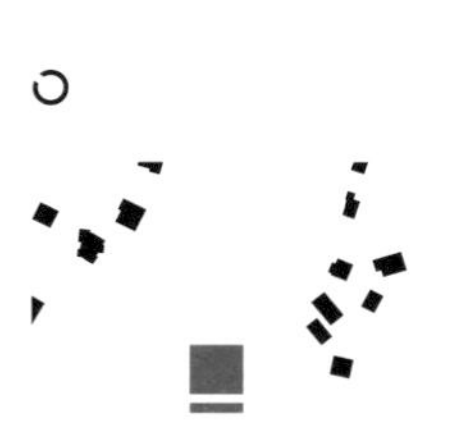

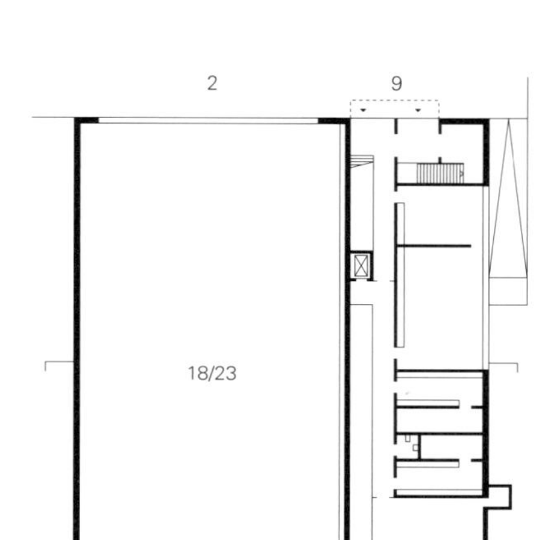

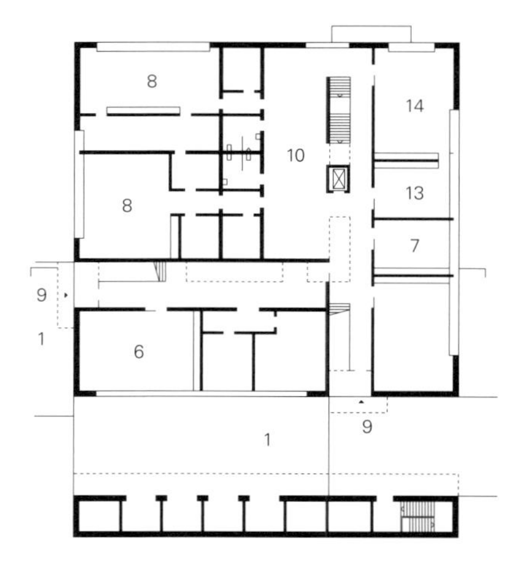

Lageplan M 1:10 000
Schnitt M 1:800
Grundriss 1. UG, EG
M 1:800

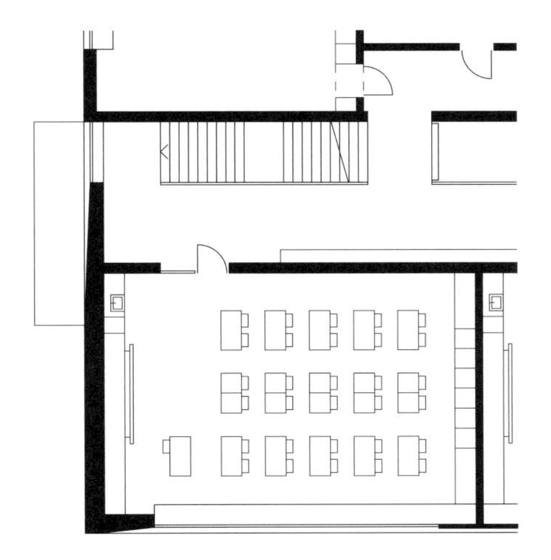

relevante Themen
Fachräume

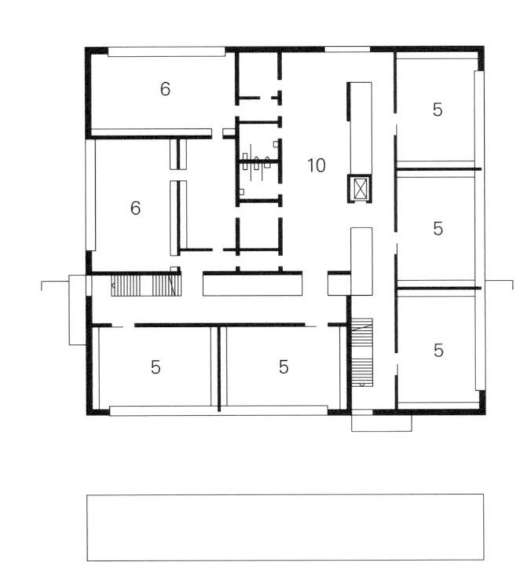

Klassenzimmer M 1:250
Grundriss 1. OG M 1:800

[59]

Schulanlage Im Birch
Margrit-Rainer-Straße 5
Zürich-Oerlikon (CH)
Peter Märkli

Fertigstellung
2004

Schultyp
Primarschule, Sekundarschule und Kindergarten

Alter der Schüler
5-16 Jahre

Schülerzahl
780

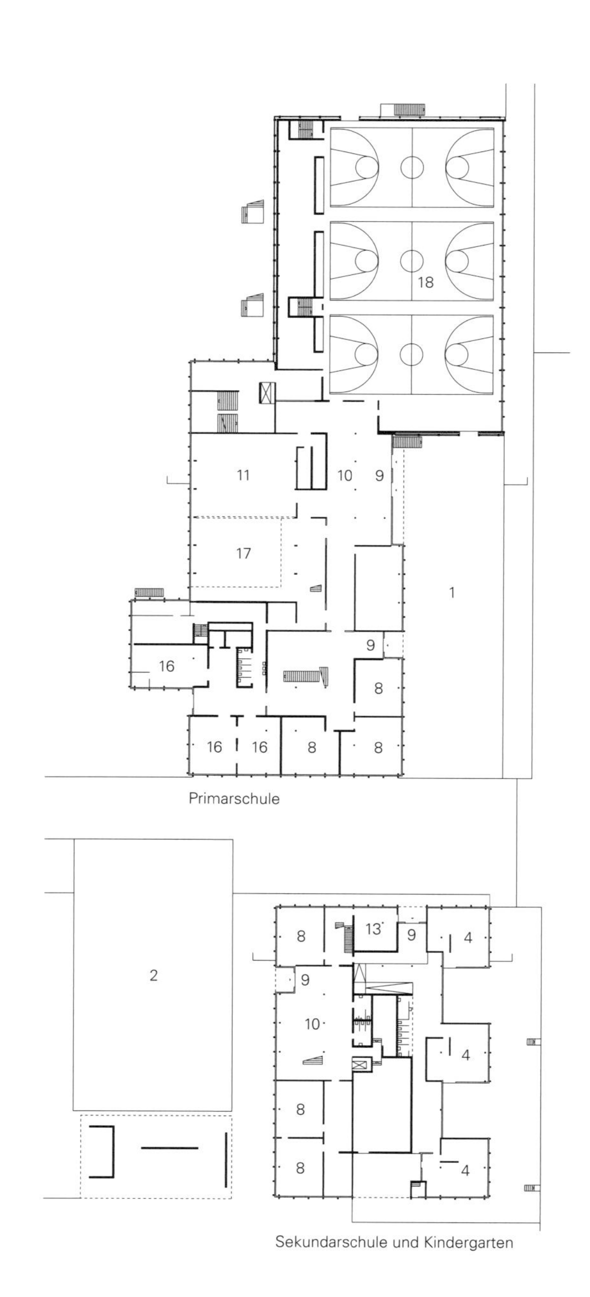

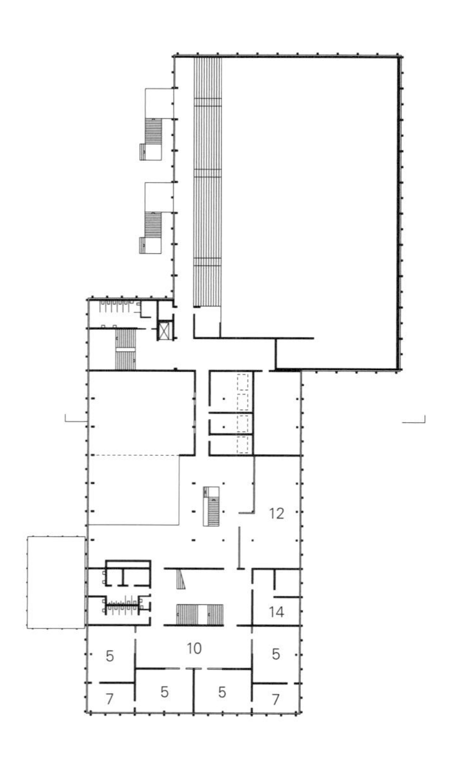

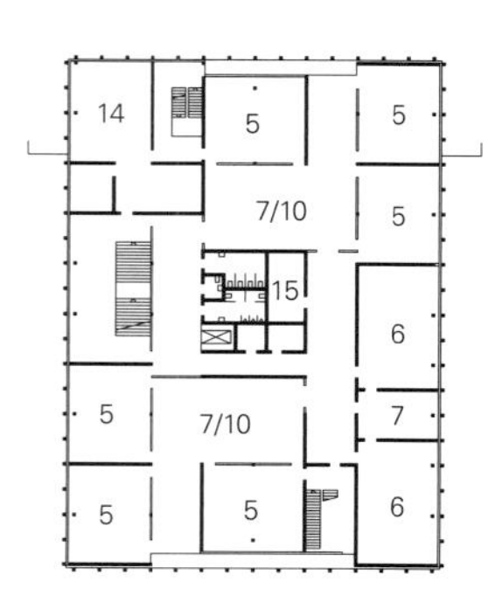

Lageplan M 1:10 000
Grundriss EG, 1. OG
M 1:1200

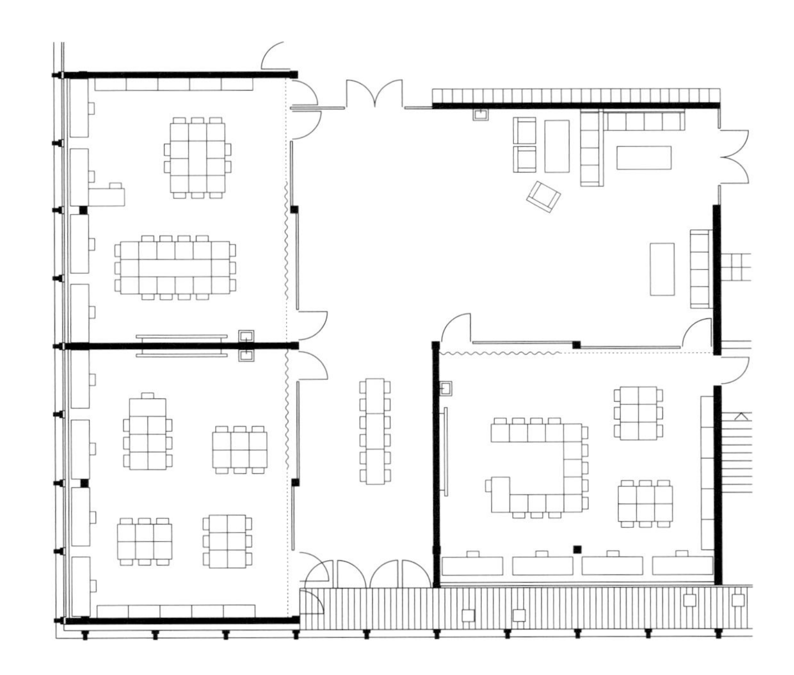

relevante Themen
Treppe
Klassenzimmer
Abstellorte
Toiletten

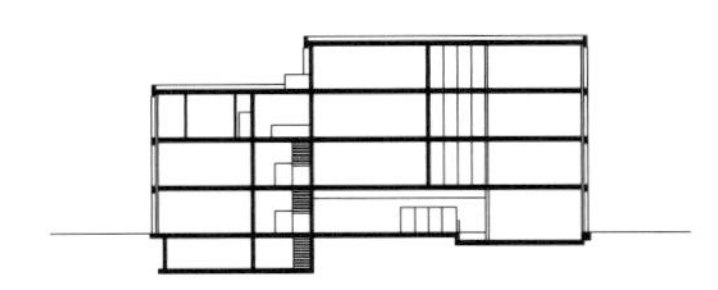

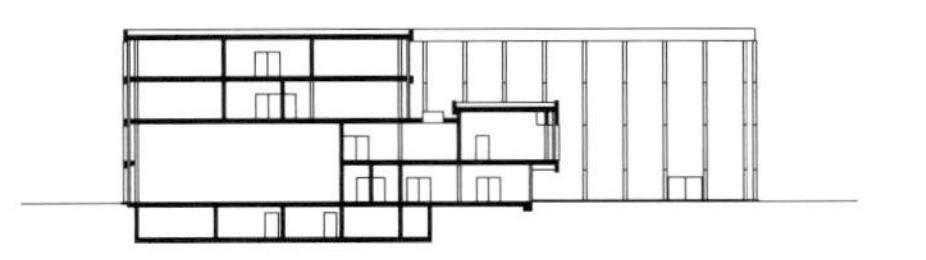

Klassenzimmer Sekundarstufe M 1:250
Schnitte M 1:1200

[60]

Evangelische Gesamtschule Gelsenkirchen
Laarstraße 41
Gelsenkirchen (DE)
plus+ bauplanung GmbH

Fertigstellung
2004

Schultyp
Gesamtschule

Alter der Schüler
10-18 Jahre

Schülerzahl
1150

Lageplan M 1:10 000
Schnitt M 1:1200
Grundriss EG M 1:1200

relevante Themen
Klassenzimmer

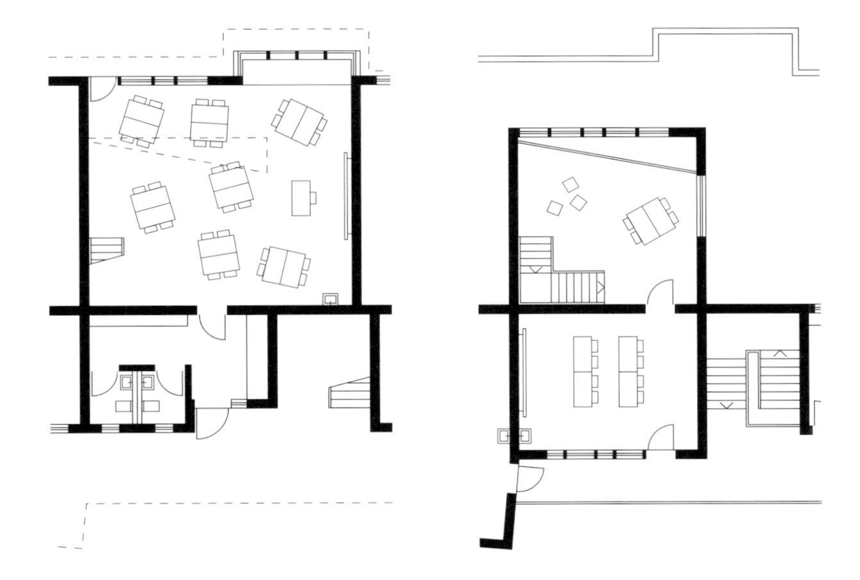

Klassenzimmer M 1:250

[61]

Marie-Curie-Gymnasium
Marie-Curie-Straße 1
Dallgow-Döberitz (DE)
Grüntuch Ernst Architekten

Fertigstellung
2005

Schultyp
Gymnasium

Alter der Schüler
10-18 Jahre

Schülerzahl
570

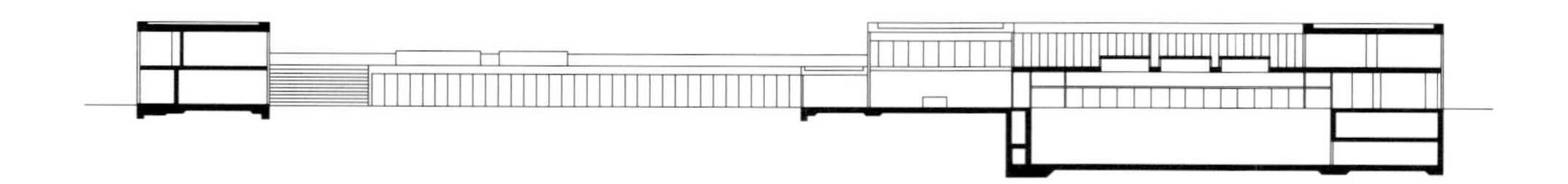

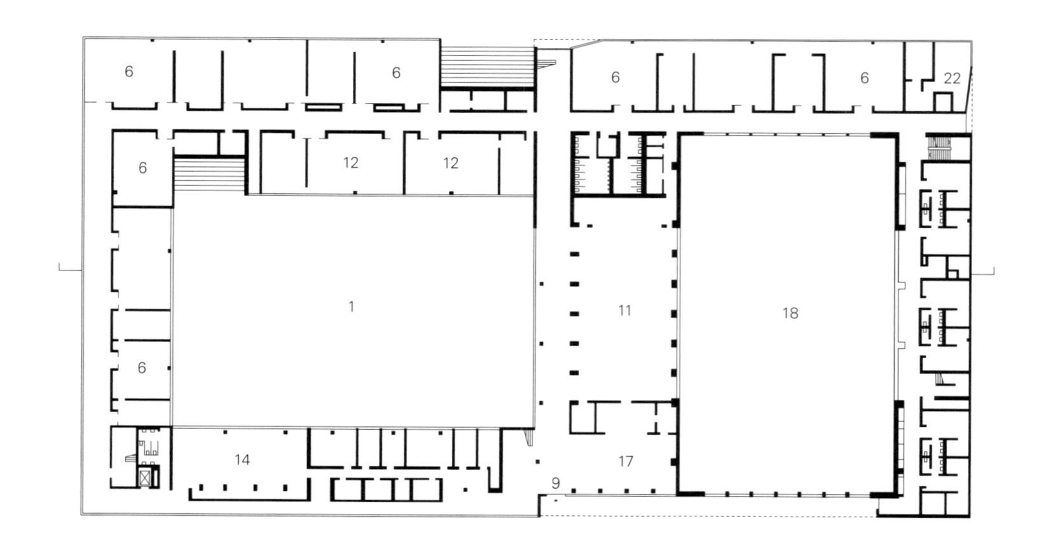

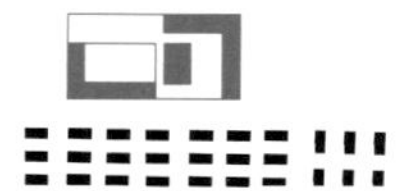

Lageplan M 1:10 000
Schnitt M 1:1000
Grundriss EG M 1:1000

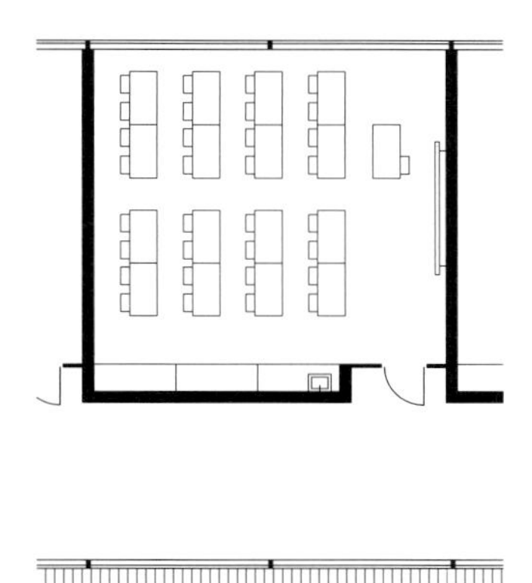

relevante Themen
Aula
Fachräume
Pausenbereich

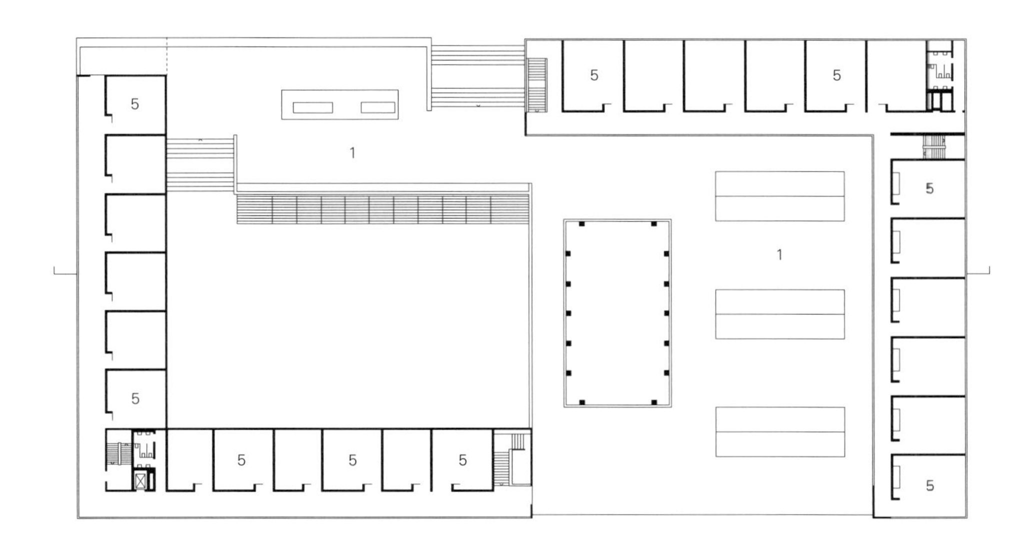

Klassenzimmer M 1:250
Grundriss OG M 1:1000

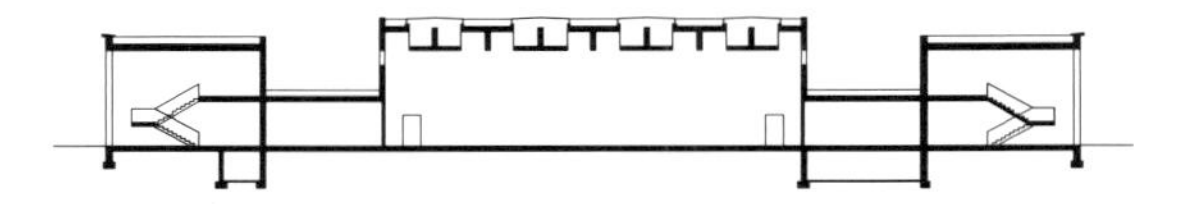

[62]

Grundschule Theresienhöhe
Pfeuferstraße 1
München (DE)
Rudolf Hierl

Fertigstellung
2005

Schultyp
Grundschule, Mittagsbetreuung und Kindergarten

Alter der Schüler
3-9 Jahre

Schülerzahl
ca. 360 (Grundschule)
ca. 80 (Kindergarten)

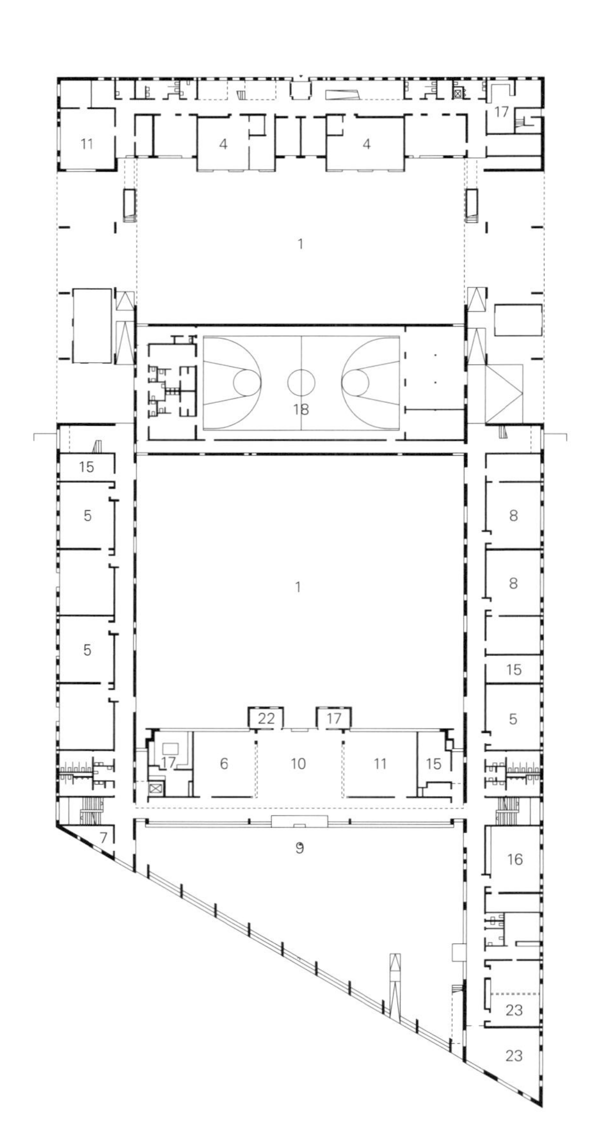

Lageplan M 1:10 000
Schnitt M 1:1000
Grundriss EG M 1:1000

Grundschule Theresienhöhe

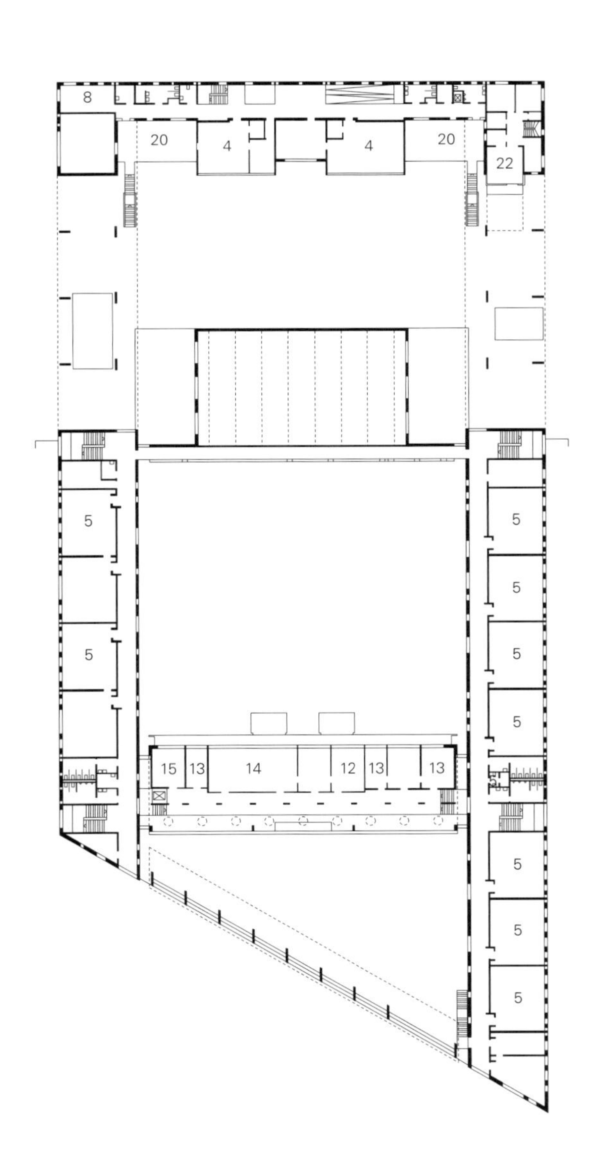

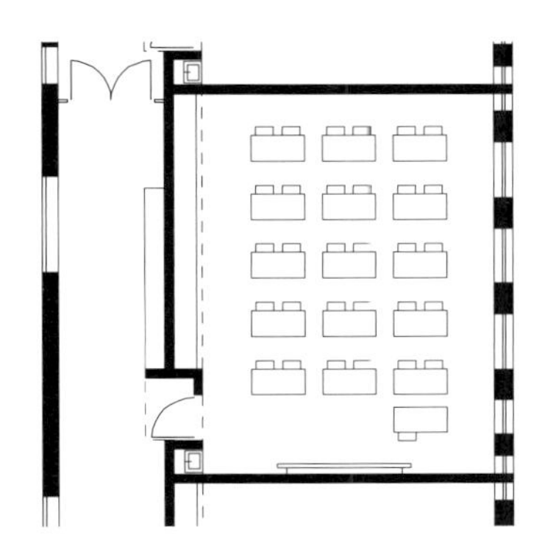

relevante Themen
Eingang

Grundriss OG M 1:1000
Klassenzimmer M 1:250

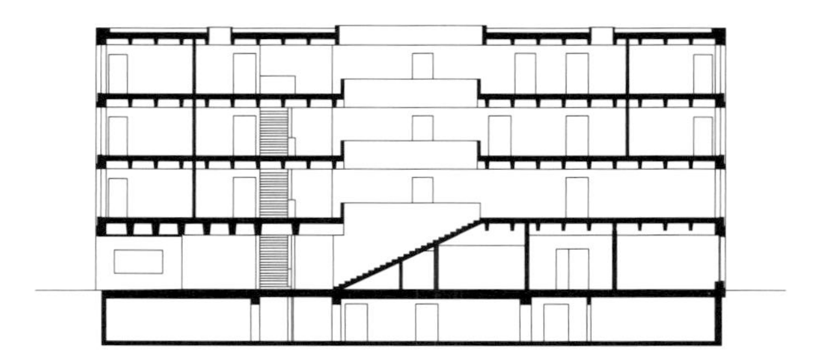

[63]

Schulhaus Mitte
Weissenrainstraße 9
Uetikon am See (CH)
huggen berger fries
Architekten

Fertigstellung
2005

Schultyp
Primarschule
(nur 1.-3. Klasse)

Alter der Schüler
7-9 Jahre

Schülerzahl
ca. 160

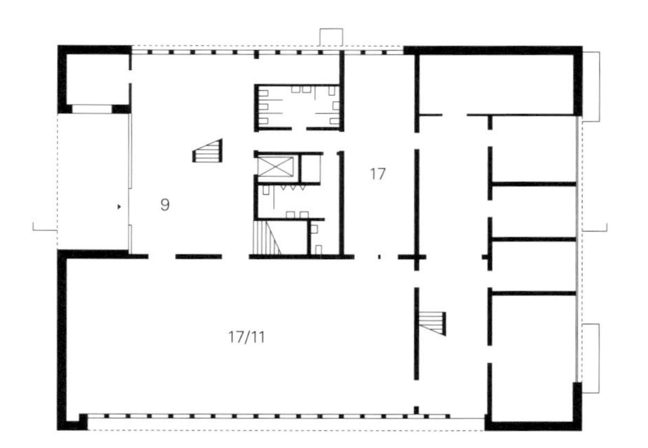

Lageplan M 1:10 000
Schnitt M 1:500
Grundriss EG M 1:500

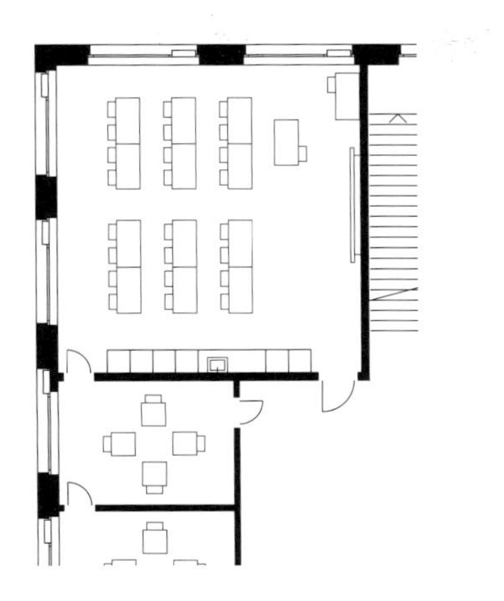

relevante Themen
Klassenzimmer

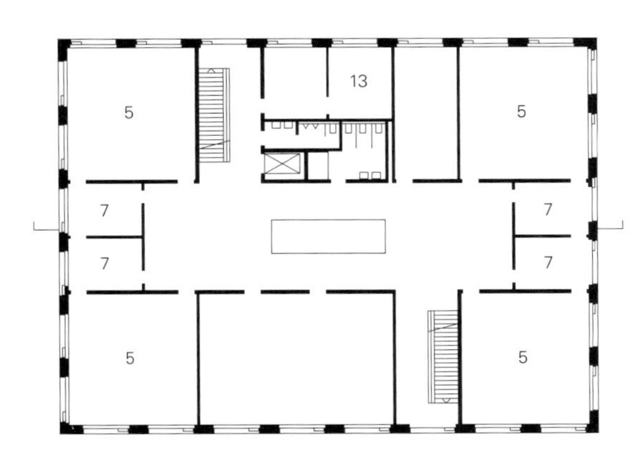

Klassenzimmer M 1:250
Grundriss 1. OG M 1:500

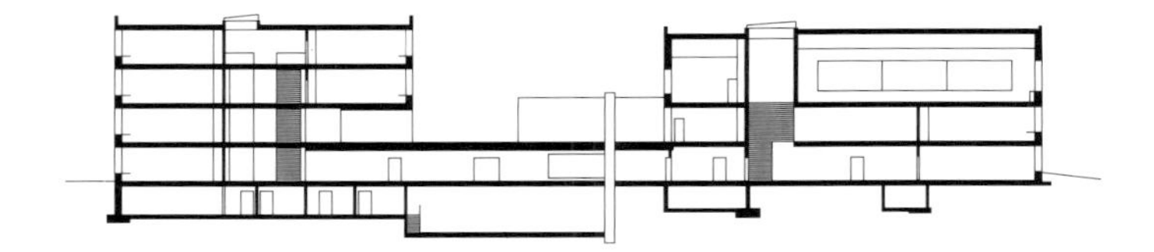

[64]

Schule Weid
Weidstraße 20
Pfäffikon (CH)
Meletta Strebel
Architekten

Fertigstellung
2005

Schultyp
Sekundarschule

Alter der Schüler
13-15 Jahre

Schülerzahl
197

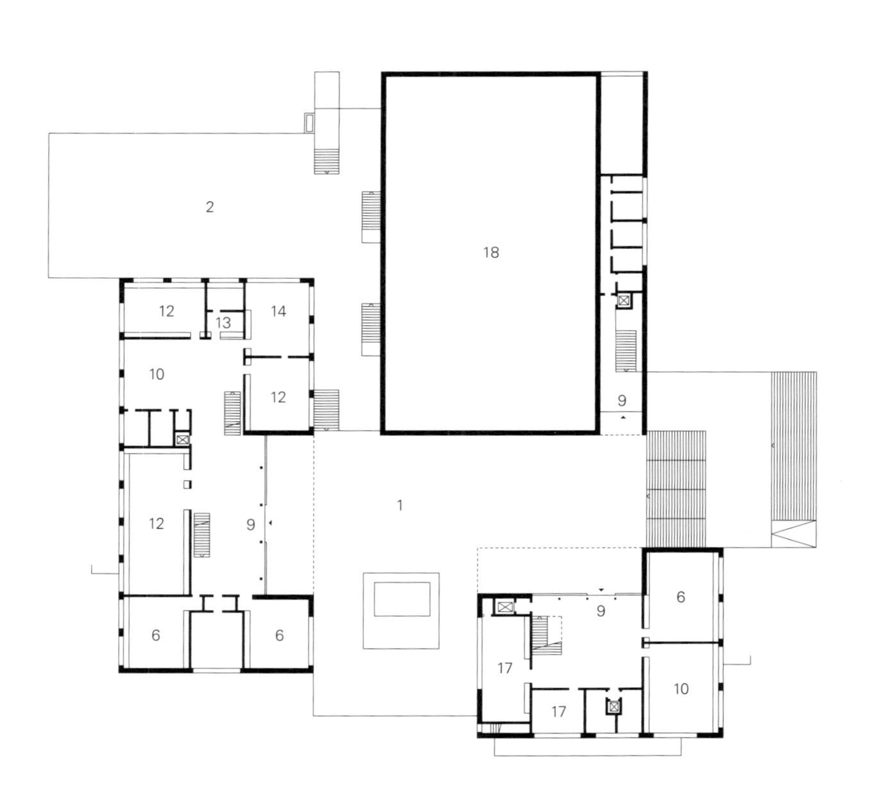

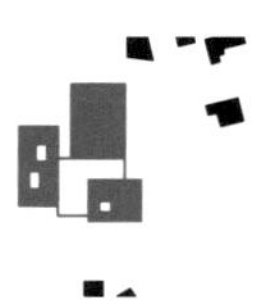

Lageplan M 1:10 000
Schnitt M 1:1000
Grundriss EG M 1:1000

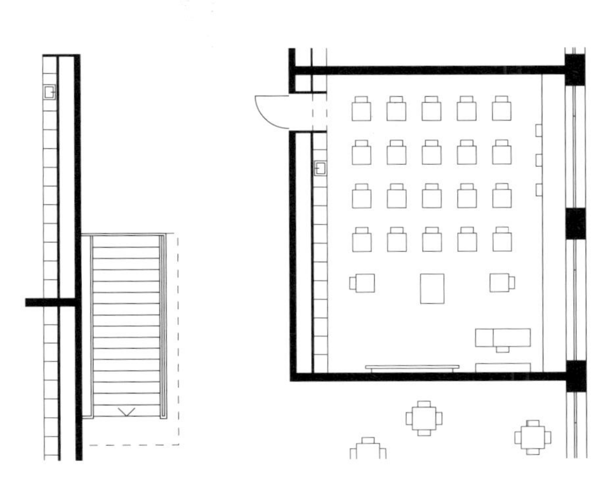

relevante Themen
Abstellorte

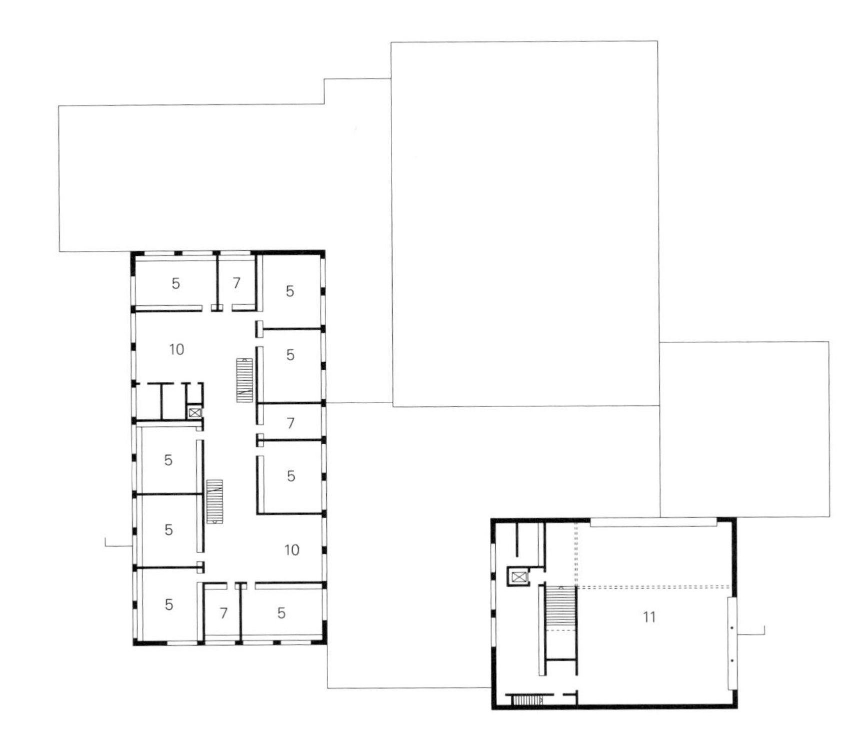

Klassenzimmer M 1:250
Grundriss OG M 1:1000

[65]

Schulhaus Baumgarten
Schulgasse
Buochs (CH)
pool Architekten

Fertigstellung
2006

Schultyp
Primarschule

Alter der Schüler
7-12 Jahre

Schülerzahl
160

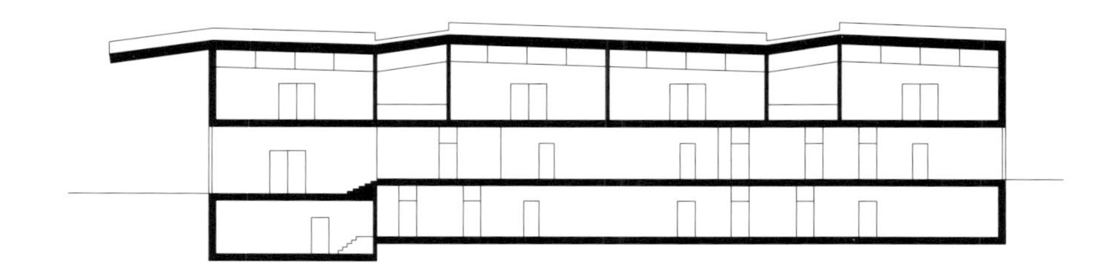

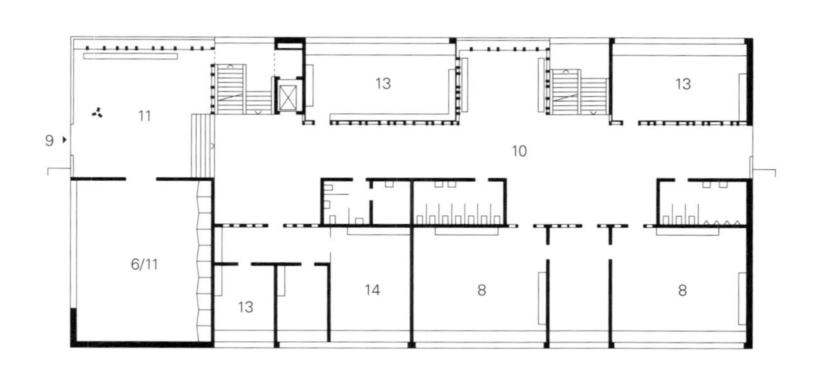

Lageplan M 1:10 000
Schnitt M 1:500
Grundriss EG M 1:500

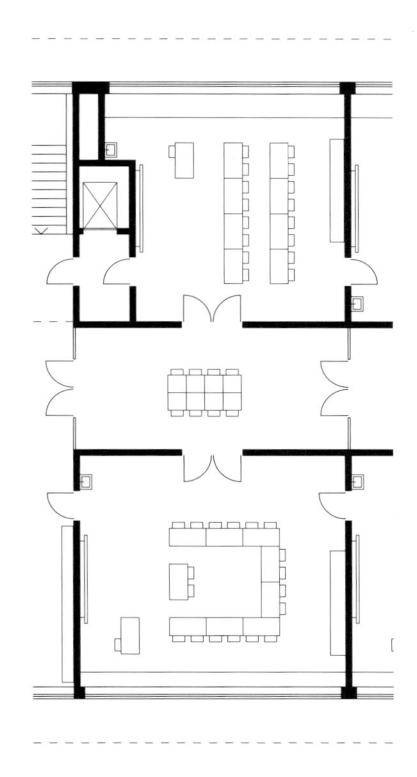

relevante Themen
Flur

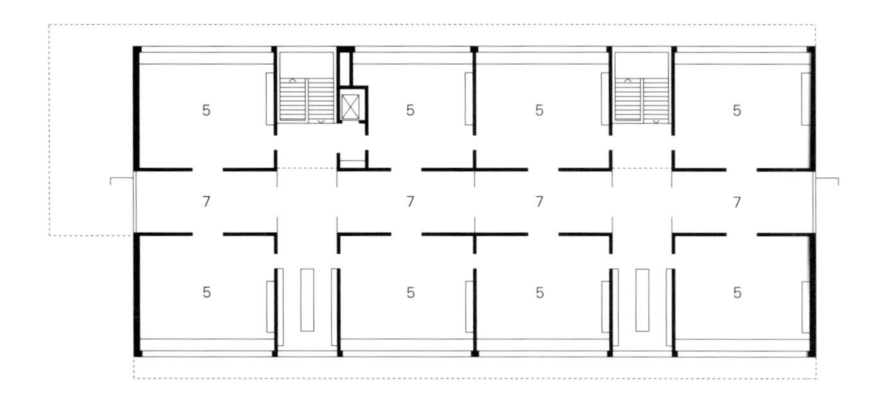

Klassenzimmer M 1:250
Grundriss OG M 1:500

[66]

Erweiterung Schulzentrum
Schreienesch
Vogelsangstraße 23
Friedrichshafen (DE)
Lederer+Ragnarsdóttir+Oei

Fertigstellung
2007

Schultyp
Hauptschule

Alter der Schüler
10-14 Jahre

Schülerzahl
ca. 330

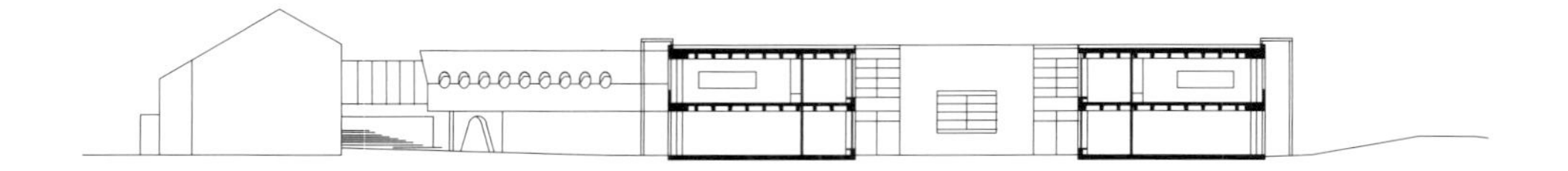

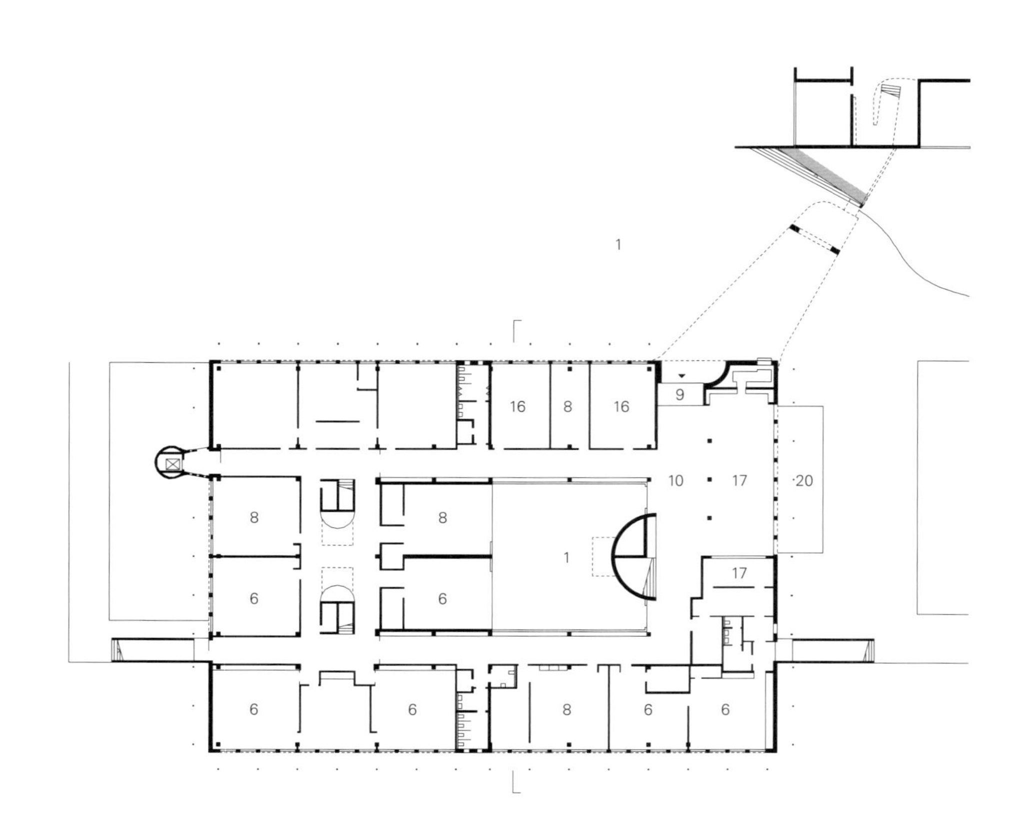

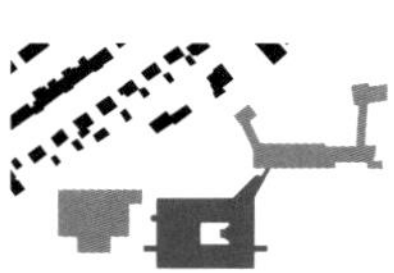

Lageplan M 1:10 000
Schnitt M 1:800
Grundriss EG M 1:800

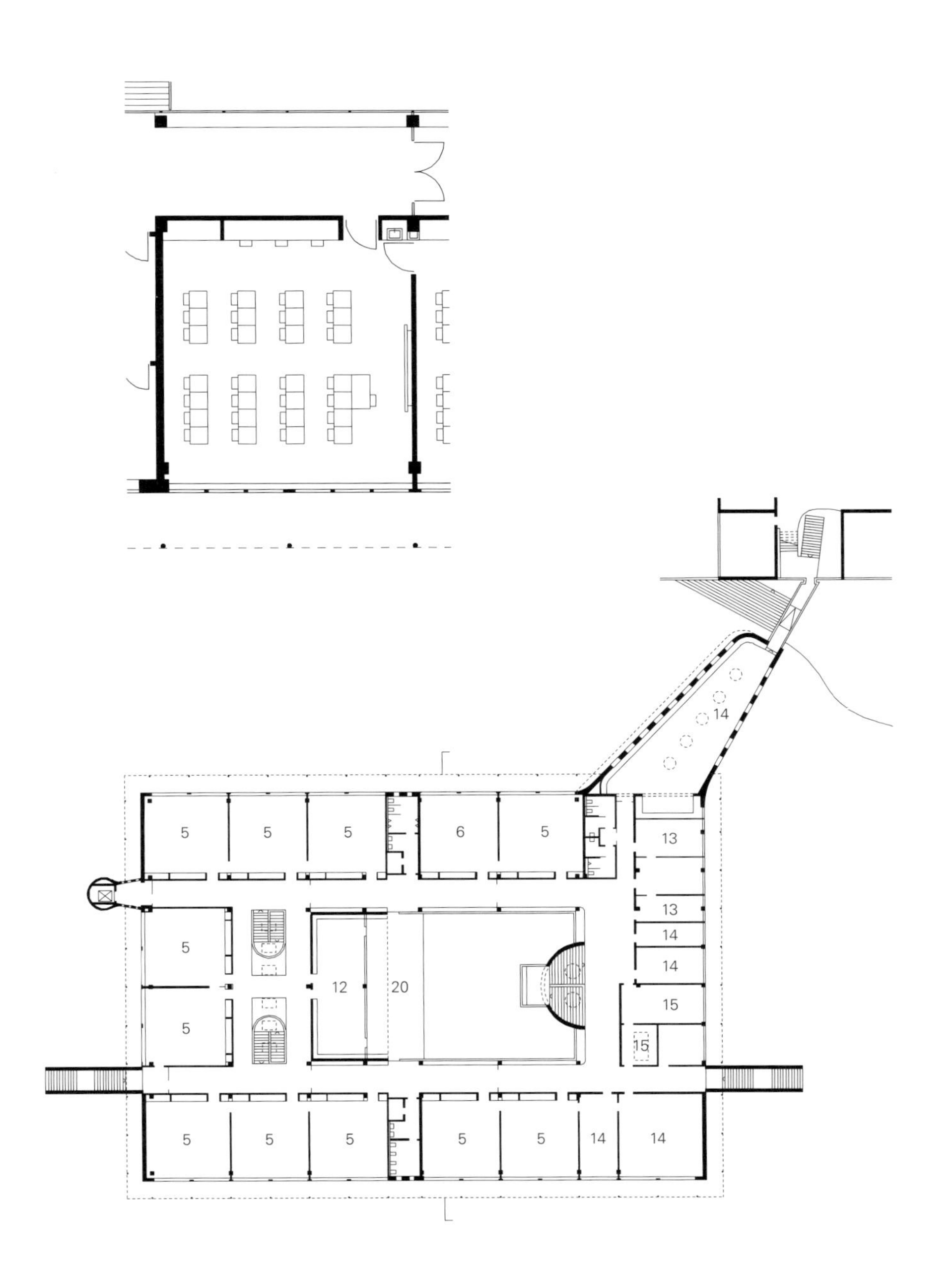

relevante Themen
Fachräume
Lehrerbereich

Klassenzimmer M 1:250
Grundriss OG M 1:800

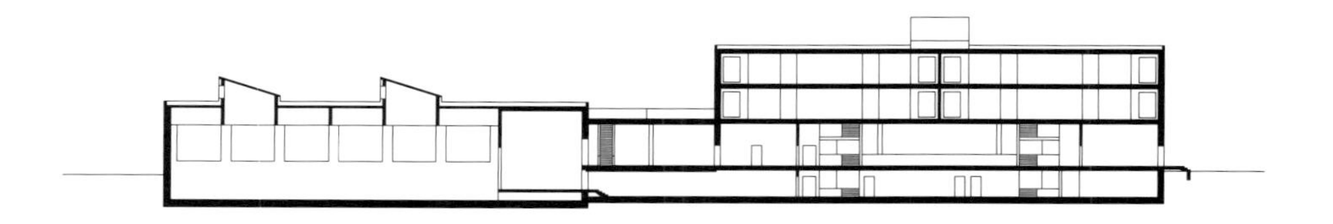

[67]

Schulzentrum Turmatt
Bluemattstraße 1
Stans (CH)
Masswerk Architekten

Fertigstellung
2007

Schultyp
Kindergarten und Primarschule

Alter der Schüler
5-12 Jahre

Schülerzahl
320

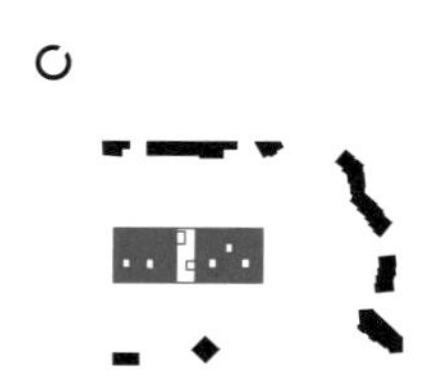

Lageplan M 1:10 000
Schnitt M 1:1000
Grundriss EG, 1. OG
M 1:1.000

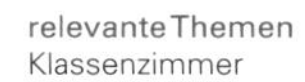
relevante Themen
Klassenzimmer

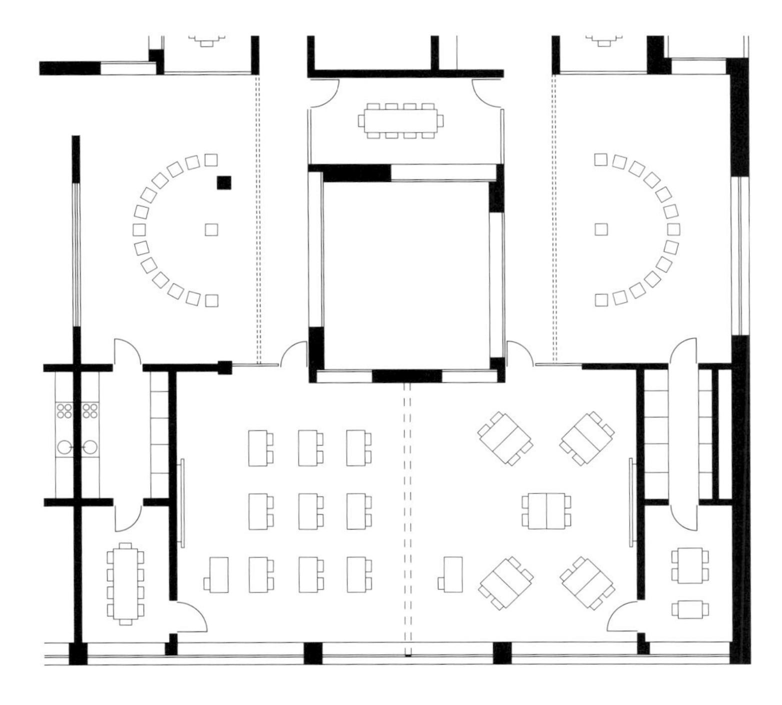

Klassenzimmer M 1:250

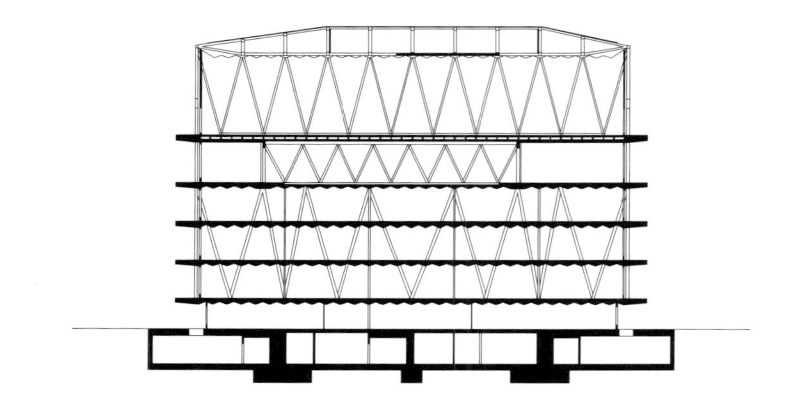

[68]

Schulanlage Leutschenbach
Andreasstraße
Zürich-Oerlikon (CH)
Christian Kerez

Fertigstellung
2009

Schultyp
Primarschule und
Sekundarschule

Alter der Schüler
7-16 Jahre

Schülerzahl
440

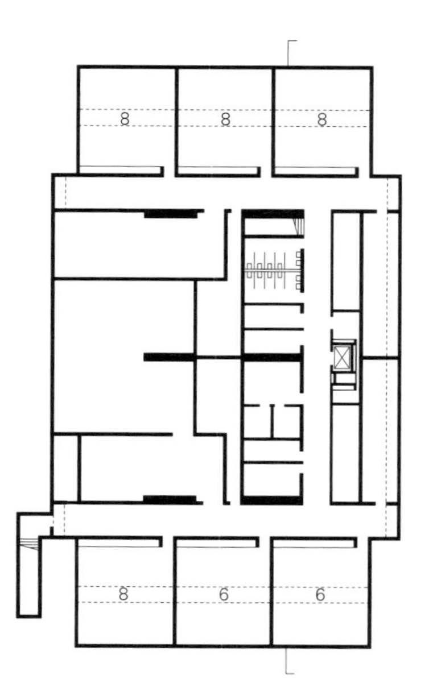

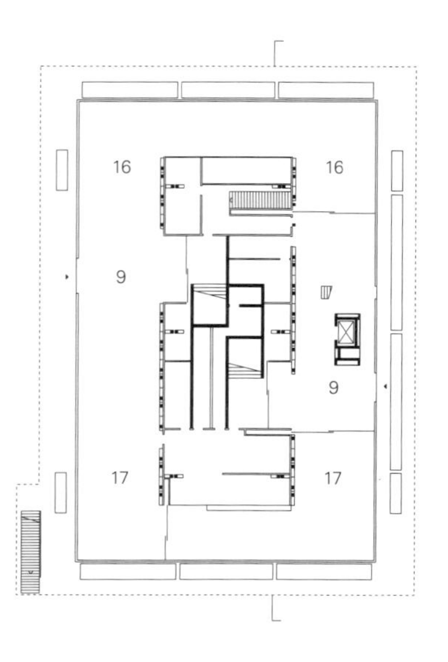

Lageplan M 1:10 000
Schnitt M 1:800
Grundriss UG, EG
M 1:800

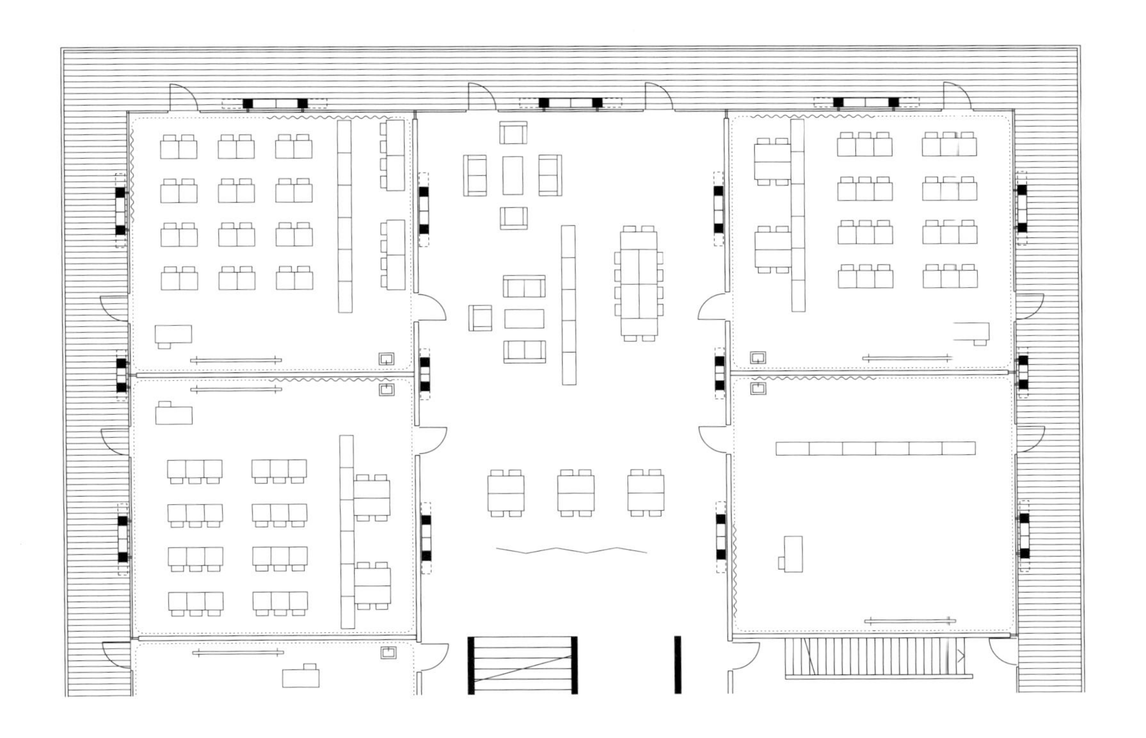

relevante Themen
Treppe
Klassenzimmer
Fachräume
Lehrerbereich

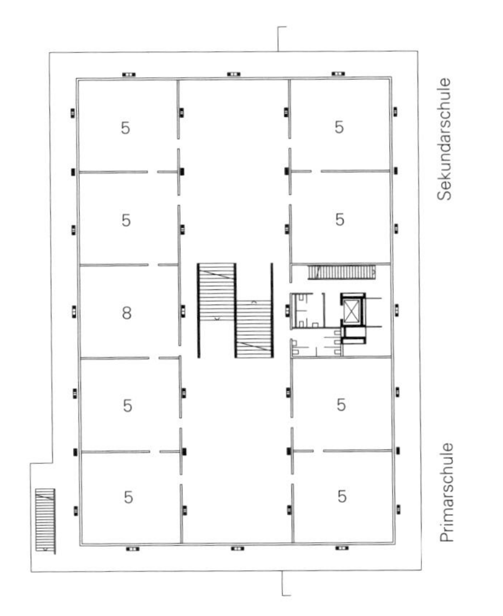

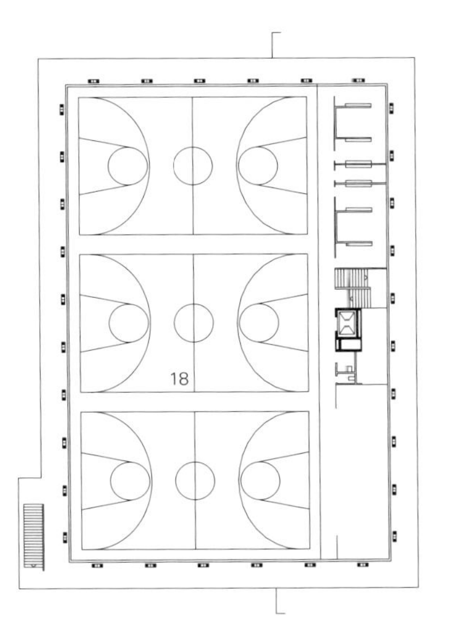

Klassenzimmer Sekundarschule M 1:250
Grundriss 1.-3. OG, 5. OG
M 1:800

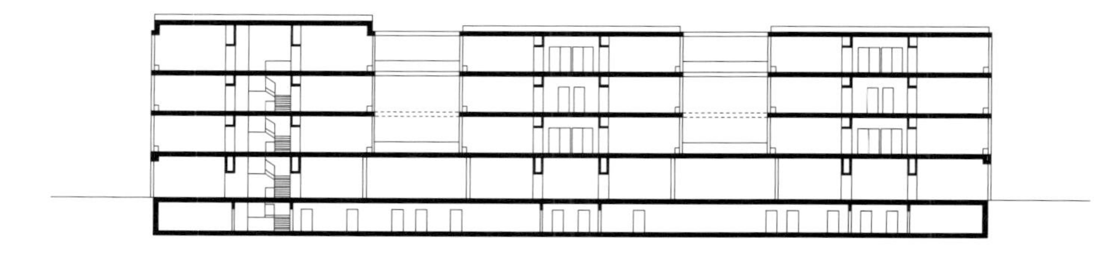

[69]

Oberstufenschulhaus
Albisriederplatz
Norastraße 20
Zürich (CH)
studer simeon bettler
GmbH

Fertigstellung
2009

Schultyp
Sekundarschule

Alter der Schüler
12-16 Jahre

Schülerzahl
260

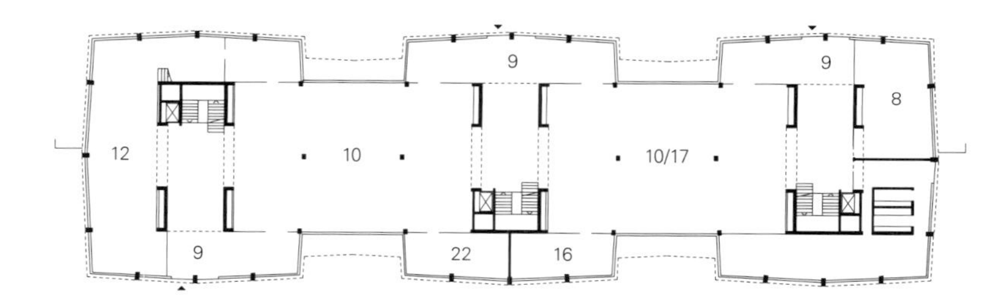

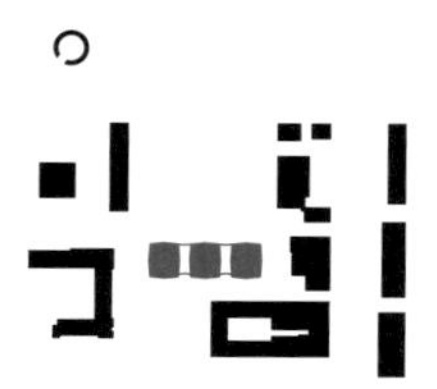

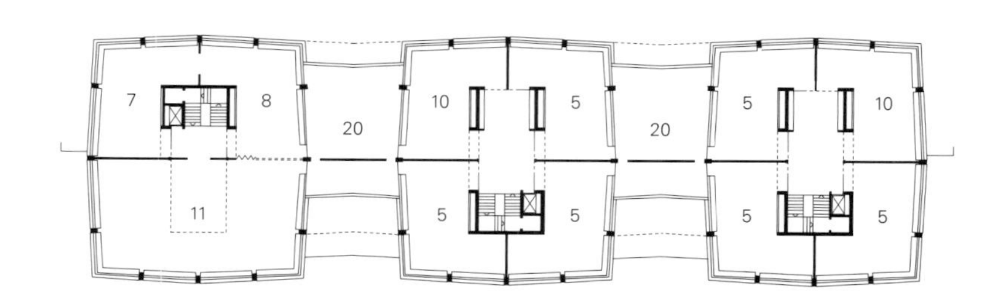

Lageplan M 1:10 000
Schnitt M 1:800
Grundriss EG, 3. OG
M 1:800

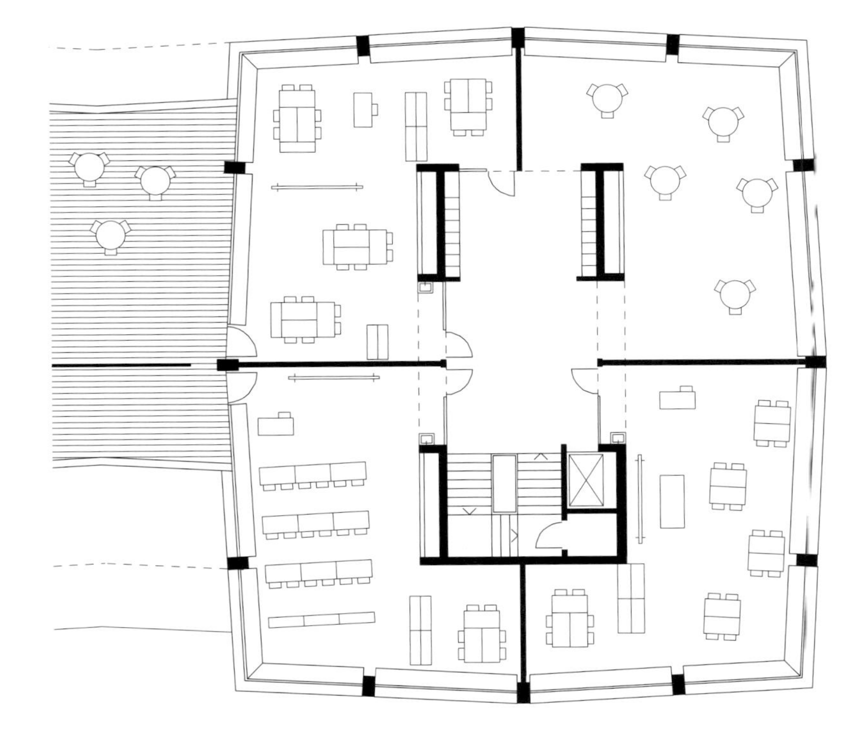

relevante Themen
Klassenzimmer
Fachräume

Klassenzimmer M 1:250

Anhang

Literatur

Appel, Stefan: Handbuch Ganztagsschule. Konzeption, Einrichtung und Organisation, Schwalbach/Ts. 1997

AW Architektur + Wettbewerbe Heft 193, Ganztagsschulen, März 2003

Bauwelt 1998, Heft 9, In der Schule

Bauwelt 2000, Heft 40, Den Schülern und dem Ort

Bauwelt 2002, Heft 5, Schulbeispiele

Bauwelt 2000, Heft 10, Schulbeispiele

Bauwelt 2006, Heft 33, Schule

Becker, Gerold; Kunze, Arnulf; Riegel, Enja; Weber, Hajo: Die Helene-Lange-Schule, Wiesbaden. Das andere Lernen. Entwurf und Wirklichkeit, Wiesbaden und Hamburg 1997

Becker, Gerold; Bilstein, Johannes; Liebau, Eckert: Räume bilden. Studien zur pädagogischen Topologie und Topographie, Seelze, Velber 1997

Broekhuizen, Dolf: Openluchtscholen in Nederland. Architectuur, onderwijs en gezondheidszorg 1905-2005, Rotterdam 2005

Budde, Ferdinand; Theil, Hans Wolfram: Schulen. Handbuch für die Planung von Schulbauten, München 1969

Detail 2003, Heft 3, Konzept Schulbau

Deutsche Bauzeitschrift, 2006, Heft 3, Schulbauten

Dreier, Annette; Kucharz, Diemut; Ramseger, Jörg; Sörensen, Bernd: Grundschulen planen, bauen, neu gestalten. Empfehlungen für kindgerechte Lernumwelten, Frankfurt 1999

Dudek, Mark: Entwurfsatlas. Schulen und Kindergärten, Basel 2007

Faculteid der Bouwkunde: plannenmap scholen. voorlopige uitgave, Delft 1996

Fend, Helmut: Qualität im Bildungswesen, Weinheim 1998

Forster, Johanna: Räume zum Lernen & Spielen. Untersuchungen zum Lebensumfeld „Schulbau", Berlin 2000

Girmes, Renate; Lindau-Bank, Detlef (Hrsg.): Lern(T)räume. Themenheft der Zeitschrift Lernende Schule 2002, Heft 10

Grimm, Gaby (Hrsg): Zukunftsschulen, Essen 2006

Hausmann, Frank; Pfaff, Florence: Das offene Klassenzimmer. Forschungsprojekt am Fachbereich Architektur der FH Aachen. Step 01: Vorstellung und erste Ergebnisse, Aachen 2005

Hentig, Hartmut von: Die Schule neu denken, München 1993

Hertzberger, Herman: Space and Learning, Rotterdam 2008

Hochbaudepartement der Stadt Zürich: Schulhausbau. Der Stand der Dinge, Basel 2004

Journal für Schulentwicklung 2008, Heft 3, Architektur

Kahl, Reinhard: Treibhäuser der Zukunft. Wie in Deutschland Schulen gelingen, Weinheim 2004

Kreidt, Hermann; Pohl, Wolfgang; Hegger, Manfred: Entwurf und Planung. Schulbau. Band 1. Sekundarstufe I und II, München 1974

Kroner, Walter: Architektur für Kinder, Stuttgart 1994

Kügelhaus, Hugo: Unmenschliche Architektur. Von der Tierfabrik zur Lernanstalt, Köln 1974

Lehrstuhl Entwerfen, Schwerpunkt Verkehrsbauten und Arbeitsstätten, Prof. Axel Oestreich: Gebäudekunde: Schule, Cottbus 1999

Luley, Michael: Eine kleine Geschichte des deutschen Schulbaus. Vom späten 18. Jahrhundert bis zur Gegenwart, Frankfurt am Main 2000

Osswald, Elmar: In der Balance liegt die Chance, Luzern 2002

Raab, Rex; Klingborg, Arne: Die Waldorfschule baut. Sechzig Jahre Architektur der Waldorfschulen. Schule als Entwicklungsraum menschgemäßer Baugestaltung, Stuttgart 1982

Reicher, Christa; Edelhoff, Silke; Kataikko, Päivi; Uttke, Angela: Kinder_Sichten. Städtebau und Architektur für und mit Kindern und Jugendlichen, Troisdorf 2006

Rittelmeyer, Christian: Schulbauten positiv gestalten. Wie Schüler Farben und Formen erleben, Wiesbaden und Berlin 1994

Roth, Alfred: Architect of Continuity, Architekt der Kontinuität, Zürich 1985

Roth, Alfred: Das Neue Schulhaus, Zürich 1950

Stadtplanung Wien: Das neue Schulhaus, Wien 1996

Walden, Rotraut; Borrelbach, Simone: Schulen der Zukunft, Heidelberg 2002

Watschinger, Josef; Kühebacher, Josef: Schularchitektur und neue Lernkultur. Neues Lernen – Neue Räume, Bern 2007

werk, bauen + wohnen 2003, Heft 1/2, Schulbau wohin?

werk, bauen + wohnen 2004, Heft 3, Schulen et cetera

Wüstenrot Stiftung (Hrsg.): Schulen in Deutschland – Neubau und Revitalisierung, Stuttgart 2004

Bildnachweis

286 Haesler-Archiv im Stadtarchiv Celle, Foto: Arthur Köster
288 Wikimedia/Amsterdam Municipal Department for the Preservation and Restoration of Historic Buildings and Sites (bMA)
290 Chigaco History Museum; Foto: Hedrich Blessing
292 Fotostiftung Schweiz, Winterthur; Foto: Bernhard Moosbrugger, Zürich
294 Alison + Peter Smithson Archive
296 Max Hellstern, Zürich
298 Jørgen Strüwing
300 Nederlands Fotomuseum, Rotterdam; Foto: Hans Spies
302 Robert H. Ford, Sarasota
304 Esto Photographics (www.esto.com); Foto: Ezra Stoller
306 Fotografie: Fachklasse für Fotografie, Kunstgewerbeschule Zürich, 1960; Quelle: Zürcher Hochschule der Künste, Medien- und Informationszentrum, MIZ-Archiv
308 Südwestdeutsches Archiv für Architektur und Ingenieurbau (saai), Universität Karlsruhe (TH), Werkarchiv Günter Behnisch & Partner Fotograf: Gottfried Planck
310 Heinrich Heidersberger
312 Akademie der Künste, Berlin, Hans-Scharoun-Archiv, WV 204/128, Foto-Kramer, Lünen in Westfalen
314 Maria Knyphausen-Berg
316 Südwestdeutsches Archiv für Architektur und Ingenieurbau (saai), Universität Karlsruhe (TH), Werkarchiv Günter Behnisch & Partner Fotograf: Gottfried Planck
318 Detlef Leinweber, Zürich
320 Huset Mydtskov, Kopenhagen; Foto: Rigmor Mydtskov + Steen Rønne
322 Verlag Freies Geistesleben, Stuttgart
324 Dasselaar oder Schulze; aus Bauwelt 1975/Heft 23
326 Alberto Flammer, Verscio
328 Barbara Burg + Oliver Schuh, www.palladium.de
330 Alo Zanetta
332 Alberto Flammer, Verscio
334 Ger van der Vlugt, Amsterdam
336 T.W.T. fotografie, Amsterdam
338 Filippo Simonetti
340 Rainer Mader, Köln
342 Hubertus Adam, Zürich
344 Reinhard Zimmermann, Adliswil
346 Hans H. Münchhalfen, Basel
348 Margherita Spiluttini, Wien
350 Eduard Hueber/archphoto.com
352 Jean-Pierre Grüter, Luzern
354 Ralph Feiner, Malans
356 Margherita Spiluttini, Wien
358 Heinrich Helfenstein, Zürich
360 Roland Halbe, Stuttgart
362 Ruedi Walti, Basel
364 Stefan Müller-Naumann, München
366 Arjen Schmitz photographer, Maastricht
368 Ralph Feiner, Malans
370 Fotografisches Atelier Guido Baselgia, Zug
372 Florian Holzherr, München
374 Torben Eskerod, Kopenhagen
376 Galli & Rudolf Architekten, Zürich
378 Werner Huthmacher, Berlin
380 Roland Halbe, Stuttgart
382 Heinrich Helfenstein, Zürich
384 Reinhard Zimmermann, Adliswil
386 Südwestdeutsches Archiv für Architektur und Ingenieurbau (saai), Universität Karlsruhe (TH), Werkarchiv Günter Behnisch & Partner Fotograf: Christian Kandzia, Esslingen
388 Hannes Henz, Zürich
390 Roger Frei, Zürich
392 Beat Bühler, Zürich
394 Georg Aerni, Zürich
396 Roland Halbe, Stuttgart
398 Katasushisa Kida
400 Werknetz Architektur, Philipp Wieting, Zürich
402 Institut für Öffentliche Bauten und Entwerfen, Universität Stuttgart
404 Cornelia Suhan
406 Werner Huthmacher, Berlin
408 Stefan Müller-Naumann, München
410 Beat Bühler, Zürich
412 Heinrich Helfenstein, Zürich
414 Christof Hirtler, Altdorf
416 Roland Halbe, Stuttgart
418 Schulgemeinde Stans (CH), Foto: Melk Imboden, Buochs
420 Barbara Pampe
422 Barbara Pampe

Architektenregister

Ortsregister

Länderregister

Autoren

Arno Lederer (Stuttgart, 1947)
Prof. Architekt, Leiter des Instituts für Öffentliche Bauten und Entwerfen,
Fakultät Architektur und Stadtplanung, Universität Stuttgart,
Bürogemeinschaft mit Jorúnn Ragnarsdóttir und Marc Oei
ioeb@ioeb.uni-stuttgart.de

Barbara Pampe (Waldshut, 1973)
Dipl.-Ing. Architektin, wissenschaftliche Mitarbeiterin am Institut für Öffentliche Bauten und Entwerfen, Fakultät Architektur und Stadtplanung, Universität Stuttgart,
freie Architektin
barbara.pampe@ioeb.uni-stuttgart.de

Im Rahmen der Entwicklung des Buchs wurden von uns Seminare an der Universität Stuttgart veranstaltet, die sich in verschiedener Form mit den betrachteten Inhalten auseinandersetzten. Gemeinsame Grundlage war die intensive Recherche zu zahlreichen Referenzprojekten und deren zeichnerische Aufbereitung. Die hierüber entstandene Sammlung von fast 120 Projekten diente als Quelle für die Auswahl geeigneter Beispiele im Buch. Den Studenten, die damit die Grundlage für das Buch erstellt haben, sei an dieser Stelle ausdrücklich für ihre wertvolle Arbeit gedankt.
Zusätzlich zu den Seminarteilnehmern haben uns mehrere Institutsmitarbeiter bei dem Projekt unterstützt. Insbesondere bei Julia Zürn sowie Ruth Auffarth, Björk Einarsdóttir, David Fornol, Daniel Groß, Monica Tusinean, Jan Wessely und Birgit Wessendorf möchten wir uns für ihre professionelle Mitarbeit bedanken.